Scheidewege

Jahresschrift für skeptisches Denken

Begründet von
Friedrich Georg Jünger und Max Himmelheber

Jahrgang 23 · 1993/94

Band I

Im Verlag der Max-Himmelheber-Stiftung

Max Himmelheber

Gedanken über die Schönheit

Begegnungen mit Walen und Delphinen

Ich bin von 1966–1991 fünfundzwanzigmal von der französischen Südküste nach Korsika gesegelt und dies kein einziges Mal, ohne auf der Hin- wie auf der Rückreise etwa halbwegs der sechzig Seemeilen langen Strecke von Südfrankreich zum Kap Corse mindestens ein Rudel von Delphinen getroffen zu haben. Diese fünfzig Begegnungen vollzogen sich stets so, daß, wenn wir von weither ein Delphin-Rudel (eine Schule) an seinen Sprüngen beobachten konnten und es dann auf Kreuzkursen ansteuerten, von einer bestimmten Mindestentfernung an von etwa 500 m die Delphine Kurs auf die Yacht nahmen. Und nun begann ein faszinierendes Spiel. Die Delphine tauchten von beiden Richtungen her unter dem Schiff durch, machten hohe Luftsprünge und schwammen sofort nach dem Wiedereintauchen auf Parallelkurs mit dem Boot. Es ist dabei ganz offensichtlich, daß die Delphine sich zeigen wollen, ja offenbar, daß sie bewundert sein möchten. Ich habe nicht den Eindruck, daß die Bewunderung dem Schiff galt, sondern durchaus den an Bord befindlichen Menschen und dabei ganz besonders den Jugendlichen. Solches Verhalten kann unter keinen Umständen als durch kausal-mechanistische Zweckmäßigkeiten bedingt erklärt werden, sondern eben doch nur als eine Manifestation einer Geisteskraft, die ich nicht anders bezeichnen kann, denn als in der Schöpfung sich manifestierende Eros-Kraft.

In diesem Zusammenhang darf auch an die Wal-Gesänge erinnert werden, die man hören kann, wenn man in der Nähe von Walen, die ebenso wie die Delphine das Boot begleiten, das Ohr an die Bordwand preßt. Man könnte einwenden, die Nachtigall singt auch, und zwar in der Paarungszeit. Warum sollte die Liebeswerbung der Nachtigall nichts mit göttlicher Liebeskraft, also mit einer Offenbarung des kosmogonischen Eros zu tun haben?

Viel offenbarer wird die Allgegenwart schöpferischer Liebe im Reich der Pflanzen, insbesondere der Blütenpflanzen. Sicherlich könnten die Pflanzen auch mit einfacheren Mitteln als mit den wunderbaren Düften und Farben ihrer Blüten Insekten zur Befruchtung anlocken. Ich frage mich aber, ob eigentlich die Frucht das wichtigste Ziel der Pflanze beim Einsatz ihrer werbenden Düfte und Farben ist, denn Früchte sind mehr auf die Deckung von Begehrlichkeit hin gestaltet als auf die Beglückung durch Düfte und Schönheit.

Die Früchte appellieren an den Schlingtrieb, d. h. sie sichern durch den unwiderstehlichen Hunger und Durst die Fortpflanzung. Sie sind also mehr auf die Begehrlichkeit hin gestaltet als auf die Beglückung, die uns durch Düfte und Schönheit der Blüten zuteil wird. Die in millionenfach verschiedener Gestalt sich manifestierende Seinsidee der Pflanzen verwirklicht sich nicht eigentlich in die Fortpflanzung, sondern über jedes denkbare Maß hinaus im Sein der Blüten in göttlicher Schönheit. Welches ist denn die Form, in der Materie sich in der Welt am wunderbarsten und vollkommensten darstellt? Es gibt nur eine einzige Antwort: Das sind die Blüten. Und schon allein die Blütenblätter. Die haben nichts mit Fortpflanzung zu tun, regen auch weder den Schlingtrieb noch auch den Appetit an, sondern der Gedanke an einen Salat aus Lilienblütenblättern ist uns widerlich.

Nur eine einzige Manifestation des Blühens und des Blütenhaften reicht in das Gebiet des Nahrungsgenusses hinein und das ist der Honig. Blütenhonig wird ohne jeden Rest verdaut und damit auf sieben Jahre unlösbar unserer Körpersubstanz eingebaut, das heißt im Lauf von sieben Jahren ist die restlose Verbrennung, die eben beim Blütenhonig schlackenfrei erfolgt, beendet. Keine andere Speise, auch nicht Rübenzucker oder Rohrzucker, ist ganz frei von unverdaulichen Bestandteilen. Nur der Blütenhonig wird restlos in den Körper eingebaut und nur in der Atmung als Kohlendioxid wieder ausgeschieden. Auch Brot, in dem sich zweifellos Heiliges des Schöpferwillens verkörpert, verschafft uns nicht eigentliche Eßlust. Das leisten mehr Fleisch und Eier.
Niemand kann auf Blütenhonig Hunger haben. Aber eine unbeschreibliche Lust, man möchte sagen Andacht des Genießens, erleben wir beim Genuß von Blütenhonig, bei zugleich uns erfüllender Sättigung. Nicht umsonst ist ja auch in der Bibel Honig in Gemeinschaft mit der mütterlichen Milch (materia) als heilig bezeichnet.

Erwin Chargaff

Segen des Unerklärlichen

I

Als ich ein Bub war und noch ein bißchen Latein konnte, bin ich auf ein kleines Gedicht gestoßen, das mich viel nachdenken ließ. Der große Kaiser Hadrian hatte es angeblich auf seinem Sterbebett (138 n. Chr.) verfaßt und die (nicht sehr verläßliche) Historia Augusta hatte es für die Nachwelt aufbewahrt. Es war ein rührender Appell des Kaises an seine Seele, die sich anschickte ihn zu verlassen:

Animula vagula blandula,
Hospes comesque corporis,
Quae nune abibis in loca
Pallidula, rigida, nudula,
Nec ut soles dabis iocos?

Eine beiläufige Prosaübersetzung könnte lauten: „Seelchen, du Kleines, Holdes, wie du davonläufst! / Du, des Körpers Gast und Gefährte, / gehst du jetzt fort in die blassen Regionen, die starren, die nackten, / wirst nicht mehr scherzen mit mir wie einstmals?"* Martin Opitz hat das kleine Gedicht übersetzt, die ersten zwei Zeilen[1)] lauten wie folgt:

Mein Seelichinn, mein Flattergeist,
Des Leibes Gast und Spielgeselle ...

Wenn ich des Kaisers Zeilen jetzt lese, scheint es mir, daß sie in ihrem Stil gut in die französische Renaissance gepaßt hätten, z. B. in den Ronsardkreis.

Was für ein schönes Wort das ist, das deutsche Wort Seele, denke ich. Man sehnt sich in es hinein, hat es doch den gleichen langen Vokal wie, sagen wir,

* Die Adjektive blaß, starr, nackt können sich auch auf die Seele beziehen anstatt auf die Regionen. Das Deutsche hat die Fähigkeit verloren, Diminutive von Adjektiven zu bilden; eine Fähigkeit, die z. B. das Russische sich eindringlich erhalten hat, etwa mittels des Suffixes -enki oder -onki.

das Wort Sehnsucht. Alle Wörter sind schön, wenn man sie lange genug anschaut; natürlich nur diejenigen, die Zeit hatten, von vielen Jahrhunderten geputzt und geschliffen zu werden. Jedes herkömmliche Wort ist gehüllt in einen Mantel von Vorstellungen; zieht man ihm diesen aus, so wird es bloß zum Skelett für die Etymologen.

Dann aber kam der Teufel und flüsterte mit seiner bekannt heisern Stimme: „Was ist so besonders schön am Wort Seele? Wie wär's mit Makrele? Ich merk' keinen Unterschied." Könnte man dem Teufel antworten, so hätte ich gesagt, daß das Wort Makrele nur nach Fisch riecht, während Seele schimmert wie das Tor des Gesetzes, das man nicht betreten darf. (Das war natürlich später, als ich Kafka bereits gelesen hatte.) Jedes Wort ist ein unerläßlicher Knoten in einem riesenhaften Gewebe, das uns das Menschsein möglich macht. Aus dem Gewebe gelöst ist der Knoten nichts als ein verhutzelter Faden, sinnlose Materie.

Jetzt kehre ich zurück zu jener Zeit, als der Fünfzehnjährige das lateinische Seelchen entdeckte. Ob er ein besonders entrücktes Gesicht machte, wenn er nachdachte, weiß ich nicht. Jedenfalls eilte er zu verschiedenen Nachschlagewerken. Wie gewöhnlich halfen sie nicht viel. Oder doch, denn er mußte sich sagen, daß das, was übrigblieb, nachdem er alle Erklärungen zu sich genommen hatte, eigentlich das einzige war, das ihn angezogen hatte. Es war das spezielle Aroma des Unerklärlichen, das dem Wort noch immer anhaftete.

II

Das Erklärbare zu erklären und das Unerklärliche zu trivialisieren wird jetzt als die wesentliche Aufgabe der Naturwissenschaften angesehen. Während früher die meisten Wissenschaften Beschreibungswissenschaften waren, sind sie jetzt Erklärungswissenschaften. Als ich selbst noch wissenschaftlich arbeitete, machte ich mich oft darüber lustig, daß so viele Veröffentlichungen nach ein und demselben Schnittmuster gemacht zu sein schienen. Sie trugen alle den Titel „Struktur und Funktion von XYZ". In der Biologie oder Biochemie war XYZ z. B. ein Organell, oder es war eine chemische Verbindung, ein Enzym, ein Protein, eine Nukleinsäure, ein Polysaccharid usw. „Struktur" stand für die sozusagen altmodische Kunst der Beschreibung, Analyse, Synthese etc., „Funktion" aber das war das Neue, die Erklärung. Nun sind induktive Schlüsse nur dann gestattet, wenn man über alle Prämissen verfügt, was in den meisten mit dem Präfix Bio versehenen Wissenschaften nur in sehr seltenen Fällen zutrifft. Ein Biologe, ein Biochemiker oder Biophysiker kann über das Leben viel weniger aussagen als über den Tod. Wir sind alle akademische Leichenbestatter, beziehen jedoch unsere Daseinsberechtigung von der seltsamen Strahlung des Wortes Leben[2)].

Ich halte es für einen überaus glücklichen Umstand, daß die Multidimensionalität des Lebendigen sich einfachen oder komplizierten wissenschaftlichen Erklärungen entzieht. Mann kann sie nur staunend bewundern, wenn man sie nicht in einem Geschwafel von hinkenden Modellversuchen begraben will. Wenn die Wissenschaft zum Leben vordringt, verfällt sie zu einem Geschwätz. Ich bin davon überzeugt, daß nur die dümmsten Molekularbiologen oder Genetiker nicht gewahr sind, wie eindimensional, wie unglaublich primitiv ihre Experimente wirklich sind. Ihre Erfolge haben sie blind gemacht, nicht so sehr für das, was noch getan werden soll, als für das, was nicht getan werden kann. Wenn sie kritisch gesinnt wären – aber das sind nur sehr wenige –, müßten die Forscher einsehen, daß sie, was immer sie tun, das Leben nicht imitieren, sondern parodieren. Als ich jung war, hat man mich lachen gelehrt über das berühmte *Ignorabimus* des Du Bois-Reymond. Ist es denkbar, fragte man, daß der Mensch etwas nicht wissen kann, wenn man ihm genug Geld gibt? Meiner Meinung ist es durchaus denkbar, ja sogar wünschenswert. Induktives Studium der lebendigen Natur ist notwendigerweise reduktionistisch. Auch der primitivste lebende Organismus gibt uns Rätsel auf, die wir dankbar anerkennen sollten, anstatt vor Ungeduld zu schnauben.

III

Es wäre leicht, den Gipfel des Reduktionismus zu ersteigen, indem man sagt, das Leben sei nichts als die Fähigkeit zu sterben. Natürlich könnte man noch vieles andere über das Leben oder die Seele sagen, aber es lohnt sich nicht. Große Dichter haben das früher getan, und besser als unsere gegenwärtige Naturforschung, der man eher raten sollte, darüber den Mund zu halten. Dem Unerklärlichen kann man Hymnen widmen, aber kaum die Art von experimentellen Arbeiten, die „Struktur und Funktion" im Titel tragen. Die Philosophie hat nicht viel zu sagen gewußt, außer etwa, daß der lebende Mensch eine Maschine sei, was ich für Unsinn halte. Eher ist die Maschine ein galvanisierter Leichnam.

Ein großer Dichter allerdings zeigt darin, was er darüber schreibt, daß er Bacons und Galileis Zeitgenosse war. John Donne, wahrscheinlich der größte metaphysische Dichter der Weltliteratur, schrieb in seiner Jugend ein kleines Buch, worin er, ganz im Sinne des frühen Barocks, eine Reihe von Paradoxen und Problemen besprach. Zwei Jahre nach seinem Tod wurde das Büchlein im Jahre 1633 veröffentlicht[3)]. Das elfte Paradox trägt den Titel *That the gifts of the Body are better than those of the Minde,* und darin heißt es:

> I say againe, that the *body* makes the *mind* ... and this *mind* may be confounded with *soule* without any violence or iniustice to *Reason* or *Philosophy:* then the *soule* it seemes is enabled by our *body,* not this by it. My *Body* licenseth my *soule* to see the Worlds *beauties* through mine *eyes*; to heare pleasant things thorough mine *ears* ...[4)].

Donnes großer Zeitgenosse Jacob Böhme sah es anders. Er widmete der Seele ein ganzes langes Buch: „Psychologia Vera oder Viertzig Fragen von der Seelen, ihrem Urstande, Essentz, Wesen, Natur und Eigenschaft, was sie von Ewigkeit in Ewigkeit sey“[5)]. Da schon der Titel mehr verspricht als die übliche Struktur und Funktion, sollten unsere molekularen Gschaftlhuber – im unwahrscheinlichen Fall, daß ihnen das Buch in die Hand kommt – sofort nachschauen, wo der Schmelz- oder Siedepunkt der Menschenseele angegeben ist. Das dürften sie um so eher tun, als das Buch ein schönes Titelkupfer enthält, auf dem die Seele dargestellt ist; eine separate Falttafel bietet weitere Einzelheiten. Die fünfte Frage „Wie die Seele eigentlich formiret und gestaltet sey?“ lehrt uns schon in der Zusammenfassung, die dem Text vorausgeht, die Seele habe „die Form einer runden Kugel“. So beginnt der Text:

> Wann ein Zweig aus dem Baume wächst, so ist seine Gestalt dem Baume gleich; er ist wol nicht der Stamm noch die Wurzel; aber seine Gestalt ist doch gleich dem Baume. ... Also ist uns zu erkennen, in was Form die Seele sey, also nemlich einer runden Kugel, nach GOttes Auge ...

Was das doch für ein seltsames großartiges Jahrhundert war, das siebzehnte! Während hier die Naturforschung erstmals auszog, um das Fürchten zu verlernen und dabei leider noch viel anderes verlernte; während dort Descartes das menschliche Ego aufblies und Spinoza mehr als seine Gläser schliff, waren anderswo große Dichter und dichterische Denker am Werk, metaphorisch, symbolisch, emblematisch, allegorisch; aus den Kirchen strahlte Jesuitengold, Blut floß aus den fürchterlichen Kriegen. John Donne und Jacob Böhme hätten einander nicht verstanden; jener hätte diesen gefragt, woher er denn wisse, daß Gottes Auge rund sei. Böhme, von einer ewigen Aurora umschienen, hätte gar nicht begriffen, was die Frage solle. Hundertfünfzig Jahre später war es

J. G. Hamann, der die Aufklärung am Rockknopf fassen wollte, aber der Knopf riß ab und blieb ihm in der Hand; Wissenschaft und Revolution gingen ihre, manchmal getrennten, Wege.

IV

Für Jacob Böhme, aber auch für Nicolas Malebranche[6)] und andere bedeutenden Philosophen jener Zeit, war das Unerklärliche eine Emanation Gottes, die von positivistischen Erklärungsversuchen nur beschmutzt würde. Sie versuchten, sich in einem nur durch den Glauben verständlich gemachten Universum zu orientieren, und ließen das Unsagbare ungesagt. Die Molekulardemiurgen unserer Zeit reden hingegen fast nur über das Unsagbare, immer wieder den Passagier mit dem Vehikel, das Gefäß mit seinem Inhalt verwechselnd.

Ich brauche nur – soweit mein Verständnis reicht, was leider nicht sehr weit ist – zu betrachten, was jetzt in der Neurobiologie und in den Untersuchungen über „künstliche Intelligenz" vor sich geht, um sicher zu sein, daß man auf diese Weise nicht sehr weit kommen wird. Es ist gewiß typisch für unsere Wissenschaft, daß sie, lange bevor sie etwas versteht, es bereits nutzbringend verwenden will. Obwohl wir bekanntlich jetzt das Ende der Weltgeschichte erleben, kann ich noch immer nicht glauben, daß das Weltall streng kapitalistisch organisiert ist. Ein paar Wunder müssen wir uns noch offen lassen. Schließlich war die Welt schon recht alt, als *The Wealth of Nations* 1776 erschien.

Ich denke nicht, daß die Alchimisten oder die Astrologen des 17. Jahrhunderts jetzt viel Erfolg hätten, wenn sie sich beim National Institute of Health oder bei der National Science Foundation um einen Forschungskredit bemühten. Auch die Scharlatane wechseln ihr Kostüm mit den Zeiten. Was man jetzt bevorzugt ist etwas Handfestes, Großmäuliges, was viel Geld kostet und viel Forschern Anstellung verspricht. So etwas wie das „Human Genome Project" (HUGO). Die Bestimmung der gesamten Nukleotidsequenz in der menschlichen DNA – am besten fängt man mit der des Ewigen Juden an – soll mindestens vier Milliarden Dollar kosten und wird wahrscheinlich ebenso viele Publikationen hervorrufen. („Es ist eine Lust zu leben!" werden die unzähligen Molekularkulis ausrufen, wenn sie jahrein und jahraus an ihre Computer gekettet sind.)

Aber wie wäre es mit „Es ist eine Lust zu sterben!"? Ich finde es nämlich erstaunlich, daß noch niemand vorgeschlagen hat, das Gewicht der Menschenseele zu bestimmen, die der Sterbende bekanntlich aushaucht. Wenn einmal die „National Cadaver Authority" (NCA) gegründet ist, dotiert, wie üblich, mit ein paar Milliarden, sollte es ein leichtes sein, Sterbebetten (natürlich „digitale") zu konstruieren, die die Gewichtsschwankungen mit hinreichender Genauigkeit kontinuierlich registrieren. (Ich denke, eine Genauigkeit im Mikrogrammbereich wäre hinreichend; wenn nötig, könnte man bis zu Pikogrammen gehen.) Selbstverständlich wären die Betten durchaus „high-tech", so daß gleichzeitig eine ganze Reihe von physiologischen und physikalischen Messungen vorgenommen und Blut und Atem gesammelt und chemisch analysiert werden könnten. Die Institute, in verschiedenen größeren Städten errichtet, könnten die Bezeichnung Thanatorium tragen. Das Versuchsmaterial, das natürlich bezahlt werden müßte, wäre leicht zu bekommen: in allen Städten liegen die Leichen auf den Straßen herum; nur müßte man sie etwas früher, vor dem Abzug der Seelchen, in die Thanatorien bringen als jetzt ins Leichenhaus.

Es ist unwahrscheinlich, daß bei dem Unternehmen nichts herauskommt. Das wäre der erste Fall, daß viel Geld nicht viel Wissenschaft erzeugte. Zumindest würde eine neue Wissenschaft begründet sein, die Molekulartheologie.

Unmittelbarer gesehen ist eine neue High-tech-Industrie bereits im Kommen, die Nekrotechnik. In den verschiedenen Organtransplantationen zeichnet sie sich schon ab, und was das bald anbrechende neue Jahrhundert alles bescheren wird, kann man sich gar nicht ausmalen. Selbst der Kannibalismus würde der jetzt üblichen Bioethik nicht widersprechen: Leichen sind tot und was man damit anfängt, technologisch oder gastronomisch, geht niemanden etwas an, besonders wenn die Patentlage geklärt ist. Es ist die Aufgabe des Staates, den Fortschritt zu fördern.

V

Das war eine kleine Ovation für den vielbewunderten Jonathan Swift, dessen „Bescheidener Vorschlag" schon fast drei Jahrhunderte überbittert hat. Selbst ihn hätte der Versuch der zu einer einzigen Panzerfaust konzentrierten Naturforschung das Unerklärliche zu zerklären, in Erstaunen versetzt. Wir sind dagegen so abgestumpft, daß wir es freudig hinnehmen, wenn in jeder Morgenzeitung „ta mysteria panta" (1. Kor. 13,2) endlich weggeräumt sind. Natürlich kehren die Geheimnisse unversehrt zurück, denn gegen den Tod ihrer zahlenden Patienten kämpfen die Ärzte vergebens.

Nur muß man vorsichtig sein und sich hüten vor den Nutznießern des Unerklärlichen. Es hat Zeiten gegeben, z. B. vor 200 Jahren die Zeit der Romantik, als es schwer gewesen sein muß, zwischen ernsten Suchern und Scharlatanen zu unterscheiden, zwischen Swedenborg und Cagliostro, zwischen Gall und Mesmer. Es hat nämlich Perioden gegeben, in denen Unerklärliches gleichsam fabriziert wurde. Tierischer Magnetismus oder Phrenologie beruhten wahrscheinlich viel mehr auf Suggestion als auf Wirklichkeit; sie gehören zum weiten Bereich falscher Unerklärlichkeit. Aber die Suggestibilität gehört, denke ich, zur echten.

Ich war überrascht, hätte es aber vielleicht nicht sein sollen, als ich vor kurzem gewahr wurde, was für eine hohe Meinung Jean Paul vom Mesmerismus hatte. Das erste Kapitel seiner Schrift *Museum* (1814) trägt den Titel „Mutmaßungen über einige Wunder des organischen Magnetismus"[7]. Es beginnt:

> Es ist ein wohltätiges Wunder, daß derselbe Magnet, welcher uns mit seiner Nadel die zweite Hälfte des Erdballs zeigte und gab, auch in der Geisterwelt eine neue Welt entdecken half. Schwerlich hat irgendein Jahrhundert unter den Entdeckungen, welche auf die menschliche Doppelwelt von Leib und Geist zugleich Licht werfen, eine größere gemacht als das vorige am organischen Magnetismus ...

Gleich stieg vor mir die hübsche Szene in *Cosi fan tutte* auf, wie Despina als Arzt verkleidet mit Hilfe eines Riesenmagneten das Gift aus den beiden Freiern, die sich angeblich umbringen wollten, herauszieht. Übrigens betätigte sich auch Jean Paul häufig als Magnetiseur. Die von E. Berend seinerzeit herausgegebene ausgezeichnete Sammlung von zeitgenössischen Berichten enthält viele Hinweise[8]. Auch Novalis zeigte ein großes Interesse an medizinischen Fragen, besonders an den Erregungstheorien des schottischen Arztes John Brown. In den Arbeitsnotizen kommt der Name häufig vor. So zum Beispiel aus dem Jahr 1797:

> Das Beste am Brownischen System ist die erstaunende Zuversicht, mit der Brown sein System, als allgemeingeltend hinstellt – Es muß und soll so seyn – die Erfahrung und Natur mag sagen, was sie will. Darin liegt denn doch das Wesentliche jedes Systems, seine wirklich geltende Kraft. ...[9]

Aber das ist gerade das Unglück: die Natur sagt nichts, die Erfahrung sagt zu viel, und jedesmal was anderes. Jetzt, da die Ärzte ihre Kenntnisse meistens aus den Reklameschriften der Pharmaindustrie beziehen, ist alles ganz anders geworden. Früher – und auch ich war noch Zeuge – spielten Erfahrung, Weisheit und Takt, wenn man diese Wörter noch verwenden darf, eine viel größere Rolle als jetzt. Damals versuchten die Ärzte den Kranken zu verstehen und ihm nach ihren sehr geringen Kräften zu helfen, jetzt studieren sie die Krankheiten, manchmal ohne den Patienten auch nur zu sehen, und die zahllosen diagnostischen Tests und Bilder zeigen ihnen viel, womit sie wenig anfangen. Früher war noch sehr viel Platz für das Unerklärliche, Geheimnisvolle; jetzt darf es nichts geben, was die Medizin nicht versteht. Aus dem frühern Heilkunstgewerbe ist eine erwachsene Naturwissenschaft geworden. Dennoch habe ich den festen Eindruck, daß die Ärzte, denen ich in meiner Jugend unter manchmal traurigen Familienumständen begegnete, bessere Ärzte waren und tiefer gesinnte. Sie hatten noch nicht vergessen, wieviel wir nicht wissen können, und daß wir noch immer einer unerklärlichen Welt gegenüberstehen. Der Mensch als langlebiges Versuchskaninchen, als ewiger Generalpatient, wie ihn die gegenwärtige, streng wissenschaftlich gewordene Medizin produziert, ist kein glücklicherer Mensch.

VI

Wer die Kuppel des Unerklärlichen, unter der wir unser Leben verbringen, zergliedern wollte, käme nie zum Ende. Eine numerierte, detaillierte Liste der Geheimnisse aufzustellen hätte wenig Sinn, denn wer möchte so etwas produzieren wie eine Neuauflage von Gotthilf Schuberts „Nachtseiten der Natur"? Die Seelenarchäologen der Romantik scheinen nicht eingesehen zu haben – in Vorwegnahme der kommenden positivistischen Periode der Naturforschung –, daß das Unerklärliche auch das Unerforschliche ist. Zu ihrer Zeit hatte die Naturforschung noch nicht die Elemente der Magie verloren; der Zauber einer Mondnacht lag noch auf den Überlegungen eines echten Physikers, wie J. W. Ritter es heutzutage geworden wäre[10)]. Damals existierte noch nicht das unglaublich dichte Rettungsnetz der Methodik, das unorthodoxe Abweichungen vom konsensuellen Weg der Forschung fast unmöglich macht[11)]. Fachleute und Laien waren noch nicht genau abgegrenzt; fünfzig Jahre später wäre es schon anders gewesen.

Beispiele können jedoch, und sogar in einer gewissen Rangordnung, gegeben werden. Für das primär Unerforschliche muß das Leben gelten. Wo immer wir es anfassen, ist es weggegangen, kleine, oft irreführende Spuren hinterlassend. Ich glaube nicht, daß das Lebendige sich selbst erforschen kann. Sogar unsere Sprachen verlassen uns, wenn wir darüber reden wollen; wir entwürdigen es, wenn wir es in unsere Syntax, in unser Vokabular pressen wollen. (Selbstverständlich gilt das auch für das Wort Gott oder Schöpfer: völlig unbegreifliche Begriffe, so hoch über jeglicher Rangordnung stehend, daß sie nur erwähnt werden können.) Selten haben große Dichtung und Kunst, häufiger große Musik, einen Zugang zu dem Unsagbaren gefunden, aber ich fürchte, daß die Empfänglichkeit der Leser, Betrachter, Hörer für Eindrücke dieser Art in unsern geistlosen Zeiten fast verschwunden ist.

Mir scheint, daß man es sich leicht machen kann, indem man feststellt, daß fast alle Wörter, die mit den Präfixen Theo-, Bio-, Psycho- ausgestattet sind, zum Bereich des Unerklärlichen gehören. Unser Geist ist jedoch so beschaffen, daß er die Existenz einer Bezeichnung als Beweis für die Realität des Bezeichneten ansieht.

Von den Wörtern, die angenehmerweise keine griechischen Präfixe vor sich herschieben, will ich nur einige anführen (ganz ohne Rangordnung): Liebe, Haß, Treue, Ehrfurcht, Verachtung, Sehnsucht, Ahnung, Eingebung, Angst, Freude, Trauer, Heimweh. An diesen zwölf lasse ich es genug sein. Es wäre nicht ohne Interesse, ihre Entsprechung in andern Sprachen zu betrachten, paßt aber nicht hierher. Alle hier aufgezählten Begriffe gehören zum geheimnisvollen Komplex, den man, allerdings sehr unwissenschaftlich, das Gemüt des Menschen nennt. In meiner Liste habe ich absichtlich nur alte Wörter hingeschrieben und wissenschaftliche Ausdrücke vermieden. Zum Wort „Liebe“ sollte bemerkt sein, daß es für Agape und Eros steht, jedoch ganz ohne hormonalen Beigeschmack.

Da sich viele ernstzunehmenden Forscher mit Neurologie und Psychologie befassen, will ich gerne annehmen, daß sie wichtige Arbeiten ausgeführt und hochinteressante Resultate erzielt haben. Trotzdem bestehe ich in meinem laienhaften Trotz darauf, daß das Leben, die Seele, das Gemüt unerklärlich sind und unerforschlich bleiben werden. Wenn man mich darauf hinweist, wie groß die Rolle des Nervensystems, des Gehirns in allen „seelischen“ Manifestationen ist, kann ich nur antworten: „Als die Götter im Olymp ihren Nektar, ihre Ambrosia zu sich nahmen, kümmerten sie sich wenig um die präzise Form und Beschaffenheit der Becher. Aber ihr Forscher, ihr beschreibt nur die Zusammensetzung der Pokale und erläutert ihre Ziselierungen. Manchmal entdeckt ihr auch ein Loch im Becher.“

VII

Wenn ich die Menschen betrachte, mit denen ich in Berührung komme, so scheint es mir nicht, daß sie ein großes Bedürfnis nach den Geheimnissen dieser rätselhaften Welt haben. Was sie in ihrem Innern fühlen, wenn sie so etwas noch besitzen, weiß ich natürlich nicht. Vielleicht weil die Maschinen Tag und Nacht auf sie einreden, hat eine Art von epidemischer Aphasie die Menschen mundtot, und daher gefühls- und denktot gemacht. Sie sind nichts als Zitate; was man in der Musikgeschichte Parodien nennt, sie leben zwischen Anführungszeichen. Der Mangel an Originalität charakterisiert die Generation – sie waren kleine Kinder während des Zweiten Weltkriegs oder sind nach ihm geboren –; die parodistische Generation, für die sich die Fachleute, weil sie nichts Besseres zu tun haben, den dummen Namen Postmodernismus ausgedacht haben*. Die Bezeichnung ist albern, aber der Eindruck besteht zu Recht, daß die mörderische Epoche eines entarteten Nationalismus und Kommunismus Menschen geistig verstümmelt hat. So zehren auch ihre Gefühle von Konserven (Film, Photographie, Fernsehen und Video, Phonograph und Stereo – mit einem Wort, wie es in den amerikanischen Reklamen heißt, „state-of-the-art".) Sie leben wie unter einer Glocke, die sie von den großen Wundern der Welt ausschließt.

Es ist wert, daß ich es betone: die Wunder sind so groß wie am ersten Tag. Daß ich das erste Augenaufschlagen eines Kindes, das späte Dahinwelken eines Greises dazurechne, ist, denke ich, nicht nur meine Marotte: wann die Seele den Embryo betritt und den Sterbenden verläßt, hat noch kein elektronisches Chronometer registriert.

In André Gides *Nouvelles Nourritures*, einem halb pseudolyrischen, halb aphoristischen Werk, finde ich die folgende, eigentlich recht banale Bemerkung: „Alle Geheimnisse der Natur liegen offen da und bieten sich jeden Tag unseren Blicken, ohne daß wir ihnen Beachtung schenken."[12] So etwas können die Naturwissenschaften nicht auf sich sitzen lassen; sie tun ja nichts als entdecken, zerfasern und erklären, was mehr oder weniger offen dagelegen hat. Aber Gide denkt sicherlich nicht daran, woran ich denke. Was entdeckt wird ist fast immer erforschlich, was nicht bedeutet, daß es dann verständlich wird. Das Unerklärliche, woran ich denke, ist immer dagewesen und braucht nicht entdeckt zu werden. Kann man sagen, daß es einmal den ersten Urmenschen gegeben hat, der eines Tags ausrief „Ich *lebe*!"? Worauf die Schwiegermutter wahrscheinlich antwortete „Das nennst du leben?" Die weiten dunklen Spelunken des menschlichen Geistes können wir nicht ermessen, jedenfalls nicht mit Hilfe einer Wissenschaft, deren Name mit „Psycho" anfängt. Dennoch sind aus jenen unermeßlichen Tiefen die Begriffe aufgestiegen, die ich als unerklärlich lobpreise.

* Der Unsinn, der heutzutage – besonders in den englischsprechenden Ländern – über Postmodernismus, Multikulturalismus usw. verzapft wird, zeigt, daß die Menschen zwischen Sekret und Exkret nicht mehr unterscheiden können.

VIII

Große entscheidende Zeiten bringen immer kleine unentschiedene Menschen hervor. Für diese werden die blutenden Urteile der Weltgeschichte nicht auf Pergament geschrieben, sondern auf Klosettpapier. So schwemmen sie es hinunter und leben bedrückt in den Tag*. Sie sind durchdrungen von den Errungenschaften der Gegenwart und treten für eine reichliche staatliche Unterstützung der Naturwissenschaften ein, weil die Wahrheit frei mache. Ob das wahr ist und ob sie frei sind, fragen sie nicht. Dabei gehen der Erdball und was ihn umgibt immer mehr und immer rascher zugrunde. Darf man in dieser sichtlich wahnsinnigen Welt ruhig auf seinem Sessel sitzen und den Segen des Unerklärlichen anpreisen?

Ich glaube, man darf es nicht nur, man soll es; selbst auf die Gefahr hin, daß die Propagatoren wissenschaftlicher Allmacht bereits ihre Laser schärfen, um nachzuweisen, wie sehr die wenigen Dunkelmänner, die nicht mitlaufen, Opfer einer in ihren Genen sitzenden ungünstigen Mutation sind. Wer die Revolution in den biologischen Wissenschaften, die vor etwa vierzig Jahren anhub, von Anfang an erlebt hat, wird von der eben erwähnten Gefahr nicht sehr beeindruckt sein. Er wird zugeben müssen, daß sogar die doppeltste aller Helices nichts zum Wohlbehagen der Menschheit beigetragen hat, aber sehr viel zu dem des Anstellungsmarktes in der biologischen Forschung, und noch mehr zum Börsenaufstieg und Sturz der gentechnischen Industrie. Der mit der Verkündung der angeblicken DNA-Struktur einsetzende Reklamelärm darf nicht darüber hinwegtäuschen, daß nichts, gar nichts, für „die leidende Menschheit" herausgekommen ist. Solche Krankheiten wie Krebs und AIDS mögen als Marksteine gelten dafür, wie wenig die molekularbiologisch orientierte Medizin zu leisten vermag.

IX

Das Leben des Menschen ruht auf tiefen dunklen Fundamenten, weitaus tiefer als wir erkennen können; auf Fundamenten, deren Nennung durch die früher besprochenen unerforschlichen Begriffe noch lange nicht abgeschlossen ist. Außerdem ist das Unerklärliche oft auch das Namenlose, das über den Sinn

* Wenn sie in Amerika wohnen, so werden sie vielleicht ein bißchen abgelenkt und erheitert durch die Betrachtung der dort immer häufiger werdenden Hinrichtungen, so vor kurzem der eines Gelähmten, der sich nur in einem Rollstuhl bewegen konnte. Es sollte der Technik leichtfallen, eine Kombination zwischen einem rollenden und einem elektrischen Stuhl zu konstruieren, was in Wiederholungsfällen gewisse Unannehmlichkeiten vermeiden würde.

des Lebens und des Tods hinwegreicht. Unsere Sprachen versagen vor der Fülle des Unsagbaren. Die Religion der Juden hat das verstanden in ihrer Scheu vor der Nennung des Allmächtigen.

Diese niemals erleuchtete Finsternis ist es, die für die wenigen Glücklichen, die dafür empfänglich sind, von großer Musik und, seltener, von großer Lyrik zwar nicht erleuchtet wird, aber fühlbar gemacht. Solche Temperamente werden diese Finsternis als wohltuend, beschützend empfinden. Sie werden sich geehrt fühlen, wenn man sie als *viri obscuri* bezeichnet, denn die reine, unbeschwerte und hemmungslose menschliche Intelligenz neigt zur Unmenschlichkeit.

Wenn man die Vergangenheit der Menschheit betrachtet, wird man, denke ich, finden, daß fast alles wirklich Große von Leuten getan worden ist, die die Verbindung mit dem tiefen Grund der Welt, gleichsam die Nabelschnur des Menschseins, niemals verloren hatten. Solange sie gläubig waren, sorgte schon die Religion dafür. Als der Glaube verblaßte, halfen Philosophie und Kunst. Erst mit dem letzten Jahrhundert setzte die Heimatlosigkeit ein. Gleichzeitig verloren fast alle die Fähigkeit, ihr Leben zu mythisieren*. Anstelle der Heimat wurde den Menschen das Wissen angeboten, und später wurde gar die Information daraus. Nun haben die Menschen immer von Märchen ihrer eigenen Schöpfung gelebt, aber das andrängende Wissen über keinen Gott und die Welt können sie nicht brauchen, und noch weniger den Orkan von ungewollten Informationen, der jetzt Tag und Nacht auf sie losgelassen wird. (Als ich einmal in einem philosophischen Seminar die Frage aufwarf, ob angesichts all jener Menschenrechte, mit denen man jetzt bespritzt werde, nicht auch das Recht nicht zu wissen erwogen werden solle, läßt sich der klar zur Schau getragene Ekel der Zuhörer gar nicht beschreiben.)

Ich habe den Segen der Unerklärlichkeit, der manchem als Schutz und Gnade zuteil wird, in einem früheren Buch unter der Rubrik Zwischenlandung besprochen[13)]. Hier bleibt nur der Zusatz, daß alles, was schön und gut ist im Leben, aber auch alles Finstere und Böse, immer unerforschlich sein wird, trotz vielem fachmännischem Geschwätz. Einmal in seinem Leben ist ein jeder, ob er es weiß oder nicht, in jenem dunklen Wald gewesen, darin Dante sich inmitten seines Lebensweges befand; einmal ist in jener finstern Nacht des San Juan de la Cruz auch seine Seele unbemerkt aufgestanden, in angstvoller Liebe entflammt, im still gewordenen Haus. Ich rate einem jeden zu zögern, bevor er das Licht aufdreht.

* Ich fürchte, der Duden runzelt die Stirn, aber ich ziehe dieses Verbum dem zugelassenen „mythologisieren“ vor.

Anmerkungen

[1] Ich zitiere aus dem Grimmschen Wörterbuch, Artikel „Seelchen". Infolge der mehr als verwirrenden Zitiermethoden des monumentalen Werks ist es mir nicht möglich gewesen, das Original zu finden.

[2] E. Chargaff, Unbegreifliches Geheimnis (Stuttgart, 1980), Ss. 7–50.

[3] J. Donne, Iuvenilia or Certaine Paradoxes and Problemes (London, 1633) – (Wiederabdruck, The Facsimile Text Society, Columbia Univ. Press, New York, 1936)

[4] „Ich sage wiederum, daß der Leib den Geist macht ... und dieser Geist kann, ohne der Vernunft oder der Philosophie Gewalt oder Unrecht anzutun, mit der Seele verglichen werden: es ist demnach der Leib, der die Seele zu befähigen scheint, und nicht umgekehrt. Mein Leib ermächtigt meine Seele, die Schönheiten der Welt durch meine Augen zu sehen, die Annehmlichkeiten durch meine Ohren zu hören ..."

[5] J. Böhme, Sämtliche Schriften (Hsg. W.-E. Peuckert, Stuttgart, 1960), 3. Band

[6] N. de Malebranche, Entretiens sur la métaphysique et sur la réligion, in *Oeuvres* (Hsg. G. Rodis-Lewis, Pléiade, Paris, 1992), 2. Band, S. 651

[7] Jean Paul, Sämtliche Werke (Hsg. N. Miller und W. Schmidt-Biggemann, München, 1976), Abt. II, 2. Band, S. 884

[8] Jean Pauls Persönlichkeit in Berichten der Zeitgenossen (Hsg. E. Berend, Berlin und Weimar, 1956)

[9] Novalis, Schriften (Hsg. P. Kluckhohn und R. Samuel, 2. Auflage, Stuttgart, 1965), 2. Band, S. 545.

[10] J. W. Ritter, Fragmente aus dem Nachlasse eines jungen Physikers (Heidelberg, 1810) – Faksimiledruck, Heidelberg, 1969

[11] E. Chargaff, Wege machen Ziele – Bemerkungen über den Begriff der Methode in den Wissenschaften, in *Zeugenschaft* (Stuttgart, 1985) S. 193

[12] A. Gide, Les Nouvelles Nourritures, Erstes Buch, in *Romans* (Pleiade, Paris, 1958), S. 264

[13] E. Chargaff, Alphabetische Anschläge (Stuttgart, 1989), S. 242

Godela Unseld

Wissenschaft als kultureller Mythos: Struktur und Alternativen

I

Wenn wir in unserer Kultur über Wissenschafts- und Technikentwicklung sprechen, über ihre Leitbilder und Utopien, über ihre soziale Dimension, dann geschieht das oft mit einem ganz bestimmten Vorverständnis. Auf der einen Seite, so wird vorausgesetzt, haben wir so etwas wie die Sammlung von objektivem Wissen und zweckgerichteten Mitteln, die ideologiefrei und rein gemäß objektiven Kriterien geschieht. Und auf der anderen Seite kommen dann so etwas wie Leitbilder, Träume, Wünsche, soziale Einflüsse – kurz – kommt das Subjektive hinzu, das diese objektive Ansammlung irgendwie beeinflußt. Ich möchte hier im Gegensatz zu dieser Sicht auf die Dinge die Überlegung plausibel machen, daß es diese Vorstellung eines „objektiven ideologiefreien Wissens" selbst ist, die das eigentlich Subjektive an dieser unserer Wissenskonstruktion ausmacht. Wir haben also nicht Wissenschaft *und* soziale, kulturelle Beeinflussung, nicht Wissenschaft *und* Träume, Wunschbilder, Mythen, sondern die Idee und Konstruktion objektiven Wissens selbst *ist* der konstituierende Traum, der zentrale Mythos unserer westlichen Kultur.

Im Mythos einer Kultur sind gemeinhin jene Strukturen komprimiert, die die Ordnung einer Kultur ermöglichen und begründen. Gegenüber den vielen einzelnen Verwirklichungsformen ist der Mythos notwendig holzschnittartig – überprägnant und unterdeterminiert. Und doch läßt sich in all den vielfältigen Einzelheiten der Wirklichkeit immer wieder das gleiche Muster erkennen. Wenn wir den Mythos einer Kultur nehmen, dann läßt er uns die Ordnung, den Zusammenhang in der Vielfalt erkennen, weil seine Strukturen der Entfaltung dieser Ordnung zugrunde liegen. Um jene grundlegenden Strukturen von Wissenschaft, die uns hellsichtig machen für die grundlegenden Strukturen unserer Kultur, geht es also, wenn hier von Wissenschaft als Mythos die Rede sein wird.

Solch eine Herangehensweise macht natürlich nur Sinn, wenn begründete Zweifel daran bestehen, daß uns Menschen so etwas wie objektives, eindeutiges und – der Tendenz nach – vollständiges Wissen zugänglich ist. Eben solch ein begründeter Zweifel nun ist eines der vertrauenswürdigsten Ergebnisse unseres gut 400jährigen Bemühens um objektives Wissen. Vor allem in den letzten Jahrzehnten haben sich die Beweise vermehrt, daß die Bedingungen, die objektives Wissen möglich machen könnten, in der Wirklichkeit nicht gegeben oder nicht erfüllbar sind. Beispielhaft hierfür steht die Diskussion in der nach-Newtonschen Physik oder der nach-Kuhnschen Wissenschaftsphilosophie, in der immer wieder neue Varianten eben dieses gleichen Problems zum Problem werden.

Wenn wir die Vorstellung eines objektiven Wissens als unhaltbar aufgeben, so wird natürlich auch die klare Dichotomie von „wahr oder falsch" fragwürdig. Wissen wird in diesem neuen Kontext vor allem als das Ergebnis einer Interaktion, einer Relation begriffen: Zwischen dem, der die Welt mittels spezifischer Erkenntnismethoden, spezifischer Sinnesorgane wahrnimmt, und der Realität selbst. In diesem Verständnis ist Wissen also immer weniger als eine wahre Abbildung der Realität, es abstrahiert von der Fülle der Realität und ist nur relativ gültig. Und als Ergebnis einer Interaktion ist es zugleich immer mehr als eine Abbildung: Wissen, Erkenntnis ist eine je spezifische Konstruktion der Wirklichkeit.

Das ist nicht nur für die abstrakten Erkenntnisse der Wissenschaft eine konsistente Beschreibung, sondern auch für die sinnlich erfahrene, scheinbar direkt wahrnehmbare Welt. Analysiert man Wahrnehmung unter diesem Aspekt, so löst sich die Vorstellung auf, es gäbe so etwas wie „ein direktes Abbilden von eindeutigen Objekten in der Wahrnehmung" oder so etwas wie „ein Empfinden eindeutig-einfacher, nicht konstruierter Sinneseindrücke". Ergebnisse der Wahrnehmungspsychologie in dieser Hinsicht lassen sich in dem Satz zusammenfassen, daß jede einzelne dieser Wahrnehmungen als Resultat von komplexen Interpretationsprozessen gesehen werden kann, die tendenziell das gesamte Wissen des Wahrnehmenden integrieren – mag man sich dieses Wissen nun in Genen vererbt oder als Erfahrung erlernt vorstellen.

Wirklichkeit also scheint uns Lebewesen überhaupt nur zugänglich zu sein, wenn wir uns auf solch einen je spezifischen Interaktionsprozeß einlassen. Unser Wissen darum, was Wirklichkeit ist, ist *relativ*. Jedoch nicht in dem Sinn, daß es beliebig ist, sondern in jenem anderen, in dem es das Ergebnis einer Relation verkörpert, in der wir – auch ganz wörtlich genommen – immer schon drinstecken: als dieser fühlende, wahrnehmende Körper, den es so, wie er ist, nur gibt, weil er immer schon in einer spezifischen Interaktion mit der Welt agiert hat und agiert. In diesem Sinne gibt es so viele verschiedene Wirklichkeiten, wie es Lebewesen mit verschiedenen Körper, mit verschiedenen Interaktionsarten mit der Welt gibt. Oder umgekehrt ausgedrückt: Was Wirklichkeit sein kann, das ist ein offener Prozeß, der sich durch den Aufbau von unterschiedlichen Wahrnehmungsarten, durch den Aufbau von körperlich-geistiger Vielfalt erschließt.

Menschliche Wahrnehmungsorganisationen freilich nehmen in diesem vernetzten Aufbau von Wirklichkeit eine Sonderstellung ein. Ihre Struktur wird von dem genetischen Erbe hauptsächlich negativ, als einschränkende Randbedingung des möglichen Entwicklungsraumes determiniert, die positive Entwicklung menschlicher Wahrnehmungsweisen hingegen ist Aufgabe der menschlichen Kultur. Vor diesem Hintergrund gewinnt die Tatsache, daß in der Geschichte der Menschheit unterschiedliche Methoden der Erkenntnis erfunden und gelebt wurden, eine neue und wichtige Bedeutung: Sie macht deutlich, daß uns Menschen nicht nur eine spezifische Relation zur Welt möglich ist, sondern viele verschiedene, und sie sichert uns gleichzeitig zu, daß die Entwicklung menschlicher Wirklichkeitskonstruktionen ein offener, ein unabgeschlossener Prozeß ist: Menschliche Wirklichkeitskonstruktionen sind historisch variabel, und umgekehrt lassen sich spezifische Kulturen charakterisieren als eine ganz bestimmte Form solcher Wirklichkeitskonstruktionen.

Erkenntnismethode, Wirklichkeitskonstruktion, Wahrnehmungsorganisation, das sind Begriffe, die ihrem Bedeutungshof nach auf objektive Strukturen verweisen. Die Geschichte aber wird von Menschen gemacht, und das bedeutet: jede Erkenntnismethode stellt zugleich eine ganz besondere Art und Weise dar, wie wir uns als Menschen zur Welt verhalten und wie wir als Menschen in dieser Welt leben. Nur in Gedanken läßt sich die Methode vom Tun trennen, und das Tun davon, was für Menschen dieses Handeln aus uns macht, und davon, wie diese Menschen die Welt und sich selbst erleben und sehen. Und nur in Gedanken läßt sich die Methode davon trennen, was wir für Menschen sind, daß wir diese Methode bevorzugen und nicht jene andere, dieses betreiben anstelle von jenem und die Sache so erleben und sehen und nicht so:

Wenn in einer Kultur eine ganz bestimmte Erkenntnismethode dominiert, dann deswegen, weil die Mitglieder dieser Kultur sich mit dieser spezifischen Relation zur Welt, mit dieser spezifischen Art, als Mensch zu leben, und diesem spezifischen Weltbild identifizieren.

Aus der Sicht der Entwicklungspsychologie läßt sich diese subjektive Seite noch pointierter formulieren: Unser Selbst, unsere Identität als Mensch konstituiert sich in eben jenem Prozeß, in dem der einzelne sich die je kulturell gültige Wirklichkeitskonstitution aneignet und in ihr heimisch wird.

Was der Mensch „ist" und was ihm Wirklichkeit „ist", das ist in dieser Sicht also nichts Vorgefundenes und Getrenntes, sondern das sind zwei Resultate ein und desselben Prozesses. Wir machen uns zu den Menschen, die wir sind, und wir konstruieren, was Wirklichkeit für uns ist, indem wir die subjektiven und objektiven Möglichkeiten einer spezifischen Erkenntnisstruktur, einer spezifischen Beziehung zur Welt in einer Kultur realisieren und entfalten.

II

Wenn man in diesem Rahmen auf unsere Kultur blickt, so fällt zunächst auf, daß das, was ihr größter Stolz ist, zugleich ihr größtes Manko ist: die Vorstellung nämlich, wir hätten im wissenschaftlichen Wissen die Methode gefunden, objektiv wahres, alleingültiges und – der Tendenz nach – vollständiges Wissen über die Welt zu finden.

Wer von diesen Vorstellungen als gültiger Wahrheit ausgeht, dem verstellt sich notwendig der suchende Blick auf die Grenzen des erworbenen und erwerbbaren Wissens. Und das hat in einer Welt, in der Wissen nur begrenzt gültig und nicht alles erkennbar ist, fatale Folgen. Denn in einer solchen Welt ist es das Wissen um die Grenzen des eigenen Wissens, das die Voraussetzung für jede vernünftige Anwendung von Wissen überhaupt ist.

Die Fülle von nicht vorhergesehenen lokalen und globalen ökologischen Schadwirkungen, die die Anwendung unseres Wissens nach sich gezogen hat, und vor der wir heute dastehen wie der Zauberlehrling, der die Geister, die er rief, nicht mehr beherrschen kann, ist ein klares Indiz dafür, daß wir uns in der Tat in diesem Glauben an die unbegrenzte Gültigkeit unseres Wissens verfangen haben: Wir haben unser begrenztes Wissen um die Welt mit der der tatsächlich existierenden Welt verwechselt.

Die angenommene unbegrenzte Gültigkeit wissenschaftlichen Wissens jedoch – und damit auch die Gültigkeit technischer Macht – basiert auf der Annahme des Prinzips der lokalen Ursachen: wir setzen voraus, daß wir kleine Teile der Welt beliebig manipulieren und die Auswirkungen dieser Einwirkungen vollständig prognostizieren können, während der Rest der Welt auf diese lokale Veränderung keinen Einfluß hat – und umgekehrt. Nun stellt sich aber bei eigentlich jedem Experiment und jeder Anwendung unserer technischen Macht heraus, daß immer mehr Einwirkungen und Auswirkungen da sind, als wir vorausgesetzt haben. Und wir könnten daraus schließen, daß im realen Leben offensichtlich Teil und „Rest der Welt“ im Zusammenhang stehen, und es eben *die* zentrale Begrenztheit wissenschaftlichen Wissens ist, daß es diesen Zusammenhang immer fallweise ignorieren und deswegen in jedem konkreten Fall gewissermaßen immer *auch* falsch sein muß. Statt dessen jedoch nennen wir diesen Zusammenhang „Nebenwirkung“ oder „Verschmutzungseffekt“, ignorieren die Begrenztheit und lassen uns in der Technikentwicklung auf einen kumulativen Prozeß ein, in dem wir immer die jeweiligen akuten Nebenwirkungen nun ihrerseits als vom Rest der Welt getrennte behandeln, auf daß sie auf diese Weise wissenschaftlich und technisch beherrschbar werden – und so weiter und so fort, immer im Vertrauen darauf, daß uns die unbegrenzte Gültigkeit unseres Wissens aus jeder neuen Patsche hilft, in die uns eben die unbegrenzte Anwendung dieses Wissens gebracht hat.

Und so grenzenlos war und ist unser Vertrauen in die Grenzenlosigkeit unseres Wissens und unserer Macht, daß wir sogar vergessen haben, daß die Welt und ihre Ressourcen notwenig definitive Grenzen haben. Wir haben unser Leben auf dem beschleunigten Abbau begrenzter Ressourcen aufgebaut und das Ganze auch noch als ein unbegrenzbar verlängerbares Modellverhalten für die Zukunft gepriesen. Schlimmer noch, weil in unserem Muster der unbegrenzten Gültigkeit gilt, daß entweder Erklärungssystem A gültig sein kann oder B, aber nicht beide, bedroht jedes Phänomen, das in A nicht hineinpaßt, unmittelbar die Gültigkeit des Gesamtunternehmens. Grenzen, Inkompatibles darf es innerhalb einer solchen Logik um der eigenen Existenz willen eigentlich gar nicht geben. Konsequenterweise zielt denn auch die Anstrengung unserer Kultur nicht darauf ab, ihre eigenen Grenzen zu erkennen, sondern darauf, die eigene Struktur möglichst lückenlos und grenzenlos zur einzig gültigen zu machen – ob das nun die Wissensmethode oder unsere technische Art des Umgangs mit der Welt ist.

Die Existenz unserer Wirklichkeitskonstruktion ist deshalb auf mehr als eine Weise zutiefst ambivalent. Auf der einen Seite entwickeln wir ihre objektiven und subjektiven Möglichkeiten in atemberaubendem Ausmaß: wenn wir im Rahmen unseres Weltbildes denken, dann sehen wir das Entstehen eines ungeheuren Reichtums, einer ungeheuren Vielfalt. Auf der anderen Seite vernichten wir alle alternativen Entwicklungsmöglichkeiten des Menschseins in uns und auf der Welt, und machen uns blind gegenüber den Grenzen des eigenen Modells und alternativen Entwicklungspfaden: Wenn wir über unser

Weltbild hinausdenken, dann sehen wir eine fortschreitende ungeheure Verarmung, sehen das Anwachsen einer Monokultur, die immer wieder das gleiche Muster vervielfältigt.

III

Wenn wir für das grundlegende Muster unserer Kultur einen Namen finden wollen, so würde ich die Worte „Bifurkation" und „Explizitheit" wählen – Bifurkation in Analogie zu der Verwendung des Wortes in Geographie, Chemie und Biologie. Mit Bifurkation werden hier Entwicklungsphänomene bezeichnet, in denen eine bisherige Einheit sich zu zwei neuen Zuständen verzweigt, die einander entgegengesetzt sind. Zentral für unsere Kultur ist eine Bifurkation zwischen Gefühl und Verstand, Körper und Geist, Natur und Zivilisation, Altruismus und Egoismus, Teil und Ganzem, Objekt und Subjekt.

In der wissenschaftlichen Erkenntnismethode ist eine solche Bifurkation bezeichnenderweise die eine zentrale, ontologische und erkenntnistheoretische Voraussetzung, auf der das ganze Gebäude wissenschaftlichen Erkennens aufbaut: Grundlegend ist hier – wie oben schon angesprochen – die Trennung zwischen Teil und Ganzem und die Annahme ihrer Unabhängigkeit voneinander, die Trennung und Entgegensetzung von Beobachter und Beobachtetem, von Subjekt und Objekt.

Was das Psychische betrifft, so steigert sich diese Bifurkation zu einer Dichotomie in den Personen selbst: Der wissenschaftlichen Definition gemäß setzt wahres Wissen voraus, daß wir uns radikal von unseren eigenen Gefühlen gegenüber dem Erkenntnisgegenstand distanzieren. Wahrheit, Wirklichkeit wird allein zugänglich durch die Anwendung von reiner, abstrakter Vernunft, den Verhaltensregeln des kontrollierten Experiments und der präzisen Messung. Unsere subjektive Erfahrung der Welt hingegen ist eher Projektion und Illusion, sie ist auf jeden Fall nichts, was die Welt erklärt, sondern etwas, das seinerseits erklärt werden muß.

Wenn wir uns denn in unserer Kultur auf die Welt beziehen, so vertrauen wir nicht unserer subjektiven Erfahrungsfähigkeit. Im Gegenteil, wo immer das möglich ist, ersetzen wir sie durch unsere Fähigkeit, die Welt wissenschaftlich zu erkennen und sie aufgrund dieser Erkenntnis gemäß unseren Wünschen manipulieren zu können. Genauer gesagt: Wissenschaft ist das Unternehmen, welches versucht, die Welt als eine Menge expliziter allgemeingültiger Regeln über eine genau definierbare Menge von Einheiten zu erfassen. Die Gültigkeit einer solchen Beschreibung ist die Voraussetzung für die Beherrschbarkeit, für die Manipulierbarkeit des Weltgeschehens gemäß diesen Regeln. Und was sich der Wissenschaft so als eine berechenbare Welt an sich entziffert, das konstruiert moderne Technik als eine künstliche Welt für uns: in der modernen Technikentwicklung nehmen wir jene wissenschaftlichen Erklärungen und wandeln die Welt so um, daß diese Regeln nach unseren Zielen und Wünschen wirksam werden.

Was uns also die explizite Konstruktion der Wirklichkeit eröffnet, das ist Herrschaft als eine grundlegende, allumfassende Beziehung zur Welt. Und nicht rohe Gewalt setzt hier Herrschaft durch, sondern die Struktur des Wissens selbst ist so geartet, daß wir vom anderen nur wissen können, insofern es als beherrschbares Objekt – als eine Menge expliziter Regeln und wohldefinierter Grundeinheiten – beschrieben werden kann.

Konsequenterweise ist es denn auch für unsere Kultur kennzeichnend, daß wir die Welt im wesentlichen als ein solch totes Objekt wahrnehmen, und das Geschehen in ihr als den Ablauf von Kausalverläufen. Und konsequenterweise kann sich in einer solchen Welt das Subjektverständnis gar nicht anders bestimmen als in Antinomie zu diesem Objektbegriff: Negativ schränkt der Subjektstatus die Menge der manipulierenden Eingriffe ein, und positiv sind wir in unserer Kultur traditionell Subjekte, insofern wir das Vermögen der Ratio haben – jener rechnenden Vernunft, die das andere als beherrschbares Objekt konstruieren und de facto beherrschen kann.

Im Rahmen dieser Logik ist es nicht verwunderlich, daß das, was anders, was noch nicht beherrscht ist, als Gegner und Feind erlebt wird. Hier gilt, daß Zivilisation und Wildnis als antagonistische Einheiten konzipiert werden, und wenn wir im Rahmen dieser Logik leben, so ist wilde Natur hier für uns typischerweise die „wilde, feindliche, bedrohliche Natur“ – egal, ob das die äußere Natur ist, die unsere zivilisatorischen Artefakte zu zerstören droht, oder ob das die innere Natur ist, das, was wir „Gefühle“ und „Körper“ nennen, und die als etwas erlebt werden, das unsere Vernunft überrennt und unsere Identität überwältigt.

Angst vor dem anderen und Herrschaft über das andere sind zwei Seiten ein und desselben Bezugs zur Welt, und Entfremdung und Einsamkeit vervollständigen die psychische Dimension dieser Struktur: Der Mensch erlebt sich selbst als grundlegend getrennt von der Natur und den anderen Menschen, und in dieser Isoliertheit und Fremdheit sind es dann wieder nur die allgemeingültigen expliziten Regeln und die Herrschaft, die sie versprechen, die die Ordnung der Welt garantieren: in der äußeren Natur, gegenüber der inneren Natur und in der sozialen Welt selbst.

Von dieser Seite aus gesehen ist Technikentwicklung nur ein anderes Wort für ein Bemühen, das sich auch so charakterisieren läßt: möglichst die ganze Welt in eine technisch reproduzierte zu verwandeln, und möglichst jedes gesellschaftlich notwendige Tun als explizites zu organisieren und – idealerweise – vom Ausführenden zu trennen und zu mechanisieren. Gerade jetzt leben wir in einer Zeit, die von einem weiteren Sprung nach vorn in diesem Bemühen gekennzeichnet ist: In der Gentechnik vereinnahmen wir nach der toten Materie nun auch die lebende als Material unserer technischen Konstruktion, und mit der Informationstechnik schaffen wir uns die Grundlage, auch die soziale Rede über unser Tun als explizite, mechanisierte durchzuformen.

Positiv und wieder in bezug auf den Menschen formuliert: In unserer Kultur bauen wir unsere Identität auf der absoluten Gültigkeit dieser einen Wirklichkeitskonstruktion mit ihrem charakteristischen Muster der Bifurkation und der Explizitheit auf. Für uns sind wissenschaftliche Erkenntnis und Technikentwicklung nicht nur Mittel für etwas, sondern sie sind zugleich das Ziel an sich. Indem wir die Ordnung, für deren Gültigkeit sie Zeugnis ablegen, möglichst umfassend als Ordnung für uns verwirklichen, verwirklichen wir unser menschliches Selbst:

Die objektive Konstruktion der Welt und das subjektive Erleben der Welt, die psychischen, epistemischen und sozialen Aspekte ergänzen einander, sie sind Teile einer sich selbst organisierenden Ordnung, die sich gegenseitig in ihrer Gültigkeit verstärken.

Wobei wir uns hier Gültigkeit eben nicht als einmütige und problemlose Ordnung vorstellen dürfen, sondern Gültigkeit heißt gerade in unserer kulturellen Ordnung, daß hier die Gültigkeit von Widersprüchen, von Antinomien gesetzt, bestätigt und reproduziert wird.

IV

Sieht man unsere Sache in dieser notwendigen Verbundenheit von subjektiven und objektiven Komponenten, in der wechselseitigen Abhängigkeit von Teil und Ganzem, Wirkung und Ursache, so werden grundlegende Paradoxien unserer modernen Zeit verständlicher:

wieso sich Wissenschaft trotz der wissenschaftlichen Einsicht in die Grenzen der Wissenschaft nicht geändert hat und nach wie vor und in verstärktem Maße so betrieben wird, als ob alles noch in der alten Ordnung sei; wieso wir trotz der Gefährdung durch unsere technische Lebensweise und trotz der Tatsache, daß diese immer offensichtlicher und globaler wird, hartnäckig und im verstärktem Maße das weiter machen, was wir bisher gemacht haben; wieso wir so viel „Neues" beginnen können, und am Ende doch wieder bloß eine weitere Variante des Früheren haben; wieso es so ungeheuer schwer ist, auch nur *eine* Sache wirklich zu ändern.

Was jeweils ansteht, das ist eben nicht eine Reihe begrenzter Entscheidungen in begrenztem Rahmen, sondern letztlich geht es bei jeder Entscheidung um unsere ganze Lebensweise, um die Gültigkeit unserer ganzen Wirklichkeitskonstruktion und um die Gültigkeit unseres Selbstbildes und unseres Identitätsgefühls.

Auf der anderen Seite macht diese – nennen wir sie einmal „ganzheitliche" Beschaffenheit – auch verständlicher, wieso die Kritik an der Etablierung einer weiteren expliziten Struktur oft so heftig ist und – ganz richtig – außer Proportion zu diesem einen neuen Teil steht. Denn letztlich ist es nicht das eine Teil, sondern die sich selbst verstärkende Macht unserer Ordnung, die die Kritik evoziert, es ist das, was alle Teile *gemeinsam* durchsetzten. Oder – genauer gesagt – das, was alle Teile gemeinsam ausschließen und vernichten:

Denn was auch immer die Qualität von expliziten Prozessen sein mag, die für unsere Kultur so bestimmend sind – was auch immer explizite Prozesse erklären oder nicht erklären oder imitieren mögen, und was auch immer ihr Potential ist (und sie haben ganz sicherlich ein großartiges, mächtiges Potential) – eines sind explizite Prozesse ganz sicherlich nicht:

explizite Prozesse sind nicht identisch mit den impliziten Prozessen, an deren Stelle sie treten.

Exakt an dieser Verschiedenheit liegt es ja, daß wir uns eine solche Mühe machen, explizite Prozesse zu erfinden und sozial zu etablieren:

Das gilt schon so für die Schrift – die explizite Rekonstruktion des impliziten Tuns Sprechens –, die wir nicht deswegen so wertschätzen, weil sie wie das Sprechen ist – nämlich personengebunden und flüchtig, sondern weil sie im Gegenteil dauerhaft und kontextunabhängig ist. Das gilt so für die ganze Geschichte der Mechanisierung, die nicht deshalb zu einem so großen Erfolg geworden ist, weil sie – schon immer und auch heute noch – unfähig ist, die Produkte und den Prozeß von Handwerkskunst zu reproduzieren, sondern weil sie neuartige Arbeitsprozesse und Produkte möglich macht. Und das gilt auch für die mechanische Symbolverarbeitung, die nicht deswegen so große Profite verspricht, weil sie wie die menschliche ist – nämlich fehlerhaft und variabel, individuell und langsam, sondern eben ungleich schneller, standardisiert und invariant.

Umgekehrt impliziert diese Verschiedenheit natürlich auch, daß dem expliziten Prozeß oft positive Potentiale des impliziten Prozesses fehlen:

Schrift ist z. B. arm gegenüber den vielfältig-sinnlichen Ausdrucksmöglichkeiten des Sprechens, und darüber hinaus ist es genau ihr Vorteil – daß sie eben kontext- und personenunabhängig Inhalte übermittelt –, der sie als Medium der Verständigung zwischen Personen so arm macht. Und wir sprechen bezeichnenderweise von HandwerksKUNST und Selbstverwirklichung in der KUNST, aber von Massenprodukten, von psychischer und physischer Verelendung in der Fabrikarbeit und von Entfremdung und Entmündigung des einzelnen gegenüber großen komplexen technischen Organisationen. Und der mechanischen Symbolverarbeitung fehlt jene Dimension, die der menschlichen das Schöpferische gibt und in der die Fähigkeit zur Kritik begründet ist – der dauernde Rückbezug auf die offene menschliche Erfahrung der Wirklichkeit. Während zugleich gerade die Mächtigkeit der mechanischen Symbolverarbeitung sie zu einem Mittel der Kontrolle und der Herrschaft werden lassen kann.

Mustergültig läßt sich diese Verschiedenheit von explizit und implizit an der expliziten Konstruktion impliziter Prozesse durch die Wissenschaft aufzeigen: eine Beschreibung etwa des Fahrradfahrens in physikalischen Begriffen und das implizite Wissen und Können „Fahrradfahren“ sind zwei Strukturen, die nicht miteinander vertauscht werden können, ohne daß ihr je spezifischer Wert sinnlos wird.

Explizite Prozesse haben also, so meine These – und ich hoffe diese wenigen Beispiele haben es etwas anschaulich gemacht –, eine radikal andere Struktur als implizite Prozesse. In bezug auf den ausführenden Menschen bedeutet das: die menschlichen Entwicklungsmöglichkeiten, die die Entwicklung und Etablierung expliziter und impliziter Prozesse eröffnen, sind verschieden. Und eine Kultur, die wie die unsere sich dem Expliziten verschrieben hat, eröffnet damit nicht nur systematisch bestimmte Entwicklungsmöglichkeiten des Menschen, sondern schließt damit zugleich systematisch bestimmte andere Entwicklungsmöglichkeiten aus den uns zugänglichen aus.

Wenn wir diese Verschiedenheit, und damit nicht nur die aufbauende, sondern auch die depravierende Seite unserer Kultur besser begreifen wollen, dann müssen wir nach Kulturen suchen, die sich im Gegensatz zu unserer auf die Entwicklung impliziter Prozesse konzentrieren. Denn was wir uns an Entwicklungsmöglichkeiten nehmen, das läßt sich ja nur feststellen in Vergleich zu anderen Menschen, die eben das entwickelt haben, was wir vernachlässigen. Auf der Suche nach solchen alternativen Kulturen fällt zunächst auf, daß die

Höherbewertung expliziter Prozesse und die damit einhergehende Abwertung all dessen, was mit dem Impliziten zusammenhängt, eine lange Tradition hat. Die Geschichte des Abendlandes läßt sich – rückblickend – als dieser Versuch beschreiben, das Potential, das abstrakten Denkprozessen innewohnt, zu erforschen und zu verwirklichen. In diesem Sinne ist unsere Kultur tatsächlich diejenige, die einen alten und oft geträumten Traum zum ersten Mal im großen Maßstab verwirklicht. Wenn wir weiter und jenseits dieser, unserer Tradition suchen, dann stoßen wir auf ein Phänomen, das sich in unserer Kultur als „die Entdeckung primitiver Kulturen" niederschlug: diese anderen Kulturen sind offensichtlich so verschieden von der unsrigen, daß wir sie zunächst nur als eine phylogenetisch überwundene Stufe der Menschheit begreifen konnten. Nicht nur haben sie keine Technik, Mathematik und Wissenschaft in unserem Sinne, sondern ihre Wirklichkeitskonstruktion, ihr Erkenntnismodus und ihre Konzeption von Mensch und Natur stehen quer zu den Kategorien unserer Ordnung. Was wir heute im Rahmen *unseres* Ordnungssystems als implizite Prozesse bezeichnen, das entpuppt sich, wenn es als Weltbezug ernst genommen wird, als eine menschliche Welt von ganz eigener Art.

V

Warum diese Welt so anders ist, dafür bekommen wir ein erstes Verständnis, wenn wir uns klar machen, daß die benützten Erkenntnismodi in beiden Welten komplementär sind: Im Gegensatz zu unserem Konzept wissenschaftlichen Erkennens ist es in dieser anderen Welt nicht die Fähigkeit zur Abstraktion von der bloß subjektiven Erfahrung der Welt, die wahre Erkenntnis möglich macht. Wahre Erkenntnis basiert hier umgekehrt gerade auf der Fähigkeit, sich auf subjektive Erfahrung als Medium des Weltbezugs voll und ganz einzulassen. Gemeinsam ist jedoch beiden Erkenntnismethoden, daß sie ganz bestimmte, charakteristische Strukturen und Bedingungen implizieren.

Ganz gleich, was wir erfahren wollen, wird uns die volle Erfahrung von etwas nur zugänglich, wenn wir fähig sind, loszulassen, wenn wir fähig sind, uns selbst, unsere Erwartungen, Wünsche und Ängste über dem Prozeß der Erfahrung zu vergessen. Kleine Kinder leben das oft ganz spontan vor: vollkommen versunken in diesem neuen, wunderbaren Etwas draußen vergessen sie alles andere – ihre eigenen Wünsche und Ängste und natürlich auch sämtliche Ermahnungen. Und in hochentwickelten Erkenntnismethoden wie dem Buddhismus, dem Yoga, dem Tao oder dem sogenannten animistischen Denken wird dieses Sich-Selbst-Vergessen-Können zu einer notwendigen und bewußten Kunst entwickelt: die Auflösung des Ego, die Verminderung des Wissens als Voraussetzung von Wissen, die Auflösung aller bisher erworbenen Wahrnehmungsstrukturen gehören hier zu den Standardprozeduren.

Im Erfahrungsprozeß wird uns die Struktur des anderen nur unverzerrt zugänglich, wenn wir unsere eigene aufgeben. Und das wiederum ist so, weil wir dieses Wissen um den anderen nur dadurch gewinnen, daß wir – temporär und im Geiste – wie der andere werden. Wo Erfahrungsfähigkeit zur Erkenntnismethode entwickelt wird, können wir sie also als Erkenntnis durch Verwandlung, durch Identifikation oder Partizipation beschreiben: Voraussetzung von Erkenntnis ist hier nicht unser Ideal der Unabhängigkeit von Erkenntnissubjekt und Erkenntnisobjekt, sondern die Fähigkeit, diese Trennung zu transzendieren.

Wissen ist in diesem Rahmen notwendig konkret und situativ, an die Individualität des Erkannten sowie an die Person des Erkennenden gebunden. Es läßt sich nicht ablösen und in Regeln verallgemeinern, es ist nicht wie bei uns ein „Wissen über", das Herrschaft möglich macht, sondern primär ein Wissen der Teilnahme und Beteiligung. Und es ist immer eine Teilnahme und Beteiligung, die den ganzen Menschen, Körper und Geist und Sinne, umfaßt und verwandelt. Wenn wir dieses Wissen implizit nennen, so ist das ein ungeschickt negativer Ausdruck für etwas, worin dieses Wissen seine eigenste Qualität sieht: daß es ein Wissen jenseits der Grenzen des explizit Darstellbaren ist. Was wesentlich an ihm ist, das ist nicht in Sprache übersetzbar. Oder besser gesagt: Sprache, Bilder, Sinnbilder, Spiel, Drama haben in der Mitteilung eine andere Funktion als bei uns. Daß wir das lange nicht verstanden haben, und in unserem Sinne alles wörtlich, wie bei uns als den Versuch einer direkten Repräsentation der Realität aufgefaßt haben, was uns da erzählt wurde, das hat auf tragikomische Weise unser Mißverständnis des Primitiven zementiert.

Wenn wir Erfahrungsfähigkeit nicht als Erkenntnismethode, sondern als spezifischen Bezug zur Welt, und damit also als Verwirklichung des menschlichen Selbst betrachten, so finden wir eine für unser Selbstverständnis paradoxe Struktur: Der eigentliche Kern des Selbst besteht hier nicht darin, daß man ein Selbst hat, oder – in psychologischem Jargon ausgedrückt – daß man eine ausgebildete Ego-Struktur hat. Der eigentliche Kern des Selbst besteht umgekehrt in der Fähigkeit, sich selbst, die eigenen Strukturen immer wieder aufzulösen und zu überwinden in immer neuen und weiteren Identifikationsprozessen. Es ist diese Beziehung zu einer unbegrenzten Vielfalt von anderen, die als das eigentlich grundlegende Bedürfnis des Ego empfunden und als Erfüllung erfahren wird, und der Sinn der Welt und die Verwirklichung des Selbst entfalten sich im Rahmen dieser Beziehung. Konsequenterweise wird alles, was diese Beziehung möglich macht, und alles, was sie so reich als möglich werden läßt, so wertgeschätzt wie das eigene Selbst; die Welt ist hier in mehr als einem Sinn Teil des eigenen Selbst, und der Mensch ist teilnehmender Teil in diesem Ganzen.

Erst in diesem Zusammenhang wird für uns deutlich, wieso es kein Zufall ist, wenn sog. primitive Kulturen – im Gegensatz zu uns – in den verschiedensten Biotopen zu ökologisch stabilen Wirtschaftsweisen gefunden haben. Und erst vor diesem Hintergrund läßt sich für uns der Gedanke fassen, daß es dort nicht bloß die Unfähigkeit zur „Natur"beherrschung war, die jene Kulturen so bescheiden und leise auftreten ließ, sondern auch eine positive Absicht und ein bewußtes Ideal: die Kunst der minimalen Einwirkung auf die freie Gemeinschaft aller Lebewesen, die Freude und der Frieden, von den Geschenken der Natur und nicht von ihrem Raubbau zu leben. Und erst nach und nach beginnen wir zu entdecken, daß ein groß Teil von dem, was wir als Mythen, Riten und Aberglauben abgetan haben, angewandtes Beziehungs- und Verständigungswissen war – zwischen Mensch und Mensch und zwischen Mensch und Natur:

Im Gegensatz zu unserer Kultur gibt es hier keine Dichotomie zwischen Subjekt und Objekt, Mensch und Natur, Mensch und Tier, Körper und Geist, und das Ganze ist nicht das, was aus Teilen zusammengesetzt wird, sondern Teil und Ganzes enthalten sich gegenseitig. Wo unsere Kultur auf der Dichotomie von Subjekt und Objekt aufbaut und die Implikationen dieser Bifurkation immer wieder reproduziert und bestätigt findet, bauen jene gerade auf dem Gegenteil auf. Der Weg der Erfahrung wird als jene Fähigkeit begriffen, den Unterschied des anderen, welcher Art er auch immer sein mag, in der Erkenntnis des anderen aufzuheben und zugleich zu bewahren.

VI

Das, was wir in jenen anderen Kulturen also finden, bestätigt in vollem Umfang jene These, die uns zu ihnen hinführte: daß in den Prozessen, die unsere Kultur marginalisiert, ein eigenständiges menschliches Entwicklungspotential verborgen ist. In gewissem Sinn bestätigt es diese These sogar viel zu gut. Dort, wo wir unter „subjektiver Erfahrung" allerhöchstens die Erforschung eines psychischen Innenraumes erwarten, da eröffnet sich ein realistischer Weg zur Erforschung der ganzen Welt. Und die Alternative, die wir dergestalt erhalten, ist nicht eine *Ergänzung* zu unserer Wirklichkeitskonstruktion, die wir in die unsere einverleiben könnten, sondern eine ganz eigenständige menschliche Welt, die die unsrige, unsere Art und Weise, Mensch zu sein, auflöst, wenn wir uns auf sie einlassen. Vorgefertigte Entwicklungsmodelle für unsere eigenen Defizite werden wir also in jenen anderen Kulturen nicht finden können, weil die Aufhebung unserer Defizite, wenn wir sie denn im vollen Ernst betreiben, offensichtlich aus unserer Kultur herausführt. Die moderne Anthropologie hat dafür einen Ausdruck geprägt: „Going native", „zu den Eingeborenen überzulaufen", das sei die große Gefahr, in die der Anthropologe unweigerlich geriete. Und wenn wir zwischen den Zeilen der offiziellen Geschichtsschreibung lesen, so ist das ein Schicksal, das vor den Anthropologen mehr Leute freiwillig gewählt haben, als wir gerne wahrhaben wollen: Unter den weißen Eroberern gab es etliche, die im Leben der Primitiven für sich die bessere Alternative sahen.

Wenn wir nicht so wie jene unsere Kultur zur Gänze aufgeben wollen, und wenn wir, weil wir in dieser Kultur leben und mit ihr – im guten und im schlechten Sinne – verwachsen sind, diese unsere Kultur zur Gänze nicht aufgeben können, dann stellt sich natürlich die Frage, was wir von jenen anderen lernen können, die das entwickelt haben, was bei uns fehlt. Und die Antwort ist die etwas kuriose, daß wir sehr viel von jenen anderen lernen können, aber das, was wir zunächst von jenen anderen lernen müssen, um gerade auch in unseren Problemen weiter kommen zu können, das ist nicht etwas, das unseren Besitzstand vergrößert, sondern das ist etwas, das ihn im Gegenteil vermindert – wir müssen lernen, bescheidener zu sein:

Was in unserer Kultur zugänglich ist, das deckt offensichtlich ganz entschieden nicht alle positiven Entwicklungsmöglichkeiten des Menschen und des Lebens auf dieser Erde ab. Und völlig unabhängig davon, was sonst in welcher Kultur noch von Übel sein mag, so hat eine solche Feststellung zur Folge, daß es vor allem das Monopol einer Kultur, einer Lebensweise ist, das depravierend wirkt. Wir brauchen andere Kulturen als die unsere, weil wir uns ohne sie nicht einmal mehr einen Begriff davon machen könnten, was an der unsrigen so beschränkt ist. Und primitive Kulturen würden dem hinzufügen: Wir brauchen die freie Entfaltung nicht-menschlicher Lebensweisen, weil wir uns ohne sie nicht einmal mehr einen Begriff davon machen könnten, was an der menschlichen so beschränkt ist. Wir brauchen die Vielfalt, um zu lernen, und *reiches* Wissen, ein Reichtum an menschlichen Entwickungsmöglichkeiten entsteht nur in der Entwicklung einer *reichen* Vielfalt.

Das hört sich nett und harmlos und unverbindlich an, wenn man das so sagt – Bescheidenheit, Vielfalt. Der Eindruck aber schwindet, wenn wir näher hinsehen. Denn eben jetzt, wo ich das sage, befinden wir uns in einer Situation, in der wir die anderen Kulturen, von und mit denen wir lernen wollen, fast ausgerottet haben: wir haben ihr Land besetzt, die Einwohner versklavt, getötet, vertrieben, und den Rest als Material für unsere Strukturen ausgebeutet. Und wenn heute die Entscheidung ansteht: Überleben der Penan im Regenwald Malaysias oder Abholzung, Nutzungsrechte der Samen im Rahmen ihrer halbnomadischen Kultur oder Wasserkraftwerk am Alta, Lebensrechte der Martu in Australien oder Uranabbau, territoriale Bestimmungsrechte der Inuit in der Arktis oder Nato-Tieffluggebiet, dann fällen wir die Entscheidung auch heute zugunsten unserer Kultur. Und diese Kultur ist eine, die der freien Entfaltung nicht-menschlicher Lebewesen die Ausrottungsrate von inzwischen mehr als 1 Art pro Tag entgegensetzt.

Bescheidenheit, Vielfalt also, das bedeutet, daß wir die extensive Ausdehnung unserer technisch-wissenschaftlichen Kultur beenden und erobertes Gebiet zurückgeben müssen. Wir müssen ganz konkret weniger Raum einnehmen und die territorialen Rechte anderer Existenzweisen – menschlicher und nicht-menschlicher – akzeptieren, auf daß andere Lebensformen überhaupt wieder Raum haben, leben zu können. Und dazu gehörte natürlich auch, daß unser DDT nicht in der Arktis landet, daß das FCKW aus unseren Sprühdosen nicht weltweit die Ozonschicht zerstört, daß der Schwefel und die Radioaktivität aus unserer Stromerzeugung nicht die Lebensgrundlage der anderen vernichtet. Wenn wir Bescheidenheit hinsichtlich der eigenen Kultur und Vielfalt der menschlichen und nicht-menschlichen Lebensformen als grundlegende Voraussetzungen für die Entfaltung menschlicher Lebensmöglichkeiten akzeptieren, dann müssen wir die Auswirkungen unserer Lebensform, wenn wir sie denn haben wollen, weil wir sie *für uns* für die beste halten, auf einen begrenzten Raum auf dieser Erde beschränken.

Die Forderung einer solchen Bescheidenheit freilich ist in unserer Kultur eine der unbescheidensten, tollkühnsten Ansprüche, die wir stellen können. Die Rücknahme unserer Macht, die Einsicht in unsere Begrenztheit rührt an das Zentrum unserer kulturellen Identität. In einem Weltbild, das durch die Überzeugung konstituiert wird, die Methode zu einem vollständigen und wahren Wissen über die Welt zu haben, ist die Aufforderung, den eigenen Wirkungskreis zu begrenzen, weil das eigene Wissen, die eigene Lebensform inhärente Grenzen hat, eine Aufforderung, die entweder gegenstandslos ist, weil ihr Sinn nicht nachvollzogen werden kann, oder es ist eine Aufforderung, die *alles* in Frage stellt. Und wenn Sie einen Moment zurückdenken an das, was ich die ganzheitliche Beschaffenheit und Verwobenheit von Mensch, Weltbild, Wirklichkeit genannt habe, dann ist dieses „alles“ immer zugleich sehr persönlich und sehr global gemeint, es betrifft Grundsätzliches und immer zugleich sehr viele Einzelheiten.

Und es ist natürlich die Frage, ob es überhaupt realistisch ist anzunehmen, wir könnten uns dergestalt in diesem Ausmaß und dieser Tiefe in Frage stellen. Ist es realistisch, anzunehmen, daß wir es schaffen könnten, den Anspruch, objektiv wahres Wissen und in diesem Wissen die einzig richtige Lebensweise zu haben, auf allen Gebieten – dem epistemologischen, dem praktischen, dem persönlichen und dem wirtschaftlichen – zurückzunehmen?

Die Antwort auf diese Frage hängt nun wieder davon ab, was wir denn für eine Alternative hätten. Macht es Sinn, sich im eigenen Weltbild zu vergraben und alle Hinweise auf seine Begrenztheit zu mißachten? Die Hinweise der wissenschaftstheoretischen Diskussion auf der erkenntnistheoretischen Ebene? Die Hinweise in der realen Welt, die Fülle der unvorhergesehenen ökologischen Nebenwirkungen, das zunehmende Restrisiko komplexer technischer Systeme? Die vielen Stimmen anderer Menschen, die ihrem anderen Weltbild Existenzrecht und Würde zusprechen? Und wenn wir so weitermachen wie bisher, ist es nicht ganz und gar unrealistisch anzunehmen, daß uns dieses Vorgehen auch nur das Überleben sichern würde – von der Qualität des Lebens ganz zu schweigen? Wenn wir den Zustand der Welt jetzt betrachten, heißt dann „weitermachen wie bisher“ nicht eben realistischerweise dies: daß wir die Welt damit desto sicherer in eine globale Katastrophe steuern?

Gerade weil wir diese Fragen nicht sicher und allgemeinverbindlich beantworten können, ist es vor allem *vernünftig*, nicht alles auf eine Karte, nicht alles auf eine Kultur zu setzen, und vor allem nicht das Schicksal unserer Kultur, die Ursache globaler Gefährdungen ist, mit dem Schicksal der Menschen und der Welt in-eins zu setzen. Und dieser vernünftige Schluß wiederum zwingt uns zur Feststellung, daß wir insgesamt in einer paradoxen Situation sind:

Gerade insofern wir objektives, sicheres Wissen zu haben meinen, gefährden wir nicht nur die Entwicklung, sondern sogar das Überleben der Menschheit. Und gerade dann, wenn wir unsere Kultur und unser Wissen nicht einfach ganz wegwerfen wollen und ganz verwerfen *können*, müssen wir sie von innen – in unserer Person in unserer Kultur – ganz und von Grund auf in Frage stellen:

Die Entwicklung von Alternativen beginnt dort, wo wir die Einsicht in die Begrenztheit unserer Wirklichkeitskonstruktion in ihrer vollen Tragweite zulassen, und wo wir damit auch notgedrungen die vielen Fragen und in-Frage-Stellungen zulassen, die mit dieser Einsicht verbunden sind:

Wenn wissenschaftliches Wissen begrenzt und eine mögliche Konstruktion unter anderen möglichen ist, was bedeutet das dann z. B. für den sozialen Gültigkeitsanspruch dieses Wissens, für Forschungsschwerpunkte, für die Ausbildung, für die Präsentation in der Öffentlichkeit, für meine Wahl, an diesem Forschungsprojekt zu arbeiten und nicht an jenem anderen, für meine Überzeugung, die sich auf den Glauben an diese und jene wissenschaftlichen Aussagen stützt? Wenn technische Macht prinzipiell begrenzt ist, wenn jeder Aufbau technischer Macht Folgeprobleme hat, die mit Sicherheit in toto durch technische Macht nicht gelöst werden können, was bedeutet das dann für die Konstruktion technischer Systeme, für den Aufbau einer Wirtschaft mit dieser Technik, für das technische System, das ich entwickele, für meinen persönlichen Umgang mit Technik? Wenn rationale Vernunft, wie wir sie anstreben, nicht Vernünftigkeit überhaupt umfaßt, was bedeutet das dann für uns und unser Leben, für unser Selbstverständnis – im philosophischen Diskurs, im sozialen Muster der Ausbildung und Ideale, im persönlichen Bereich und für mein Selbstverständnis als Wissenschaftler/in oder als Laie?

Wenn wir solche und noch viele andere Fragen stellen, und wenn wir versuchen, Antworten darauf zu finden und umzusetzen, dann setzen wir eine Entwicklung in Gang, in der wir notwendig unsere Vorstellung von Wissen und von uns selbst verändern, und damit auch unser Wissen, uns selbst und unsere soziale Wirklichkeit verändern. Und erst dann haben wir uns die konkrete Basis in unserer Kultur, in unserer Arbeit und in unserem Dasein als Person geschaffen, die es uns möglich macht, daß wir von der Existenz dieser anderen mehr lernen können, als bloß unsere Begrenztheit. Nur, wenn wir von innen, aus unserer Kultur heraus die Auseinandersetzung mit unserer Kultur bis an ihre Grenzen geführt haben, können wir an jenen anderen mehr wahrnehmen als bloß bunte Schablonen unserer eigenen Wünsche, Ängste und Triebe, verdrängt und projiziert auf jenes andere. Und erst, wenn wir diesen je eigenen, persönlichen Weg der Einsicht in unsere Begrenztheit gegangen sind, können wir die Existenz dieser anderen nicht nur als bloße Begrenzung, sondern als Chance erfahren: daß sich jenseits der Grenzen unserer Kultur eben nicht der bodenlose Abgrund auftut, sondern daß sich uns dort ein Reichtum an Strukturen und Erkenntnismethoden, ein Reichtum an verschiedenen Menschen eröffnet, mit ihren je eigenen Antworten *und* Fragen.

In dieser Verschiedenheit ist unsere Kultur eben nur eine unter anderen. Sie zeichnet sich dadurch aus, daß ihr grundlegender Mythos in der Vorstellung zentriert ist, uns sei ein objektives, allgemeingültiges und grenzenloses Wissen um die Welt zugänglich. Die Alternative zu diesem Mythos fängt mit der Einsicht in die eigene Begrenztheit an. Und das, was wir jenseits dieser Einsicht entwickeln werden, wird uns zugänglich, indem wir uns auf einen Prozeß der multidimensionalen Aufklärung einlassen. Eine Aufklärung, in der unsere Sache nicht nur im Lichte der einen objektiven Vernunft, sondern im gesamten Spektrum vernünftiger Lebensweisen analysiert wird. In diesem Spektrum wird unsere Wissenskonstruktion im doppelten Wortsinn aufgehoben sein: überwunden in ihrem Allgemeinanspruch und gerettet in ihrer je spezifischen Wertigkeit, so wie wir sie dann und wie jene anderen sie aus ihrer Sicht beurteilen werden.

Bibliographie (zum Weiterlesen):

Wissenschaft:

Burtt, E. A. 1925. *The Metaphysical Foundations of Modern Physical Science.* London: Kegan Paul

Feyerabend, P. 1975. *Against Method.* London: Humanities Press (inzwischen auf deutsch erschienen)

Harman, W. W. 1991. *A Re-examination of the Metaphysical Foundations of Modern Science.* Sausalito: Research Paper of the Institute of Noetic Sciences (475 Gate Five Road, Suite 300, Sausalito, CA 94965, USA)

Merchant, C. 1980. *The Death of Nature.* San Francisco: Harper & Row (inzwischen auf deutsch erschienen)

Polanyi, M. 1983. *Personal Knowledge.* London: Routledge and Kegan

Watzlawick, P., Krieg, P., Hrsg. 1991. *Das Auge des Betrachters.* München: Piper

Zukav, G. 1988. *Die tanzenden Wu Li Meister.* Hamburg: rororo

Wissenschaft / Technik / Gesellschaft:

Catton Jr., W. R. 1982. *Overshoot.* Urbana: Illinois Press

Berman, M. 1984. *Die Wiederverzauberung der Welt.* München: Dianus-Trikot

Dahl, J. 1989. *Der unbegreifliche Garten und seine Verwüstung.* Stuttgart: Klett-Cotta

Ehrenfeld, D. 1981. *The Arrogance of Humanism.* New York: Oxford University Press

Ellul, J. 1964. *The Technological Society.* New York: Vintage

Mander, J. 1991. *In the Absence of the Sacred.* San Francisco: Sierra Club

Needleman, J. 1975. *A Sense of the Cosmos.* London: Arkana

Rifkin, J. 1987. *Kritik der reinen Unvernunft.* Hamburg: rororo

Unseld, G. 1992. *Maschinenintelligenz oder Menschenphantasie.* Frankfurt: Suhrkamp

Alternative Kulturen / Sichtweisen:

Anderson, Lorraine Ed. 1991. *Sisters of the Earth*. New York: Vintage Books
Burger, J. 1988. *Die Wächter der Erde. Gaia Atlas*. Hamburg: rororo
Christ, C. P. 1980. *Diving Deep and Surfacing*. Boston: Beacon Press
Deikman, A. J. 1986. *Therapie und Erleuchtung*. Hamburg: rororo
Deval, B., Sessions, G. 1985. *Deep Ecology*. Salt Lake City: Peregrine Smith Books
Eliade, M. 1987. *Das Heilige und das Profane*. Frankfurt: Suhrkamp
Fromm, E., Suzuki, D. T., Martino, R. 1971. *Zen-Buddhismus und Psychoanalyse*. Frankfurt: Suhrkamp
Herrigel, E. 1953. *Zen in the Art of Archery*. London: Arkana
Kalweit, H. 1987. *Die Welt der Schamanen*. Bern: Scherz-Verlag
Lame Deer, Erdoes, R. 1986. *Tahca Ushte Medizinmann der Sioux*. Frankfurt: Fischer
Lee, D. 1987. *Freedom and Culture*. Prospect Heights: Waveland
Müller, W. 1992. *Indianische Welterfahrung*. Stuttgart: Klett-Cotta
Oelschlaeger, M., Ed. 1992. *The Wilderness Condition*. San Francisco: Sierra Club

Klaus Michael Meyer-Abich

Kann die Natur durch den Menschen gewinnen?

Ob die Natur durch den Menschen gewinnen könne, ob also mit uns etwas Gutes in die Welt kommen könne, ist eine Frage, die man derzeit selten hört. Zwar wird auch in der Gegenrichtung: Was kann der Mensch aus der Natur gewinnen?, nicht mehr so unbedacht geplant und gehandelt wie im Konsumrausch der Nachkriegsjahrzehnte. Denjenigen aber, die sich nun bewußt sind, daß der industriewirtschaftliche Aufschwung nach dem Zweiten Weltkrieg mit einem gleichermaßen steilen Abschwung – und mit einem enormen Artenschwund – in der natürlichen Mitwelt verbunden war, ist durch diesen Schrekken meist die Hoffnung vergangen, daß eine Welt mit Menschen durch diese nicht nur keinen Schaden nehmen, sondern sogar besser sein könnte als eine Welt ohne Menschen. Dieser Gedanke wird aber durch die Frage, ob die Natur durch die Menschen gewinnen könne, gerade nicht ausgeschlossen.

Wie kann man heute noch meinen, daß der Mensch in der Welt etwas besser machen könne, als es ohne ihn geschähe? Lehrt uns die Umweltkrise nicht, daß es gerade nicht in erster Linie darauf ankömmt, die Welt zu verändern, sondern sie zu erhalten? Gewiß, insoweit wir heute noch in dem industriellen Zerstörungswerk fortfahren, was – mehr oder weniger – fast jeder tut, sollten wir eben dies beherzigen. Auch in der Wissenschaft gibt es einen Mangel an Erhaltungswissen und ein Übermaß an Zerstörungswissen. Sind wir durch die Umweltkrise aber wirklich bereits zu der weitergehenden Resignation berechtigt, daß durch den Menschen nichts Gutes oder Besseres in die Welt kommen könne, so daß sie von uns bestenfalls zu erhalten wäre?

1. Die Natur, von der wir ein Teil sind

Nach meinem Urteil sind die Fehler der industriewirtschaftlichen Belastung unserer natürlichen Mitwelt so töricht und zugleich so vermessen, daß niemand sich darauf herausreden sollte, zu Besserem seien wir nicht imstande. Da wir unser Leben nicht von uns haben, sondern von Natur, sollten wir zwar nicht wie aus der Sicht des Schöpfers wissen zu können meinen, ob es gut sei, daß es Menschen gibt. Wo wir nun einmal da sind, brauchen wir aber nicht nur weniger Zerstörung in die Welt bringen wollen, sondern können unser Handeln an dem positiven Ziel orientieren, daß durch uns sogar Gutes geschaffen werden solle. Wäre dies nicht unser Ziel, so könnten wir auch gar nicht beurteilen, was besser als unser bisheriges Verhalten wäre und welche Zerstörungen sogar dann nötig sind, wenn Gutes entsteht. In diesem Verständnis nenne ich zwei Beispiele, wie die Natur durch den Menschen meines Erachtens schon gewonnen hat:

(1) Seit der letzten Eiszeit hat die landschaftliche und Artenvielfalt in Mitteleuropa beträchtlich zugenomen. Dazu hat die menschliche Landwirtschaft, als sie noch Agri-Kultur war, wesentlich beigetragen. Ohne uns wäre Mitteleuropa zu etwa 80% von Buchenwäldern bedeckt. So schön diese sein können – hatte die Vielfalt der Parklandschaften hierzulande, wie sie besonders in der ersten Hälfte des 19. Jahrhunderts bestanden hat, den vielen Buchenwäldern nicht doch einiges voraus? Ich gehe hier nicht darauf ein, wie dies ethisch zu begründen wäre (vgl. K. M. Meyer-Abich 1990), und will im übrigen nicht behaupten, daß die damaligen Lebensverhältnisse auch in anderer Hinsicht optimal gewesen wären.

(2) Ohne Menschen gäbe es keine Kunst: keinen Tizian und keinen Moore, keinen Goethe und keinen Mozart, keine Pyramiden und kein Delphi, kein Venedig und kein Rom, keinen Dogenpalast und keinen Platz vor dem Kapitol. Kein Richard Long würde durch die Wüste ziehen und die Steine aufleben lassen, und kein Joseph Beuys hätte dem toten Hasen die Bilder erklärt. Wäre es nicht doch schade, wenn die Natur die Chance der Kunst in uns nicht entwickelt hätte oder sie in Zukunft nicht mehr haben würde?

Ich denke, es wäre schade, nicht nur für uns, sondern im Ganzen der Natur, und wir sollten angesichts der Umweltkrise nicht resignierend meinen, zu Besserem oder sogar zu Gutem seien wir nicht geschaffen. Wozu aber sind wir da, wenn zwar das jetzige Zerstörungswerk vom Übel ist und wir dennoch nicht die Welt möglichst wieder so verlassen sollten, als seien wir gar nicht dagewesen? Kantisch gesprochen: Was ist die Naturabsicht in der Menschengeschichte? Auch im Christentum gibt es die Erwartung, daß durch uns Zeichen der Hoffnung und der Freiheit gesetzt werden, derer unsere natürliche Mitwelt harrt (Röm. 8). Was aber gälte es dazu zu tun, und wie könnten wir vermeiden, in der neuerlichen Zuversicht, in der Welt etwas bessern zu können, ebenso zu enden wie das industriewirtschaftliche Fortschrittshandeln?

Der Unterschied, auf den es ankommt, ist meines Erachtens, daß wir mit der Natur, in der es etwas zu tun gibt, nicht mehr nur die Umwelt meinen, zu der wir nicht gehören, sondern das Ganze, von dem wir ein Teil sind. Im üblichen Sprachgebrauch wird unter der Natur noch immer das verstanden, was nicht wir sind: die grüne Welt, die man vor dem Fenster hat oder dort vermißt. Daran haben alle Beteuerungen, wir seien ein Teil der Natur, erstaunlicherweise noch nichts geändert. Mit diesem eingeschränkten Naturverständnis verbindet sich eine dreifache Blindheit:

(1) Es kommt unerwartet, daß das Unheil, welches wir in der übrigen Welt anrichten, auch uns selber trifft. Leiblose Diskurswesen können einander nicht vergiften, denn sie sind unsinnlich, Menschen aber sind in der Umweltkrise sowohl die Betreffenden als auch die Betroffenen.

(2) Es gibt, wenn nur die nichtmenschliche Welt als die Natur gilt, kein dieser und der Menschheit gemeinsames Maß, nach dem die Menschen sich im Umgang mit Tieren und Pflanzen, Luft und Licht, Land und Meer zu richten hätten. Ohne eine übergeordnete Verbundenheit, in der auch wir stehen, können wir die übrige Welt nur von uns aus sehen, also ohne eine Verbindlichkeit unsererseits.

(3) Das Ganze der Natur, zu dem auch wir gehören, wird namenlos, wenn bereits der nichtmenschliche Teil der Natur als „die Natur" gilt. Nun hat es zwar mißbräuchliche Berufungen auf „das Ganze" gegeben, sogar in der Kunst, und besonders die herrschende Ökonomie beruht auf der Hoffnung, dem Ganzen sei am besten gedient, wenn man es außer acht läßt. Diese Hoffnung aber ist gescheitert, denn in der Umweltkrise kommt es darauf an, die Regeln der menschlichen Wirtschaft wieder in Einklang mit der Ordnung des Ganzen zu bringen. Der Markt bewirkt dies nicht von alleine. Daraus folgt nicht, daß wir Menschen legitimiert seien, im Namen des Ganzen zu handeln. Wohl aber gilt es, von den Grenzen her zu denken, in denen wir das Ganze erfahren, damit sie sich nicht nur als Grenzen des Wachstums zeigen.

Was wird anders, wenn wir unserer Zugehörigkeit zur Natur gewahr werden und den Menschen von der Technik bis hin zur Geisteswissenschaft nicht mehr für etwas Besseres als die Natur ausgeben? Ich sehe dreierlei Konsequenzen:

(1) Wenn wir dazugehören, sind wir Mitspieler im Drama der Naturgeschichte. Wir sind mit Millionen von Arten anderer Lebewesen aus dieser Geschichte hervorgegangen und haben in ihr eine besondere Rolle, die der

Menschheit, so wie auch jede andere Art ihre je besondere Rolle hat. Die Natur treibt sich mit uns fort, wie es in Goethes und Toblers Aufzeichnung heißt, „*sich mit uns*" (HA XIII.45). Im Naturzusammenhang des menschlichen Lebens sind wir immer selber mitgemeint, wenn wir andere meinen. Unser Verhältnis zu anderen und anderem soll unserem Selbstverständnis entsprechen und vice versa.

(2) Ein Teil kommt selten allein. Wenn wir selbst zur Natur gehören, sind die anderen und das andere, die auch dazugehören, zunächst einmal *mit* uns in der Welt und nicht nur *um* uns. Ich nenne deshalb das, was im üblichen Sprachgebrauch „die Natur" oder „unsere Umwelt" heißt, in Wahrheit aber nur der nichtmenschliche Teil der Welt ist, unsere *natürliche Mitwelt*. Das anthropozentrische Weltbild, in dem alles, was nicht Mensch ist, nur um uns und für uns da ist, wird damit verlassen, denn im Mitsein ist der, für den etwas da ist, seinerseits immer auch für anderes da. Soweit wir uns dieses Mitseins emotional bewußt sind, muß sich auch unser Verhalten ändern. Wir stehen mit der übrigen Welt gemeinsam in einem Lebenszusammenhang des Füreinanderdaseins. Innerhalb der nichtmenschlichen Natur ist diese „Zweckmäßigkeit" von Menschen viel bewundert und schließlich durch den „Kampf ums Dasein" erklärt worden. In der Neuzeit ist dann aber leider die Frage unterblieben, wozu wir unsererseits da sind.

(3) Verstehen wir den nichtmenschlichen Teil der Welt als unsere natürliche Mitwelt, so kann das Ganze wieder die Natur heißen, zu der wir gehören wie unsere natürliche Mitwelt auch. Dieses Ganze ist nicht „mehr" als alle seine Teile, so als gebe es noch einen weiteren Teil, sondern es ist das allem Gemeine, das sich im Menschen als Mensch, im Eisbären als Eisbär und in der Sonnenblume als Sonnenblume individuiert. Es ist wie das Licht, kraft dessen alles wächst und in dem sich alles zeigt.

Jede Art hat ihre spezifischen Besonderheiten, und jedes Individuum hat sie auch. Besonders charakteristisch für uns Menschen ist, daß die Natur in uns zur Sprache oder zum Logos kommt. So sind wir nicht nur ein Teil des Ganzen, sondern auch des Ganzen teilhaftig, indem es sich in uns – wohl naturgeschichtlich erstmalig – als das denkt, was es ist. Das höchste Geschick des Menschen besteht, wie Heraklit sagte, somit darin, auszusprechen, was ist, und auf die Natur hinhörend zu handeln (Diels-Kranz B 112; vgl. Schadewaldt 1978,420). Haben die Menschen dann nicht mich, das Individuum Heraklit, sondern den allem gemeinen Logos vernommen, so kommen sie diesem entsprechend darin überein, daß alles eins sei (Diels-Kranz B 50).

Meine Antwort auf die eingangs gestellte Frage, ob die Natur durch den Menschen gewinnen könne, ist also zunächst einmal diejenige des Böhmischen Königs in Shakespeares „Wintermärchen", als die schöne Schäferin Perdita ihm erklärte, warum es in ihrem Bauerngarten keine Nelken und Levkojen gebe – weil nämlich diese Blumen nicht nur ein Werk der Großen Natur, sondern – als Kreuzungen – teilweise künstlich seien. Des Königs Einwand war: Man verbessert die Natur mit keinem Mittel, das nicht selbst aus der Natur stammt (Yet nature is made better by no mean / But nature makes that mean). Die Kunst, die hier von der Natur ferngehalten werden solle, sei selbst Natur (This is an art / Which does mend nature – change it rather – but / The art itself is nature. The Winter's Tale IV.4.87–97). Die Natur wird nicht vervollkommnet, sondern sie vervollkommnet *sich* – „durch eigene obzwar dem Menschen abgedrungene Kunst", wie Kant so schön gesagt hat (1784, A 400).

Mit anderen Worten: Was es ohne Menschen nicht gäbe: Levkojen und Haustiere, Kulturlandschaften und Kunstwerke, kann gleichwohl ein Werk der Natur sein, insoweit auch der Mensch und sein Können von Natur in der Welt sind und die Natur – das Ganze – sich durch uns in dieser Weise vervollkommnet. Zwischen Natur und Kultur besteht in diesem Naturverständnis kein Gegensatz, sondern Kultur erweist sich geradezu als der spezifisch menschliche Beitrag zur Naturgeschichte. Ein Gegensatz aber besteht zwischen dem, was als Teil der Kultur auch zur Natur gehört, und den Artefakten, die nicht ohne weiteres zur Kultur gerechnet zu werden verdienen und somit auch nicht zur Natur, z. B. Müllhalden, Tragflügelmotorboote, FCKW, Automobile, Atomkraftwerke. Wie aber soll hier das, was künstlich und natürlich ist, weil seine Kunst selber Natur ist, von dem unterschieden werden, was nur künstlich, aber nicht natürlich ist? Und nun muß gesagt werden, was in der philosophischen Zunft unserer Zeit weithin geradezu als ein Sakrileg angesehen wird, nämlich: Der Begriff, den wir uns von der Natur als Ganzer machen, ist notwendigerweise normativ.

Das Tabu, welches hier zunftgemäß aufgerichtet wird, heißt „naturalistischer Fehlschluß". Schon der Ausdruck ist wertbehaftet und sozusagen vorwurfsvoll, denn wer möchte schon einen Fehlschluß begehen? Die Benennung stammt von G. E. Moore (1903) und sollte den Sozialdarwinismus H. Spencers treffen, indem an die Humesche Einsicht erinnert wurde, daß aus einem Sein kein Sollen abzuleiten ist bzw. aus deskriptiven Aussagen keine Bewertung. Dagegen ist nichts zu sagen, zumal eine Aussage umgekehrt nur insoweit deskriptiv ist, wie sie für Bewertungen offen bleibt. Diejenigen, die gegen Bewertungen aufgrund von Naturaussagen das Argument des naturalistischen

Fehlschlusses anführen, machen dabei aber noch eine zusätzliche Voraussetzung, ohne die das Argument gar nicht einschlägig zu sein scheinen könnte, daß nämlich Aussagen über Naturverhältnisse prinzipiell deskriptiv seien. Diese Annahme wird dogmatisch hinzugefügt und nie begründet. Ich teile sie nicht.

Tatsächlich war „Natur", als noch alle Philosophie Naturphilosophie war, ein im neuzeitlichen Sinn eher rechtsphilosophischer als naturphilosophischer Begriff. Als nämlich in der griechischen Aufklärung die Rechtfertigung von Gesetzen aus dem Willen der Götter nicht mehr in einer allgemeinverbindlichen Weise überzeugend war, zumal die Götter wie die Gesetze von Land zu Land verschieden waren, trat die Natur als Legitimationsinstanz an die Stelle der Götter. Bereits der allererste Satz der abendländischen Philosophie, der des Anaximander, besagt, daß die Weltordnung insgesamt eine Rechtsordnung sei, nicht nur die der menschlichen Gesellschaften. Auch an Heraklit habe ich schon erinnert. Die vorsokratische Tradition wurde aber nicht nur von Zenon und im stoischen „Leben in Übereinstimmung mit der Natur" aufgenommen, sondern auch Epikur und vor ihnen beiden Platon, Aristoteles sowie gleichermaßen diejenigen, die im Gegensatz zu ihnen das ‚Recht des Stärkeren' für die naturgemäße Lebensweise hielten, beriefen sich trotz aller Gegensätze gemeinsam auf die Natur als diejenige Wirklichkeit, auf die hin menschliche Verhaltensordnungen zu rechtfertigen seien. Dabei waren die jeweiligen Naturverständnisse durchaus unterschiedlich, einverständig aber war die Berufung auf die Natur als Legitimationshorizont.

Ich möchte hier nicht nachzuzeichnen versuchen, wie der Gedanke, daß die Natur die Lebensordnung des Ganzen ist, bis in das neuzeitliche Naturrecht hinein lebendig geblieben ist, sondern mich umgekehrt der Entwicklung zuwenden, deretwegen er schließlich doch verloren gegangen ist. Meine Hypothese ist, daß die abendländische Menschheit sich im Ganzen der Natur aus den Augen verloren und unter der Natur nur noch die nichtmenschliche Welt verstanden hat, weil

- sie sich ein Bild von Gott gemacht hat, in dem sein Verhältnis zu sich selbst nicht seinem Verhältnis zur Welt entsprach;
- sie sich selbst an die Stelle dieses Gottes gesetzt hat, tendenziell nicht nur ihm nachlebend, sondern ihn vorlebend.

Die wichtigsten Eigenschaften des Gottesbilds, dem wir gleichzukommen versucht haben, sind Allmacht, Allwissenheit, Unabhängigkeit und Unsterblichkeit. Ich skizziere in einigen Schritten die wissenschaftlich-technische Apotheose der Industriegesellschaft.

2. Apotheose der Industriegesellschaft

Daß die Götter alles können, hieß es bereits bei Homer. Hermes z. B. gab Odysseus das Kraut Moly, mit dem er dem Zauber der Circe widerstehen konnte. „Schwer ist es [das Kraut] für sterbliche Männer zu ergraben, die Götter aber können alles" (Odyssee 10.306). Die Griechen erkannten dies an und beteten um Hilfe der Götter. Der Gedanke, es diesen gleichzutun, verbindet sich in unserer Tradition erst mit dem Sündenfall, als die Schlange sprach: Ihr werdet mitnichten des Todes sterben, wie Gott euch gesagt hat, wenn ihr vom Baum mitten im Garten die Früchte eßt, „sondern Gott weiß, daß, welches Tages ihr davon esset, so werden eure Augen aufgetan, und werdet sein wie Gott und wissen, was gut und böse ist" (1. Mose 3,4–5). Sokrates hat in einer anderen Tradition im Gegensatz zum Alten Testament darauf bestanden, daß es zur conditio humana gehört, nicht zu wissen, was gut und böse ist, wohl aber jederzeit danach zu fragen. Auch diese Tradition ist bis heute lebendig, jedoch nicht als die immanente Theologie der Industriegesellschaft. Deren Grundgedanke ist statt dessen die Suche nach der Ebenbürtigkeit mit Gott, wie sie im Mythos vom Sündenfall geschildert ist.

Für allmächtig wurde Gott bereits im Alten Testament gehalten, zumindest in den Apokryphen (z. B. Weisheit 7,25; 2. Makk. 1,25). Im spätantiken Judentum wurden die Prädikate der Allgegenwart und Allwissenheit hinzugedacht. In dieser Tradition bildete sich das scholastische Gottesbild.

In der Neuzeit überlagern sich verschiedene Traditionen sogar in einzelnen Personen. Kepler z. B., in dessen Frömmigkeit auch Hybris zu sehen mir schwerfällt, lobte die Tätigkeit der menschlichen Ebenbilder des Schöpfers als entsprechend schöpferisch.

„... also ... halten sie auch wie der Schöpfer die gleichen Gesetze bei ihrem Tun ein, Gesetze, die der Geometrie entnommen sind. ... Aber es ist nicht nur Freude, was die Geistwesen, die Ebenbilder Gottes, an solchen Proportionen empfinden, sie nützen sie auch als Regeln bei der Ausführung ihrer Verrichtungen ..." (Weltharmonik III. 1, Axiom VII; 1939,98).

Ein prinzipieller Unterschied zwischen der schöpferischen Tätigkeit Gottes und der des Menschen wird hier nicht gemacht, sondern „die Geometrie ... hat ... Gott die Bilder zur Ausgestaltung der Welt geliefert" (aaO), und ihr folgen auch wir.

Newton wiederum, den zu den Ahnherren der Industriegesellschaft zu rechnen viel näher liegt als Kepler, hielt hier entschieden mehr auf Abstand: „Eben so wie der Blinde keine Idee von den Farben hat, haben wir auch durchaus keine Idee von der Weise, wie der weiseste Gott fühlt und alle Dinge erkennt" (Principien III, 5. Abschnitt, § 61;1872,510). Goethe hätte sich daran gefreut haben können, daß Newton hier die Erhabenheit Gottes gerade durch die Farbempfindung beschreibt.

Eindeutiger sind die Gedanken der Philosophen. Descartes schließt zwar daraus, daß wir uns eine Vollkommenheit vorstellen können, welche wir *nicht* haben, also aus der Verneinung unserer Göttlichkeit, auf den göttlichen Ursprung dieser Vorstellung und somit auf die Existenz Gottes. Der dazu methodisch fällige Zweifel dürfte ihm jedoch willkommen gewesen sein:

„Aber vielleicht bin ich (doch) etwas mehr, als ich selbst einsehe", fuhr er fort, „und alle jene Vollkommenheiten, die ich Gott zuteile, sind in gewisser Weise der Möglichkeit nach in mir, wenn sie sich auch nicht hervortun und noch nicht zum Wirklichsein (ad actum) hingebracht werden; denn ich erfahre bereits, daß meine Erkenntnis allmählich wächst; und ich sehe weder, was dagegenstände, daß sie so mehr und mehr wachse bis ins Unendliche, noch auch, warum ich nicht vermöge der so gewachsenen Erkenntnis alle übrigen Vollkommenheiten Gottes erreichen könne" (III. Meditation, § 26; 1956,81f.).

Natürlich nahm der Autor diesen Gedanken sofort wieder zurück: „Doch nein, es kann vielmehr nichts davon sein ...", denn „Wenn ich ... von mir selbst existierte, ... so wäre ich selbst Gott" (aaO §§ 27,30; 1956,83/85). Auf den darauf gefaßten Leser aber dürfte der hypothetische Stachel, wir könnten vielleicht doch die Vollkommenheiten Gottes – vor allem seine Unabhängigkeit, seine Macht und sein Wissen – erreichen, stärker gewirkt haben als der pflichtschuldige Widerruf. Was der Autor wirklich meinte, war ja auch ganz klar, wenn er an anderer Stelle schrieb, es sei „der aus diesen und jenen Rädern zusammengesetzten Uhr ebenso natürlich, die Stunden anzuzeigen, als es dem aus diesem oder jenem Samen aufgewachsenen Baum natürlich ist, diese Früchte zu tragen" (Principien IV.203; 1922,246), daß das Menschenwerk also Gottes Werk nicht nachsteht. Erstaunlich ist die Klarheit, in der Descartes hier im Jahr 1641 die Ideale der modernen Industriegesellschaft als Eigenschaften Gottes, die der Mensch sich aneignen könne, zusammenfaßte: Unabhängigkeit (substantia independentis), Unbegrenztheit (substantia infinita – bis über die Grenzen des Wachstums), höchste Einsicht (substantia summe intelligentis) und höchste Macht (substantia summe potentis), von der alles in der Welt geschaffen ist (III. Meditation, § 22; 1956,79), seien es Uhren oder Bäume.

Fünfzig Jahre später wurde der Gedanke, daß unsere Wissenschaft dem göttlichen Wissen gleichkommen könne, von John Locke schon viel unbefangener ins Auge gefaßt. Es ging wiederum um die Vorstellung Gottes, in Lockes Sinn eine aus einfachen Vorstellungen zusammengesetzte Vorstellung. Wie kommen wir zu dieser Vorstellung? Weiß ich etwas, so kann ich mir vorstellen, doppelt so viel zu wissen, dann nach einer weiteren Verdoppelung viermal so viel usw., bis mein Wissen alles Existierende (all things existing) umfaßt. Genauso kann ich es machen, um nicht nur immer mehr zu wissen, sondern alles noch immer besser zu wissen. So also bilde ich mir die Vorstellung eines unendlichen oder grenzenlosen Wissens (idea of infinite or boundless knowledge), und ebenso, meinte Locke, geht es mit der Allmacht, der Ewigkeit und allen anderen Vollkommenheiten (perfections; Essay II,Ch.23,§ 33f.; 1894, 418ff.) Gottes. Sein Wissen ist danach so zu denken wie die vollendete Wissenschaft, nach sehr vielen Verdoppelungen ihres Umfangs. Durch Wissenschaft erheben wir uns zur Allwissenheit des scholastischen Gottesbilds.

Im 18. Jahrhundert charakterisiert Leibniz Gott – die „Substanz, *die den Grund ihres Daseins in sich selbst trägt*" – durch (1) Einsicht, um sich unter vielen Möglichkeiten für eine zu entscheiden, (2) Macht, um diese zu verwirklichen, und (3) den Willen, dies auch zu tun und dadurch Gutes zu wirken (Theodizee I, § 7; 1985,217ff.). Dies klingt von vornherein schon sehr menschlich, und die entsprechenden Fähigkeiten werden denn auch den geschaffenen Monaden, den Menschen, gleichfalls zugeschrieben, freilich nur als Nachahmungen (imitations; Monadologie § 48) und mit dem Mangel, jeweils nur einen Teil der Welt ganz klar wahrzunehmen und das übrige nur verworren (confuse; aaO § 60). Innerhalb seines eigenen Umkreises aber sei der menschliche Geist „wie eine kleine Gottheit" (une petite divinité; aaO § 83). „Gott erfreut sich gewissermaßen an diesen kleinen Göttern", meinte Leibniz, „... wie wir uns an den Kindern erfreuen. ... Der Mensch ist also gleichsam ein kleiner Gott (un petit dieu) in seiner eigenen Welt oder seinem Mikrokosmos, den er nach seiner Weise regiert: er schafft zuweilen Wunderwerke darin, und oft ahmt seine Kunst die Natur nach" (Theodizee II, § 147; 1985, 485f.).

Die hier von mir angedeutete Religionsgeschichte der industriegesellschaftlichen Überheblichkeit umfaßt bei weitem nicht alles neuzeitliche Denken des Menschen in seinem Verhältnis zu Gott und zur übrigen Welt. Montaigne, Pascal und Burke, Spinoza, Goethe und Schelling haben anders gedacht, und in Nietzsches Inthronisierung des in seiner Unabhängigkeit durch nichts mehr beschränkten Menschen hat sich die Welle schon gebrochen. Meine Frage ist aber, woran der Gedanke gescheitert ist, daß die Natur in der Weise des Fortschritts durch den Menschen gewinnen könne, und die Antwort ist: Der abendländische Mensch hat sich den Schöpfer so gedacht, daß er sich an seine Stelle setzen und dadurch der Natur als dem Anderen, von dem wir kein Teil sind, nur noch gegenüberzustehen meinen konnte – mit der Allmacht der

Technik, der Allwissenheit der Wissenschaft und in der gesetzgebenden Autonomie des modernen Menschen. Dieses Denken ist des Ganzen nicht einmal uneingedenk, sondern geht in seiner Weise selbst aufs Ganze. So dürften wir es in Zukunft nicht mehr meinen.

Vielleicht bedurfte es eines so unerbittlich bescheidenen Menschen wie Kant, um diese Überheblichkeit geistig zu vollenden. Was gab es noch in der Welt, wozu Menschen aufblicken konnten? Den *„bestirnte(n) Himmel über mir"*, gewiß, aber verglichen mit dem *„moralische(n) Gesetz in mir"* vernichtet er doch nur „meine Wichtigkeit, als eines *tierischen Geschöpfs*". Das letztere „erhebt dagegen meinen Wert, als einer *Intelligenz*, unendlich, durch meine Persönlichkeit, in welcher das moralische Gesetz mir ein von der Tierheit und selbst von der ganzen Sinnenwelt unabhängiges Leben offenbart" (KpV A 289). Diese, ‚unendliche Erhebung' also tilgt die Demütigung meiner physischen, ohnehin nur nachgeordneten Existenz.

Wo gab es sonst noch Größe außer uns? Bemerkenswerterweise war in der Höhenlage (griechisch: hypsos), zu der Menschen in der Antike ihre Seele erhoben hatten und aus der Anfang des 18. Jahrhunderts das „Erhabene" oder Sublime geworden war, für Kant außer dem Sternhimmel, dessen Höhe nicht an die des moralischen Gesetzes in unserm Innern heranragen sollte, nur noch die „Natur ... in ihrem Chaos oder in ihrer wildesten regellosesten Unordnung und Verwüstung, wenn sich nur Größe und Macht blicken läßt" (KdU B 78), geblieben, also die noch nicht unterworfene Welt (H. Böhme 1989). Für sie aber erklärte Kant in der „Kritik der Urteilskraft" (1790) wiederum, „daß die wahre Erhabenheit nur im Gemüte des Urteilenden, nicht in dem Naturobjekte, dessen Beurteilung diese Stimmung desselben veranlaßt, müsse gesucht werden" (KdU B 95). Also nicht der stürmende Ozean ist erhaben – „Sein Anblick ist gräßlich" –, wohl aber kann das Gemüt angesichts dieser Übermacht „zu einem Gefühl gestimmt werden ..., welches selbst erhaben ist" (KdU B 77). Die irrtümlich etwas in der Natur zugeschriebene Erhabenheit ist danach in Wahrheit nur die „Achtung für unsere eigene Bestimmung" oder für „die Idee der Menschheit in unserm Subjekte" (KdU B 97).

Wahre Größe also ist nur in uns, wobei wohl an Erwachsene gedacht wird (Elias 1989, S. xlviii), nicht in der Natur. Kant erhebt sich über alles, was uns in der Natur noch nicht zu Füßen liegt, so ähnlich wie Petrarca durch seine legendäre Bergbesteigung: Kein Berg, so entdeckte er auf dem Gipfel des Mont Ventoux – und nur um dieser Steigerung willen hat er die Gipfelbesteigung literarisch fingiert –, ist so hoch wie wir uns innerlich erheben können (R. und D. Groh 1992). Was der Natur nun noch bleibt, ist nur ihre physische Überlegenheit, uns durch Naturgewalten – Stürme, Erdbeben, Krankheiten – unsere Habe und das Leben nehmen zu können, aber selbst in solcher Not bleiben wir, und nun braucht Kant ein sein Naturverständnis blitzartig erhellendes Wort, „unerniedrigt" (KdU B 105). Denn der Naturgewalt müssen wir uns zwar physisch beugen, aber nicht, „wenn es auf unsre höchste Grundsätze und deren Behauptung oder Verlassung ankäme" (aaO). Wenn also zwei Männer in Seenot an einer Planke hängen, die nur einen tragen kann, so kann die Naturgewalt zwar beide ertrinken lassen, aber keinen von ihnen nötigen, wider das moralische Gesetz den andern ins Meer zu stoßen, um sich zu retten.

Blickt man nun darauf zurück, wie Kant in der „Kritik der praktischen Vernunft" die natürliche Mitwelt gnadenlos ins Reich der Notwendigkeit stößt, um den Menschen ins Reich der Freiheit zu retten – statt die Natur insgesamt unter Bestimmungen der Freiheit zu denken –, so erweist sich dieses Denken als beunruhigend kohärent. Sogar der Kategorische Imperativ: *„handle so, als ob die Maxime deiner Handlung durch deinen Willen zum allgemeinen Naturgesetze werden sollte"* (Grundlegung zur Metaphysik der Sitten B 52), hat auf einmal nicht mehr den bescheidenen Klang, sich vor anderen Menschen nichts herauszunehmen zu sollen, sondern klingt wie: *Handle so, als ob du Gott wärst*, so daß die Maxime deiner Handlung durch deinen Willen zum allgemeinen Naturgesetz werden sollte! Auch die andere Formulierung: „Handle so, daß die Maxime deines Willens jederzeit zugleich als Prinzip einer allgemeinen Gesetzgebung gelten könne" (KpV A 54), bekommt einen totalitären Beiklang, wenn Menschen sich in der Natur so zu leben anschicken. Wieso steht es uns an, die Maxime unseres Willens zum Prinzip einer allgemeinen Gesetzgebung werden lassen zu wollen? Derselbe Wille zur Macht zeigt sich in Kants Auszeichnung der physikalisch-mechanistischen vor der bloß regulativen, teleologischen Erkenntnis: „... denn nur so viel sieht man vollständig ein, als man nach Begriffen selbst machen und zu Stande bringen kann" (KdU B 309). Relativ zu dem Anspruch, selber Schöpfer sein können zu wollen, ist die Teleologie unvollständig – aber nur relativ zu diesem Anspruch.

Findet die menschliche Überheblichkeit bei Kant aber nicht wenigstens ihre Grenze in der Erfahrung der Erhabenheit Gottes? Schickt sich vor Gott nicht doch die Unterwerfung statt des „Gefühl(s) der Erhabenheit unserer eigenen Natur" (KdU B 107)? Unerbittlich bleibt Kant auch hier: „In der Religion überhaupt scheint Niederwerfen, Anbetung mit niederhängendem Haupte, mit zerknirschten, angstvollen Gebärden und Stimmen, das einzigschickliche Benehmen in Gegenwart der Gottheit zu sein" (KdU B 108). Man spürt schon an diesen Worten, wie ihm die Demütigkeit gegen den Strich geht. Theologisch rettet Kant sich in den aufrechten Gang des Aufklärers: Wer sich fürchtet, sei gar nicht in der Gemütsverfassung, Gottes Größe wirklich zu bewundern. Gottes Erhabenheit erkenne der Mensch nur, „sofern er eine dessen [Gottes] Willen *gemäße* Erhabenheit der Gesinnung *bei sich selbst* erkennt, und dadurch über die Furcht vor solchen Wirkungen der Natur ... erhoben wird" (KdU B 108; Hervorhebung nicht bei Kant). Gott ist hier, wie man sieht, noch nicht ganz tot, aber unsere Erhabenheit ist nunmehr der seinen „gemäß".

Der Schöpfer, mit dem wir uns hier identifiziert haben, ist freilich einer, der die Welt nicht liebt wie sich selbst. Macht, Einsicht und Willen brauchte er für die Schöpfung, Liebe kam dabei nicht vor, und auch mit ihm selber hatte das Schöpfungswerk nichts zu tun. Das Menschenbild, in das wir durch die beschriebene Apotheose eingezogen sind, ist – soweit wir darin aufgehen – gleichermaßen ohne Liebe zur Schöpfung und die diese bedingende Liebe zu sich selbst. In der Umweltkrise zeigt sich dies an der verheerenden Ausbeutung der natürlichen Mitwelt als einem Lager von Ressourcen. Das gleichermaßen verächtliche Denken aber geht dem entsprechenden Handeln wiederum voraus, so wie ja auch das industriegesellschaftliche Menschenbild bereits vollendet war, als die erste Industrielle Revolution gerade erst begonnen hatte.

3. Erneuerung der Denkungsart

Wir sehen also: Es ist nicht damit getan, in der Umweltkrise zu merken, daß wir auch zur Natur gehören. Sondern das Denken, uns über die Natur als die nichtmenschliche Welt erhaben zu fühlen und uns somit nicht dazuzurechnen, ist tief verwurzelt in einem immanenten Gottesverhältnis der Industriegesellschaft. Ich kehre damit zu meiner Ausgangsfrage zurück, ob die Natur durch den Menschen gewinnen könne. Ich bejahe sie, aber sie ist auch im Fortschrittsglauben bejaht worden, und diese Bejahung, die in der Industriegesellschaft unverändert handlungsleitend ist, führt in den Abgrund, wie die Umweltkrise zeigt. Eine Umkehr setzt voraus, daß wir die Frage nicht mehr in der Hybris bejahen, deren neuzeitliche Entwicklung ich in einigen Stationen nachgezeichnet habe. Läßt sich auch ohne diese Hybris Ja dazu sagen, daß die Natur durch den Menschen gewinnen kann?

Solange wir noch aus Überheblichkeit meinen, daß die Natur durch den Menschen gewinne könne, wird dieser Gewinn wohl weiterhin ausbleiben. Wie aber werden wir von der Überheblichkeit frei, uns selbst zum Maß aller

Dinge zu setzen und damit zu vergöttlichen? Wie halten wir die Balance, vom Ganzen her zu denken, ohne es mit uns zu identifizieren? Wir dürfen im Verhältnis zum Ganzen nicht wieder so totalitär werden wie in der immanenten Theologie der Industriegesellschaft, indem wir uns über alles erheben. Das Ganze sind nicht wir, aber es kann uns gegenwärtig sein in der Weise der „offenen Frage“ (Picht 1958,54). Nietzsche hat diese totale, aber nicht totalitäre Gegenwart so beschrieben, daß sie in einem sich selbst sozusagen träumenden Bewußtsein erfahren wird:

> „Ich habe für mich *entdeckt*, dass die alte Mensch- und Thierheit, ja die gesammte Urzeit und Vergangenheit alles empfindenden Seins in mir fortdichtet, fortliebt, forthasst, fortschliesst, – ich bin plötzlich mitten in diesem Traume erwacht, aber nur zum Bewusstsein, dass ich eben träume und dass ich weiterträumen *muss*, um nicht zu Grunde zu gehen: wie der Nachtwandler weiterträumen muss, um nicht hinabzustürzen“ (Die fröhliche Wissenschaft § 54).

Ich denke: Es gehört zum Ablauf der Geschichte, deren Subjekt wir nicht kennen, daß wir uns im Namen dieses Subjekts fragen, was wir tun sollen. Nietzsches Traum von der Gegenwart des Ganzen der Naturgeschichte ist Angelpunkt der Chance, vom Ganzen her zu denken, indem wir von den Grenzen her denken, in denen es uns gegenwärtig werden kann.

Was uns die Grenzen nicht achten läßt und wider bessere Einsicht in den bisherigen Lebensformen hält, ist eine Grundeinstellung, die vor der modernen Industriegesellschaft wohl noch keine andere menschliche Gesellschaft je gehabt hat, nämlich die, daß die Welt zwar uns viel zu bieten habe und auch im wesentlichen dazu da sei, um uns etwas zu bieten, daß wir dafür nicht aber auch unsererseits zu etwas da seien, was die Welt von uns erwartet und erwarten darf. Ich fürchte, wenn wir nicht auch diese letztere Frage stellen, wird alle Umweltpolitik nur bestenfalls so erfolgreich sein, wie es sich in Japan jetzt abzeichnet, also nur einen Aufschub bringen, aber keine Umkehr zum Leben.

Es käme also darauf an, der Begrenzungskrise, in der die Industriegesellschaften stehen, weiter auf den Grund zu gehen als im bisherigen Umweltbewußtsein. Was uns hier einen begrenzenden Halt geben könnte, ist die Besinnung darauf, was wir für unsern Wohlstand schuldig sind. Ich erläutere dies an dem (Grimmschen) Märchen der Industriegesellschaft, dem vom Fischer und seiner Frau.

Sie erinnern sich: Die beiden lebten in einem Pißpott, also sozusagen im eigenen Saft. Sie wünschten sich aber, daß noch äußere Gaben hinzukommen möchten, deshalb ging der Mann angeln, fing aber nie etwas. Schließlich zog er eines Tags einen Butt aus dem Wasser, der sich ihm als ein verwunschener

Prinz zu erkennen gab und deshalb darum bat, ihn wieder ziehen zu lassen. Dies tat der Mann. Als er wieder mit leeren Händen nach Hause kam und seiner Frau von dem fischlichen Prinzen erzählt, meinte diese: Du Schlafmütze, warum hast du ihn nicht wenigstens um das Häuschen mit Garten gebeten, das wir uns schon so lange wünschen!?

Die Frau macht in dem Märchen wegen ihrer grenzenlosen Bedürfnisse keine gute Figur. Nie ist sie zufrieden: Nach dem Häuschen sollte es ein Schloß sein, danach wollte sie König, Kaiser, Papst und schließlich Gott selber werden. Das Märchen endet so, wie es mit der Industriegesellschaft aller Wahrscheinlichkeit nach auch enden wird, nämlich wieder im Pißpott. Ich kann die Frau aber eigentlich ganz gut verstehen. Nie bringt er was, dieser Mann, und als er schließlich einmal mehr fängt als einen gewöhnlichen Fisch, da macht er daraus weniger, als wenn er nur einen Fisch gefangen hätte! Der Mann sieht das aber gar nicht ein, sondern flieht nur vor dem Gequengel und klagt dem Fisch: Sie will ein Haus! Kein Wunder, daß sie ihn danach immer mehr herauszufordern versucht, aber nur Macht und Güter erntet, weil mit ihm auch weiterhin nichts anzufangen ist.

Fragen wir uns nun für die Industriegesellschaft, ob die Katastrophe der Grenzenlosigkeit in diesem Märchen irgendwo hätte aufgehalten werden können, so sehe ich die eigentliche Chance dafür bereits nach dem ersten Schritt, dies aber nicht deswegen, weil grundsätzlich alle Menschen zufrieden sein sollten, wenn sie es zu einem Häuschen mit Garten gebracht haben. Dies meine ich gar nicht, sondern die Chance hätte viel mehr darin gelegen, daß der Mann sich, als das Häuschen da war, gesagt hätte: Was war ich doch für eine Schlafmütze – wie hat meine Frau das nur mit mir ausgehalten! Nie was gefangen, und dann noch nicht einmal gemerkt, was ich aus dieser Chance mit dem Verwandlungsfisch hätte machen können. Sogar das mußte ich mir erst von ihr sagen lassen. Nun aber will ich endlich zu etwas zu gebrauchen und meiner Frau ein selbständiger Partner sein. Verdient haben wir das Häuschen nicht, aber wir haben dafür und für die Pflanzen und Tiere nun Verantwortung. Dies alles ist nicht nur für uns da, sondern nun sind auch wir zu etwas da, nämlich für alles zu sorgen. Das ist nun unsere Schuldigkeit.

Wenn der Mann sich dies gesagt hätte, lebten die beiden, wenn sie nicht gestorben sind, vielleicht heute noch in ihrem Häuschen. Die Ehe wäre glücklich und die Frau nicht immer größer und der Mann immer kleiner geworden. Vielleicht hätten sie es auch doch noch bis zu dem Schloß gebracht. Wenn sie sich aber schon bei dem Häuschen gefragt hätten: Was sind wir dafür schuldig?, hätten sie das wohl auch beim Schloß getan und jedenfalls irgendwann gemerkt, daß eine noch weitergehende Verantwortung und Schuldigkeit sie überfordern würde.

Die Grenze zeigt sich nur dann nicht, wenn man immer nur fragt, was noch alles für einen da sein könnte und nicht daran denkt, wozu man selber da ist. Die Industriegesellschaft brauchte das Drama vom Fischer und seiner Frau nicht bis zum bitteren Ende nachzuvollziehen, wenn auch wir uns der Frage erinnerten, wozu wir da sind. Täten wir es, so könnte die Natur, von der wir ein Teil sind, durch den Menschen letztlich doch noch gewinnen.

Literaturverzeichnis

Böhme, Hartmut: Das Steinerne. Anmerkungen zur Theorie des Erhabenen aus dem Blick des „Menschenfremdesten". In: Das Erhabene. Zwischen Grenzerfahrung und Größenwahn. Hrsg. von Christine Pries. Weinheim (VCH Acta humaniora) 1989, S. 119–141.

Descartes [René]: Meditationes de prima philosophia – Meditationen über die erste Philosophie [1641]. ... neu hrsg. von E. Chr. Schröder. Hamburg (Meiner; Philosophische Bibliothek Band 250) 1956.

Descartes, René: Die Principien der Philosophie [1644]. Übersetzt und erläutert von Artur Buchenau. Hamburg (Meiner; Philosophische Bibliothek Band 28) [4]1922, ND 1965.

Diels, Hermann: Die Fragmente der Vorsokratiker. Griechisch und deutsch von H. D. Sechste, verbesserte Auflage hrsg. von Walther Kranz. Erster Band. Berlin (Weidmann) 1951.

Elias, Norbert: Über den Prozeß der Zivilisation. Soziogenetische und psychogenetische Untersuchungen. Erster Band: Wandlungen des Verhaltens in den weltlichen Oberschichten des Abendlandes [1936]. Frankfurt/M. (Suhrkamp; stw 158) 1989.

Goethe, Johann Wolfgang von: Die Natur. Fragment (Aus dem „Tiefurter Journal" 1783). In: Johann Wolfgang von Goethe. Werke, Kommentare und Register. Hamburger Ausgabe in 14 Bänden. Band 13: Naturwissenschaftliche Schriften 1. München (C. H. Beck) [9]1982, S. 45–47.

Groh, Ruth und Dieter: Petrarca und der Mont Ventoux. In: Merkur Heft 517, Jg. 46, 1992, S. 290–307.

Homer: Die Odyssee. Deutsch von Wolfgang Schadewaldt. Reinbek bei Hamburg (Rowohlt; Rowohlts Klassiker der Literatur und der Wissenschaft. Griech. Literatur Band 2) 1958.

Kant, Immanuel: Idee zu einer allgemeinen Geschichte in weltbürgerlicher Absicht [1784]. In: Immanuel Kant Werke in sechs Bänden. Hrsg. von Wilhelm Weischedel. Band VI: Schriften zur Anthropologie, Geschichtsphilosophie, Politik und Pädagogik. Darmstadt (Wissenschaftliche Buchgesellschaft) 1964, S. 31–50.

Kant, Immanuel: Grundlegung zur Metaphysik der Sitten [1785]. In: Immanuel Kant Werke in sechs Bänden. Hrsg. von Wilhelm Weischedel. Band IV: Schriften zur

Ethik und Religionsphilosophie. Darmstadt (Wissenschaftliche Buchgesellschaft) 1956.

Kant, Immanuel: Kritik der praktischen Vernunft [1788]. In: Immanuel Kant Werke in sechs Bänden. Hrsg. von Wilhelm Weischedel. Band IV: Schriften zur Ethik und Religionsphilosophie. Darmstadt (Wissenschaftliche Buchgesellschaft) 1956 (KpV).

Kant, Immanuel: Kritik der Urteilskraft [1793]. In: Immanuel Kant Werke in sechs Bänden. Hrsg. von Wilhelm Weischedel. Band V: Kritik der Urteilskraft und Schriften zur Naturphilosophie. Darmstadt (Wissenschaftliche Buchgesellschaft) 1957 (KdU).

Kepler, Johannes: Weltharmonik. Übersetzt und eingeleitet von Max Caspar. München / Berlin (Oldenbourg) 1939.

Leibniz, Gottfried Wilhelm: Die Theodizee von der Güte Gottes, der Freiheit des Menschen und dem Ursprung des Übels. Vorwort, Abhandlung, Erster und Zweiter Teil [1710]. In: G.W.L. Philosophische Schriften. Band II, Erste Hälfte. Hrsg. und übersetzt von Herbert Herring. Darmstadt (Wissenschaftliche Buchgesellschaft) 1985.

Leibniz, Gottfried Wilhelm: Die „Monodologie" [1714]. In: G.W.L.: Hauptschriften zur Grundlegung der Philosophie. Hrsg. von A. Buchenau und Ernst Cassirer. 2. Band. Leipzig (Meiner; Die philosophische Bibliothek Band 108) ^{2}1924, S. 435–456.

Locke, John: An Essay Concerning Human Understanding [1690]. Ed. by A. Campbell Fraser in two volumes. Oxford (Clarendon Press) 1894.

Meyer-Abich, Klaus Michael: Wege zum Frieden mit der Natur – Praktische Naturphilosophie für die Umweltpolitik. München (Hanser) 1984.

Meyer-Abich, Klaus Michael: Aufstand für die Natur – Von der Umwelt zur Mitwelt. München (Hanser) 1990.

Moore, George Edward: Principia Ethica [1903]. Cambridge e.a. (Cambridge University Press) 1980 (naturalistic fallacy s. Index).

Newton, Sir Isaac: Mathematische Principien der Naturlehre. Mit Bemerkungen und Erläuterungen hrsg. von Ph. Wolfers. Berlin (Oppenheim) 1872.

Nietzsche, Friedrich: Die fröhliche Wissenschaft. In: F. N. Sämtliche Werke. Kritische Studienausgabe in 15 Bänden. Hrsg. von Giorgio Colli und Mazzino Montinari. Band 3. München (dtv/de Gruyter) 1980.

Picht, Georg: Die Erfahrung der Geschichte. Frankfurt/M. (Klostermann; Wissenschaft und Gegenwart Heft 19) 1958.

Schadewaldt, Wolfgang: Die Anfänge der Philosophie bei den Griechen. Die Vorsokratiker und ihre Voraussetzungen. Tübinger Vorlesungen Band 1. Hrsg. von Ingeborg Schudoma. Frankfurt/M. (Suhrkamp; stw 218) 1978.

Shakespeare, William: The Winter's Tale – Das Wintermärchen. Englisch-deutsche Werkausgabe. Deutsche Prosafassung, Anmerkungen, Einleitung und Kommentar von Ingeborg Boltz. Tübingen (Francke Verlag) 1986.

Friedrich Wilhelm Korff

Geometrie des Zweifels

Um die Abfahrten unter dem neuen Skilift zu begrünen, streuten die Betreiber der Bergbahn Abfälle aus einer Fischmehlfabrik auf den Schutt, den die Planierraupe unter den Wiesen, den Flechtenhängen und dem Heidekraut hervorriß. Auf dem Weg von der Endstation zum Startplatz riecht es nach Müll und verbrannten Haaren. Die Totenluft dämpft meine Stimmung.

Meinen Rucksack mit dem Gleitschirm dagegen fühle ich wie einen Fleck Wärme auf dem Rücken. Das Gurtzeug habe ich bereits angelegt, den Helm trage ich am Kinnriemen in der Hand. Neben dem Startplatz ist ein Steinhaufen zusammengetragen. Darin steckt ein Stab mit einer Fahne. Vor ihm geht es hinab, tausend Meter in die Tiefe. Ich sehe nicht hin und halte mich am Anblick der gegenüberliegenden, jetzt mit Aprilschnee bedeckten italienischen Berge. Nicht weit von hier komponierte Gustav Mahler. Gebirge hört man in seinen Sinfonien, aber diese Berge hatte er vor Augen.

Es ist elf Uhr vormittags und sehr windig. Ich hänge mich ein, sichere beide Karabiner und nehme die Steuerschlaufen jeweils um vier Finger. Die hinteren Tragegurte liegen auf der Schulter, die vorderen gleiten auf den geöffneten Händen in der Daumenfurche. Ich blicke zurück und straffe die Leinen leicht. Mit einem Schritt nach vorn und leichtem Druck gegen die Tragegurte kommt die Kappe rauschend hinter mir hoch, füllt sich, zieht mich nach hinten, ich dränge nach vorn. Still und prall geworden, steht der Schirm über mir, neigt sich nach rechts, nach links, gehorcht dem Steuerdruck, und als ich beide Leinen ziehe, hebe ich ab. Die Beine und Füße, plötzlich der Erde entzogen, weiß ich nicht zu stellen, ich lege sie einfach übereinander. Mein Schatten, der erst regungslos auf den Startplatz fällt, dann aber leicht zur Seite wandert, ist an der Stirnseite vielfach gekehlt, im Leeren vor dem Rechteck schwebe ich, ein schwarzer Punkt. Nach einem Schuß warmer Luft, die mitten in den kalten Fluten den Hang hochfegt, hebt es mich über die Schwelle, und nun geht es von der Felskanzel hinab, gleitend in die Tiefe. Ich vergleiche die Windrichtung mit der des schlängelnden Bachs unter mir. Die Schlucht, die ich gleich überqueren werde, müßte wie eine Aufwinddüse wirken. Und schon kommen erste Wirbel und, nach einer Pause, abrupt Thermikstöße. Das Geräusch, das den Pfeifton des Fahrtwindes durchbricht, gleicht dem Laut der nicht knallenden, aber durchgezogenen Peitsche. Ich umfasse die vorderen Tragegurte, lehne mich nach hinten und blicke hoch.

Schon bin ich über die Talmitte hinausgeflogen und kreise in einer Höhe von achthundert Metern. Der Wind weht stark. Ich bewege mich leicht rückwärts, wie soll ich landen? Der Wind wird in niedriger Höhe nachlassen, ihn bremst die Reibung am Boden. Mir bleibt der Versuch, den Landeplatz rückwärts fliegend zu erreichen. Ich lasse mich dann nicht anders als ein Vogel herab.

In einer abwärts gerichteten Strömung, die eine thermische Ablösung hinterließ, verliere ich rasch an Höhe, und ich konzentriere mich auf die Landung. Noch über der Ortschaft, die jetzt mit Straßen, Häusern, Baumgruppen und elektrischen Oberleitungen feindlich unter mir liegt, werde ich den letzten Vollkreis drehen und mich vom Beginn der Landewiese an, gegen den Wind hin- und herpendelnd, stufenweise herunterlassen. Der Entschluß war voreilig, denn sogleich erfaßt mich der Ruck einer Ablösung. Federnd, schwingend, pendelnd geht es wieder aufwärts. Besorgt halte ich nach der Wolke Ausschau, die mich jetzt ansaugt. In eine Kumuluswolke gezogen zu werden, verläuft in der Regel tödlich, aber das ist keine Wolke, das ist ein wenig grauer Flaum, der Embryo einer Wolke, doch zieht er schon mächtig. Um halb Zwölf bin ich wieder an der Wolkenbasis, eintausendzweihundert Meter hoch.

Auf dem Weg nach oben überholen mich die Gerüche des Tals, eine Zeitung segelt vorbei. Drachenflieger, die mich steigen sahen, nähern sich, um von meinem Aufwind zu profitieren. Ich kreise in einem Wolkenloch, inmitten feuchter, unruhiger Schwaden. Von der riesenweißen Wand neben mir, auf der mein Schatten, ein fernes Löwenzahnschirmchen, emporkriecht, strahlt Licht zurück und brennt mir auf den Wangenknochen. Die Wolke ruht auf einer durchsichtigen Platte aus Luft und ist an ihrer Basis bereits schwarz verqualmt. Die Geräusche aus dem Tal sind hier oben verschwunden, es ist still geworden und sehr kalt. Panik erfaßt mich, denn ich steige noch immer. Ich ziehe die linke Steuerleine bis zum Oberschenkel und gebe rechts oben den Schirm frei.

Die Kappe schießt nach links, ich folge ihr rechts auspendelnd, die Welt geht schräg in die Steilkurve. Der Schirm und mein Körper ziehen mit gleichbleibender Wucht zwei versetzt übereinanderstehende Spiralen, die Figur des Diabolos, in die Luft. Die Konturen des Bergwaldes und des Ortes unter mir werden streifig. Der schräge Abgrund des Horizonts und der jetzt schreckhaft überhängende Berghang folgen einander im Takt von Hell und Dunkel. Mir wird flau, vorübergehend habe ich die Halluzination, mein Ohr drehe sich auf dem Talgrund. Wie immer, wenn der Kopf auf der Seite liegt, hat die Welt sich verändert. Die blauen Farben leuchten tiefer, magisch wie vor dem Gewitter, ebenso droht das Weiß. Selten kann man sich einen immer heftiger werdenden Wunsch erfüllen, ohne daß man nicht vorher noch einen Fehler macht. Ich beende die Spirale nicht schulmäßig und lasse die linke Steuerleine abrupt los. Jetzt bleibt der Schirm stehen, denn er hat kaum Masse, mein Körper aber, noch erfüllt von Drehkraft, pendelt vor, die Füße steigen in den Himmel, verharren dort, fallen zurück, nach hinten. Zwei-, dreimal wiederholt sich die Bewegung, dann hat sie sich beruhigt.

Wie die Katze, die man in den Nacken griff, herumhob und vor die Tür warf, freue ich mich der neuen Freiheit und finde mich sechshundert Meter tiefer. Wieder stehe ich, schräg gegen den Wind gerichtet, am Hang. Kammern und Leinen scheinen in Ordnung, nichts ist gerissen und verwirrt. Am Hang komme ich, wenn auch langsam, voran. Drehte der Wind weiter auf ihn zu, könnte ich mich vielleicht halten. Es könnte eine Stunde, ja, wenn ich wollte, ein ganzer Nachmittag werden. Aber der Wind steht, wenn ich die Fahne auf dem Seilbahnmast noch einmal überprüfe, zu schräg für den Hang. Das Wetter hat sich geändert. Die Sonne ist verschwunden, es tröpfelt leicht.

Es rauscht über mir. Ich sehe hoch. Der Schirm zittert, seine Unterseite hängt schlaff. Ich blicke zur Seite. Am Startplatz steht niemand mehr. Zeigt der Windsack nicht bergaufwärts? Ich taumle dem Hang entgegen. Der rechte Flügel klappt ein. Ich pumpe mit der Steuerleine, ohne Erfolg, ich nehme mir nur den Rest des Auftriebs. Über das schwarze Seil der Materialbahn hinweg stürze ich in die Wiese. Der erste Aufschlag auf die linke Hüfte sitzt neben gelben, frisch abgeschnittenen Busch- und Baumstümpfen. Es blitzt in meinem Kopf „jetzt wird es ernst“, der zweite, ein Überschlag im Gras, ist der Rest vom Abfedern, er wirft mich herum, dehnt die Bänder im rechten Knie, trifft die Schulter, Brust, Kopf mit Wucht. Ich liege inmitten der Leinen, der Schirm senkt sich herunter, und im Traum*, der über mir zusammenfällt, höre ich: „Alles, was lebt, wird mit der Peitsche geschlagen.“

Ich liege im Gras und ringe nach Luft. Aus dem Apriltag wird Herbst, ich sehe einem Bussard unter der Wolke nach. Da setzt sich etwas auf mein Gesicht. Ich will hochfahren, kann aber vor Schmerzen nicht. Es ist der Woll-

* s. Anhang

haarstern eines Flugsamens, der mich prüft und der mir, kaum daß ich ihn gegriffen habe, entschlüpft, schwerelos in der Luft davonrollt. Die Flaumkugel hüpft über Grasspitzen, erklimmt einen Haselnußstrauch, läuft an einem Zeig hoch, hakt sich in ein Blatt, neigt sich nach links, nach rechts und fährt von dort aus frei in die Luft, mitten durch die Krone einer Birke.

Der Same will gar nicht fliegen. Er will sich festsetzen, verpflanzen und vergehen. Ich aber wollte fliegen und wurde an den Boden geworfen. Auf mir liegt, wie ein Unrecht*, die Schwere. Ist es nicht eine göttliche Gemeinheit, erst schuldlos geboren, dann aber mit Umtrieb, Angst und Verstrickung bestraft zu werden? Zweifel* an dieser Frage machte mich noch ruheloser.

Mein Atem kam nicht durch, er blieb äußerst flach, und das Herz klopfte gegen ihn an. Die Peitsche* schlug. Der Schmerz, der unter den Hieben ertragen werden mußte, kam mir jetzt wie eine Leistung vor. Es gilt, Balance zu halten, wenn die Schwere an uns zerrt. Da sie schon nicht zu vermeiden ist, wollte ich sie zumindest steuern können.

Das Bild wechselte jäh, ich konnte wieder atmen. Jetzt stand ich im Pantheon zu Rom vor einem Luftwirbel. Dicht über dem Boden schwebte, langsam hin- und herwandernd, aus Papier, Fusseln und den wolligen Fasern eines blühenden Baums gebildet, ein etwa ein Meter breiter Ring, der tellerartig taumelte, vorübergehend aufstieg, dann wieder zum Boden hinabsank, langsam und regelmäßig kreiste. Geformt wurde er durch den Sog des großen Lochs in der Decke. Über das Pantheon strich an diesem Tag ein böiger Wind aus Südosten, und die Eingangstüren standen offen. Zunächst noch belustigt, bald aber belästigt schien der neue Kustos, der vergeblich versuchte, den fliegenden Schmutzring mit Besen und Schaufel einzufangen. Heftig zur Seite gekehrt oder mit der Schaufel geschlagen, setzte sich der Ring sogleich wieder zusammen und überfuhr den Boden, wie er es gewohnt war seit der Antike.

Bergdohlen sieht man gelegentlich in einer Höhe von dreitausend Metern. Die Tiere haben dort oben eigentlich nichts zu suchen. Es gibt kein Futter, sie fliegen offenbar aus reiner Lust. Im Pantheon hatte sich die Natur von ihren Absichten befreit und die Sisyphus-Arbeit des Verpflanzens eingestellt. Die Entdeckung des beharrlich Zwecklosen erfaßte mich plötzlich, ich sah den vom Trieb entlasteten Kreisel, drehte mich im Traum, war schwerelos wie ein Wollhaarstern.

Vor einem Altar auf einer Wiese und unter Zypressen, immer deutlicher sich vor dem grünen Himmel einer unheimlichen Frühe abzeichnend, beratschlagten weiße Kugeln, die Janusköpfe trugen. Ich erinnerte mich: das waren wir Menschen vor langer Zeit. Im Mythos* hat sich die Spur erhalten. Jeweils

Mann und Frau oder Männer mit Männern oder Frauen mit Frauen waren damals noch mit dem Rücken zusammengewachsen. Wir lebten frei und autark, wir bedurften einander nicht, wir hatten uns ja schon. Wir gingen auch nicht aufrecht, sondern wir rollten über den Boden, „auf acht Gliedmaßen gestützt, radschlagend“ nach Art des Rhönrades „sehr schnell im Kreise“. Wenn wir zeugten, dann erledigten wir das, wie es ironisch hieß, nur nebenbei und „in die Erde wie die Zikaden“. Da wir aber bedürfnislos waren und auch müßig, für Politik also Zeit hatten, wurden wir leider gegen Zeus aufsässig. Er bestrafte uns, indem er uns durchschnitt und die offenen Hälften jeweils über dem Nabel zusammenband, abknotete und uns auf zwei Beinen, statt auf vieren, davongehen ließ. Seitdem hat jeder sein anderes Ich verloren, und wir suchen es unser Leben lang. Fielen sich zwei in die Arme, die ursprünglich nicht zusammengehörten, so gingen sie zugrunde, weil sie sich sehnsüchtig umklammerten und doch aneinander vorbei sich durchdringen wollten in Richtung des unsichtbaren, allgegenwärtigen, auf jede Weise verlorenen Geliebten. Zeus ermahnte uns, nicht noch einmal aufmüpfig zu werden. Er könne uns leicht abermals zerteilen, und dann sollte jeder, gevierteilt, zusehen, wie er „auf einem Bein hüpfend fortkomme wie ein Kreisel“.

Das Bild glitt in eine andere Zeit. Der Kreisel schnurrte nun auf dem Bretterboden eines kleinen Saals aus dem achtzehnten Jahrhundert, einer Freimaurerloge. Die parabolisch darüberstehende Viertelkugel des Körpers hatte endgültig die Form des Senkbleis, der Kugelkappe mit darunterhängendem Spitzkegel, angenommen. Ähnelte sie nicht dem Fallschirm?[*]

Das Lot des wirklichen Fallschirms hatte Leonardo da Vinci um 1485 gezeichnet und erfunden, allerdings mit einer viereckigen Kappe. Von dieser Schwundform blickte ich noch einmal zurück auf die ursprüngliche Kugel und verglich sie mit dem Umriß, der künftig auftreten würde. Das Einbeinige, das sich im Mythos so merkwürdig einsam abzeichnete, war der Aerostat, der Beginn der Luftfahrt und menschlichen Fliegens überhaupt. Das Glück ist ein Kindertraum, der spät in Erfüllung geht. „Von langem her also ist die Liebe zueinander dem Menschen angeboren, um die ursprüngliche Natur wieder herzustellen, aus zweien eins[*] zu machen und die menschliche Natur zu heilen.“

Ballonförmig war das Gefühl der Einheit, das nach dem Absturz der Geburt als Erinnerung an den ehemals fraglos wohligen, jetzt aber verlorenen Zustand in mir leuchtete. Perückentragende Philosophen und Theologen hatten in diesem Saal die Spaltung nur unzureichend mit der spröden, mir rostig vorkommenden Begriffsklammer ‚Identität‘ umfaßt, die sie paradox ‚Zwei-Eines‘

nannten, oder mit der ‚Trinität', die als ‚dreieinig' galt, ebenso wie wir heute von Corporate Identity sprechen. Der Gruppengeist machte aber schon als All-Eines oder ‚Ein und Alles' (Hen kai Pan) in der Antike die Figur der Seele, des Gottes, aller Götter (Pan Theon), ja des Ursprungs überhaupt aus. Rätselhaft ins Ich verpflanzt kam das Erlebnis als Kommunikation, als Trance, Subjektobjektverschmelzung, Unmittelbarkeit, Reflexionslosigkeit, als Entrükkung und mystisches Nu wieder. Im Grunde wurde es nur erahnt, weil das Erlebnis der Ekstase sich nicht mitteilen läßt. Es erhielt aber dann doch den Namen der runden Raumfigur, der Kuppel, offenbar weil im völligen Schwarz oder im blendenden Licht der Unio mystica die bloß logische Form umkreisenden Denkens sich als Inhalt ‚ansah' oder mangels genauerer Geometrie* nicht anders ansehen konnte, – all das sah ich jetzt in der im Wind nickenden Kugel des Löwenzahns, des Bärlappsamens, in der Lindenblüte, der Baumwolle, auf den ballen- und kugelschaligen Blütenständern, die ja, wie die Pusteblume, wenn sie reif sind, als langsame Rakete platzen und strahlenförmig aus der Mitte heraus zergehen.

Das Bild der Explosion wiederholte sich im Bau des Einzelsamens. Gemäß der mythischen Teilung des Zeus wurde das Flugschirmchen in Gebrauch genommen, mit Schwere versehen und mit einem Korn behängt. Die ursprüngliche Einheit war damit verlassen, denn dem Gewicht stand, über den Stiel verbunden, etwas Aufhebendes, die Flugkappe entgegen. Dieser Bipol konnte nicht mehr frei im Raum rollen, nur die Kreisbewegung um die Achse der Zweiheit war noch möglich wie bei dem Kreisel. Es war nunmehr ein kleines Fluggerät, das aus der Mitte des Aufhebenden hinaus Kiele trieb, die befiedert waren, sich überlappten und damit die anfließende Luft abdichteten, bis ein Palmwedel oder befiederter Pfeil von äußerst duftiger Leichte entstand. Der immer etwas langweiligen Solidität oder dem Symbol der Treue, dem Anker des Samenkorns – fast alle Körner fliegender Früchte sind mit Häkchen zum Landen und Festhalten versehen –, stand hier mit aller wünschenswerten Deutlichkeit die Einrichtung zum Fliegen, die Möglichkeit der Vaganz und treulosen In-den-Himmel-Hebens gegenüber. Beide Zustände, jeder für sich genommen, schienen unerträglich. Sie bedeuteten Absturz oder Verwehtwerden; die kreiselnde Einheit beider aber machte den Tanz aus, zumal die Beteiligten aneinander gefesselt und der nötige Abstand der zwei durch den Stiel, durch Tragegurte oder Fangleinen gesichert war. Es war, als wollte sich die Seele, die nach Aristoteles „gewissermaßen alles ist", in Bewegung setzen und davonfliegen.

Die Kreiselnden taumelten und zeichneten gegenläufige Spiralen in die Luft.

Archimedes hatte die Spirale* definiert und ihr die Gleichung gegeben, die sie heute noch hat. Anaxagoras, der aus Athen zentrifugierte Philosoph und Freund des Perikles, hielt sie für die Bewegung der Vernunft, weil der Wirbel (durch Zentrifugierung ursprünglich gleiche Teile (Homöomeré) verdünnte (Diastole) und verdichtete (Systole)*. Hätte er mit einem Fernrohr in den Andromeda-Nebel blicken können, wäre er wohl in der Verbannung zufrieden gewesen. So machte er die Kinder glücklich, als er sich von der Stadt Lampsakos erbat, daß sie in seinem Todesmonat schulfrei erhielten. „Geißelnde" (Mastiktoroí) nannten die Griechen Kreisel schlagende Kinder. Ich sah die Abbildungen auf altgriechischen Trinkschalen.

Die Spirale ist eine geometrische Linie, deren Krümmung ständig abnimmt, während der Krümmungsradius wächst. Dieses Schneckenbild fatalistischer Konsequenz ist aber zugleich rasant, denn es enthält die gegeneinanderlaufende Polarität und Steigerung. Mersenne hatte von Descartes Briefe erhalten (Oeuvres, Ed. Tannery, Paris 1898, p. 360), in denen der Geometer des Zweifels die Theorie der Spirale weiterverfolgte. Man konnte unter den Schneckenlinien, Schrauben, Vrillen, Trudeln, Strudeln – sehr viele Worte gibt es für die Spirale – drei Arten der Gattung unterscheiden. Die erste nannte man die gleichmäßige archimedische Spirale, weil sie wie ein aufgerolltes Seil oder wie eine stählerne Uhrfeder in der Ebene liegt, einen Anblick bietet wie etwa ein Schnitt durch eine Papierrolle oder ein aufgewickelter Zylinder. Die zweite nannte man die gleichwinklige, geometrisch wachsende oder logarithmische Spirale*, weil die Entfernung vom Pol nicht gleichmäßig, sondern beschleunigt wächst, wobei aber der Radius die Schneckenlinie in immer gleichem Winkel trifft, so daß die Steigung der Tangente an diesem Ort jeden Umlaufs erhalten bleibt. Dies sah man am Büffels- oder Ammonshorn und auch an der goldenen Spirale in der Sonnenblume. Die dritte Spirale springt in den Raum und bildet einen Krater oder auch sanfte Schüssel, die mit flachen Rändern in der Ebene als Rad zu kreisen beginnt, um alsbald das Strudelloch in der Nabe zu schnüren. Die räumliche Spirale entsteht, wenn man den Pol einer stählernen Uhrfeder hochhebt oder durchdrückt, und das Bild dieser eigentlich drohenden Spirale ist die Linie, die um einen Spitzkegel gewickelt ist und bei dem nach erst schnellem, dann seltsam langsam werdendem, zögerlichem Umlauf die Bewegung plötzlich, aber nicht unerwartet in die Tiefe stürzt. So sah es E. A. Poe in der Erzählung „Im Strudel des Maelstroms" (1841).

Sichentwinden aus der Spirale wäre Erlösung aus wachsender Enge, was es beim Exzentern, Schleudern von Dingen und Menschen, die außer Kontrolle geraten und „platzen", durchaus gibt. Der Kelch selbst ist das Bild der Todesangst (Klaustrophobie), und ihr Ort ist oben am Rand in unmittelbarer Nähe der Tiefe, dort, wo die drehende Strömung die ruhende schert und es noch unentschieden bleibt, ob man in den Strudel gerissen wird oder nicht. In der Mitte des Zyklons ist es still, und so störten mich, da ich jetzt einen Brief schreiben wollte, leise Geräusche im Nebenzimmer, laute auf der Straße aber nicht. Wer mit Vorstellungen spielt, ist schon von ihnen erfaßt. Ich erinnerte mich an eine Romanfigur Dostojewskis in den „Dämonen". Sie sieht eine Vase im Salon und weiß sofort, daß sie sie berühren muß und daß sie gar nicht anders kann und daß sie sie umstürzen muß. Sie stürzt sie um.

Der Strudel der Reflexion ist offenbar ein Schwingungsphänomen. Unaufhaltsam treibt es auf einen Endpunkt zu. Was man vermeiden wollte, stellt sich ein, wie Gewißheit aus dem Zweifel. Wer einen Pingpongball fallen läßt und die kürzer werdenden Sprünge zählt oder eine Untertasse wippen läßt, sieht und hört den Endzustand voraus. Es ist unanschauliche aber hörbar werdende Unendlichkeit. Die Intervalle in unserer Musik entstammen allesamt der Partial- und Obertonreihe, und diese „Naturtöne" folgen aufeinander im Verhältnis der natürlichen Zahlen: 1:2:3:4:5:6:7:8:9:10...n/n+1. Wir können aber nur die Proportionen des Anfangs unterscheiden, nämlich Oktave (1:2), Quinte (2:3), Quarte (3:4), Terz (4:5), kleine Terz (5:6), Kleinstterz (6:7), übergroßer Ganzton (7:8), großer Ganzton (8:9), kleiner Ganzton (9:10). Die Töne und Farben ab dem zehnten Oberton stürzen aber ebenso wieder in die Eins, aus der sie kamen, wie eine Flocke oder die Seele in den Strudel: 1; 1/2 = 0.5; 2/3 = 0.666; 3/4 = 0.75; usw. 0.8; o.833. 0.857; 0.875; 0.8888, 0.9... 0.999999999! Die Gewißheit ist die Eins und ihr Verlust ebenso, aber der Zwischenzustand des Zweifels sind unendlich viele Brüche, wie es schon Kierkegaard vermutete.

Die seelische Erregung wie auch die Wirkung der Hormone wachsen logarithmisch, folgen dem Strudel, aber das Nachlassen und Abspannen ebenfalls. Wir wissen das alle und hören es, wie es ausweglos weitergeht im spitzig werdenden Spektrum, z. B. der aufheulenden Sirene. Deshalb ist ein Unterlaufen, Kreuzen, im Krebsgang gehen, Zuwiderlaufen dieser Neigung Musik. Denn Inklination ist ein leeres Muster, und schön ist es, innerhalb der Uniformität die Vielfalt anzubringen.

So vermag das geschulte Ohr noch die Intervalle 87/86 von 86/85 zu unterscheiden, der Unterschied beträgt 1.000135. Aber es vermag dieses sich winzige Höherstimmen des Sirenentons nicht als Klang anzuerkennen. Deshalb hören wir auch die Harmonien gleich am Anfang der Obertonreihe, noch auf dem Kelchrand, und die Oktav, die die Griechen „Durch das Ganze" (Diapason) nannten, liegt mit dem Wert 0.5 exakt in der Mitte zwischen Ausgangspunkt 1 und Zielpunkt 1. Sie ist das Maß, denn wir hören durch sie die Gleichheit auf völlig verschiedenen Tonhöhen, ob nun 220:440 Hertz oder 144:288 Hertz; dies ist der Beweis, daß wir das Verhältnis 1:2 anwenden und durch den natürlichen Logarithmus"* abschätzen. Ab dem zehnten Oberton hat die Reihe, die sich allmählich anschickt, in die reißende Eins abzustürzen, nicht einmal mehr Namen. Nur noch der natürliche Halbton 15/16 wird erwähnt (= 0.9375), aber Pythagoras kannte einen Halbton 243/256, der dem Strudelloch doch ein wenig näherkommt (= 0.9492). Diesen Halbton erwähnt Platon im Dialog „Timaios", 35 bff.

Auf Archimedes' „De incidentibus in fluido" (Lib. 2) eingehend, hatte Poe in seiner Erzählung berichtet, daß der Seemann, der in den Strudel geriet, dadurch entkam, daß er vom Schiff, das schon in der Steilwand hing, ins Wasser sprang, sich an ein leichtes Faß band und noch in der Wand hing, als das Schiff längst untergegangen war und sich der Strudel zum Tidenwechsel zurückzubilden begann.

Wie es bei körperlich Verletzten – z. B. nach dem Abnehmen des Gipses – Schonhaltungen der Glieder gibt, vernünftige aber auch unnötige, so gibt es auch, wie das Beispiel Poes zeigt, seelische Schonhaltungen, ebenso angemessene wie übertriebene. Sich klein und leicht zu machen, nicht einzulassen auf den Strudel und angeklammert an ein kleines Faß in der Wasserwand zu überleben, war mir im „Laté biósa" („Lebe im Verborgenen") und „Vermeide die Hauptwege" aus der praktischen Philosophie des Epikur deutlich geworden. Kierkegaard und Kafka hatten sich nicht darauf eingelassen, auch Descartes nicht, trotz seiner „provisorischen Moral" in der „Abhandlung über die Methode" (1637). Aber Goethe neigte nicht zum Rigorismus, er hatte mit seinem Appell zu „Polarität und Steigerung" das Bild der aufsteigenden Spirale gebraucht, um eine Kollision zu vermeiden, die sich aus dem Festfahren zwischen Diastole und Systole ergibt. Man kann nicht gleichzeitig Ein- und Ausatmen, sich Einleben und Ausleben. Bei Goethe hieß es einfach: „Tages Arbeit / Abends Gäste / Saure Wochen / Frohe Feste." Die Zeitfolge wird also in der gleichwinkligen Spirale wichtig. Die Wiederkehr des Ähnlichen erreicht sich nach einem weiteren Umlauf durch ein neues Niveau schräg über oder unter der verlassenen Höhe, und wie der Punkt auf der Spirallinie weit draußen fließt die Zeit im Alter immer schneller! Dies erlebte ich bei Quintfortschreitungen in der Musik, beim Abstieg auf der Wendeltreppe im Turm, überhaupt in Jahres- und Lebenszeiten. Goethe kannte die Polarität aus der Erfahrung eigener und beklemmender Klassizität (zur Zeit der „Iphigenie", des „Nausikaa"-Fragments), als er im Inneren des Kelches hing. Das Gegenteil war ihm vorher noch mehr verhaßt, als er im „Sturm und Drang" des „Werther" weit draußen auf dem Rand des Kraters saß, die andere Gefahr spürte, ins Aus gespült zu werden. Die Irritation war groß, bis er im „Westöstlichen Diwan" seine Mitte fand, den Wechsel aus beiden Extremzuständen propagierte: „Du danke Gott, wenn er Dich preßt. / Und dank' ihm auch, / Wenn er Dich wieder entläßt."

Wer in ein Totwasser hinter einem Brückenpfeiler starrt oder im Hafen einer sich drehenden Fähre zur Seite blickt, der wird in den sich einschraubenden schwarzen Löchern auf der quellenden Wasserfläche eine Ordnung sehen, wie sie ein zwangsgerichtetes Chaos erzeugt, Panik, die, statt nach allen Seiten, hier in eine Spitze läuft. Die Windhose, der Hurrican, der Schneeball, der zu rollen beginnt, tupft einen Punkt, den er zu einer Linie auszieht, deren Strichstärke er schon nach dem halben Umlauf um 180° bricht (Oktave, 1:2 = 90°:180°) und hört erst auf, wenn ein riesiger Klumpen gerollt ist. Und dieser Klumpen zerbricht an seiner eigenen Schwere, noch bevor die Tangente an die äußerste Umlauflinie exakt 90° zum Radius steht, größer nämlich wird er nicht. Das eigentlich Rätselhafte ist der Anfang und sein Ort. Wo auch immer das Tief beginnt, in einer Zyklone über Madagaskar, die das norddeutsche Wetter endlich auslöst, oder im Gemüt des psychisch Kranken, der alsbald in Zwangsvorstellungen gerät, er könne mit dem Viertelliter Urin, der ihm zur Verfügung steht, das Treppenhaus unter Wasser setzen: immer sind die Ausgangsbedingungen so unbestimmt wie eskalierend und reißend die Folgen.

Deshalb nehmen die neuplatonischen Systeme des Proklos, des Ammonius Sakkas, des Plotin und viele andere ihren Ausgangspunkt in der Einheit (Hen), entfernen sich (Próodos) und kehren nach einer Zeit der Selbstentfernung, die als Verhängnis, Sünde und Gottesferne empfunden wird, wieder zurück (Epistrophé, Umkehr, Wiedergeburt). Gleich zweimal findet sich das „Stirb und Werde" im Evangelium nach Lukas (XV, 24 und 32). Der Weg des verlorenen Sohns ist die in sich zurücklaufende Spirale, „Unruhe" nennt man sie in der Uhr.*

Ich öffnete die Glastür, ging aus dem Saal die Steintreppe hinab in den Garten. Auf der Wiese stand der Bocksbart, sein Flugsamen war von dem windigen Startplatz schon halb abgeräumt. Er zitterte vor Fliegelust und konnte nicht anders, hatte er doch wie alle Haargebilde, die wie die Radiale einer Rakete aus einem Punkt heraus zur Kugelschale sprießen, eine riesige Tragfläche. Diese Kugel von nur wenigen Millimetern Radius nahm ich in die hohle Hand und kehrte in den Saal zurück. Auf dem Boden breitete ich sie sorgfältig, dünn wie Blattgold aus. Was ich wissen wollte, war nicht die Oberflächengröße der Kugel – sie war winzig, nur $4\pi\ r^3$ Quadratmillimeter groß –, ich hatte die Füllung zu berechnen, die Größe der Oberfläche jedes einzelnen Haares, einschließlich der aus diesen Haaren gebildeten Raumfigur und ihrer vielfältigen Kanten. So maß ich die Rohrfläche eines Kiels, quadrierte sie und addierte dazu als Konstante die Fläche eines Flaumhaares, das in der Form dem Rohr ähnlich, wenn auch viel kleiner war. Das Ergebnis nahm ich wieder als Ausgangspunkt für die gleiche Berechnungsweise. Nach vielen Wiederholungen näherte sich diese Rückkopplung* einem festen Wert, und ich sah, daß ich mit meiner Saalfläche nicht auskam, ich mußte auch noch einen Teil der Wände dazunehmen. Erfolg dieser Verteilung von größtem Flächenflaum auf kleinstem Raum war, daß der Wiesenbocksbart schon beim geringsten Luftzug aufstieg. Denn die Luft, die in die Kugelkappe faßte, umschlich die Konturen und umwirbelte sie nicht mehr, zäh wie Honig floß sie nur noch in die Richtung des Stroms. Da aber an den umspülten Kielen und Fäden seitlich weder Zug noch Druck auftraten, blieb nur noch der Widerstand übrig, und er stieg sprunghaft an. Der Flaum mit seiner Leichtigkeit bei so großer Fläche glich einem gefüllten Ballon, mit dem Unterschied nur, daß anstelle des Gases, das sonst den Auftrieb erzeugt, hier der Widerstand* vermehrt war, der dem Sinken entgegenwirkte. Geringste Luftbewegungen im schrägen Licht der Saalfenster, in dem jetzt Sonnenstäubchen tanzten, machte der Schnee des zerrupften Wiesenbocksbarts mit und fuhr herumstöbernd überraschende, durch die Wärmeflut am Fenster ausgelöste Zickzackkurse. Blies ich mit einer Kanüle in einen Flaumball heiße Atemluft, so hielt er sie fest und stieg davon, ebenso wie dichte Büsche die Wärme eines Sommertags bis in die Nachtkühle speichern und sie erst freigeben, wenn man sie schüttelt.

Da er Luftperlen in seinem Gefieder festhalten konnte, zeigte mir der Wiesenbocksbart indirekt, daß auch er eine Hülle hat wie der Ballon. Die Fähigkeit, Luft anzuziehen, statt sie zu umschließen, fand ich auch beim Löwenzahn, bei der Distel, der Aster, dem Baldrian, der Arnika und anderen Sternblumen. Die Hülle konnte aber auch geschlossen sein, wie bei den mit Luft gefüllten weißen und braunen Samenhaaren des Schilfs, der Pappeln und Weiden. Sie wies aber öfter noch eine Form auf, die zu einer Tragfläche plattgedrückt war wie durchsichtigen Segel der Birkennüßchen, der Bignonie und wie die massiven Propeller der Rotationsflieger des Ahorns und der Esche, entfernt noch der Fruchtschuppen von Kiefern, Fichten und Tannen. Gerade beim Ahornflügel, dem „Nasenkneifer", war es, als habe Zeus in seiner Laune die zwei, die bislang kreiselnd übereinanderhingen, in die Ebene gekippt und ließe sie in der Sinkspirale umeinanderfahren, exzentrisch zunächst, doch bald ausgewogen wie ein Bumerang, da dem Samenkorn ein Propellerblatt abgesprossen war, das sich unter den Bedingungen des Auftriebs, die sich mit der Entfernung von der Mitte her stetig änderten, wie eine Tragfläche zu krümmen und den Schlupf* zu formen begann. Dies hatten die Fallschirme, die ebenso unzertrennlich zweieins ausschließlich mit Hilfe des Widerstandes flogen, nie nötig. Irgendwann einmal kam auch der Urmensch, der die Steinschleuder bediente, auf den Gedanken, den Stein erst vertikal anzuschleudern, um im entscheidenden Moment, wenn er das Ziel ins Auge faßte, den Schleuderbogen in die Waagerechte zu ziehen und den Stein erst dann loszulassen. Denn für Samen und Stein galt ja, nicht aufzusteigen oder herunterzufallen, sondern Entfernungen zu überwinden.

Die geschlossene Hülle sah ich noch im aufgepumpten und kommunizierenden Rohrholmsystem des Insektenflügels oder in den halboffenen Kammern des Gleitschirms. In allen Fällen glich das Druckgebilde dem flüchtigen Schaum. Mit seinem Prototyp gab sich die Natur ziemlich geheimnisvoll, sie stellte ihn, soweit mir bekannt, niemals rein vor, und so existiert er nur als menschliches Artefakt: in der regenbogenfarbenen, von schwarzen Flecken überlaufenen, platzenden Seifenblase. Ein leichtes wäre es gewesen, dunkle pergamentene Hohlkugeln mit eingelassenem Korn gegenüber dem Zenit, von Sonnenstrahlen gebläht, vom Blütenständer sich lösen und aufsteigen zu lassen. Die Natur hat es aber verschmäht – auch der Blasenstrauch ist keine solche Lösung – und, ihrer beobachtbaren Einfachheit entgegen, für die Flieger nur komplizierte Erfindungen zugelassen.

Der Einspruch war nicht zu überhören. Trotz ihrer Weichheit waren Flugschirme nur begrenzt elastisch. Sie blieben formsteif, und wenn sie sich erweiterten, dann durch Anlegung einer weiteren Zelle im schwimmenden und zukkenden Verbund. Merkwürdig, warum wurde nur verdoppelt oder halbiert, addiert oder zerlegt? Ein solches Wachstum sah ich im Filigran der Glastür zum Garten, aber auch in den viereckigen, doch meist parallelen Täfelungen des Insektenflügels. Er konnte sich zwar falten, spannte aber innerhalb seiner Knickholmgelenke die Gläser starrer Membranen auf. So schwillt der Schaum, der Gleitschirm, der Heuschrecken- oder Maikäferflügel niemals über die ihm vorgegebenen Konturen. Alles, was darüber hinaus wollte, mußte sich entweder, wie die Libellenlarve oder die Schlange, häuten oder zerspringen.

Als erstes hörte ich das Rascheln des Schirms. Das Tuch blähte sich, fiel zurück. Ich hob den Arm, das Glas über dem Zifferblatt der Uhr war von innen beschlagen, die Zeiger standen auf Viertel vor zwölf. Gewärmt lag ich am Boden unter meinem Fittich, der mich ebenso, wie er mich bislang trug, jetzt gegen Kälte und Schock schützte. Ich betastete mich, bewegte Füße, Arme und Hände. Die Hüfte und das Knie schmerzten, gebrochen schien nichts. Das Echo des Aufschlags dröhnte noch in den Gliedern. Eine Schürfwunde am Kinn trocknete. Ich richtete mich auf. Der Himmel war grau geworden, den Hang streifte eine Wolke, der Talboden verschwand, und die Sicht zog sich um mich zusammen. Der Startplatz dämmerte verlassen. Die Fahne zeigte immer noch bergan. Von den Klippen, neben der Heulage und am Waldrand zogen Nebel auf. Kalte Punkte fielen mir aufs Gesicht, langsam begann es zu schneien. Eine große wäßrige Aprilflocke setzte sich auf den Rand des Schirms, leuchtete bläulich im Innern, zeigte gerade Ecken und Kanten, immer wiederkehrende Winkel, wurde schwer und verging.

Anhang

Fallschirm. Hieß nicht griechisch „németai“ zwar wörtlich „zugeteilt werden“, übertragen aber doch „mit Gottes Geißel gehütet werden“ und damit – so schmerzhaft die Behandlung auch ist – behütet, beschirmt und gegen Hybris gefeit zu werden? Fühlte ich nicht in dem Bild Schutz vor mir selbst?

Geometrie. So ist etwa der „Kosmos“ und das „Sein“ des Philosophen Parmenides von Elea (nach 500 v. Chr.) „allseits vollendet, gleich der Masse einer wohlgerundeten Kugel“. (Diels/Kranz 28 B 8,43) Der Samier Pythagoras (um 530 v. Chr.) mit seiner unverhohlenen Neigung für die häusliche Harmonie lobt den Ursprung noch deutlicher: „Das erste, harmonisch Zusammengefügte, die Eins, in der Mittel der Kugel, heißt ‚Herd‘“. (Diels/Kranz 44 B 7)

Logarithmische Spirale. $r = a^{\theta}$. Dies entspricht der Form $\ln r = \theta \ln a$ oder $\theta = \ln r/\ln a$. Vgl. D’Arcy Thompson, „Über Wachstum und Form“, Suhrkamp, Frankfurt 1983, S. 221.

Mythos. Platon, „Das Gastmahl“ (Symp. 189 d5-193 d6)

Natürlicher Logarithmus. $\ln 220 - \ln 440 = 5.393627546 - 6.086774727 = -0.6931471806$. Potenziert man die Eulersche Zahl e (2.7182812) mit diesem Wert, erhält man die Oktave: $e^{-0.6931471806} = 0.5$. Wir haben Grund zur Annahme, daß unser Gehirn die vom Auge und Gehör gemessenen Abstände in der Außenwelt logarithmisch verrechnet.

Peitsche. „Ein Philosoph trieb sich immer dort herum, wo Kinder spielten. Und sah er einen Jungen, der einen Kreisel hatte, so lauerte er schon. Kaum war der Kreisel in

Drehung, verfolgte ihn der Philosoph, um ihn zu fangen. Daß die Kinder lärmten und ihn von ihrem Spielzeug abzuhalten suchten, kümmerte ihn nicht, hatte er den Kreisel, solange er sich noch drehte, gefangen, war er glücklich, aber nur einen Augenblick, dann warf er ihn zu Boden und ging fort. Er glaubte nämlich, die Erkenntnis jeder Kleinigkeit, also auch eines sich drehenden Kreisels, genüge zur Erkenntnis des Allgemeinen. Darum beschäftigte er sich nicht mit den großen Problemen, das schien ihm unökonomisch. War die kleinste Kleinigkeit wirklich erkannt, dann war alles erkannt, deshalb beschäftigte er sich nur mit dem sich drehenden Kreisel. Und immer, wenn die Vorbereitungen zum Drehen des Kreisels gemacht wurden, hatte er Hoffnung, nun werde es gelingen, und drehte sich der Kreisel, wurde ihm im atemlosen Laufen nach ihm die Hoffnung zur Gewißheit, hielt er aber dann das dumme Holzstück in der Hand, wurde ihm übel, und das Geschrei der Kinder, das er bisher nicht gehört hatte und das ihm jetzt plötzlich in die Ohren fuhr, jagte ihn fort, er taumelte wie ein Kreisel unter einer ungeschickten Peitsche." (Franz Kafka, „Der Kreisel", 1920)

Rückkopplung. Ob sie nach vielen Wiederholungen einem festen Wert (Attraktor) zustrebt oder von Mal zu Mal chaotisch verschiedene Werte annimmt, hängt von der Konstante ab. Mit diesen Fraktalen, die B. Mandelbrot vom IBM-Forschungsinstitut Yorktown/Heights untersuchte, lassen sich dynamisch wachsende Systeme berechnen, z. B. sich abzeichnende Materialrisse, Küstenlinien, Turbulenzen in Flüssigkeiten und Luft, kurzum solche Strukturen, die in der Art des sich teilenden Auseinanderwachsens sich selbst ähnlich bleiben. Merkwürdig genug erinnert das sich vervielfältigende „Apfelmännchen" B. Mandelbrots mit seinen acht Hauptgliedmaßen an den mythischen Kugelmenschen Platons, an den Blütenstand des Löwenzahns ohnehin. Bildmaterial findet sich in: H.-O. Peitgen, P. H. Richter: „The Beauty of Fractals – Images of Complex Dynamical Systems", Berlin-New York 1986.

Schlupf. Verwindung des Propellers von der Nabe bis zur Blattspitze, um möglichst gleichbleibenden Vortrieb in allen Punkten der Rotorebene zu erreichen. Die geometrische Verwindung ändert die Einstellwinkel, die aerodynamische das Blattprofil, und die Kombination beider ergibt den Schlupf.

Spirale. $r = a\theta$

Systole. „Auch die gesamte Kreisbewegung beherrscht der Geist, so daß sie sich überhaupt dreht. Und anfänglich begann sie vom Kleinen her zu kreisen, dann aber kreist sie dem Mehr zu, und sie wird über noch mehr kreisen. Und das in Mischung Zusammentretende und Sichaussondernde und das Sichtrennende, das alles erkennt der Geist ... Eben diese Wirbelbewegung bewirkte, daß sie sich aussondern. Und vom Feinen wird das Dichte ausgesondert und vom Kalten das Warme und vom Dunklen das Helle und vom Feuchten das Trockene." (Anaxagoras von Klazomenai, ca. 500–428 v. Chr.). (Diels/Kranz 59 B 12)

Traum. „Pan gar herpetòn plegé németai", „Alles, was lebt, wird mit der Peitsche geschlagen". (Heraklit von Ephesos, vor 480 v. Chr.) (Diels/Kranz 22 B 11)

Unrecht. „Aus welchen die seienden Dinge ihr Entstehen haben, dorthin findet auch ihr Vergehen statt, wie es in Ordnung ist, denn sie leisten einander Recht und Strafe für das Unrecht gemäß der Ordnung der Zeit." (Anaximander aus Milet, Mitte des 6. Jh.s. v. Chr.) (Diels/Kranz 12 A 9, B 1)

Uhr. Zur Frage des Herausgebers an Friedrich Wilhelm Korff, ob er all das, was er nach dem Sturz bis zum Erwachen aus der Ohnmacht erlebt hat, freies Spiel einer Traum- oder Ohnmachtsphantasie war, antwortet der Autor in einem Brief vom 8. 5. 1993: „Auf den Choc durch den Aufprall auf den Boden folgte eine Atemlähmung, die sich bald löste und in der Benommenheit in der Tat eine Art Traum- und Ohnmachtsphantasie ausklinkte, wie sie sich oft einstellt, wenn man im Leben bestraft wird und zusehen muß, wie die Umgebung, die Situation, ja sogar der eigene Körper die Initiative übernimmt, während das Bewußtsein gefesselt ist. Mir sind – gewiß anders, aber doch ähnlich – solche Dinge durch den Kopf gegangen, wie sie in einem Professorenalltag nun mal vorhanden sind. Anaximanders Satz und Heraklits Peitschenbild verbanden sich in mir zu einer Morphologie der Kreisel und Spiralen, die im Traum vorbeizog, das Scharfe undeutlich und das Grobe exakt in das Regenlicht des Zweifels setzte. Das Fatale, daß man sich einem Unfall, ja dem Leben wie einer Schuld nicht entziehen kann, wurde allmählich abgelöst durch Glück darüber, daß das Unglück jetzt eingetreten und das immer Befürchtete da war, damit aber auch vorbei, – ‚gemäß der Ordnung der Zeit' – kata tou chronou taxin, wie es bei Anaximander tröstlich heißt. Wer so an Gottes Angel aus dem Wasser gezogen, auch wenn er anschließend wieder ausgesetzt wird, kann eigentlich nur dankbar sein. Die halluzinatorische Neugierde auf Formen des Zweifels, die ich in der anschließenden Traumsuite entwickelte, war also eine Äußerung der Dankbarkeit, wieder in den Drehkreis mit Peitschenschlag eingebunden und dem Tod entwischt zu sein. Ein Chirurg im Heer Napoleons berichtet, daß er einem Offizier, der eine Attacke geführt hatte, der verwundet wurde, der lebhaft über die vergangene Viertelstunde berichtete, einen Arm abnahm, ohne daß er es bemerkte."

Widerstand. Bei Re<100. Die Re- oder Reynoldsche Zahl bringt die Anströmungsgeschwindigkeit (V_0), Länge der angeströmten Fläche (l_x), die Dichte (p) und die Zähigkeit der Luft (μ) an umspülten Körpern in gesetzmäßigem Zusammenhang: $Re_x = V_0\, l_x p/\mu$. Dabei zeigt sich, daß bei nur noch umschleichender Strömung sich die aerodynamischen Kräfte, seitlicher Druck oder Zug an den Körpern, einstellen und nur noch der Widerstand wirksam bleibt. Vgl. H. Hertel, „Struktur, Form, Bewegung/ Biologie und Technik", Mainz 1963, S. 18,229.

Zweieins. Platon, „Symp." 191 d.

Zweifel. „Zweifel läßt sich als Stimmung nie so ausweiten, daß er ruhig das ganze Leben durchströmt ... Der Zweifler ist stets ein Gegeißelter; er hält sich einem Kreisel gleich für kürzere oder längere Zeit auf der Spitze entsprechend den Peitschenschlägen; zu stehen vermag er nicht, ebensowenig wie der Kreisel ... Denn der Zweifel ist der Winkel zwischen dem, das erkannt werden soll, und dem Erkennenden, groß oder klein, doch stets ein Winkel, wohingegen eine bestimmte Anschauung ein Generalnenner ist, in dem alle Brüche des Lebens aufgehen." (Sören Kierkegaard, Briefe, „Diapsamata", um 1840)

„Nach dem Einschlafen fühlte er seine Traumvorstellung bedrängt vom Erscheinen einiger Phantome, die sich ihm zeigten und die ihn derart erschreckten, daß er glaubte, durch die Straßen zu gehen, er war genötigt, sich auf die linke Seite zu beugen, um dorthin zu gelangen, wohin er gehen wollte, weil er eine große Schwäche auf der rechten Seite fühlte, so daß er sich nicht aufrechthalten konnte. Beschämt, derartig zu gehen, machte er eine Anstrengung, sich aufzurichten, aber er fühlte einen heftigen Wind, der ihn nach Art eines Wirbelstrudels mitnahm und ihn drei oder vier Drehungen auf dem linken Fuß machen ließ.

Aber das war nicht allein, was ihn so erschreckte, die Schwierigkeit, die er beim Herumgerissenwerden hatte, bewirkte, daß er bei jedem Schritt zu fallen glaubte, bis er ein geöffnetes Kolleg auf seinem Weg bemerkte. Er trat ein, um dort Zuflucht und Hilfe für seine Bedrängnis zu finden. Er versuchte, die Kirche des Kollegs zu erreichen, da sein erster Gedanke war, dort ein Gebet zu verrichten ... Es überraschte ihn, daß die Leute, die sich ... um ihn versammelt hatten, um miteinander zu plaudern, von dem Wind unberührt und sicher auf den Beinen standen, während er nur gebückt und schwankend auf demselben Terrain vorwärts kam, obwohl der Wind, der ihn bereits mehrmals niedergedrückt hatte, inzwischen sehr nachließ.

Er erwachte bei diesem Traumbild und fühlte zugleich einen heftigen Schmerz, der ihn fürchten ließ, ob dies nicht das Werk eines bösen Ingeniums sei, das ihn verführen wollte ..." (Auszug aus dem Traum des Philosophen René Descartes vom 11. November 1619, in: Œuvres de Descartes, publ. p. C. Adam & P. Tannery, Vol. X. p. 181 ff.)

Reinhard Löw

Zur Vernunft der reinen Kritik

Die folgenden Überlegungen gelten einem philosophischen Ansatz, der erstmals in aller Deutlichkeit in unserem Jahrhundert entwickelt wurde und überdies, wie mancher andere Ansatz auch, der Meinung war und ist, er verlasse alle herkömmlichen Philosopheme und ersetze sie durch eine Konstruktion, welche bescheidener in ihrem Anspruch, unwiderleglich auf theoretischer Ebene und mit erwünschenswerten Konsequenzen in der Praxis auftrete: Ich meine den „Kritischen Rationalismus", einen Denkansatz, der auf die „ewigen Wahrheiten" der Philosophen verzichtet zugunsten der Bewährung oder Falsifikation von Theorien, der Überzeugungen durch Hypothesen ersetzt, der weder die klassische Tugend- noch die Pflichtenethik akzeptiert, vielmehr an ihrer Stelle einen offenen, herrschaftsfreien Diskurs setzt, der von „trial und error", Versuch und Irrtum geprägt ist.

Schon aus dieser kurzen Charakterisierung geht hervor, daß die meisten, die den kritischen Rationalismus theoretisch vertreten oder sich an ihm praktisch orientieren, gar nicht wissen, daß es sich dabei um eine Philosophie, eine „Liebe zur Weisheit" und ein Streben nach ihr handelt. Sie tritt nämlich ganz nebenbei mit dem Anspruch auf, „der Weisheit letzter Schluß" zu sein – bloß soll, nicht unähnlich dem postmodernen Denken[1], die zugehörige Wahrheit nicht mehr Wahrheit im herkömmlichen Sinn sein. Dankt allerdings die Wahrheit, die im Hegel'schen Konzept nur das Ganze sein kann, bei den Postmodernen ab zugunsten lauter kleiner, einzelner Wahrheiten, so übernimmt der kritische Rationalismus vom Idealismus nur den Prozeßcharakter der Wahrheitssuche. Und zwar nicht durch direkte Orientierung am Polarstern des Wahren, sondern durch fortschreitendes Ausmerzen des Falsifizierten,als falsch Erwiesenen. Beiläufig sei hier noch erwähnt, daß der kritische Rationalismus nicht etwa in einem akademischen Winkel ein Mauerblümchendasein fristet. Vielmehr beriefen und berufen sich Bundeskanzler wie z. B. Helmut Schmidt und Helmut Kohl auf ihn; Ministerien haben ihn ebenso akzeptiert wie die Kaderschmieden der meisten Parteiungen. Man geht kaum fehl in der Annahme, es handle sich um die halbamtliche Philosophie des Deutschen Bundestags, in der Innenpolitik übrigens gleichermaßen verheerend wie in der Außenpolitik. Doch dies soll hier nicht interessieren, sondern es soll der verdeckte philosophischeKern dieses scheinbar philosophiefreien Ansatzes ins Visier genommen werden.

Der kritische Rationalismus ist untrennbar verbunden mit dem Namen Sir Karl Popper und seinen Schriften, von der „Logik der Forschung“ (1935) über „die offene Gesellschaft und ihre Feinde“ (engl. 1945, dt. 1957) bis hin zu „Das Ich und sein Gehirn“ (gem. mit John Eccles, engl. 1977, dt. 1982). Auf ihn berufen sich fast alle mit der Evolutionstheorie verbundenen Spezialwissenschaften und -philosopheme, der Behaviourismus und die Soziobiologie, die „Neue Synthese“ und die Evolutionäre Erkenntnistheorie. Das kommt nicht von ungefähr, ist doch das Modell des „trial and error“ direkt aus dem Darwinschen Konzept übertragen, mit umgekehrter Intention. Darwin nahm die künstliche Zuchtwahl (das „Herausmendeln“ bestimmter Eigenschaften bei einer natürlichen Spezies durch das Handeln eines Züchters) zum Ausgangspunkt für seine natürliche Zuchtwahl, bei der die Natur selbst Variationen bereitstellt (trials) und schlecht oder unangepaßte unter ihnen zu „errors“ und damit ausgemerzt werden (z. B. überdurchschnittlich oft zur Feindesbeute oder unterdurchschnittlich selten Geschlechtspartner werden). Popper übertrug diesen Prozeß auf das Verhältnis von Theorien (Hypothesen) und der Wirklichkeit, auf die sie sich beziehen. Diejenigen, die weiter von dem unbekannten X der Wirklichkeit entfernt waren, ließen sich eher in Widersprüche verwickeln oder direkt in der Empirie als falsch erweisen als diejenigen, die dem X näherkamen. Von Wahrheit durfte allerdings nicht die Rede sein, allenfalls von großer Bewährtheit.

Das Verdienst, dies vorab, dieses – wie sich zeigen wird – *philosophischen* Ansatz steht außer Zweifel. Er kritisierte entscheidend das Objektivitätspostulat eines definitiven Wahrheitsanspruches in den Naturwissenschaften vor allem des 19. Jahrhunderts in seinen theoretischen Grundfesten – ein Umstand, der selbst in den Kreisen derer, die Popper zum Gewährsmann aufrufen (z. B. die Evolutionäre Erkenntnistheorie), weithin unbekannt erscheint. Bereits durch sein methodisches Vorgehen kann der kritische Rationalismus falsche Wahrheitsansprüche auf der Basis von Überzeugungen und Vorurteilen zu Fall bringen.

Aber das ändert nichts daran, daß der kritische Rationalismus selber Philosophie ist, Wahrheitsansprüche stellt, und deswegen muß er auch mit sich darüber streiten lassen, ob seine (verdeckten) theoretischen Voraussetzungen tatsächlich als vernünftig ausweisbar sind und ob die praktischen Konsequenzen, die er zeitigt, tatsächlich so wünschenswert sind, wie er behauptet. Es ist ja ein ebenso alter wie leicht durchschaubarer Trick zu fordern, man müsse erst einmal alle Voraussetzungen des anderen akzeptieren, bevor man mitreden könne und dürfe. Nur: das ist unphilosophisch und im schlechten Sinne dogmatisch. Wer philosophiert, muß auch über die Voraussetzungen und Konsequenzen, über Anfänge und Grenzen seines Denkens zu diskutieren bereit sein.

Je weiter sich die Philosophie[2] von ihrem Anfang entfernt hat, desto mehr hat sie sich spezialisiert, hat sich ihre Fachsprache von der Umgangssprache fortentwickelt, und zwar in so verschiedenen Richtungen, „daß dem einen [Philosophen] ... nicht nur die Aussagen und Begründungen des anderen unverständlich (sind), sondern die Art der Beschäftigung wird ihm als Beschäftigung zum Rätsel" (W. Stegmüller).[3] Gleich bleibt den Richtungen aber im formalen Sinn, daß es immer ihr Interesse ist, das Wahre, Beständige der Wirklichkeit, das sie mit allen Menschen teilen, „auf den Begriff" zu bringen.

Es gehört zur Eigentümlichkeit des kritischen Rationalismus, daß er sein kritisches Verfahren des Entwurfs und der Bewährung entlegener Hypothesen, begleitet von einem offenen, voraussetzungsfreien und überzeugungslosen Diskurs, nicht selbst zum Gegenstand eines offenen Diskurses macht. Dagegen gehörte und gehört es zur Eigentümlichkeit des Philosophierens von Sokrates über Descartes und Hegel bis zu Ernst Bloch und Hans Jonas, sehr wohl bereit zu sein, über seine eigene Möglichkeit und Berechtigung mit sich streiten zu lassen, unabhängig davon, wie überzeugt der Philosoph oder der Kritiker davon sein mag. Das einzige, aber schwerwiegende Plus der Philosophie ist es, daß sie ihre Gegner auf ihrem eigenen Terrain empfängt, daß das „Streiten" selbst ein Philosophieren ist. Darüber hinaus ist es ihr nicht zu benehmen, ganz unbefangen Fragen nach dem Wissen derer zu stellen, die in Wissenschaft und Politik, Kunst und Handwerk, Recht und Sitte usf. mit Wahrheitsansprüchen auftreten. Und sie läßt sich dabei durchaus nicht von Nobelpreisen, Bundesverdienstkreuzen, Startauflagen und Einschaltquoten beeindrucken.

Dies leitet über zu der vielleicht unbequemsten Frage an den kritischen Rationalismus. Friedrich Nietzsche hat sie bereits gestellt; modern gesprochen lautet sie: daß wir alle auf unsere Überzeugungen verzichten sollen – ist das nicht Ausdruck der sehr starken, aber versteckten *Überzeugung*, daß dadurch die Wissenschaft, das Leben oder gar die Wirklichkeit insgesamt eine bessere werde? Einer Überzeugung, die es *nötig* hat, versteckt zu werden und zu sein?

1. Tendenzen der Naturphilosophie vor dem kritischen Rationalismus

Um Erfolg und Wirkung des in der Folge von Karl Popper entstandenen „Kritischen Rationalismus“ seit dem Erscheinen der „Logik der Forschung“ (1935) verstehen zu können, ist zunächst eine philosophische Rückblende vonnöten. Die „zweite kopernikanische Wende“ von Immanuel Kant bestand bekanntlich darin zu fragen, „ob wir nicht in den Aufgaben der Metaphysik damit besser fortkommen, daß wir annehmen, die Gegenstände müssen sich nach unserem Erkenntnis richten“ (KrV B XVI) als umgekehrt, so daß, wie entwickelt in der „Kritik der reinen Vernunft“, der Verstand mit seinen Kategorien sowie die Anschauungsformen Raum und Zeit den Dingen vorschreiben, wie sie uns zu erscheinen haben. Nur so können sie dann wirklich „Gegenstände der Erfahrung“ sein.

Diese transzendentale Wende der Philosophie wurde und wird bis heute gerne dahingehend mißverstanden, daß Kant dogmatisch verkündet habe, der Verstand *habe* ein für alle Mal seine Kategorien, und zwar als quasi neurophysiologische Konstellationen. Daraus würde dann folgen, daß mit Darwin Kant definitiv widerlegt sei, denn seine apriorischen Verstandesbegriffe seien in Wirklichkeit evolutionistische Aposterioris. Die Vertreter dieser Einsicht kokettieren daher nicht selten damit, daß in der Evolutionären Erkenntnistheorie (die genauer „evolutionistisch“ heißten müßte) eine „dritte kopernikanische Wende“ stattgefunden habe.[4]

Gewöhnlich lesen aber diese Interpreten nicht Kant, sondern das, was Konrad Lorenz über Kant geschrieben hat – obwohl bei Lorenz selbst einmal zu lesen ist, er habe Kant nicht wirklich verstanden. Kant hatte nämlich niemals außer Zweifel gelassen, daß er nur von den *Bedinungen* handele, unter denen zu stehen Erfahrung *gedacht werden müsse,* um im strengen Sinne „wissenschaftliche Erfahrung“ heißen zu können, und daß darüber hinaus er sich auch sehr wohl der Voraussetzungen bewußt ist, unter welchen allein diese Konzeption sinnvoll ist. Dieser Voraussetzungen sind drei, und Kant nennt sie zugleich *Interessen,* nicht im Sinne seines privaten Denkens, sondern „Vernunftinteressen“, die nach Kants Auffassung jeder vernünftige Mensch hat. Sinnvoll ist der transzendentale Ansatz also

1. unter der Voraussetzung, daß Newtons Physik Naturwissenschaft im strengen Sinne sei (denn die diese tragende Kausalitätskategorie war durch Hume's Skepsis erschüttert worden).
2. unter der Voraussetzung, daß die Natur *eine* sei (daß Naturgesetze also nicht nur mal hier, mal dort gelten).

3. unter der Voraussetzung, daß die Erkenntnis der von ihm philosophisch grundgelegten Naturwissenschaft die menschliche Freiheit nicht zerstören könne (in einem solchen Fall hätte Kant das *theoretische* Konzept geändert und nicht das ethische).[5]

Die transzendentale Logik entwickelt den Erfahrungsbegriff und seine Bedingungen so, daß diese drei ihn tragenden Voraussetzungen nicht mit seinen konkreteren Bestimmungen in Konflikt treten.[6]

Die Naturwissenschaftler des 19. Jahrhunderts kümmerten sich um diese bei Kant äußerst reflektierte und vorsichtige Fassung des Erfahrungsbegriffs soviel wie die des 20. Jahrhunderts um die Wissenschaftstheorie. Nach dem letzten Gastspiel der sogenannten „Romantischen Naturphilosophie" unter ihrem Hauptvertreter Schelling hielt man auf seiten der Naturwissenschaftler die Formen der philosophischen Beschäftigung mit Natur und Erfahrung gewöhnlich nicht nur für überflüssig, sondern häufig für schädlich. Von „Hirngespinsten der Metaphysik" war beim Chemiker Justus Liebig die Rede, welche die jungen Leute nur für die wirkliche Wissenschaft verderbe.

Hermann von Helmholtz trennte in einer berühmten Rede von 1862 die Naturwissenschaften von den Geisteswissenschaften ab durch die Feststellung: in den Naturwissenschaften gibt es erkennbare Regeln und Gesetze, also Wahrheit und Objektivität, in den Geisteswissenschaften gibt es „Urtheile nach psychologischem Tactgefühl".[7]

Ganz folgerichtig geriet auch die Philosophie unter den Rechtfertigungsdruck von seiten der so erfolgreichen Naturwissenschaften; auch sie schien immerhin so etwas wie psychologische Gesetzmäßigkeiten aufzuweisen; man hoffte damals wie heute, daß eines Tages die Gehirnphysiologie die theoretische Philosophie einerseits und die Verhaltensforschung im Verein mit der Molekulargenetik die Ethik andererseits werden ersetzen können – Leistungen, welche die Evolutionäre Erkenntnistheorie und Soziobiologie bereits heute für erbracht halten.[8]

2. *Die Stärken des kritischen Rationalismus*

Die mit „objektiver Wahrheit" argumentierenden Naturwissenschaften hatten die traditionelle Philosophie mit ihrem Streit um Wahrheitsansprüche weitgehend in die Defensive gedrängt – und da ausgerechnet brachte Poppers Ansatz eine überraschende Wende. Das Problem, daß beide Seiten mit einander ausschließenden Wahrheitsansprüchen operierten, löste er dadurch, daß er die

Auffindbarkeit von Wahrheit selbst leugnete. Keine Seite könne mit der „absoluten Wahrheit" argumentieren; es gehe in Wirklichkeit immer nur um relative, mehr oder weniger gute, mehr oder weniger zahlreiche Bestätigungen von Hypothesen. An die Stelle von Verifikationen, definitiven Darstellungen von Wahrheit(en), müssen Falsifikationen, d. h. Widerlegungen von Hypothesen treten.

Dabei, so Popper, sind allerdings die empirischen Wissenschaften klar im Vorteil: Im Experiment kann nämlich entschieden werden, ob eine Voraussage zutrifft oder nicht, eine Hypothese also bestätigt oder widerlegt wird. Soweit Geisteswissenschaften einen empirischen Hintergrund haben wie etwa die Sozialwissenschaften, können sie von diesem Vorteil profitieren. Gebiete, in denen prinzipiell unentscheidbare Fragen eine Rolle spielen, in denen keine Hypothesen getestet werden können – prototypisch für Popper Metaphysik und Theologie –, sollten allerdings auf den Begriff „wissenschaftlich" für immer verzichten. Sie seien ebenswo steril wie langweilig.

Mit diesen Thesen trat Poppers kritischer Rationalismus, die Wissenschaftstheorie mitbegründend, als erkenntnistheoretisch bescheiden gewordenes Erbe der klassischen Philosophie auf: wie gesagt, es ging nicht mehr um „absolute Wahrheit", sondern um Bestätigung, also mehr oder weniger gut begründete Wahrscheinlichkeit. Und, so die These, die Wissenschaften seien immer schon so vorgegangen, wenn sie große Fortschritte erzielten, und so sollten sie darum auch in Zukunft vorgehen. Die aus dem kritischen Rationalismus entwikkelte Wissenschaftsethik forderte das Aufstellen möglichst entlegener, kühner Hypothesen, das Entwerfen von Widerlegungsmöglichkeiten, das Erweitern der Hypothesen zur Theorie im Falle der Bestätigung, ihr Aufgeben nach Widerlegung.

Dieses Konzept schien, in vielem übereinstimmend mit der „positiven Wissenschaft" von Auguste Comte[9], endlich der Brückenschlag zwischen Naturwissenschaft und Philosophie zu sein, und zwar nicht nur, weil er den auf Objektivität pochenden materialistischen Reduktionismus von Büchner oder Haeckel als selber metaphysisch und unwissenschaftlich zurückweisen konnte, sondern weil er gleichzeitig die traditionelle Philosophie als subjektiven Dogmatismus entlarvte. Kein Metaphysiker sollte der Naturwissenschaft mehr Vorschriften machen dürfen, kein Hegel mehr sagen „um so schlimmer für die Tatsachen", wie damals, als ein weiterer Planet entdeckt wurde, nachdem doch Hegel in seiner Habilitationsschrift deren Siebenzahl apriorisch deduziert hatte.[10]

Einige Jahrzehnte fand der kritische Rationalismus fast einhellige Zustimmung, bis heute wird er in den angelsächsischen Ländern und, wie angedeutet, im Deutschen Bundestag als maßgeblich akzeptiert. Dieser Erfolg war nicht zufällig. Popper hatte sich, wie ebenfalls angedeutet, in seiner Darstellung der Wissenschaftsentwicklung an den Prinzipien der Evolution orientiert, an „trial and error", an Mutation und Selektion, wie vor ihm übrigens Herbert Spencer. Auch in der Evolution gab und gibt es keine „endgültigen Wahrheiten" in Form von unwandelbaren Arten, sondern wechselnde Anpassung für das jeweilige Überleben.

Zwei Besonderheiten kennzeichnen nun aber speziell Poppers Übernahme von Evolutionsprinzipien. Erstens zog Popper (und immens erweitert dann auch seine Schule) wissenschafts*historische* Untersuchungen quasi als „empirische Bestätigungen" für seine Theorie heran, und zweitens zog er aus der deskriptiven Feststellung „So war es" dieser Entwicklungen den normativen Schluß „So soll es auch sein", genauer: „So muß man deswegen auch vorgehen, wenn es entscheidende Fortschritte geben soll!" Die Überzeugung von der Richtigkeit dieses normativen Schlusses war so groß, daß historisch tatsächlich anders verlaufende Entwicklungen, welche Ergebnisse sie auch immer gehabt haben mochten, von vornherein als eigentlich nicht-wissenschaftlich oder letztlich den Fortschritt behindernd eingestuft wurden.

Eine so erfolgreiche Theorie rief von selbst nach Ausweitung, und drei solcher Ausweitungen hatten nachteilige Wirkungen. Die erste war die politische, die zweite die moralische, die dritte die pädagogische.

In der *Politik* war die Bestätigung über die Maßen augenfällig, hatten die Deutschen doch den 2. Weltkrieg entfesselt mit ihrer dogmatisch auf Wahrheit pochenden Weltauffassung gemäß Reich, Volk, Blut, Rasse, Führer und so fort. Als geistigen Urheber von Diktatur und Tyrannei machte Popper im Buch „Die offene Gesellschaft und ihre Feinde" Platon ausfindig: Er habe in seiner „Politeia" das erste totalitäre Staatswesen erdacht, und Robespierre oder Mussolini, Hitler oder Stalin hätten sich jederzeit mit Recht auf ihn berufen können.

Dem stellt Popper die „offene Gesellschaft" gegenüber, in welcher der Bürger und nicht der Staat die wesentlichen Wertentscheidungen (und zwar bei möglichem Widerruf!) trifft. Was Wunder, daß angesichts all des Schlechten und Bösen zwischen 1920 und 1950 die „offene Gesellschaft" als die einzige legitime Ausformung des demokratischen Staatsgedankens angesehen wurde. „Trial and error": das bedeutete, daß man sich wohl auch irren dürfe und könne, in der Moral, der Politik oder sonstwo. Der Schaden blieb aber dank des *nicht* gestellten Absolutheitsanspruches immer begrenzt und dank der demokratischen Kontrollinstitutionen auch korrigierbar.

Die *Moralität* war dann, nach der evidenten Bestätigung in der politischen Sphäre, das zweite große Anwendungsfeld; niemand sollte mehr vorschreiben dürfen außerhalb strafrechtlicher Tatbestände, was moralisch richtig oder gar „natürlich" wäre. Das Dynamit der Moralkritik (mit der klassisch immer einhergehenden Religionskritik) bei Marx und Nietzsche kam zur Explosion – und es war ganz gleichgültig, daß jener Moral und Religion als Ideologie der Starken („Opium fürs Volk"), dieser aber als ressentimentalen Aufstand der Schwachen gekennzeichnet hatte. Hauptsache, sie waren gegen die überkommene Moral – so wie sich 1933 die extrem Linke und Rechte im wesentlichen einige waren: daß der Weimarer Staat zerstört werden müsse.

Am markantesten war die Moral„reform" natürlich in der Sexualethik. Einzelheiten erspare ich mir; es genügt, darauf hinzuweisen, daß Überzeugungen von gut und schlecht, von normal und anormal bereits als solche verdächtig waren und sind. „Wer jemandem verspricht, ewig Treue zu halten, ist schon deswegen ein Lügner", hieß es in einer Studentenzeitung der 70er Jahre, und wer es trotzdem tat, der galt entweder als dumm oder versteckt repressiv.

Die Lehrer und Erzieher sorgten für die dritte, die *pädagogische* Ausweitung. Autonomie sollte auch für Kinder und Jugendliche gelten, die frei zu entscheiden hätten, was sie gerne machen und lernen und was nicht. Die Eltern, hieß es, würden die Kleinkinder vom ersten Lebensjahr an negativ fremdbestimmen. Sie sollten besser in die Hände von Erziehern kommen, die ihnen Zwänge nähmen.

Dieses Ansinnen erinnert aber nun ausgerechnet einmal an den Wächterstand in Platons „Politeia", zum anderen an die Verfassungsarikel, die St. Just 1793 in bezug auf die Kindererziehung entwickelte. Dabei kann man gerade nach dem Zusammenbruch der Ex-DDR sehen, welche Wertvorstellungen Jugendliche normalerweise entwickeln, wenn sie so früh wie möglich von beiden berufstätigen Elternteilen getrennt werden (die alten Bundesländer haben dabei keinerlei Grund zur moralischen Entrüstung).

Natürlich sind diese Ausweitungen und Anwendungen des kritischen Rationalismus nicht identisch. Sie erscheinen mir aber als logische Konsequenzen, wenn an die Stelle von Überzeugungen Hypothesen treten.[11] Die in der Einleitung genannte, versteckte Überzeugung der Hypothetiker läßt sich aber auch als interessegeleitet formulieren. Es soll gelten die berühmte Formel „No man is good enough to be another man's master", zu deutsch: Nichts und niemand soll oder darf herrschen, nicht in der Politik, nicht in der Gesellschaft, nicht in den (herrschaftsfreien) Diskursen – nichts und niemand, mit Ausnahme des kritischen Rationalismus und seiner Eingeweihten.

3. Die Schwächen der Stärken

Nun stand es freilich schon mit der „empirischen Bestätigung" der Überlegenheit der „offenen Gesellschaft" über Hitlerdeutschland in Wirklichkeit ganz schlecht. Es waren gerade die toleranten, liberalen und weltoffenen ausländischen Politiker gewesen, die mit ihrer Politik des „Appeasement" zwischen 1936 und 1939 Hitlers Wahn bekräftigten, die liberale Dekadenz würde aus Opportunismus auch beim Angriff auf Polen stillhalten. Was sollte denn Polen die Engländer oder Franzosen angehen? Ab einem bestimmten Punkt hatte sich vielmehr eine überwältigende *inhaltliche* Überzeugung bei Franzosen und Engländern darüber durchgesetzt, was ein Mensch oder ein Volk machen dürfe und was nicht, was mit einem Menschen oder mit einem Volk gemacht werden dürfe und was nicht, und *die* führte zum Ende von Hitlers Annexionspolitik. Es war durchaus nicht der Geist des kritischen Rationalismus (oder der feinsinnigen, aristokratischen Skepsis eines Thomas Mann), der dann unter unerhörten Opfern von außen den Naziterror beseitigte, dessen Deutschland sich nicht selbst entledigen konnte, ein Unvermögen, das die deutsche Linke bis heute quält.[12]

Das philosophische Dilemma, in welches der kritische Rationalismus in der Auseinandersetzung mit allen übrigen Positionen kommen kann und tatsächlich kommt, besteht darin, daß er – solange er nicht wirklich die Alleinherrschaft übernommen hat – mit diesen übrigen Positionen aus seiner Ebene nicht inhaltlich diskutieren kann. Es ist eine tragikomische Wahrheit, daß man sich erst einmal auf ihn einlassen muß, damit er seine positiven Wirkungen entfalten kann. Und das bedeutet, daß der Zusammenhang von kritischem Rationalismus und ersehnter gesellschaftlicher Wirklichkeit nicht der ist, daß jener diese erzeuge. Vielmehr setzt er diese, und zwar letztlich im globalen Maßstab voraus, um dann seinerseits etwas Fortschrittliches beitragen zu können. Solange eine solche Wirklichkeit aber nicht existiert (und global darf der Weg dorthin getrost als utopisch bezeichnet werden), ist er politisch verhängnisvoll. Er ist im Grunde eine neue Variante des alten Manchester-Liberalismus, der durch die und von der Existenz substantieller Strukturen und Überzeugungen lebt, ohne sie zu reproduzieren, geschweige denn erzeugen zu können.

Philosophisch unausgesprochen zugrundegelegt ist dieses „Elend des kritischen Rationalismus" in einer in sich widersprüchlichen Anthropologie: einmal ist der Mensch einfach ein homogener „Endverbraucher", ausschließlich bestimmt durch seine naturwüchsigen Bedürfnisse und Strebensziele (Essen, Trinken, Geschlechtspartner, Schutz, Komfort usf.); ein andermal ist er dagegen utopisch bestimmt als selbstgenügsam, selbstverwirklichend, friedliebend, als jemand, der nur in Ruhe gelassen werden will, um nach seiner Fasson selig zu werden. Beide Bestimmungen sind gleichermaßen abstrakt, denn die naturwüchsigen Bedürfnisse und Ziele verlangen immer nach der *konkreten* Erfüllung, es geht ja ab einer bestimmten Kulturstufe nicht mehr um „Essen überhaupt", „Sexualität überhaupt", „Haus überhaupt", sondern um ganz bestimmte begehrte Dinge, die sich gegen ihren Erfüllungscharakter sträuben können (zum Beispiel der Sexualpartner) oder die (Haus in schöner Lage) auch Gegenstand der Wünsche anderer sind. Aus dem Phänomen der Knappheit begehrter Güter, so schon die Antike, folgt die Notwendigkeit der Verteilungsgerechtigkeit und die Notwendigkeit der Kriteriensuche für sie. Die kann hier nicht diskutiert werden, wohl aber ist durch sie von vornherein klar, daß der nur rein kritische Ansatz keine inhaltlichen Kriterien für wirklich gerechte Verteilung liefern kann, da er sich ja orientiert an „trial and error", Gerechtigkeit also verwechselt mit Durchsetzbarkeit.

Die beiden anthropologischen Bestimmungen des kritischen Rationalismus sind ebenso abstrakt wie unvermittelbar: der Mensch ist weder nur ein naturwüchsiger Endverbraucher resp. Verkehrsteilnehmer noch ein nur auf seine Ruhe bedachter Heiliger. Menschen verbindet statt dessen ein weitgehender substantieller Konsens darüber, was gerecht ist und was ungerecht, was edel ist und was gemein, was anständig ist und was nicht, und zwar unabhängig von Zeiten und Kulturkreisen. Es werden immer nur extreme Einzelfälle hochgespielt wie die Abtreibung oder die Sexualmoral, um dann die Relativität des Moralischen zu demonstrieren. In Wirklichkeit können nicht einmal Räuberbanden erfolgreich sein ohne ein gewisses Maß an Solidarität, Wahrheitsliebe, Verteilungsgerechtigkeit.

Alles, was der kritische Rationalismus in bezug auf solche substantiellen Verhaltensnormen unternehmen kann, ist, sie in Frage zu stellen. Selbst dafür aber muß er sie voraussetzen. Das Richtige an der kritischen Infragestelltung ist, daß naturrechtliches Denken die Bereitschaft zur philosophischen Überprüfung der inhaltlichen Normen einschließt und auch ihre Änderung; wenn ein höherer Stand der Einsicht erreicht ist. Die kritische Überprüfung allein bringt aber die Normen nicht hervor, sie lebt gewissermaßen parasitär von ihnen. Das läuft darauf hinaus, daß die Tendenz der Kritik immer in der Richtung der Auflösung der Substanz geht, und zwar am stärksten dann, wenn man die Normen aus sozialfunktionalen Überlegungen heraus beibehalten will, obwohl man eigentlich von ihrer vollständigen historischen oder subjektiv-willkürlichen Erklärbarkeit überzeugt ist.[13]

Ebenso offensichtlich wie der kritische Rationalismus mit Erfolg in Politik und Moral gegen *falsche* substantielle Überzeugungen eingewandt werden kann, ebenso offensichtlich ist sein Scheitern gegenüber *vernünftigen* substantiellen Überzeugungen. Er ist nämlich nur „reine Kritik", in ihm selber liegt kein Maßstab für die Unterscheidung von richtig und falsch, vernünftig und unvernünftig. Er taugt nur zum Eliminieren von Überzeugungen überhaupt, an deren Stelle er dann insgeheim seine beiden abstrakten anthropologischen Bestimmungen setzt: daß jeder doch auf seinen Vorteil aus ist, und zwar quasi naturgesetzlich, daß aber doch andererseits jeder immer und überall seine Interessen zugunsten der vernünftigen Allgemeinheit zurückstellt.

Wenn man diese stillschweigenden Voraussetzungen hervorholt, dann werfen sie ein eigentümliches Licht auf den kritischen Rationalismus und offenbaren seine Selbstwidersprüche: erstens wollen die kritischen Rationalisten mit ihrer Theorie an die Macht (das ist ein gutes Stück weit gelungen), zweitens sollen dann alle nach der Fasson des kritischen Rationalismus selig werden, und drittens heißt es, wenn sich die schönen menschheitsbeglückenden Ideen als praktisch unbrauchbar erwiesen, „ das haben wir nicht gewollt". Natürlich lag das Scheitern an der dafür noch nicht reifen Gesellschaft und den leider nicht ganz gemäß der kritischen Anthropologie lebenden Menschen.

Genau unter diesem Trilemma leiden auch die mannigfaltigen Anstrengungen zugunsten von Natur und Umwelt. Die sogenannten grünen Gruppierungen, die eindeutig aus substantiellen Überzeugungen heraus argumentieren und handeln, haben Schwierigkeiten theoretisch mit einer nicht-naturalistischen Anthropologie und praktisch mit den dem kritischen Rationalismus verschriebenen Fraktionen des Bundestages. Diese wiederum sind wenigstens programmatisch nicht-naturalistischen Anthropologien verpflichtet, welche in ihrer Engführung den Komplex der ökologischen Problematik auf Akzeptanz, Reklame und kurzfristige Finanzierbarkeit beschränken. Eine philosophische Begründung des Naturschutzes muß bei einer substantiellen Anthropologie ansetzen.[14]

Bemerkenswert ist übrigens die Unbekümmertheit, mit der, wie angedeutet, von der Faktizität (Historizität) wissenschaftlichen Fortschritts auf ihren normativen Gehalt geschlossen wird.

Oben war festgestellt worden, daß sich das „trial and error"-Verfahren am Vorgehen der Evolution orientiere, die ja schließlich auch Fortschritte mache. Aber Fortschritt wohin? Es sind rein menschliche Kriterien, die über ein höher oder niedriger bei Lebensformen entscheiden: Warum sollte ein im Prinzip unendlich lange lebender Bazillus „niedriger" sein als die Eintagsfliege? Eine bei 200 Grad Celsius und 3 at Druck im Autoklaven überlebende Erdspore niedriger als eine Forelle, eine schimmernde Kristallalge weniger als ein Pfau?

Vom Fortschritt zu sprechen, heißt, eine bewertende normative Dimension einführen, in bezug worauf ein Fortschritt eingetreten ist.[15] Dieser selbst ist aber damit nicht automatisch weiterer normativer Diskussion entzogen. Der kritische Rationalismus sieht die Politik, den Kultur-, den Wirtschaftsprozeß als naturwüchsige Entwicklungen an, und Fortschritte können von ihm aus gar nicht bewertet werden. Der Fortschritt der Sozialverträglichkeit einer Politik kann nämlich auch in einer Entwicklung zur Diktatur bestehen: da gibt es keine öffentliche Kritik mehr.

Das Hauptproblem des kritischen Rationalismus besteht darin, daß Kritik und Diskurs nicht, wie es vernünftig wäre, bedeutende Elemente innerhalb eines substantiellen Wirklichkeitsverständnisses sind, sondern *an die Stelle* des Substantiellen treten. Es ergibt sich eine „Ontologisierung des Verfahrens"[16], welches, da es sowohl „Substanz" als auch einzig zulässige Methode sein soll, keinen kritischen Standpunkt außerhalb seiner selbst zuläßt. Unter den Bedingungen der Elimination des Substantiellen wird das, was man „Selbststeuerung" des Marktes, der Wissenschaft, der Politik nennt, metaphorisch zu jener Selbststeuerung des fahrenden Autos, in dem kein Fahrer sitzt: das ist nun *wirklich* ein naturwüchsiger Prozeß ...

Die Ontologisierung des Verfahrens erkennt keinen Standpunkt außerhalb seiner selbst an und kann auch nicht außerhalb seiner selbst treten (was natürlich trotzdem immer wieder geschieht, indem es als das beste angepriesen wird). Schon der einfache Umstand, daß ein mit beliebiger Mehrheit, ja Einstimmigkeit, befaßter Beschluß sich in Wirklichkeit sowohl politisch wie moralisch als ganz falsch herausstellen kann, zeigt die Grenzen des kritischen Rationalismus für Politik und Moral auf.

Nach dem Scheitern des kritisch-rationalistischen Ansatzes in Politik und Moral stellt sich nun die Frage: Handelte es sich dabei nicht einfach um unzulässige Ausweitungen einer Theorie, welche im Bereich der Wissenschaftsentwicklung, aus dem sie ursprünglich stammte, wohlbestätigt ist sowohl im deskriptiven Teil durch wissenschaftshistorische Untersuchungen als auch im normativen, da ihre binnenwissenschaftlichen Auswirkungen segensreich sind? Mitnichten. Der kritische Rationalismus in der Wissenschaftsgeschichte zählt zu den historisch-empirisch bestwiderlegten Theorien schlechthin. Er nimmt das aber nicht zum Anlaß, seine Hypothesen fallen zu lassen, sondern er modifiziert und stützt die Theorie, schwächt die dagegenstehenden Thesen, ignoriert Widerlegungen oder innere Widersprüche, kurzum, er verhält sich so, wie sich interessante Theorien immer verhalten haben, also genauso, wie es ausdrücklich für unwissenschaftlich und fortschrittsschädlich bezeichnet wurde und wird.

Diese Entwicklung seit dem Erscheinen des Buches von T. S. Kuhn: „Die Struktur wissenschaftlicher Revolutionen“ (engl. 1962, dt. 1967) bis zu Paul Feyerabends (eines ehemaligen Popperianers) vergnüglichem „Wider den Methodenzwang“ (engl. 1975, dt. 1976) kann hier nicht nachgezeichnet werden;[17] wesentlich ist, daß eine Fülle von historischen Untersuchungen gerade bei *großen* wissenschaftlichen Fortschritten (Galileis Physik, Lavoisiers Sauerstoffchemie, Plancks Quantenphysik) nicht auf kritisch-rationalistischem Wege, sondern in Revolutionen, Paradigmenwechseln vor sich gingen, gestützt von Intuition und Zufall, von Propaganda, Verunglimpfung der Gegner usf. Die Anhänger einer alten Theorie, so zeigte sich, lassen sich nicht freudig widerlegen, sondern sie kämpfen, resignieren und sterben schließlich aus.

Um nicht im Abstrakten zu verbleiben und zugleich Popper zu schonen, soll der Fall und Untergang des kritischen Rationalismus mit einem Fallbeispiel demonstriert werden, einer Theorie des berühmten schwedischen Chemikers Jöns Jakob von Berzelius (1779–1848). Er entwickelte zu Beginn des 19. Jahrhunderts die „ältere Radikaltheorie“ der organischen Chemie, mit dem Elementarsatz: alle organischen Verbindungen sind aufgebaut aus Sauerstoff und einem sauerstoff-freien Radikal. Berzelius war nicht nur Chemiker, er war auch Popperianer. 1812 schreibt er:

„Ich fordere von einem jeden chemischen Satze, daß er mit der übrigen chemischen Theorie übereinstimme und ihr einverleibt werden könne. Im entgegengesetzten Falle muß ich ihn verwerfen, bis die unumstößliche (empirische) Evidenz desselben die Umwälzung der mit ihm nicht passenden Theorien notwendig macht.“[18]

Diese „ältere Radikaltheorie“ wurde experimentell falsifiziert: Man fand Säuren ohne Sauerstoff, „Radikale“ mit Sauerstoff, und auch der von Berzelius postulierte Zusammenhang von Sauerstoffgehalt und Säurestärke ließ sich nicht aufrechterhalten. Und wie verhielt sich Berzelius? Er stützte seine Theorie durch die Annahme, daß das Chlor in der sauerstoff-freien Salzsäure (HCl) oder der Stickstoff in der sauerstoff-freien Blausäure (HCN) ihrerseits nochmals aus Sauerstoff und Radikal bestehen, die man erst noch isolieren müsse; sodann, daß organische Radikale „hypothetische Radikale“ seien, welche mehr Wirklichkeit besäßen als die im Experiment erhaltenen, ja, die sich geradezu dadurch definierten, daß sie nicht isolierbar seien.

Natürlich stützte er seine Theorie auch durch das Gewicht, das sein Name in der Chemie hatte, durch die Weigerung, bestimmte Artikel in seinen berühmten „Jahresberichten" erscheinen zu lassen, durch Hohn und Spott über widerspenstige Experimente und Experimentatoren, durch den Abbruch von Freundschaften, durch Polemik. Berzelius starb als letzter Anhänger seiner Theorie verbittert im Jahre 1848.

Doch zurück zur wissenschaftstheoretischen Debatte: Sogenannte „kruziale Experimente", die in der Lage wären, empirisch zwischen zwei verschiedenen Theorien definitiv zu entscheiden, erwiesen sich als unmöglich – wie schon Duhem gewußt und Quine dann gezeigt hatte: *Jede* „Falsifikation" einer Theorie kann aufgefangen werden, wenn man bereit ist, größere Änderungen an entfernteren Stellen dieser Theorie vorzunehmen. Hinzu kam die Einsicht, daß „Widerlegung" gar nichts Theoretisches oder gar Objektives ist, vielmehr eine Handlung: so daß eine „Widerlegung" erst dann gelungen ist, wenn sich der „Widerlegte" für widerlegt erklärt. Zudem wurde deutlich, daß mit der „Falsifikation" die Verifkation ja nicht eliminiert ist, sondern daß auch die „Falsifikation" ein wahrer Satz darüber sein soll, daß etwas nicht der Fall ist.

Was Popper am „Elend des Historizismus" (engl. 1958, dt. 1965) so deutlich gesehen hatte – daß der Historismus seine *eigene* Historizität nicht begriff –, das brach nun über den kritischen Rationalismus herein. Nun stand und steht er nämlich selbst dort, wo er sagen muß: „Um so schlimmer für dic Tatsachen", da doch die Theorie so schön und die Empirie so unbotmäßig ist. Die Universalität der ontologisierten Methode garantierte ihre Nutzlosigkeit, mit Paul Feyerabend gesprochen: Der kritische Rationalismus gleicht einem Schraubenzieher, mit dem man feste, flüssige, und gasförmige Schrauben in festes, flüssiges und gasförmiges Material hineinschrauben kann.[19]

Das Thema dieses Essays lautete: Zur Vernunft der reinen Kritik. Das Vernünftige an dieser reinen Kritik ist, daß sie besser ist als falsche Theorie und Praxis. Das Unvernünftige an ihr ist, daß sie – wenn nur formal gefaßt – auch die richtige Theorie und die richtige Praxis trifft. Sie kann nur kritisieren, allenfalls an deren Stelle formale Schlagworte setzen wie: „Weiter so, Deutschland", oder „Laßt die Wissenschaft nur machen" oder „Wirtschaftswachstum ist der beste Umweltschutz".

Bleibt die Frage, weshalb der kritische Rationalismus bei philosophisch solch schlechten Karten immer noch mächtiger zu werden scheint. Es liegt wohl am Mangel des unbefangenen Fragens, an der Tatsache, daß Schlagwörter immer leichter „einleuchten" als Argumente, und, last not least, daß Handeln viel anstrengender ist als Vernünfteln.

Anmerkungen

[1] Vgl. R. Löw: „Ironie und Postmoderne", in: SCHEIDEWEGE 20 (1990/91), S. 85–104.
[2] Zu dem hier verwendeten Begriff von Philosophie vgl. R. Spaemann: „Philosophie als institutionalisierte Naivität", in: *Philosophisches Jahrbuch* 81 (1974), S. 139–142; sowie R. Löw: „Skeptisches Denken und Philosophie", in: SCHEIDEWEGE 19 (1989/90), S. 6–22. Philosophie wird dort verstanden als ein Gespräch über die wesentlichen Fragen der Wirklichkeit, das vor 2500 Jahren begonnen und seither nicht abgebrochen wurde.
[3] W. Stegmüller: *Hauptströmungen der Gegenwartsphilosophie.* Bd. I, Stuttgart 1965, S. XLIII.
[4] Einzelne Belege anzugeben ist müßig, die einschlägigen Bände von K. Lorenz, H. v. Ditfurth, R. Riedl, F. M. Wuketits, G. Vollmer sind Legion.
[5] Gerade in dieser Frage verläuft die Entwicklung der unter Anm. 4 erwähnten Autoren exakt entgegengesetzt. Um die menschliche Freiheit zu retten, greifen auch etwa H. Haken oder H. Jonas hinab ins subatomare Geschehen und versuchen, aus der privativ konstruierten Indeterminiertheit zur Willensfreiheit zu gelangen. Das mag logisch haltbar sein (vgl. R. Löw: „Darwinismus und die Entstehung des Neuen", in: *SCHEIDEWEGE 13* (1983/84), S. 60–84); sicher nicht haltbar ist der Versuch, aus einem rein faktischen Evolutionsprogramm ethische Maximen herzuleiten, die Tiere hochzuhalten gebieten, menschliches Leben aber als vergleichweise gering erachten.
[6] Vgl. R. Löw: *Philosophie des Lebendigen,* Frankfurt 1980, S. 129–138, 216–233; sowie (kürzer) ders.: „Das philosophische Problem einer ‚Natur an sich'", in: *Philosophisches Jahrbuch* 97 (1990), S. 53–68.
[7] Hermann von Helmholtz: „Über das Verhältnis der Naturwissenschaften zur Gesamtheit der Wissenschaft", in: *Vorträge und Reden* I, Braunschweig 1896, S. 157–185, hier S. 172.
[8] Zur Darstellung und Kritik dieser Ansätze vgl. R. Spaemann/R. Löw: *Die Frage Wozu? Geschichte und Wiederentdeckung des teleologischen Denkens,* München ^{3}1991, S. 213–299; kürzer und dezidierter R. Löw: „Chemie und Leben. Kann die Chemie das Leben erklären?", in: J. Mittelstraß u. a. (Hrsg.): *Chemie und Geisteswissenschaften. Versuch einer Annäherung,* Berlin 1992, S. 185–199.
[9] Erfrischend lesenswert, weil ohne die Attitüde der Voraussetzungslosigkeit des eigenen Denkens sind nach wie vor Comtes „Rede über den Geist des Positivismus" sowie Descartes' „Ablehnung über die Methode", beide (zweisprachig) in der Meiner'schen Bibliothek zu Hamburg.
[10] So etwa Schleiden 1844; vgl. aber den Kommentar von W. Neuser zur Neuübersetzung von Hegels Habilitationsschrift: *Dissertatio Philosophica de Orbitis Planetarum,* Weinheim 1986, S. 50–60 (= Schriften zur Naturphilosophie, herausgegeben von R. Löw, Bd. 2).
[11] Vgl. R. Spaemann: „Überzeugungen in einer hypothetischen Zivilisation", in: O. Schatz (Hrsg.): Abschied von Utopia?, Graz 1977, S. 311–331.
[12] Vgl. B. Seebacher-Brandt: *Die Linke und die Einheit,* Berlin 1991.
[13] Vgl. dazu R. Löw: „Ethik und Naturwissenschaften", in: P. Koslowski (Hrsg.): *Orientierung durch Philosophie,* Tübingen 1991, S. 241–260.

[14] *Vgl. R. Löw: „Die philosophische Begründung des Naturschutzes", in: SCHEIDEWEGE* 18 (1988/89), S. 149–167.
[15] Vgl. R. Spaemann: „Unter welchen Umständen kann man heute noch von Fortschritt sprechen?", in: R. Löw u. a. (Hrsg.): *Fortschritt ohne Maß? Zur Ortsbestimmung der wissenschaftlich-technischen Zivilisation,* München 1981, S. 96–112; wiederabgedruckt in R. Spaemann: *Philosophische Essays,* Stuttgart 1983, S. 130–150.
[16] Vgl. P. Koslowski: „Markt und Demokratie als Diskurse. Grenzen diskursiver gesellschaftlicher Koordination", in: P. Koslowski (Hrsg.): *Individuelle Freiheit und demokratische Entscheidung,* Tübingen 1989.
[17] Vgl. R. Löw: „Naturwissenschaften: Theorie und Geschichte", in: *Chemie in unserer Zeit* 13 (1979), S. 82–86.
[18] Vgl. R. Löw: *Pflanzenchemie zwischen Lavoisier und Liebig,* Straubing/München ²1979, S. 271–291.
[19] Vgl. P. Feyerabend: „Die Wissenschaftstheorie – eine bisher unbekannte Form des Irrsinns?", in: K. Hübner u. a. (Hrsg.): *Natur und Geschichte,* Hamburg 1973, S. 88–124.

Max Himmelheber

Vorbemerkung zu meinen Beiträgen „Statistisches Gleichgewicht" und „Mißverständnisse, Irrtümer, Utopien"

Die Überfülle an vorliegenden wertvollen Beiträgen zu diesen beiden Teilbänden des Jahrgangs 1993/94 und die Begrenztheit meiner Lebenserwartung (Jahrgang 1904) veranlaßt mich, den folgenden Text meinen Beiträgen voranzustellen:

Im Jahrgang 1993/94 gebe ich hier mein Vorwort zu meinem Aufsatz „Grenzwerte der Technik", beendet am 29. Juni 1943 im Kriegsgefangenenlager Nr. 13, bekannt. Die handschriftliche Urfassung kann bei der Redaktion eingesehen werden. Ich schrieb damals:

„Der folgende Aufsatz ist im Frühjahr 1943 in englischer Kriegsgefangenschaft niedergeschrieben. Der Verfasser hat sich bisher in den fast drei Jahren seines Aufenthaltes in verschiedenen englischen Lazaretten und Gefangenenlagern bemüht, seine Studien und Überlegungen auf eine möglichst zusammenhängende Erkenntnis der geistesgeschichtlichen Situation unserer Zeit zu richten. Ein so weit gefaßter Gegenstand entspricht einmal den besonderen Neigungen des Verfassers, und die im Übermaß gegebene Muße und Beschaulichkeit des Gefangenenalltags kommen dieser Vorliebe entgegen; zum anderen bedingt der Mangel an Fachliteratur sowieso eine Beschränkung ins Einzelne gehender Spezialstudien und verweist vielmehr auf eine mehr selbstgenügsame Sichtung und Verarbeitung von Wissensbeständen aus Schul- und Berufsjahren. Was dabei herauskommt, ist im wahren und doppelten Sinne des Wortes „Amateurarbeit".

Die kleine Studie über Grenzwerte der Technik betrifft einen Teilgegenstand dieser Gedankengänge, der, da ihm sachlich eine gewisse Abgeschlossenheit zukommt, einmal versuchsweise zur schriftlichen Behandlung herausgegriffen wurde. Der Aufsatz erhebt also keinen Anspruch auf irgendein akademisches Schwergewicht, sondern bedeutet für den Verfasser nur den Versuch, in einer selbstgestellten Studienaufgabe seine Gedanken in geordneter Reihenfolge verständlich zum Ausdruck zu bringen. Das Fehlen einer Gelegenheit, viele angeschnittene Teilfragen mit Fachleuten aus den betreffenden Gebieten zu besprechen, ist für die sicher unterlaufenen sachlichen Fehler verantwortlich; ferner sind Zitate oft aus dem Gedächtnis oder nach flüchtigen Notizen wiedergegeben, was das teilweise Fehlen und die Ungenauigkeit der Quellenangaben erklärt.

Nr. 13 P.O.W.-Camp England
29. Jun i 1943
Max Himmelheber OBLT

Soweit der damalige Text.

Die diesem Text zu Grunde liegende Studie *„Grenzwerte der Technik"*, abgeschlossen am 29. 6. 1943, ist bis jetzt nicht veröffentlicht. Sie umfaßt 67 in Anbetracht der äußerst knappen Papierzuteilung an die Gefangenen eng beschriebenen Schreibmaschinenseiten. Im Druck würde das mindestens die doppelte Zahl von SCHEIDEWEGE-Seiten ergeben. Ich behalte mir eine Veröffentlichung im Zusammenhang mit weiteren Originalmanuskripten bei Gelegenheit vor.

Die Bedeutung dieser bereits 1943 abgeschlossenen Studie liegt darin, daß sie zu einem Zeitpunkt technischer Höchstentwicklung, was die Steigerung der Leistungen der Wirkungsgrade der Arbeitsgeschwindigkeiten anlangt, die These aufgestellt hat, daß das Zeitalter der technischen Grunderfindungen beendet ist und auch für die Zukunft keine neuen mehr erwartet werden können, es sei denn, es gelinge, die in den Atomkernen gespeicherte Energie freizusetzen und den Weltraumflug zu verwirklichen.

Was das Erstere anlangt, so war dieses Problem schon zur Zeit des Entstehens der Studie gelöst und die Gruppe um Heisenberg, Gerlach, Carl Friedrich von Weizsäcker und Otto Hahn war darüber unterrichtet, daß diese Lösung in Form des Manhattan-Projektes und des in Amerika unter einer Fußballtribüne bereits kritisch gewordenen Reaktors gelöst war. Für heute bleibt die Feststellung interessant, daß die theoretische Lösung schon vor dem Zweiten Weltkrieg, unabhängig voneinander durch Carl Friedrich von Weizsäcker und den Amerikaner Bethe eindeutig vorlag, wobei die Veröffentlichung des Weizsäcker-Bethe-Zyklus zeitlich vor der Betheschen Lösung erfolgte. Weil das damals unter dem Hitler-Regime geschah, wurde das in der bisherigen einschlägigen Literatur der ganzen Welt weitgehend unterschlagen. Die Wissenschaft spricht heute überwiegend entweder nur vom Bethe-Zyklus oder vom Bethe-Weizsäcker-Zyklus. Richtiger ist, wegen der zeitlichen Priorität die Bezeichnung Weizsäcker-Bethe-Zyklus.

Meine damalige Aussage bezüglich des Weltraumfluges muß ich nachträglich korrigieren: Die V 1- und V 2-Raketen der Deutschen Wehrmacht waren durch Wernher von Braun längst entwickelt und bei der Beschießung von London weitgehend im Einsatz. Diese Beschießung veranlaßte den überstürzten Rückzug der britischen Streitkräfte aus Frankreich, wodurch der ungehemmte Vorstoß der Deutschen Wehrmacht auf Calais erfolgen konnte und damit die Beendigung des alliierten Widerstandes auf dem Festland.

Hier liegt eines der charakteristischen Kennzeichen für die Steigerung der Wirkungsgrade, Arbeitsgeschwindigkeiten usw. längst bekannter Erfindungen vor. Der Durchbruch der Deutschen Wehrmacht am 10. Mai 1941 von der Maas bis Calais führte bis gegen Ende des Krieges zur Einstellung des französischen Widerstandes. Hier handelt es sich um den Einsatz des an sich bekannten schwer bewaffneten Kampfwagens (damals „Tank" genannt), dessen Panzerung und Bewaffnung die ganz neue Strategie ermöglichte, nämlich das gepanzerte Fahrzeug im Sinn der Seekriegsstrategie mit entscheidendem Erfolg im Landkrieg in der Wüste einzusetzen.

Also auch hier keine neue technische Erfindung, sondern der Einsatz einer längst bekannten Technik mit außerordentlich gesteigertem und auch strategisch ganz neuen Wirkungsgrad und Erfolg.

Der Grund, auf diese Veröffentlichungen heute hinzuweisen, ist der, daß ich in meiner Studie „Grenzwerte der Technik" zum ersten Mal das Ende des technischen Fortschrittes schon 40 Jahre zurückliegend, entdeckt und bekanntgemacht habe und daß heute, 50 Jahre später, sich meine Voraussage vollinhaltlich für die Gegenwart und theoretisch beweisbar, auch für die weitere Zukunft bestätigt hat.

Diese These stelle ich hiermit für die vergangenen 90 Jahre und für alle denkbare Zukunft zur Diskussion. Ich bin der Meinung, sie logisch begründen zu können.

Max Himmelheber

Max Himmelheber

Statistisches Gleichgewicht

Versuch einer kinetischen Theorie des Atomkerns

(S. 62 bis 92 aus Abschnitt III der Studie „Der Energiebegriff in Physik und Metaphysik“, geschrieben im Prisoner-of-War-Camp 13, England, August 1943. Siehe dazu auch die Vorbemerkung auf S. 83).

Vorbemerkung: Zur Vereinfachung der Ausdrucksweise soll in diesem Abschnitt die Bezeichnung Energie in der Form verwendet werden, wie sie heute in der Physik allgemein üblich ist. Dieser Abschnitt baut trotzdem völlig auf dem vorhergehenden auf, so daß es nur eine terminologische Vereinfachung ist, wenn Bezeichnungen wie Energie-Konzentration für ein Materie-Partikel übernommen werden. Wir müssen dann folgerichtig jenes allgegenwärtige unbeobachtbare Raumkontinuum ein Energie-Kontinuum nennen.

Der zweite Abschnitt hat uns zu der Anschauung geführt, daß der Raum erfüllt ist von, oder besser: identisch ist mit einem allgegenwärtigen, unbeobachtbaren Energie-Kontinuum, in dem gewisse Diskontinuitäten beobachtbar sind, die wir als Verdichtungs- oder Verdünnungsstellen betrachten. Es drängt sich hier eine astro-physikalische Analogie bezüglich der Verteilung dieser Inhomogenitäten im Kontinuum auf, nämlich die Erfüllung des Weltraums mit Materie. Eine kosmogonische Hypothese der Astro-Physik, die besonders von Jeans mathematisch und erkenntniskritisch behandelt wurde, nimmt eine urzeitliche erste Bildung kosmischer Systeme an, aus einer ursprünglich gleichmäßig über das Universum verteilt gedachten Nebelsubstanz. Irgendeine „Störung“ in der gleichmäßigen Verteilung – theoretisch scheint eine einmalige lokale Energie-Zufuhr zu genügen – führt zu örtlichen Störungen, in deren Grenzschichten Wirbel auftreten. Die solcherart verdichteten Ansammlungen bewegter Atome sind nun zwei einander entgegengesetzten Einflüssen unterworfen: einerseits gravitieren sie zueinander, andererseits streben sie durch die elastischen gas-kinetischen Stöße auseinander. Es läßt sich nun die kritische Größe einer kosmischen Gasverdichtung oder Kondensation berechnen, von der an sie, infolge überwiegender Gravitation selbständig weiterwächst. Kondensationen unter dieser Größe zerfließen wieder. Die Geschwindigkeit des spontanen Wachstums ist dadurch bestimmt, daß steigendes Wachstum, steigende Dichte und damit wachsenden inneren Gegendruck der Kondensation (ausgedrückt in zunehmender Temperatur) erzeugt, so daß der zunehmenden Gravitation auch erhöhte Abstoßungskräfte entgegenwirken.

Die Astrophysik sagt uns, wie aus dem ursprünglichen homogenen Materie-Kontinuum des angenommenen Urnebels die uns als Himmelskörper und astronomische Systeme bekannten Diskontinuitäten entstanden sein könnten. Nachdem wir die Bausteine der Materie ebenso als Diskontinuitäten in einem Kontinuum erkannt haben, liegt es nahe, einen analogen Prozeß für die Bildung der Materie anzunehmen. Man müßte dabei wieder ausgehen von einem dem vorerwähnten Zustand gleichmäßiger Substanz-Verteilung zeitlich noch vorausgehenden Zustand eines mit „Energie" gleichmäßiger Dichte erfüllten Universums. Eine einmalig geschaffene Diskontinuität gegenüber dem ursprünglichen Kontinuum könnte dann zur Bildung beständiger Verdichtungen führen, für die wir analog auch wieder zwei einander entgegengesetzte Kräfte annehmen könnten: einerseits eine gegenseitige Anziehung der Verdichtungspartikel, andererseits elastische Stöße der Partikel gegeneinander, die sie auseinander zu treiben suchen. Die Anziehungskraft könnte als Gravitation gedeutet werden, die sich aus der Masse erklärt, welche den Partikeln als „Energie-Konzentration" zukommt; die elastischen Stöße folgen dann aus den Bewegungen dieser Massen, die analog den gaskinetischen Bewegungen vorzustellen sind. Nehmen wir auch für die Energie-Partikel ein dem Boyle-Mariotte'schen Gesetz entpsrechendes Verhalten an, so müssen sich gewisse Bedingungen ergeben, die Größe, Wachstums-Geschwindigkeit und Stabilität der entsprechenden Kondensation bestimmen. Steigendes Wachstum erzeugt steigende Gravitation, damit steigende Dichte und steigende mittlere Geschwindigkeit der Teilchen, ausgedrückt als steigende Temperatur der Kondensation. Diese Kondensationen, so wollen wir annehmen, haben aber diesmal nicht astronomische Ausmaße, sondern mikro-physikalische und heißen Astrokerne und Atome. Ihre Bausteine sind positiv und negativ elektrische Energie-Partikel, die wir nach Abschnitt II als Verdichtungen und Verdünnungen des ursprünglichen Energie-Kontinuums auffassen können.

Prüfen wir nun unser astronomisches Modell auf seine Brauchbarkeit: Die bisherige Kernphysik unterwirft die Atomkerne gewissen Versuchsbedingungen und beobachtet die erfolgenden Reaktionen. Dabei können sowohl die Versuchsbedingungen, wie die Reaktionen in mechanischen Bildern beschrieben werden. (Z. B. Beschießung von Kernen, Ausschleuderung von Teilchen usw.) Nicht aber bis jetzt die unbeobachtbaren Kernvorgänge selbst. Sie werden einzig mathematisch abstrakt beschrieben. Der Anfang aller Kernphysik lag in der Beobachtung von sogenannten spontanen Instabilitäten von Atomkernen, die scheinbar nicht individuell kausal bestimmt sind, aber festen statistischen Wahrscheinlichkeitsgesetzen folgen. Der radio-aktive Zerfall, wie die Erscheinung bezeichnet wurde, enthält zwei ungelöste Grundfragen: die erste ist die schon erwähnte, ob (und wodurch) die Desintegration einzelner Kerne ursächlich bedingt sei; die zweite Frage, die seltsamerweise in keiner mir bekannten Darstellung der modernen Physik aufgeworfen wird, die mir aber von grundlegender Bedeutung zu sein scheint, ist die, warum eigentlich der unter Energie-Abgabe zerfallende Kern überhaupt Teilchen ausschleudert.

Zunächst zur ersten Frage: Sie wird von namhaften Forschern grundsätzlich verneint und strikte Kausalität nur im statistischen Bereich angenommen. Die Tragweite einer solchen Auffassung scheint mir philosophisch noch gar nicht absehbar. Erstaunlich ist dabei die Bereitwilligkeit, mit der gerade die exakteste Wissenschaft, die Physik, eine Art Wunderglauben in ihr sonst so unbestechliches Denken einbezieht. Der Wunsch, dem strikten Determinismus philosophisch zu entrinnen, gegen den sich ein inneres „besseres Wissen" jedes Menschen wehrt, der Wunsch also, die Willensfreiheit in unserem Weltbild zu sichern, ist verständlich und im Interesse einer Befruchtung der Naturwissenschaft mit tieferen metaphysischen Einsichten zu begrüßen. Eine so billige Kapitulation aber wie sie sich die heutige Physik zum Teil leistet, indem sie ganz einfach von nicht-kausaldeterminierten Vorgängen im Bereich der Mikrophysik spricht, ist doch etwas beschämend. So kann nur kapitulieren, wessen Glauben an die eigenen Waffen im Tiefsten erschüttert ist. So lange wir überhaupt Naturwissenschaft treiben, sollten wir uns verpflichtet fühlen, mit allen Mitteln nach Gründen zu suchen, wo wir im Augenblick noch keine sehen. Ein Verzicht aber auf die Kausalität kommt einem Verzicht auf die Grundlagen der Logik gleich, denn es ist unmöglich Ereignisse untereinander mit Hilfe der Logik zu verknüpfen, wenn der Zusammenhang von Ursache und Wirkung geleugnet wird. Wo wir daher Gründe nicht unmittelbar sehen, die uns das Geschehen erklären, da müssen wir Analogien und Modelle ausfindig machen, die uns wenigstens gleichnishaft Gründe aufzeigen. Ein solches Modell, wenn wir uns seiner Grenzen, Beschränkungen und Bedingtheiten bewußt sind, hat mehr Erkenntniswert, als eine widerspruchsfreie mathematische Abstraktion, die nicht nur auf den Versuch verzichtet Gründe für ihre Voraussetzungen zu geben, sondern das Vorhandensein von Gründen überhaupt leugnet. Wesentlich ist nur, daß wir uns bei der Anwendung des Modells stets bewußt bleiben, daß es nicht Wirklichkeit ist, sondern Wirklichkeit bedeutet.

Im folgenden soll versucht werden, das Modell des Atomkerns, zu dem wir über die Analogie der kosmischen Gaskondensation gekommen sind, weiter auszubauen, so daß es kausale Begründungen und verstehbare Interpretationen von Kernvorgängen zuläßt. Wir knüpfen dabei an die schon erwähnte Frage nach der Begründung der radio-aktiven Vorgänge, d. h. wir stellen die Frage, ob wir genötigt sind, tatsächlich eine echte, also nicht kausal bestimmte Spontaneität des Kernzerfalles im Einzelfall anzunehmen, oder ob es sich nicht vielmehr um einen nur scheinbar spontanen Vorgang handeln könnte, für den sich Analogien aus anderen Gebieten der Physik beibringen lassen. Wir stellen dazu zunächst die schon oben angeführte zweite Frage, warum überhaupt von dem zerfallenden Kern Partikel ausgeschleudert werden. Es liegt keine logisch zwingende Notwendigkeit dafür vor, daß die freiwerdende Energie sich gerade in dieser Form äußern müsse. Es könnte, solange wir uns keine näheren Vorstellungen von den Vorgängen im Kerninnern machen, beispielsweise ebensogut erwartet werden, daß die freiwerdende Energie nur als Strahlung austritt oder ganz im Kern verbleibt und in diesem Veränderungen hervorruft, oder Elektronen von außerhalb des Kerns einfängt, oder sich in irgendwelche Kombinationen solcher Vorgänge umsetzt. Die Teile, deren Abbrechen vom Kern die Energie freigesetzt hat, würden dann an ihrem ursprünglichen Platz im Kern liegenbleiben, aber nicht mehr gebunden sein. In Analogie dazu vergleiche man solche exothermen chemischen Umwandlungen, die ohne Explosionserscheinungen vor sich gehen, oder die Zertrümmerung einer Glasträne. Warum aber kommen Bestandteile des Kern mit großer Geschwindigkeit aus ihm herausgeflogen?

Im Zusammenhang mit diesen beiden Grundfragen stehen viele weitere ungeklärte Erscheinungen, z. B. die Tatsache, daß ein Kern auf positive Ladungen, die ihm genähert werden, zunächst abstoßend, nach Überschreiten einer bestimmten Annäherungsgrenze aber anziehend wirkt; ferner: daß die kinetische Energie aus dem Kern herausfliegender Alpha-Teilchen kleiner zu sein scheint, als es zur Überwindung des Energiewalls, der um den Kern aufgebaut ist, notwendig wäre; weiter warum bei Beschießung von Kernen mit langsamen Neutronen diese in den Kern zunächst ohne beobachtbare Wirkung eindringen und scheinbar längere Zeit darin verharren, bis dann plötzlich, wiederum scheinbar spontan, einzelne der getroffenen Kerne radio-aktiven Zerfall zeigen. Ähnliche Erscheinungen treten bei Beschießung von Kernen mit Mesotronen auf, wo Kerne regelrecht zu explodieren scheinen. Auch die Frage, wie man eigentlich mit Protonen-Geschossen geringerer Energie „über den höheren Energiewall des Kerns" in dessen Inneres hineingelangen kann, ist bis jetzt in keiner anschaulich vorstellbaren Weise beantwortet.

Um ein Beispiel zu geben, wie gerade diese Frage der Überwindung des Energiewalls des Kerns von der modernen mathematischen Physik beantwortet wird, zitiere ich die Behandlung dieses Vorgangs aus Zimmer (l.c. S. 230ff.):

„Fragen wir uns zunächst: welche Lebensäußerungen kennen wir von den Atomkernen? Die radio-aktiven Erscheinungen bestehen, wie wir wissen, darin, daß die Kerne der schwersten Elemente von selbst zerfallen und zwar auf eine Weise, die man nicht beeinflussen kann. In gar nichts, auch nicht in der Geschwindigkeit des Zerfalls, die bei verschiedenen radio-aktiven Elementen außerordentlich verschiedene Werte hat. Eine Begründung hierfür konnte niemand geben. Man kann von einem einzelnen bestimmten Kern überhaupt nicht angeben, wann er zerfallen wird, auch wächst die Wahrscheinlichkeit nicht dadurch, daß er älter wird, wie etwa die Wahrscheinlichkeit zu sterben mit dem Alter des Menschen wächst. Auch auf den Kern werden wir daher versuchen, die statistischen Vorstellungen der Quantentheorie anzuwenden."

„Nach der klassischen Physik war der Zerfall überhaupt ganz unverständlich. Wenn man mit positiv-geladenen Alpha-Strahlen die Kerne der schweren Atome beschießt, so stößt der ebenfalls positiv-geladene Kern die ankommenden Alpha-Strahlen ab. Diese Abstoßung wächst bis zu der winzigen Entfernung von drei Billionstel cm, bis zu der man mit den schnellsten Alpha-Strahlen an den Kern herankommt, genauso an, wie wir es von der Makrophysik her wissen. Vielleicht gilt das Abstoßungsgesetz auch für noch kleinere Entfernungen. Aber irgendwann einmal, für allerkleinste Entfernungen vom Kernmittelpunkt aus muß etwas anderes geschehen, muß die Abstoßungskraft abnehmen, um bei weiterer Annäherung in Anziehung überzugehen. Denn die in dem Kern selber vorhandenen Alpha-Teilchen werden ja nicht abgestoßen, sondern so sehr festgehalten, daß die meisten Kerne sie überhaupt nicht loslassen. Die steile Kurve der Figur 55 zeigt, wie die Energie, mit der ein anlaufender Alpha-Strahl abgestoßen wird, bei Annäherungen den Kern wächst. In nächster Nachbarschaft dieses Kerns muß die Kurve nach dem Gesagten steil abfallen, wenn man auch nicht im einzelnen weiß, wie. Innerhalb des Kernabstandes $3 \cdot 10^{-12}$cm muß sie einen steilen Buckel bilden. Ist der Buckel höher als die Energie, die ein im Kern enthaltenes Alpha-Teilchen hat, so kann es nach klassischen Anschauungen nicht über den Buckel hinweg und muß dauernd darin gefangen bleiben. Draußen und drinnen kann es existieren, aber nicht über den Wall hinwegkommen, der für dies Teilchen unersteiglich hoch ist. Befindet es sich im Innern, so kann es aus seinem Gefängnis niemals hinaus in die Freiheit der Außenwelt. Die Stabilität der Atomkerne ist danach verständlich, nicht aber ist verständlich, daß Alpha-Teilchen, deren Energie geringer ist als die Höhe des Walls – und man kann sie messen, indem man die Austritts-Geschwindigkeit der Teilchen mißt –, gelegentlich einmal den Wall durchbrechen."

„Aber die Quantenphysik kann angeben, warum manchmal ein Alpha-Teilchen trotzdem durch den Wall hindurchkommt. Gamow und unabhängig von ihm Gurney und Condon haben die Theorie entwickelt. Nach der klassischen Physik findet man den Ort eines Alpha-Teilchens, indem man seine Bahn aus dem Innern heraus verfolgt. Die Wellenmechanik lehnt den Gedanken ab, daß es in der Mikrowelt solche auf Bahnen verfolgbaren Teilchen gäbe. Die räumliche Verteilung der Alpha-Teilchen beschreibt vielmehr eine Welle. Diese Wahrscheinlichkeitswelle wird an den Wänden des Energie-Walls, der den Kern umgibt, „total" gespiegelt. Von Lichtwellen kennt man diese Erscheinung; aber beim Licht weiß man, daß auch bei der Totalreflexion ein wenig auf einige Wellenlängen Tiefe in die Wand eindringt, ja diese durchsetzt, wenn sie dünn genug ist. Das gleiche geschieht mit der Welle, die die wahrscheinliche Verteilung der Alpha-Teilchen angibt. Auch sie dringt, auch wenn

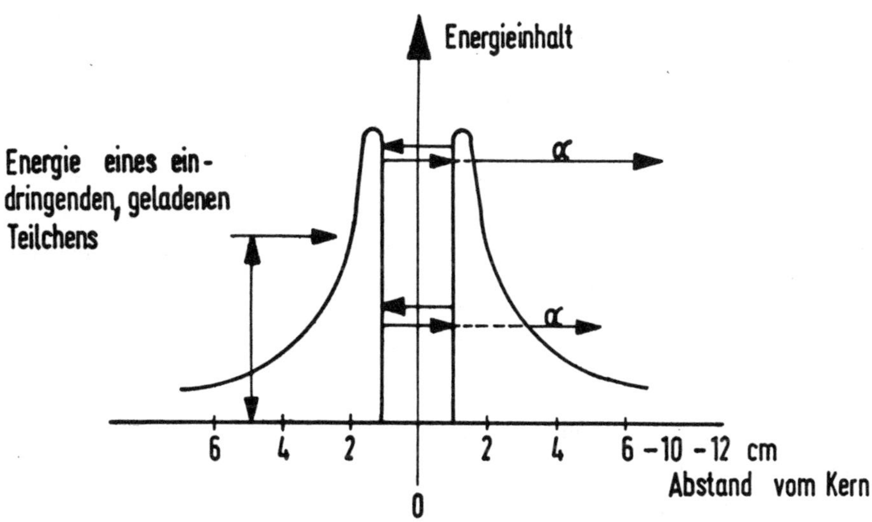

(nach Zimmer: Umsturz im Weltbild der Physik, Fig. 55)

die Energie der Teilchen geringer ist, als die Höhe des Walls, in geringerem und übrigens um so höherem Maße hinaus aus dem Atom, je höher die Energie der Teilchen ist. Denn der trennende Wall wird nach oben dünner."

Ich habe diese Darstellung so ausführlich zitiert, weil sie eine Reihe der ungelösten Fragen der Kernmechanik berührt und auch weil sie ein charakteristisches Beispiel für die Methode der mathematischen Abstraktion der modernen Physik darstellt. Der geforderte Verzicht auf alle anschauliche Realität im Bereich der Mikrophysik führt zunächst zu mathematischen Fiktionen, mit denen keinerlei bildhafte Vorstellung des sich physikalisch abspielenden Geschehens mehr verknüpft werden kann. Da wir aber mit den gefundenen arithmetischen Beziehungen von Größen (Scharen von Meß-Tabellen) an sich wenig anfangen können, so machen wir uns ein symbolisches Bild, in Form von Kurven in einem Koordinaten-System. Soweit ist das Vorgehen konsequent. Ob man aber im Rahmen dieser Konsequenz bleibt, wenn man nun dieses mathematische Symbol wieder mit physikalischen Eigenschaften begabt, es als Wall auffaßt, an dem eine Wahrscheinlichkeitswelle gespiegelt wird, erscheint immerhin strittig. Den Bereich der zu fordernden Konsequenz verläßt man aber ganz eindeutig, wenn man mit dieser physikalischen Interpretation eines mathematischen Symbolbildes konkrete Wirklichkeit zu beschreiben glaubt. Wir haben es hier mit einem mathematischen Modell zu tun, das alle Kennzeichen eines Modells aufweist, also ein Analogie-Bild ist, aber keine Wirklichkeit: von einem *mechanischen* Modell aber noch durch den Mangel an materieller Anschaulichkeit unterschieden.

Wenn wir aber dem Mathematiker den Wahrheitsgehalt und die Fruchtbarkeit eines Modells zugestehen, warum sollte er uns nicht dasselbe hinsichtlich eines mechanischen Modells zubilligen? Ja, ist denn überhaupt eine Experimental-Physik möglich, wenn wir nicht immer wieder uns mechanisch-anschauliche Vorstellungen des Geschehens machen, da ja doch alle Versuchsanordnungen und Beobachtungsgeräte der mechanischen Welt angehören? Und in der Tat verfolgen wir ja z. B. „Bahnen" von „Teilchen" in der Wilson-Kammer, sogar in einem viel mechanistischeren Sinn, als wir etwa eine Temperatur mit dem Thermometer messen, was bereits eine statistische Abstraktion voraussetzt.

Mit großer Fruchtbarkeit haben Rutherford und Bohr ein astronomisches Gebilde, das Sonnensystem, als Modell für den Mikrokosmos des Atoms verwendet. Im folgenden soll nun versucht werden, Gesetze, Eigenschaften und Zustände, die wir an einem anderen elementaren astronomischen Gebilde, der kosmischen Gaskondensation auffinden, ebenfalls analog auf die Mikrophysik zu übertragen, um ein Modell für Struktur und Verhalten der Atomkerne zu finden.

Wie wir gesehen haben, entscheidet das Verhalten zweier einander entgegenwirkenden Kräfte über Stabilität oder Instabilität einer kosmischen Gaskondensation, nämlich die Gravitation einerseits und die gaskinetischen Stöße andererseits. (Zu den anziehenden Kräften müßten wir, um genau zu sein, die Kohäsion rechnen, wovon Jeans absieht, vermutlich weil sie bei den großen in Betracht kommenden Gravitationskräften als unbedeutend vernachlässigt werden kann.)

Betrachten wir eine stabile, nicht mehr wachsende Kondensation, so können wir für jede Entfernung vom Gravitationszentrum diejenige kritische Geschwindigkeit berechnen, die ein Körper erreichen müßte, um den Anziehungsbereich zu verlassen. Und da die Kondensation stabil ist, so steht fest, daß also die mittlere Geschwindigkeit der Gasmoleküle unterhalb dieser Grenze liegt. So wissen wir beispielsweise, daß für die Erdoberfläche die kritische Geschwindigkeit 11 Kilometer pro Sekunde beträgt, während die mittlere Geschwindigkeit der Luftmoleküle an derselben Stelle nur etwa 500 m/sec ist. Die Erde kann deswegen eine Atmosphäre halten. Der Mars hat eine erheblich geringere Gravitation als die Erde, ist aber infolge größerer Sonnenferne um so viel kälter, daß auch in seiner Atmosphäre die mittlere Geschwindigkeit weit unter der kritischen bleibt. Anders der Mond: Auf ihm ist keine stabile Atmosphäre möglich, da seine Gravitation sehr gering ist und seine Oberflächentemperaturen infolge des langen Tages so hoch ansteigen, daß alle Gasmoleküle die kritische Geschwindigkeit überschreiten. Nun gibt es aber ein weiteres Phänomen, das von Einfluß auf die Beständigkeit einer Kondensation ist: die erwähnte Molekülgeschwindigkeit ist ja nur ein statistischer Mittelwert, der von einzelnen Molekülen sowohl unter- als auch überschritten wird. Es sind nun Stoßkombinationen möglich, bei denen einzelne Teilchen hoch über den Mittelwert beschleunigt werden können; überschreiten sie dabei die kritische Geschwindigkeit, so verlassen sie den Anziehungsbereich der trotzdem im statistischen Sinn stabilen Kondensation. Jeans führt aus (The Universe Around Us), daß so auch einzelne Moleküle ständig die Erdatmosphäre verlassen, trotz der sehr großen Differenz zwischen mittlerer Geschwindigkeit der Luftmoleküle und der kritischen Geschwindigkeit, bezogen auf die Atmosphäre-Grenze; und daß Mars, wenn er den Sonnenabstand der Erde hätte, seine Atmosphäre wahrscheinlich auf die Dauer nicht halten könnte. Bei genügend großer Anzahl von Molekülen wird sich für dieses Zufallsereignis des Wegfliegens eine ganz bestimmte Wahrscheinlichkeits-Funktion ergeben, wonach die Zahl der herausfliegenden Moleküle neben anderen Konstanten von der Zahl der in der Kondensation insgesamt vorhandenen Moleküle abhängt. Ein äußerer Beobachter, der von den gaskinetischen Vorgängen im Inneren der Kondensation keine Kenntnis hat, wird also folgende Beobachtungen notieren:

1. Das Gasvolumen schleudert ohne erkennbare Ursache Teilchen aus.
2. Die ausgeschleuderten Moleküle sind nach Alter, Masse, Zusammensetzung usw. völlig gleichartig den in der Kondensation verbleibenden. Die Ausschleuderung scheint somit nicht individuell kausal begründet, sondern nur im statistischen Sinn.

Falls er das Teilchen nicht unmittelbar an der Außengrenze der Kondensation beobachtet, sondern erst nachdem es eine größere Strecke außerhalb der Atmosphäre durchlaufen hat, so wird er noch folgende Feststellung machen:

3. Die Geschwindigkeit des Teilchens an der Beobachtungsstelle ist geringer als die kritische Geschwindigkeit an der Atmosphärengrenze. Unter der Annahme, daß es dieselbe niedrige Geschwindigkeit im Augenblick des Verlassens der Kondensation gehabt hätte, würde sein Verhalten den Gesetzen der klassischen Mechanik widersprechen: es hätte mit dieser Geschwindigkeit den „Gravitationswall" der Kondensation nicht durchschlagen oder überklettern können.

Der Grund für diese letzte Beobachtung ist natürlich ganz einfach der, daß das Teilchen einen Teil seiner Geschwindigkeit verbraucht hat beim Durchfliegen des Gravitationsfeldes von der Atmosphärengrenze bis zur Meß-Stelle. Eine einfache mechanische Analogie bietet der Beschuß einer Panzerplatte mit einem Maschinengewehr: Geschosse von beispielsweise 800 m/sec Geschwindigkeit können die Platte nicht durchschlagen, solche von 1000 m/sec können es; sie fliegen aber nach dem Durchschlagen der Platte mit einer Geschwindigkeit weiter, die weit unter ihrer Auftreff-Geschwindigkeit liegt. Um den Vorgang richtig zu erkennen, müssen wir vor, nicht hinter der Platte messen.

Ich glaube, dieses einfache Beispiel der „pseudo-spontanen" Ausschleuderung von Teilchen, wie wir den Vorgang nennen könnten, aus einer kosmischen Kondensation zeigt bereits die qualitative Fruchtbarkeit unseres Modells. Suchen wir nach weiteren Beispielen solcher spontanen Vorgänge, so finden wir, daß diese gar nicht selten sind, daß solche vielmehr fast überall erscheinen, wo wir physikalische Vorgänge statistisch betrachten. Ja, es scheint, wie im folgenden erklärt werden soll, daß wir es dabei weniger mit einer zufälligen Begleiterscheinung statistisch geregelter Naturvorgänge zu tun haben, sondern vielmehr mit einem Naturprinzip von allergrößter Bedeutung und Tragweite. Dieses Prinzip bedeutet, daß Systeme, die aus einer Vielheit von

Elementen bestehen, als Ganzes stabil sein und doch in kleinsten Elementen ständig Veränderungen unterworfen sein können. Wir wollen es das Prinzip der statistischen Stabilität oder des statistischen Gleichgewichts nennen. Dieses Prinzip scheint es zu sein, das dafür sorgt, daß die Natur einerseits überhaupt veränderbar ist, also nicht in dauernder Stabilität verharrt und das andererseits das Universum davor bewahrt, in Kippvorgängen katastrophal von einem labilen Zustand in den anderen zu stürzen. Insbesondere scheint es, daß die Lebensvorgänge weitgehend vom Prinzip des statistischen Gleichgewichts beherrscht sind; oder anders ausgedrückt: daß das Leben sich dieses Naturprinzip nutzbar macht, um durch gewisse selektive oder steuernde Verwendung pseudo-spontaner Vorgänge aus niedrigen substantiellen Ordnungsstufen die biologischen Formen als Gebilde höheren Ordnungsgrades aufzubauen und in Betrieb zu halten. Das Prinzip scheint ein wesentliches Bindeglied darzustellen, zwischen den entropischen Vorgängen der mechanistischen und ektropischen der biologischen Physik. Und auf einer noch höheren Stufe beherrscht es allem Anschein nach einen Teil des geistesgeschichtlichen Geschehen, nämlich soweit in dieser Entwicklung Gesetze wirksam sind, die den biologischen verglichen werden können. Es ist vielleicht nicht zu viel gesagt, in ihm eine wesentliche Voraussetzung aller Entwicklung überhaupt zu sehen.

Um nur ein weiteres Beispiel ganz alltäglicher Art für pseudo-spontane Vorgänge zu geben, sei das Verdunsten eines Wassertropfens erwähnt. Der Tropfen wird durch Gravitation und Kohäsion zusammengehalten, d. h., diese Anziehungskräfte sind stärker als die abstoßenden Kräfte der Molekularstöße. An der Tropfenoberfläche aber können einzelne Moleküle, genau wie bei der Gaskondensation, eine Geschwindigkeitskomponente nach außen erreichen, die genügt, aus dem Verband des Tropfens auszubrechen. Hierzu tragen einmal Ursachen bei, die im Tropfen selbst liegen, nämlich die Lage des Moleküls im Tropfen und die Temperatur des Tropfens; je höher diese, desto größer die Wahrscheinlichkeit, daß durch zufällige Stoßkombination ein einzelnes Molekül ausreichend über die mittlere Geschwindigkeit beschleunigt wird. Zum anderen tragen Ursachen dazu bei, die aus der Umwelt des Tropfens stammen, nämlich Temperatur und Dichte der Außenluft. Trotz genügend hoher Geschwindigkeit kann ein Molekül im Tropfen verbleiben oder in diesen wieder zurückfallen, wenn es gerade auf ein Luftteilchen trifft und zurückprallt. Wesentlich ist, daß auch hier wieder einem äußeren Beobachter die herausfliegenden Moleküle sich in nichts verschieden zeigen von den im Tropfen verbleibenden.

Also auch das Verdunsten, wie überhaupt jede Aggregatzustandsänderung zeigt pseudo-spontane Vorgänge und liefert Beispiele für statistisch-stabile Zustände.

Beginnen wir nun unser Modell des Atomkerns aufzubauen. Da wir ihm die gaskinetische Analogie der kosmischen Kondensation zugrunde legen, bezeichnen wir es als das kinetische Kernmodell. Wir nehmen also an, elementare Diskontinuitäten des Raumkontinuums, oder, wie wir in diesem Kapitel entsprechend der üblichen physikalischen Terminologie sagen, elementare Energieverdichtungspartikel, finden sich zu kleineren oder größeren Kondensationen zusammen, als welche wir zunächst die Kerne ansehen. Dabei sehen wir einstweilen davon ab, diese Partikel mit irgendwelchen von der Physik heute angenommen Elementar-Bausteinen der Materie zu identifizieren; die Frage soll offenbleiben, ob wir das Proton oder Elektron als kleinste Bausteine anzusehen haben oder ihnen in unserem kinetischen Modell eine größere Anzahl bewegter Einzelteilchen zuordnen müssen. Wesentlich ist zunächst nur, daß wir uns den Kern als aus losen Partikeln aufgebaut denken, die erstens aufeinander gravitieren und zweitens in regelloser gegenseitiger Bewegung sind und elastische Stöße wie Gasmoleküle aufeinander ausüben. Hierbei werden räumliche Annäherungen von Massen erreicht, wie sie sonst in der ganzen Physik nicht vorkommen. Das Newton'sche Abstandsquadrat der Massen wird also so klein, daß die Gravitation außerordentlich hohe Werte erreicht. Je größer die Anzahl der Teilchen, je weiter also die Kondensation angewachsen ist, desto höher die Gravitation und damit die Dichte des Gebildes, desto höher also auch der innere Gegendruck geäußert in der Teilchengeschwindigkeit oder „Temperatur“. Wir haben also

1. Regel: Je schwerer ein Kern, desto größer ist die Geschwindigkeit seiner Teilchen, d. h. seine Temperatur.

Aus unmittelbarer Analogie zur Gaskondensation ergibt sich sofort die

2. Regel: Für jeden Kern gibt es eine seinem Gewicht proportionale kritische Geschwindigkeit oder Temperatur. Ein Teilchen, das diese überschreitet muß

   a) vom Kern abbrechen und
   b) aus dem Kern herausfliegen („verdunsten“).

Es ergibt sich aus dem Vorstehenden ferner, daß mit steigender Teilchenzahl auch die Wahrscheinlichkeit wächst, daß einzelne Teilchen durch besonders günstige Stoß-Kombination die kritische Geschwindigkeit überschreiten und den Anziehungsbereich des Kerns verlassen können. Wir erhalten so die

3. Regel: Je schwerer ein Kern, desto größer ist die Wahrscheinlichkeit, daß Teilchen aus ihm herausfliegen, desto instabiler erscheint er uns also.

In Wirklichkeit handelt es sich dabei nicht um echte Instabilität im Sinn eines labilen Verhaltens, sofern wir unter labil einen Zustand verstehen, der bei der geringsten Störung in einen Kippvorgang umschlägt. Sprengstoffe sind labil, oder die schon erwähnten Glastränen. Die Ausschleuderung einzelner Partikel aber aus einem größeren Verband ohne daß nach dem Prinzip der Initial-Zündung der ganze Verband auseinanderbricht, deutet stets auf statistische Stabilität hin.

Eine nähere Betrachtung des spontanen Kernzerfalls zeigt, daß es nicht genügt, die abstoßenden Kräfte, die die Quantenphysik für die positiven Ladungen der Protonen annimmt, einfach nur mit den Korpuskular-Stößen in unserem Modell gleichzusetzen. Dies erscheint zwar qualitativ innerhalb desjenigen Bereichs zunächst möglich, in dem die Teilchen sich tatsächlich aufhalten und sich gegenseitig stoßen. Das Bild versagt aber, wenn wir den leeren Raum außerhalb des Kerns betrachten, wo offensichtlich abstoßende Kräfte auf ein hineingebrachtes Alpha-Teilchen ausgeübt werden. Machen wir beispielsweise zur Erklärung dieser Abstoßung die Annahme, daß der Kern keine feste Grenze nach außen habe, daß vielmehr um eine dichte Kernzone, die die Teilchen mittlerer Geschwindigkeit enthält, sich ein nach außen dünner werdender Schleier befinde von Teilchen, die Beschleunigungen zwischen dem Mittelwert und der kritischen Geschwindigkeit erlangt haben; ihre Verteilung würde dann derselben Wahrscheinlichkeitsfunktion folgen, die für die Ausschleuderung gilt, nur daß die Verteilungsfunktion unterhalb der kritischen Geschwindigkeit, also für die immer wieder zurückfallenden Teilchen, natürlich höhere Werte hat, als für die wenigen, die noch mehr beschleunigt werden, was der Beobachtung widerspricht. Im Bereich der kosmischen Kondensation gibt es dagegen keine Abstoßung, außer durch die wenigen abnorm beschleunigten und den Anziehungsbereich verlassenden Moleküle. Wir müssen also für unser Kernmodell außer den kinetischen Abstoßungskräften zusätzliche elektrische Kräfte annehmen, so daß wir uns also in unserem Modell eine Gaskondensation vorstellen müssen, bei der die Gasteilchen mindestens zum Teil elektrische Ladungen tragen, ein Bild, das ja durchaus den Bereich der physikalischen Vorstellung nicht überschreitet. Führen wir für unseren Kern analoge Abstoßungskräfte ein, so tritt also eine dritte Kraft zu den beiden ersten (Anziehung und Stöße). Sie wird sich besonders in der äußeren Zone konzentrieren, d. h., die gleichnamig geladenen Teilchen streben soweit wie möglich auseinander, bilden also eine Art Schale und sind natürlich am ehesten in der

Lage, ausgeschleudert zu werden, da auf sie ja beide Abstoßungen wirken. (Mit der Einführung der elektrischen Kräfte in das Modell müssen wir also, soweit wir nicht Kerne allein, sondern vollständige Atome betrachten, noch eine vierte Kraft mitberücksichtigen, nämlich die Abstoßungs- oder Anziehungs-Kraft der den Kern umgebenden Elektronen auf diejenigen Kernteilchen, die elektrische Ladungen tragen. Um die astronomische Analogie beizubehalten, können wir von einer Gezeiten-Wirkung der Elektronen auf die geladenen Kernpartikel sprechen, was wiederum, je nach Lage der „Elektronenbahnen" und zufälligem augenblicklichen Bewegungszustand einzelner Kernteilchen die Möglichkeit abnormer Beschleunigungen beeinflußt.)

Die folgende graphische Darstellung gibt ein Bild des Kräfteverlaufs in der Umgebung einer kosmischen Kondensation unter der Voraussetzung, daß ein Teil der Gasteilchen gleichnamige elektrische Ladungen trägt. Die Darstellung ist nicht maßstäblich (dafür fehlen mir alle Voraussetzungen), sondern zeigt

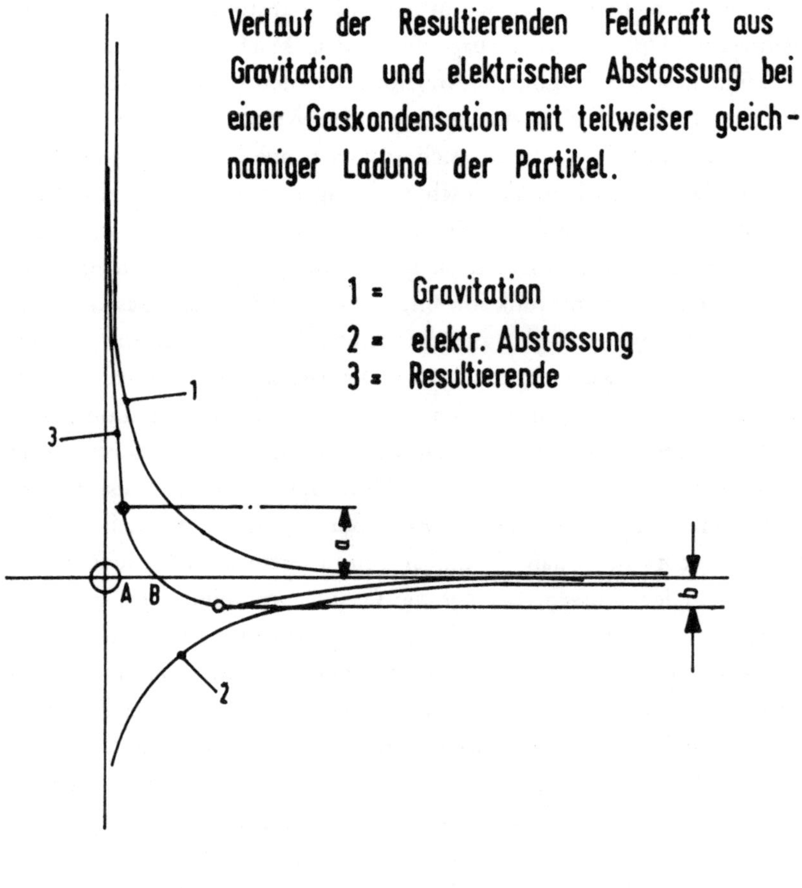

nur schematisch-qualitativ den Verlauf der Felder und die aus der Überlagerung von Gravitation und elektrischer Abstoßung resultierende Kraft. Diese Resultierende zeigt, daß ein der Kondensation genähertes Teilchen, das gleichnamige Ladung wie die Gasteilchen trägt, zunächst zunehmend abgestoßen wird, bis es eine gewisse Mindestannäherung erreicht hat. Von da an läßt die Abstoßung nach, wird schließlich Null und schlägt bei noch größerer Annäherung in rasch anwachsende Anziehung um. Das ist aber genau der Vorgang, den Zimmer beschreibt für die Annäherung eines Alpha-Teilchens an einen Atomkern.

Wir haben also in der elektrisch geladenen kosmischen Gaskondensation ein mechanisches Modell eines Atomkernes vor uns, das eine anschauliche qualitative Deutung einer ganzen Anzahl bisher nicht anschaulich erklärbarer Kernvorgänge zuläßt. Die „statistische Stabilität" erklärt den spontanen radioaktiven Zerfall als kausal determinierten Vorgang im Leben des einzelnen Protons oder Elektrons und des einzelnen Kerns. Obwohl alle Kerne gleich beschaffen sind, gleichen Energie-Inhalt, gleiche Teilchenzahl usw. besitzen, liegt doch ein klarer Grund für das Ausstoßen eines bestimmten Teilchens vor, wenn eben durch einen Zufallsstoß gerade dieses Teilchen abnorm beschleunigt wird.

Das Modell erklärt auch, wie es möglich ist, daß die gemessenen kinetischen Energiebeträge vom Kern ausgeschleuderter Alpha-Teilchen niedriger sein können, als zum „Durchschlagen des Energiewalls" notwendig wäre. Der Grund ist der, daß unsere Meßstelle soweit von der Austrittsstelle des Teilchens entfernt liegt, und daß ein Teil seiner Energie beim Durchfliegen des Gravitationsfeldes nach Loslösung vom Kern verbraucht wurde.

Die Figur läßt dies sofort ablesen: Bei A verläßt das Molekül die Kondensation. Wenn es nicht zurückfallen soll, muß es dabei einen solchen Stoß erhalten haben, daß es den Punkt B noch mit einer von Null verschiedenen Geschwindigkeit erreicht. Seine Austrittsgeschwindigkeit muß also die in A herrschende Gravitation überwinden; hiervon wird bis zum Erreichen von B der Anteil A verbraucht. Von B an übernehmen die Abstoßungskräfte das Teilchen und beschleunigen es wieder, doch genügend dann schon eine kleine Beschleunigung, um den Anziehungsbereich endgültig zu verlassen.

Daß es möglich ist, mit Alpha-Strahlen in den Kern einzudringen, auch wenn die Energie der Teilchen geringer ist, als zum Durchschlagen des Walles notwendig wäre, erklärt sich durch einfache Umkehrung der soeben durchgeführten Betrachtung. Das ankommende Alpha-Teilchen braucht nur die Abstoßungskraft B zu überwinden, um dann mit zunehmender Beschleunigung in den Kern hineingezogen zu werden. Außerdem ist bei diesem Vorgang noch eine zweite gaskinetische Analogie zu berücksichtigen. Im Alpha-Strahl findet wahrscheinlich, ebenso wie in einem Gasstrahl nur eine unvollkommene Gleichrichtung der Partikel statt. Diejenigen Teilchen, bei denen sich Strahlgeschwindigkeit und gaskinetische Teilchengeschwindigkeit gerade addieren, können die „Panzerplatte" durchschlagen, zumal wenn sie bei Erreichen des Kerns auf eine momentane Lücke treffen, oder nicht auf ein herausfliegendes sondern auf ein gerade nach innen fliegendes Kernteilchen. Dabei müssen wir zur vollkommenen Ausdeutung des Modells noch folgendes beachten: nirgends in der unserer Beobachtung und Messung zugänglichen physikalischen Welt erreichen Körper so enge Annäherungen wie die Kernteilchen untereinander. In den Kernen ist die Hauptmasse der Materie konzentriert. Niemals aber können sonst unter irdischen Bedingungen die Massen der Atome und Moleküle einander auch nur annähernd so nahe kommen; ihre Abstände sind wegen der die Kerne im weiten Abstand umgebenden Elektronenschalen viele tausendmal größer als die der Kernteile untereinander. Wir müssen daher mit im Verhältnis zu den Massen der Atome ungeheuren Gravitationspotentialen rechnen, die mit wachsender Entfernung vom Kern sofort sehr steil abfallen. Ein zum Kern gehöriges Teil liegt also vergleichsweise in einem tiefen Schacht; außen um den Schacht ist, wie um einen Ziehbrunnen, eine niedrige ringförmige Mauer gebaut. Die Erdoberfläche (um im Bild zu bleiben), auf der wir uns aufhalten, liegt viel höher als der Grund des Brunnens. Um einen Stein hineinzuwerfen müssen wir ihm nur die geringe Beschleunigung erteilen, die ihn die niedrige Mauer übersteigen läßt. Um ihn aber von innen herauszuwerfen, müssen wir ihn sehr stark beschleunigen, trotzdem kommt er außen mit einer ganz geringen Geschwindigkeit an. Dieses Beispiel ist ein anderes Bild dafür, warum die Energie eines herausfliegenden Alpha-Teilchens scheinbar zu gering ist: die Wahl unserer Meßstelle ist schuld; wir müssen sie innen oder außen auf das Niveau des Schachtbodens verlegen. Ob die auftretende große Anziehungskraft völlig identisch ist mit der Erscheinung, die wir makrophysikalisch Gravitation nennen, bleibe dahingestellt; vielleicht vergleichen wir sie besser der Kohäsion, die ja bekanntlich umgekehrt proportional der Größe eines Tropfens ist. Beides sind ja nur Namen für Phänomene, die sich als gegenseitige Anziehungskraft äußern und deren Natur uns unbekannt ist. Um ganz korrekt zu sein, wäre also in unserem kosmischen Modell anstelle der Gravitation der Gasmoleküle zueinander eine „Anziehungskraft der Kernteile untereinander nach Art der Schwerkraft oder der Van der Waal'schen molekularen Anziehungskräfte" zu setzen.

Die Physik wies bisher die Annahme zurück, daß die Anziehungskräfte, die die Kernbestandteile zusammenhalten, von der Art der Schwerkraft seien und zwar weil die Beziehungen zwischen dem Rauminhalt eines Kerns und der auf ein Einzelteilchen ausgeübten Anziehungskraft nicht so sind, wie man erwarten müßte, wenn der Kern einfach ein kompakter Klumpen aus irgendwelchen zusammenhaftenden Teilchen wäre. Hierzu schreibt Zimmer (l.c.S.252f.):

„In unserem Zusammenhang ist vor allem dieses wichtig: auch die Bindungsenergie eines Kernbausteins, genau wie der Rauminhalt eines Kerns hängt nicht ab von der Zahl der schon vorhandenen Teilchen, sondern ist für jedes neueintreffende Teilchen gleich. Es ist so, als ob dies Teilchen Kraftwirkungen ausübt und erleidet nicht von allen in großer oder kleiner Zahl noch im Kern befindlichen anderen Teilchen, sondern nur von einer gleichbleibenden kleinen Zahl, eben seinen Nachbarn. Die Anziehungskraft zwischen den Kernteilchen ist anscheinend nicht von der Art elektrischer Anziehungskräfte oder der Schwerkraft, deren Wirkungen auf Rauminhalt und Bindung andere sind, sondern eher von der Art, wie wir sie bei chemischen Kräften kennen. Die Kraft, die von einem Teilchen ausgeht, ist, wenn erst eine bestimmte Zahl anderer Teilchen in seiner Nähe gebunden ist, ‚abgesättigt' und wirkt auf weiter hinzukommende nicht mehr ein."

Auch ohne die Zustände des kinetischen Kernmodells quantitativ durchrechnen zu können, glaube ich doch aus der qualitativen Anschauung entnehmen zu können, daß alles das, was Zimmer als charakteristisch für das Verhalten der Kernkräfte angibt, für das kinetische Modell spricht. Da wir den Kern kompressibel annehmen, so wächst sein Rauminhalt nicht proportional mit der Teilchenzahl. Die Beobachtung, daß das Teilchen scheinbar nur mit seinen Nachbarn im Kräfteaustausch steht, scheint mir eben das Verhalten zu sein, das wir von den Molekülen einer Gasmasse erwarten müssen, wenn die gaskinetischen Stöße in der Größenordnung der Gravitation erfolgen. Daß die chemischen Kräfte ein ähnliches Verhalten zeigen, darf vielleicht als weiterer Hinweis darauf gewertet werden, daß statistisch stabile Systeme bei chemischen Reaktionen eine Rolle spielen.

Das Modell erklärt ferner, daß die Wahrscheinlichkeit für das Ausschleudern von Teilchen mit der Anzahl der Kernbausteine wächst; denn je größer deren Anzahl, desto größer die Zahl der möglichen Stoßkombinationen und damit die Wahrscheinlichkeit zur Überschreitung der kritischen Geschwindigkeit. Auch für einfache Kerne können wir aber die Bewegung und elastische Stöße der Kernbausteine annehmen. Jede Kondensation kann sich der Instabilitätsgrenze auf zwei Wegen nähern: gravitatorisch, d. h. wenn die Gravitation zu gering ist, und thermisch, d. h. wenn die Molekülbewegungen zu intensiv sind. Für unser Modell kommen als Drittes noch die elektrischen Abstoßkräfte hinzu. Ein Helium-Kern beispielsweise hat sehr geringe Gravitation, aber, da er entsprechend wenig Kompression erfährt auch nur sehr geringe Temperatur. Auch ist die Möglichkeit abnormer Stoßkombinationen bei der geringen Anzahl der Bausteine entsprechend gemindert. Ein Urankern dagegen erreicht sehr hohe Gravitation und hohe Temperatur. Obwohl er sich relativ nahe der Instabilitätsgrenze befinden mag, so ist doch anzunehmen, daß größenordnungsmäßig höhere Energiebeträge aufgewandt werden müssen, um ihn bis zum Ausschleudern von Teilchen weiter zu erhitzen, als bei leichteren und damit kälteren Kernen. Wir verstehen jetzt auch, warum zum Beispiel künstlich verzögerte Neutronen, die in einen Kern eingeschossen werden, unter Umständen nicht sofort Teile von diesem absprengen, sondern längere Zeit im Kern verharren können, bis dann plötzlich ein Teilchen ausgeschleudert wird. Die zugeführte kinetische Energie hat in diesem Fall längere Zeit gebraucht, bis sie ein Kernteilchen durch glückliche Stoßkombination über die kritische Geschwindigkeit beschleunigen konnte. Bei sehr energiereichen Geschossen, wie z. B. hochbeschleunigten Mesotronen, wie sie in der kosmischen Strahlung auftreten, kann umgekehrt der Stoß so stark sein, daß der ganze Kern schlagartig zerplatzt. Interessanterweise braucht bei der Erwähnung dieses Vorgangs Zimmer Bezeichnungen, die unserer kinetischen Auffassung sehr nahe kommen, indem er (l.c. S. 264) schreibt:

„Es kann sein, daß der getroffene Atomkern eine große Energie von dem auftreffenden Mesotron übernimmt; er wird dann „heiß", wie man bildlich sagen kann und kann, um im Bilde zu bleiben, dabei „verdampfen", wie bei den Explosionsschauern, indem er selbst in mehrere Bruchstücke zerfällt."

Auch die Bildung radio-aktiver Isotope an sich nicht radioaktiver Elemente durch Positronen-Beschießung erklärt sich qualitativ zwanglos als Energie-Anreicherung durch Stoß, als Kernerhitzung, ausgedrückt in gesteigerter Geschwindigkeit der Kernteilchen. Die Bezeichnung Kerntemperatur dürfen wir also viel wörtlicher auffassen, als Zimmer es tut. Entsprechend den z. B. von Radium ausgestrahlten Gammaquanten ließe sich die Kerntemperatur berechnen. Sie muß in der Größenordnung von Hunderttausenden von Graden liegen. Und nicht allein den radio-aktiven Kernen, sondern allen Atomkernen müssen wir solche Temperatur zuordnen. Daß sie nicht nach außen dringt, d. h. daß uns nicht alle Materie heiß erscheint und strahlt, liegt daran, daß Strahlung eines Kerns eben nur auftritt, wenn sein Energiezustand sich durch Ausschleudern eines Teilchens um den für das betreffende Strahlungsquant nötigen Betrag ändert. In diesem Augenblick tritt ja tatsächlich ein Gamma-Quant auf. Gleichzeitige Leuchterscheinungen sind nur zu erwarten, wenn sekundär-Elektronen in den optischen Schalen angeregt werden. Daß aber die Materie sich nicht durch Konvektion auf die erwähnten außerordentlichen Temperaturen erhitzt, liegt einfach daran, daß die Atomkerne durch ungeheure leere Räume voneinander getrennt sind, die Kerne also nicht in Interaktion miteinander treten können. Dort, wo sie infolge Fehlens der Elektronen-Schalen vermutlich tatsächlich miteinander in Berührung kommen, in den Zentralregionen der Sterne, kommen ja derartige Temperaturen zur Auswirkung. Es scheint, daß dabei eine Art von Strahlung entsteht, die grundsätzlich anders zustande kommt als die von vollständigen Atomen ausgehenden. Während die optischen und Röntgenlinien aus Anregungsstufen der Elektronen stammen, die weichen Gamma-Strahlen aus solchen einzelnen Kernen, könnte angenommen werden, daß in den Sternzentren die Kerne untereinander in Wechselwirkung treten und dabei möglicherweise ganz neue schwingungsfähige und strahlungsfähige Konfigurationen und Energiestufen bilden. Es wäre denkbar, daß dabei Kerne oder deren Bausteine zu Kombinationen zusammentreten, die nicht Atome, noch weniger Moleküle sind, sondern Materie – oder Energie-Systeme mit uns unbekannten Zuständen. So ist es beispielsweise zunächst nicht verständlich, warum die weißen Zwergsterne sichtbares Licht aussenden. Wenn die aus ihren Massen abgeleitete astrophysikalische Hypothese stimmt, daß sie ausschließlich aus Atomkernen bzw. aus Protonen und Neutronen bestehen, so könnten sie eigentlich nicht leuchten, sondern nur reine Gamma-Strahlung aussende, es sei denn, daß die Partikel zu neuen Kombinationen zusammentreten, die durch Stoßanregung alle möglichen Arten neuer Energie-Stufen erreichen, vergleichbar der thermischen Ionisation von Gasen in einer Flamme.

Vielleicht ist auch die Höhenstrahlung aus solchen besonderen, uns unbekannten Materie- und Energie-Konfigurationen erklärbar. Und zwar könnten diese schon deswegen unbekannt sein, weil möglicherweise die Zustände, die zur Aussendung der Strahlen geführt haben, heute im Kosmos gar nicht mehr existieren. Die kosmische Höhenstrahlung ist millionenfach durchdringender, d. h. energiereicher als sichtbares Licht. Sie kann also millionenfach weitere Räume und Zeiten durchdringen. Liegt unsere heutige äußere Sichtgrenze bei etwa 100 Millionen Lichtjahren, so kann dagegen die Höhenstrahlung aus einer Vergangenheit zu uns dringen, die vielleicht weit jenseits des für unser Milchstraßen-System angenommenen Alters liegt, ja möglicherweise jenseits des Alters aller heute sichtbaren kosmischen Objekte überhaupt. Vielleicht rührt sie aus jener ersten Entstehung von „Energie-Kondensationen", vielleicht aus der späteren Zeit der ersten Gaskondensationen, jener „Schöpfungsvorgänge", in denen unvorstellbare Energie-Potentiale zur Auswirkung gekommen sein müssen. Ich glaube auch nicht, daß die Höhenstrahlung aus allen Gebieten des Raumes gleichmäßig einfällt, sondern daß auch sie aus diskreten Strahlern herrührt, die wir nur deshalb nicht wahrnehmen können, weil sie zu weit entfernt und daher perspektivisch zu dicht angeordnet sind, oder richtiger: waren. So wie das Auge uns die Anhäufung dicht hintereinander stehender Sterne in der Ebene unseres galaktischen Systems als Milchstraße erscheinen läßt, die wir ohne Teleskop nicht in einzelne Sterne auflösen können, so würde uns der Himmel als „Milchkuppel" erscheinen, könnte unser Blick bis zu den Tiefen eindringen, aus denen die kosmische Strahlung herrührt. Schon jetzt erscheint ja in den stärksten Teleskopen ein winziger Himmelsausschnitt als mit Nebel übersät. Ein vielfach weiterreichender Blick würde vermutlich den ganzen Himmel als gleichmäßig strahlendes Gewölbe enthüllen, in dessen Vordergrund die einzelnen sichtbaren Objekte stehen. Wir können kaum hoffen, mit optischen Geräten jemals diese Milchkuppel zu sehen, noch weniger sie in Einzelobjekte aufzulösen. Wenn wir aber in der Lage wären, ein „Teleskop" für die Höhenstrahlung zu bauen, mit entsprechender Vergrößerung, so würde es wohl gelingen, ihre einzelnen Strahlungsquellen voneinander zu trennen und so Bilder des Weltalls zu erhalten, die uns vielleicht Nebelgebilde oder andere strahlende Konstellationen zeigen, wie sie lange vor unseren Schöpfungstagen bestanden. Die grundsätzliche Schwierigkeit für die Schaffung eines solchen Teleskopes liegt in der Ausschaltung der Sekundärstrahlungen, die die Höhenstrahlung beim Durchgang durch Atmosphäre und Apparatur auslöst.

Zu dieser kleinen Abschweifung hat uns das Problem der Kerntemperatur geführt, auf das wir bei der Besprechung der Bindekräfte des Kerns gestoßen waren. Unser kinetisches Kernmodell läßt die Möglichkeit zu, die internen Bindekräfte des Kerns als Gravitation einander infinitesimal genäherter Massen zu deuten, während Zimmer davon spricht, daß sie wohl eher von der Natur der chemischen Bindekräfte seien. Er gibt anhand einer wellenmechanischen Behandlung des Wasserstoff-Moleküls ein sehr instruktives Beispiel für die abstrakt mathematische Erklärung des Zusammentritts von Wasserstoff-Atomen zum Molekül. Vielleicht findet sich aber auch für die Natur der chemischen Kräfte eine Analogie in gewissen Zuständen des kinetischen Kernmodells, möglicherweise mit Hilfe von entsprechenden Erweiterungen desselben. Ohne hierüber im einzelnen klar zu sehen, glaube ich doch, daß die gaskinetische Analogie mehr ist, als ein nur beschränkt anwendbarer Vergleich. Ich möchte vielmehr umgekehrt annehmen, daß die ganze Gaskinetik nur ein mechanisches Beispiel für das allgemeine Naturprinzip des statistischen Gleichgewichts darstellt. Es handelt sich dabei – um dies nochmals zusammenzufassen – um Gleichgewichtszustände von zwei oder mehr Größen, von denen mindestens eine keinen festdefinierten Wert hat, sondern nur einen statistischen Mittelwert, von dem Teilzustände der betreffenden Größe derart abweichen können, daß in relativ kleinen Teilbereichen Störungen des Gleichgewichts möglich sind, während die Stabilität des gesamten Systems dadurch noch nicht verloren geht. Das wesentlichste Kennzeichen des statistischen Gleichgewichts ist das Auftreten scheinbar spontaner Vorgänge, die individuell nicht kausal bedingt und im Widerspruch zum Zustand des Gleichgewichts zu stehen scheinen, das eigentlich einen Energie-Fluß nicht zulassen dürfte. Über den Gleichgewichtsfall hinaus sind sogar Fälle möglich, wo infolge einer statistischen Potentialdifferenz ein Energiefluß in einer Richtung in makrophysikalischen Ausmaßen stattfindet, und doch gleichzeitig in mikrophysikalischen Teilvorgängen ein umgekehrter Energiefluß vor sich gehen kann. Wir werden statistisch stabile Zustände überall dort finden, wo nicht einige wenige Körper oder Energie-Träger aus einer einfachen gesetzmäßig geordneten Ausgangspisition heraus in Wechselwirkung treten und die Zahl der möglichen Aktionskombinationen gering ist, sondern wo Vielheiten ungeordneter Energieträger miteinander interargieren. Also z. B. bei allen Mischungsvorgängen von Partikeln oder Quanten. Ein Sonderfall hiervon ist die gesamte Gaskinetik. Während sie im statistisch-makrophysikalischen Bereich zu den bekannten Sätzen der Thermo-Dynamik führt, kann sie im individuell-mikrophysikalischen Bereich Vorgänge zeigen, die von diesen Sätzen abweichen, weil in einzelnen Fällen Energie-Stufen erreicht werden, die vom Mittelwert weit entfernt liegen. Und es bedarf nicht unbedingt Maxwell'scher Dämonen, um diese Vorgänge zu einer makrophysikalischen Auswirkung kommen zu lassen, indem sie sie durch eine steuernde Intelligenz summieren. Die Ausschleuderung von Partikeln durch eine Planeten-Amtosphäre, durch einen Wassertropfen oder durch einen Uran-Kern, sind Beispiele für die physikalische Bedeutung, die derartige Vorgänge auch im Bereich der Makrophysik dauernd haben. So halte ich es für sehr wahrscheinlich, daß sie das Gesamtgebiet der Chemie beherrschen. Die Mischung ungeheurer Anzahlen von Molekülen, vorzugsweise in flüssigem und erwärmtem Zustand, also ungeordneter elektrischer, magnetischer und kinetischer Energieträger bei jeder chemischen Reaktion und die Vielzahl der möglichen Energie-Kombinationen und Energie-Austausch-Vorgänge dabei, läßt vielleicht Deutungen mancher bisher ungeklärter Vorgänge zu, wenn man den Begriff des statistischen Gleichgewichts auf sie verwendet. So erklärt es sich beispielsweise, weshalb nur die wenigsten Reaktionen schlagartig verlaufen, während die langsame Umsetzung die Regel ist. Besonders das Gebiet der Kolloid-Chemie und damit auch der Biochemie, erfährt wahrscheinlich eine neue Beleuchtung in diesem Licht.

Aus der Unzahl möglicher Beispiele für statistisches Gleichgewicht sei nur noch eines aufgeführt, für das im Bereich der Biophysik gewisse Analogien zu finden sein dürften. Wir betrachten das einfachste mögliche statistisch stabile System, nämlich eine eindeutig definierte Kraft, die im statistischen Gleichgewicht ist mit einer statistisch gleich großen Gegenkraft. Solche Verhältnisse liegen beispielsweise vor bei einer gewöhnlichen Seifenblase. Diese enthält einen leichten Überdruck gegenüber der Außenluft, dem die Behälterwand, die Seifenmembran, das Gleichgewicht hält. Diese ist also stark genug, den von innen kommenden mittleren Molekülstößen standzuhalten. Wie bei der Gaskondensation aber, die nicht durch eine äußere Wand, sondern durch innere Gravitation zusammengehalten wird, werden aber auch in der Seifenblase einzelne Moleküle durch Stoßkombinationen über den Mittelwert beschleunigt, möglicherweise so weit, daß sie die Membran durchschlagen und herausfliegen. Unser Behälter-Werkstoff hat die Eigenschaft, daß ein hineingeschlagenes Loch sofort wieder zuschweißt, und es wird die Seifenblase für einen äußeren Beobachter auch wieder die erwähnte Analogie zum radio-aktiven Atomkern liefern. Auch hier wieder werden Teilchen „spontan“ ausgeschleudert, die sich in keiner ihrer Eigenschaften von den im Innern verbleibenden Molekülen unterscheiden und auch hier wieder können die Moleküle nach Verlassen der Wand langsamer (kälter) sein als diejenigen in der Seifenblase, weil ein Teil ihrer Energie in Formänderungsarbeit umgesetzt wurde. Gleichzeitig bietet die Seifenblase ein Beispiel für einen möglichen Energiefluß entgegen dem (statistischen) Potentialgefälle. Auch in der die Seifenblase umgebenden Außenluft können Einzelmoleküle, die zum Durchschlagen der Wand nötige Beschleunigung erreichen und so vom Unterdruck – zum Überdruckgebiet fliegen. In analoger Weise könnten zum Beispiel osmotische Vorgänge möglich sein zwischen Flüssigkeiten, deren mittlerer osmotischer Druck zur Durchdringung der Membran nicht ausreichen würde. – Nimmt man zu den kinetischen Energien die elektrischen Ladungen der ungeordnet durcheinandergemischten Moleküle oder Ionen chemischer Substanzen, die miteinander reagieren, so ergeben sich noch ungeheuer viel mehr Möglichkeiten zur Erreichung individueller Energie-Kombinationen, die von der Kombination der Mittelwerte der Komponenten abweichen. Vielleicht liegen in dieser Richtung Erklärungsmöglichkeiten scheinbar spontaner oder im Widerspruch zum zweiten Hauptsatz der Thermodynamik stehender energetischer Vorgänge im Bereich der Chemie und Biologie. (Unter anderem vielleicht auch der Katalyse.)

Die Erkenntnis vom statistischen Gleichgewicht ist im Grunde natürlich durchaus nichts Neues. Das Prinzip der statistischen Vorgänge wurde auch oft genug herangezogen zur erkenntnistheoretischen Diskussion des Entropie-Begriffes sowie der Kausalität und des Determinismus überhaupt. Es wurde darauf hingewiesen, daß nach den elementaren Wahrscheinlichkeitsgesetzen bei genügend häufiger Versuchswiederholung mit mathematischer Notwendigkeit Zustandskombinationen zu erwarten sind, bei denen z. B. kochendes Wasser sich unter Wärmeabgabe an das Feuer in Eis verwandelt, eine Farbstofflösung sich entmischen oder ein Ziegel von der Straße auf das Dach zurückfliegen müßte. Im Bereich der Makro-Physik kommen praktisch solche Vorgänge, bei denen also die Entropie eines Systems sich verringert, nicht vor und man hielt sie bis jetzt nur unter dem Einfluß außerphysikalischer Einwirkungen für bedeutungsvoll, nämlich von Intelligenzen oder „Lebensfunktionen". Während nun aber die Physik bisher solche Abweichungen von den das Gleichgewicht von physikalischen Systemen bestimmenden Zustandsmittelwerten im Bereich des mechanischen Geschehens nur als zufällige und vernachlässigbare Störungen statistischer Abläufe auffaßt, glaube ich, daß ihnen eine eminente Bedeutung im mikrophysikalischen Geschehen zukommt. Gerade in der Chemie und Biophysik, wo wir so viel mit energetischen Gleichgewichtszuständen und ihren Steuerungsmechanismen zu tun haben, werden sich bestimmt fruchtbare Anwendungsmöglichkeiten für unsere Betrachtungsweise finden. Ich denke dabei auch an die mannigfachen Steuerungsvorgänge physiologischer Organfunktionen durch die verschiedenen Hormon-Gleichgewichte des Körpers oder durch medikamentöse Beeinflussung. So werden z. B. die Funktionen des Vagus und Sympathicus, der beiden in ihren physiologischen Äußerungen einander entgegenwirkenden Nervensysteme, im Normalzustand des Organismus auf einen Gleichgewichtszustand eingesteuert durch zwei verschiedene Hormone; und zwar derart, daß nicht die Gesamtwirkung beider (stabil) gleich Null ist, sondern vielmehr so, daß – wie ich zu verstehen glaube – beide sich ständig in einem durchaus aktiven Anregungszustand befinden und ihre Kompensation dabei nur eine statistische ist, während in Mikro-Dimensionen vermutlich ein beständiges Wechselspiel von infinitesimalen Anregungen und Dämpfungen stattfindet. – Weiter glaube ich, daß Fragen der Vererbung, der Mutationsbildung, der Nerven- und Gehirn-Prozesse und schließlich überhaupt der Kopplung psychischer und physischer Vorgänge im Licht des Prinzips vom statistischen Gleichgewicht sich von einer neuen Seite zeigen. Vielleicht läßt sie sich sogar in die Diskussion über Kausalität oder Finalität, Determinismus und Willensfreiheit, Geist und Stoff, fruchtbar einbeziehen.

All diese Fragen lassen sich vorerst nur andeuten. Vieles läßt auch unser kinetisches Kernmodell unerklärt. Warum z. B. neigen Kerne zur Instabilität sowohl wenn sie zu viel positive Ladungen, wie auch, wenn sie zu wenig haben. Das erstere wäre kinetisch leicht erklärbar und das mit steigendem Atomgewicht steigende Verhältnis von Neutronen zu Protonen scheint für das kinetische Modell zu sprechen. Nun sind aber radio-aktive Isotope gewöhnlicher Elemente bekannt, als die des nicht-radio-aktiven Isotops. Die radio-aktiven gehen aber nicht in ihr eigenes stabiles Isotop über, sondern in ein benachbartes stabiles Element unter Anlagerung eines Protons oder eines Elektrons. Wahrscheinlich aber lassen sich auch hierfür analoge Vorgänge im kinestischen Modell finden.

Weiterhin ist ungeklärt, warum es überhaupt verschieden schwere Kerne gibt und nicht alle Kondensationen von Energie-Korpuskeln bis zur Stabilitätsgrenze anwachsen. Vielleicht wird die Durchrechnung des kinetischen Kernmodells ergeben, daß es zwischen den drei Größen: Gravitation, kinetische Stöße und elektrische Abstoßung in Kombination mit dem Kernvolumen tatsächlich diskrete Stufen gibt, in denen diese existieren können, so daß jeder Kern vom Atomgewicht 4 bis 238 statistisch stabil sein müßte.

Um jedes Gravitationszentrum gibt es ferner in bezug auf die Festigkeitseigenschaften anderer Massen instabile Zonen, in denen andere Massensyteme desintegrieren müssen (Die Roche'sche Grenze der Astronomie). Gibt es analoge Erscheinungen für unser Kernmodell und spielen sie vielleicht beim Zusammentritt von Atomen zu Molekülen eine Rolle?

Alle diese Fragen existieren erst als Andeutungen. Es ist möglich, daß das Kernmodell sich in einem weiteren Anwendungsbereich als nützlich erweist. Vielleicht kommen wir aber auch mit dem Modell in den angedeuteten Richtungen nicht weiter. Im ganzen glaube ich aber, daß die Möglichkeiten astrophysikalischer Analogien mit dem Bohr'schen Atommodell noch längst nicht ausgeschöpft sind.

Bernd M. Malunat

Arbeit – unser täglich Brot

Anmerkungen zum Sozialstaat

Aus den Wassern stieg das Leben der Welt, allen Zeiten der Welt gehören die Meere. Nun gehört es den Treibnetzen.

Seit einigen Jahren erst, durch wenige Staaten nur, und gerade deshalb so gnadenlos erfolgreich, werden die Meere mit Treibnetzen „befischt". In ihnen verfängt sich alles, und wenn sie „verlorengehen", auf ewige Zeiten. Der Anfang und das Ende verfängt sich in Treibnetzen, von den Stichlingen bis zum Haifisch, darunter manches Brauchbare, vieles nur zur Ausrottung, und auch der Delphin.

I.

Überhaupt: Delphine. Delphine gehören der Ordnung der Säugetiere an und bilden die artenreichste Familie der Zahnwale; soweit der knappe ichthyologische Befund. Wir Menschen mögen die Wale so gut leiden, weil sie so schön singen, weil die berühmten Gesänge der Buckelwale eine Bereicherung des Musikschrankes des Wohlstandsbürgers bilden, die man als LP, MC oder CD bei „2001" so alternativ und preiswert erwerben kann. Und die Delphine sind uns so lieb, weil sie – welches Kind hat nicht von „Flipper" gelernt – allzeit mit fröhlichem Lachen einherzuschwimmen scheinen und selbst noch in den schmerzenden Bassins ihrer Gefangenschaft die tollsten Kunststückchen vollbringen, oder was wir jedenfalls dafür halten; welch eine Kunst!

Den griechischen Tragöden Arion soll – so um 620 v. Chr. – ein Delphin vor dem Ertrinken gerettet haben, wider Willen übrigens, und außerdem ist es schon lange her, weshalb der Delphin als Retter von in Seenot Geratenen für uns Heutige nur noch ganz geringe Bedeutung hat.

Joan McIntyre hat ein ziemlich beeindruckendes Buch „Zu Ehren des Bewußtseins der Wale und Delphine" veröffentlicht[1], und weil es noch andere gute Quellen gibt[2], ahnen wir etwas von der Bedeutung dieser beeindruckenden „Tiere des fünften Tages“ (J. C. Lilly)[3].

Die Delphine werden zu den intelligentesten unter den Säugetieren gerechnet. Sie leben in Herden, zutreffend als „Schulen“ bezeichnet, weil dort auf spielerische Weise der Nachwuchs trainiert und Sozialverhalten eingeübt wird. Die – offenbar sehr erfolgreiche – Unterrichtsmethode ist das Spiel, eigentlich das Sing-Spiel, mit dem die Gruppe zusammengehalten, geführt und informiert wird, der Zweck des Unterrichts aber – natürlich – die Nahrungsbeschaffung. Delphine wenden dafür täglich so ungefähr zwei bis drei Stunden auf. Welche Spiel-Arbeit des Homo ludens der Tiefe! Leider vermögen wir ihr Arbeits-Spiel weder zu verstehen, noch zu imitieren.

Bleibt nur der größte Vorteil noch zu erwähnen: Die Delphine haben kaum natürliche Feinde (vielleicht, weil sie alle überlebten): jetzt muß es freilich heißen, *hatten* keine natürlichen Feinde, denn inzwischen werden sie von den Treibnetzen der Menschen vernichtet. Eher zufällig zwar, weil sie keine – wie wir es bewerten – Nützlinge sind, aber doch so erfolgreich – wie wir in der Zerstörung nun einmal geworden sind –, daß es bald keine Delphine mehr geben wird, wenn die Fischerei mit Treibnetzen in den Wassern der Welt nicht schnellstens verboten wird[4].

II.

Der Leser wird es bemerkt haben: Wir sind mit unserer parabelhaften Exkursion ins Tierrreich irgendwie schon am Ende der Metaphern angelangt. Natürlich zielt die Symbolik auf *„unser* täglich Brot“, und um den notwendigen Schutz des Delphins vor geldgierigen Mordbuben geht es hier nur „bei Gelegenheit“. Doch enden damit schon die Analogien zwischen dem Tod der Delphine und dem Leben der Menschen, die im Gleichnis allenfalls anklangen, oder werden sie erst noch zum Lehrstück?

Wir haben ausgemacht, daß Delphine spielerisch arbeiten oder arbeitend spielen; arbeiten um zu leben oder leben um zu arbeiten macht ihnen keinen Unterschied. So sind sie durch die Evolution ausgestattet worden, und sie verhalten sich daher so, wie sie sich verhalten müssen; deshalb sind sie auch nicht in der Lage, sich durch Abwehrstrategien zu immunisieren; weder gegen Zerstörungen ihrer marinen Umwelt, die sie z. B. durch ein maßloses Wachstum ihrer Population auch selbst herbeiführen könnten, noch gar gegen den menschlichen Vernichtungszug. (Bewunderer der Wale führen diesen Mangel übrigens darauf zurück, daß sie sich aufgrund ihrer höchst friedfertigen Sozialisation derartige Infamie einfach nicht „vorstellen" können. Im Grunde müßten sich die Wale darauf auch verlassen dürfen – wir Menschen „wissen" dies offenbar nur noch nicht. Welche Dimensionen täten sich auf, sollte diese Perzeption der Wale zutreffen!)

Durch die Evolution gänzlich anders ausgestattet sind die Menschen; wir (könnten) wissen, was es bedeutet, wenn wir unsere Mitwelt durch „billigende Inkaufnahme" zerstören, z. B. eben durch die sinnlose Ausrottung der Delphine, über deren Kenntnisse und Fähigkeiten uns trotz aller Forschungen noch so wenig bekannt ist.

Der Mensch ist ein „Arbeiter"; so unterschiedliche Geister wie etwa Ernst Bloch und Ernst Jünger sind zu diesem gleichen Ergebnis gelangt. In der Tat dürfte die prinzipielle Divergenz, der Entwurf des Menschen aus den Tieren, in der Arbeit auszumachen sein. Die Evolution hat gewollt, daß der von ihr allen möglichen Tieren gegenüber benachteiligte Mensch Werkzeuge als Waffen und Geräte formen konnte, die ihm Mittel zum Ausgleich dieser natürlichen Bedingungen im Kampf ums Über-Leben waren. Ohne diese Fähigkeiten hätte der Homo erectus schon die ersten Schritte in die Entwicklung der Zukunft wohl nicht zu tun vermocht. Und es scheint nun so, daß es bei der linearen Eindimensionalität der Waffen und Geräte geblieben ist, obwohl die Evolution den Menschen auch mit den Gaben des Verstandes und der Vernunft ausgestattet hat, die ihn zu Reflexion und Antizipation befähigen.

Wenn auch Tiere, etwa die Bienen, mit denen Bernard de Mandeville in seiner berühmt-berüchtigten „Fable of the bees" „private Laster und öffentliche Vorteile" erklärte[5], großartige Bauwerke errichten – Stöcke mit kunstvollen Waben, gefüllt mit köstlichem Nektar, nicht zuletzt um ihre Königinnen durchzufüttern, die für den Fortbestand der Art sorgen –, so handeln sie doch bloß instinktiv richtig, während die Menschen ihrem Tun Pläne zugrunde legen können, und seien sie auch schlecht oder falsch.

Was die Menschen aus der reflexiven Fähigkeit zum planvollen Gebrauch von Werkzeugen gemacht haben, wird uns seit geraumer Zeit – häufig im wahren Sinn des Wortes – schmerzhaft bewußt: zuerst das Elend der sogenannten Sozialen Frage des 19. Jahrhunderts, nun das eher noch gravierendere Dilemma der sogenannten Ökologischen Frage des 20. und wohl erst recht des 21. Jahrhunderts. Und ein Ende dieser linearen Eindimensionalität, die wir Fortschritt nennen, ist nicht in Sicht; sie wird ihr wahres Gesicht wohl erst in der Gen-, Bio- und Kommunikationstechnologie zeigen, die ihren Abschluß in der Schaffung künstlicher Intelligenz für die dann obsolete Krönung Mensch finden könnte.

Künstliche Intelligenz könnte jedenfalls dafür sorgen, daß der Mensch selbst dann überlebt, wenn er nicht überlebt, als individueller „Gehirn-Abdruck“ in einem Roboter nämlich[6]. Und damit erst wäre der Mensch in seiner Berufung perfektioniert: als seelenloser, aber intelligenter Roboter – bekanntlich leitet sich der Roboter vom russischen „robota“ her, und das bedeutet Arbeit. Die Tomoffel oder die Schiege sind also nicht etwa Zwischenschritte auf dem Weg zum „Siebten Tag“, sondern Riesenschritte in eine Sackgasse, aus der es dann auch keine Rückkehr mehr geben wird.

Ist dies „Dialektik der Evolution“, der die Menschheit in ähnlicher Weise ausgesetzt sein könnte wie die Delphine – mit dem geringfügigen Unterschied, daß jene ohne – unser Verständnis von – Bewußtsein leben, wir hingegen mit wachsendem Bewußtsein um unsere Bewußtseinsleere? Hat uns die Evolution so geformt, daß wir machen müssen was wir machen, oder sind wir vielleicht nur nicht weitsichtiger als Ameisen, denen der Menschen „Größe“ so unermeßlich scheinen mag, daß sie noch nicht einmal dies wahrzunehmen vermögen? Und könnte die Differenz davon nicht auch für unsere Stellung gelten?

Wir können diese Fragen stellen, beantworten können wir sie nicht; deshalb müssen wir simulieren, so tun als ob wir wüßten, d. h., nicht gefragt haben. Dann aber leben die Delphine im Paradies, zumindest im Schlaraffenland, dort also, worauf unsere Erwartungen, geradezu Suggestionen beinahe der ganzen epochalen Philosophie der Aufklärung gerichtet sind – auf die realisierbaren Utopien der künstlich geschaffenen Paradiese nämlich[7].

Doch gerade dann, wenn man gegen diese fatalistische Perzeption annimmt, daß wir erkennen, was wir tun, weil – wie Kant sagt – die Vernunft die Gesetze der Natur in uns nach eigenem Entwurf hervorbringt[8], gehört dazu das Leben der Delphine, die durch evolutive Bevorzugung die leichteren Bedingungen auf ihrer Seite haben, weil sonst die Funktion unseres Lebens die der Ausrottung wäre.

III.

Äsop, der für seine Fabeln aus dem Tierreich so Geschätzte, hat es nicht getan; es brauchte ihn nicht zu kümmern, mißverstanden werden zu können. Seine Fabeln haben zweieinhalb Jahrtausende ebenso überstanden wie die Delphine, die damals Arion gerettet haben sollen. Heute ist nicht mehr so sicher, was überstehen wird; es stellt sich daher die Frage, ob vornehme Zurückhaltung noch ihren angestammten Platz hat. Das Lehrstück möchte daher in Erfahrung bringen, wie es möglich sein kann, daß Delphine, die in der Evolution so weit zurückgeblieben scheinen, ein Leben führen, von dem wir Menschen, die wir uns als Krone der Schöpfung auf dem Gipfel der Evolution wähnen, allenfalls zu träumen wagen.

Die Parabel ist natürlich gebrochen, und das Gleichnis lehrt Ungleichheit in der fundamentalen Differenz von Arbeit. Man kann diesen Unterschied achselzuckend beiseite schieben als evolutionäre Prädisposition, die er *auch* ist, oder sich mit den Konsequenzen wie den Vorbildern auseinandersetzen.

Bisher haben wir Fragen zu oft und zu leichtfertig mit Ausrottung, Zerstörung und Vernichtung beantwortet. In diesen Fähigkeiten manifestiert sich die Überlegenheit der Menschen, die sie bis an den Rand des Abgrundes perfektioniert haben. Der einzigartigen Potenz atomarer, biologischer und chemischer Destruktion steht jedoch keine konstruktive Potenz ebenbürtig zur Seite; der Mensch kann zwar alles Leben vernichten, doch Leben schaffen kann er nicht. Hat sich der Mensch durch Verstand und Vernunft oder gar Moral über die Tiere erhoben?

Es ist ganz wahrscheinlich, daß der Mensch nicht nur aus physischer Notwendigkeit arbeitet, sondern auch aus der nicht minder drängenden Notwendigkeit intellektueller und psychischer Selbstentwürfe. Wenn diese Prägungen einst unabdingbar waren, so bringen sie ihn heute seinen Projektionen vom guten Leben nicht mehr näher. Die Zerstörung der Welt ist so allgegenwärtig, daß es nicht nötig, daß es schon nicht mehr möglich ist, davon noch zu berichten, und dies kann nicht mehr als Erfolg seines Mühens bewertet werden. Der Mensch ist durch Verstand und Vernunft Mensch – das ist er; was er daraus macht, ist dadurch bedingt. Er kann versuchen, Verstand und Vernunft im evolutionären Fluß des Lebens so zu gebrauchen, daß er würdevoll überlebt. Gelingt dies, erweist sich sein Weg immer wieder als richtig, mißlingt dies, dann muß dies als Beweis dafür gewertet werden, daß Verstand und Vernunft nur dazu taugten, sich seelenlos die „Krone der Schöpfung" anzumaßen, zu mehr nicht.

Die Tiere sind in jenem Stadium verblieben, das John Locke, den man als Wegbereiter des bürgerlichen Eigentums bezeichnen darf, als „natürlich" angesehen hat: durch eigene Arbeit gerade soviel zu erwerben wie man ge- oder verbrauchen kann bevor es verdirbt[9]. Wir Menschen haben diese „primitive" Aneignung durch das Hobbessche Recht „aller auf alles" erweitert[10] und uns mit den Mitteln unserer Werkzeuge auch alles genommen; die meisten sind dabei jedoch auf der Strecke geblieben – daher der Sozialstaat[11].

Darin dürfte letztlich die Differenz auszumachen sein, und nicht in der Notwendigkeit von Arbeit an sich. Arbeit bedeutet erst seit dem Mittelhochdeutschen Mühe und Plage; im Germanischen hatte es dagegen noch den Sinn von „Sonnenernte“ – das also zu ernten, was die Sonne spendiert hat, ohne die alles nichts ist!

Mensch und Tier arbeiten unter den gleichen Voraussetzungen, aber mit gänzlich unterschiedlichen Konsequenzen. Das Reh auf der Wiese oder der Delphin im Ozean arbeitet wie der Mensch in der Fabrik. Während jene aber spielerisch bloß Sonne ernten, mühen und plagen sich diese unter der Sonne mit ihren eindimensionalen Werkzeugen, die sie in geradezu eschatologischer Linearität gebrauchen.

Dazu sind Tiere nicht fähig, und wenn sie es sein sollten, dann sind sie dazu offenbar kaum bereit. Dafür haben sie ihre sozialen Fähigkeiten entwickelt, zu hohem Niveau kultiviert bei den Walen, aber auch bei vielen anderen Gattungen. Der Mensch, das zoon politikon, das auf Gemeinschaft geradezu angewiesen ist, wie schon Aristoteles lehrt[12], aber hat seine soziale Seele zur Spitze jener Werkzeuge geformt, mit denen er ökonomisch und militärisch den Hobbes'schen Kampf aller gegen alle kämpft, natürlich legitimiert durch den Wettbewerb, das Credo unserer Wirtschaftstheorie[13] und Weltsicht, die nach dem Süden nun auch den Osten beglücken dürfen. Die Unfähigkeit der Gesellschaft zur Gemeinschaft, die der Delphine Seele ist, ist der Menschen Sündenfall.

Wir aber wollen nun davon erzählen, welche Folgen es hat, daß das Tier „Homo ludens“ ist, der Mensch aber „Animal faber“, und auch davon, ob es nicht doch eine humane Annäherung an das Arbeits-Spiel der Cetaceen gibt, auch wenn dieser Übergang schwer zu vermitteln ist.

IV.

Wie gelangt man von der archaischen Seele der Tiere zum Sozialstaat der Menschen? Vielleicht am direktesten dadurch, daß man mit den Vorurteilen aufräumt, ihn seines Mythos entkleidet.

Betrachten wir daher zunächst einmal nur den Staat. Etymologisch kommt der Staat von *stato,* also von Zustand oder auch Verfassung, als Ausdruck der Organisation des Zusammenlebens von Menschen. Dieses Zusammenleben gestaltete sich immer komplexer. Aus der zunächst lockeren Organisation bildeten sich allmählich starre Institutionen mit Parlament, Regierung, Verwaltung, Gerichten usw. Wenn man von Staat spricht, dann zumeist in diesem reduzierten Verständnis.

Der Staat hat, wahrscheinlich als Relikt seiner Abkunft vom absoluten Herrscher-Staat ein oberstes Ziel: sich als Staat selbst zu erhalten. Diese Selbsterhaltung gelingt ihm aber nur dann, wenn er sich um die Sicherung seiner „Mitglieder" bemüht; mit den Menschen, die im Staat Bürger sind, entfaltet sich dann auch erst das volle, moderne Staatsverständnis. Knapp und profan ist dies das Geheimnis der Staaten, aus dem sich ihr Verhalten erklärt[14].

Der Staat sichert seinen Bestand also, indem er sich um die Lebensbedingungen seiner Bürger bemüht. Er läßt sich mithin als „Garant der Garantie" bezeichnen, weil der Staat sich selbst dadurch garantiert, daß er die seinen Bürgern eingeräumten Grundrechtsverbürgungen garantiert.

Zur Gewährleistung dieser Garantien stehen ihm Institutionen und Instrumente der Repression zur Verfügung, die als eherne Prinzipien unsere Verfassung bestimmen: die Rechtsstaatlichkeit, das Demokratieprinzip, das Republikgebot, die Bundesstaatlichkeit, vielleicht schon bald ein Naturstaatsgebot und natürlich auch der Sozialstaatsgedanke, um den es hier vor allem geht. Diese Grundsätze sind in die „oberste Schicht" der Verfassung eingedrungen[15] und unkündbar garantiert[16]; sie dienen den Bürgern, vor allem aber dem Staat, und sie halten beide in der darin vereinbarten Balance wie auch Distanz.

Diese Überlegungen gelten in ganz besonderem Maß für den Sozialstaat, das heiß umkämpfte Ergebnis des 19. Jahrhunderts, in dem das ewige Elend der Massen maßlos wurde. Unter dem Eindruck des Gespenstes, das da umgeht in Europa, wie Marx und Engels es eingangs des Kommunistischen Manifestes [17] an die Wand malten, differenzierte sich der wirtschaftsliberale Rechtsstaat, dessen Liberalitas sich durch die Ausbeutung der Arbeiter auszeichnete, sehr gemächlich zum Sozialstaat. Jedenfalls nahm der Staat nun als nominelles Attribut den Begriff ‚sozial' in seinen Pflichten-Kanon auf.

Der zeitgenössische Staat, der im Laufe vieler Kämpfe immer wieder andere Gestalt annehmen mußte, garantiert tatsächlich aber die individualistische und utilitaristische oder die egoistische und materialistische Gesellschaft, und diese Gesellschaft ist die Wirtschaftsgesellschaft, die einen gewissen sozialen Ausgleich für nützlich befunden hat – das klingt hart und böse und ist gleichwohl richtig. Es darf so deutlich nur nicht zum Ausdruck kommen.

Der Staat ist also Ausdruck der Gesellschaft, der Sozialstaat aber müßte Ausdruck von Gemeinschaft sein, der das Soziale schon per se eignet. In dieser unbefriedigenden Zwitterstellung, in die er hineinkonstruiert wurde, kaschiert der Staat die Differenz zwischen Gesellschaft und Gemeinschaft durch die Postulierung der Sozialstaatlichkeit. Der Sozialstaat ermöglicht nicht Gleichheit, sondern federt nur die sozialen Unsicherheiten ab, die aus dem freiheitlichen Rechtsstaat erwachsen.

Dem Staat fehlt das Ideal, das zum Sozialstaat gehört, ihm fehlt aber auch das Materielle, das zum Sozialstaat erforderlich wäre. Er garantiert daher auch nicht die materielle Sicherheit seiner Bürger, sondern allenfalls einen Anspruch darauf. Wie und wovon sollte er für die physischen Bedürfnisse auch sorgen?

Er hat doch nichts, und was er hat, hat er von seinen Bürgern. Der Staat kann lediglich ein wenig umverteilen von dem was ihm die Bürger geben bzw. was er ihnen – in einem komplizierten Verfahren, das letztlich auf einem Konsens der Mehrheit beruht – nimmt, so daß niemand mehr verhungern muß, sondern nur noch hungern darf, wie die inzwischen vielfältigen Untersuchungen über die „neue Armut“ belegen.

Für die Umverteilung sollte man den Staat keineswegs geringschätzen, ihn deswegen aber als Sozialstaat zu rühmen, wäre gleichwohl reichlich euphorisch. Außerdem ist die Umverteilung offenbar nicht bloß sozial(politisch), sondern auch wirtschaftspolitisch motiviert und folgt dann der Devise: Wer wenig hat, dem reicht auch wenig, z. B. den Empfängern von Sozialhilfe, wer aber schon reichlich hat, dem muß auch noch reichlich gegeben werden, z. B. den Empfängern von Subventionen.

Dieses Verfahren scheint keineswegs der Logik zu entbehren. Hauptanliegen des Staates ist die Sicherung seiner eigenen – personalisierten, durch Wahlen immer wieder bestätigten – Existenz, die er am erfolgreichsten ausübt, wenn er Aufstand, Revolte, Umsturz verhindert. Zur Verhinderung der Revolution wie auch zur Wiederwahl eignen sich – das alte Rom als unübertroffenes Vorbild – am besten *panem et circenses.* Brot und Spiele also versucht der Staat zu sichern, und da er selbst nicht backen kann, muß er das Brot andere backen lassen und die Spiele gestatten. Damit auch gebacken wird, nutzt er seine Regelungsbefugnis zur Umverteilung auf die Mühlen der Bäcker – und wenn alles gutgeht, wird er dadurch zum Initiator sozial(staatlich)er Leistungen.

Es ist offenkundig, daß seine regulierenden Eingriffe das Ziel haben müssen, die volkswirtschaftliche Leistungsfähigkeit zu erhalten oder zu verbessern. Die Lehre von der rechten Marktwirtschaft geht zwar gerade davon aus, daß der Staat nicht in die Wirtschaft eingreift, doch wenn die Leistungskraft – aus welchen Gründen auch immer – beeinträchtigt erscheint, gewährt er der Wirtschaft Subventionen unterschiedlichster Art – das ist die Logik der „global gesteuerten sozialen Marktwirtschaft“, der kaum Widerstand erwächst.

Das Un-Verständnis des Sozialstaates ist damit aber noch nicht vollständig erklärt. Wenn an der Wirtschaft etwas sozial sein sollte, dann ist es die Arbeit bzw. die Arbeitsplätze, die sie schaffen kann. Wenn die Wirtschaftslage gut ist, Profite also in reichem Maße fließen, und wenn die Wirtschaft vielleicht auch noch expandiert, dann *kann* sie Arbeit, Arbeitsplätze vielleicht erhalten und vielleicht sogar noch zusätzliche schaffen, und dann ist sie vielleicht sozial – daher das Bemühen des Staates als Sozialstaat um die soziale Marktwirtschaft.

V.

Das ist der Punkt, auf den es ankommt: Soziale Sicherheit ist, einen Arbeitsplatz – mehr oder minder sicher – zu haben[18] und mit einem Lohneinkommen – mehr oder minder gut – über die Runden zu kommen; und über das, was darüber hinaus noch ist, wollen wir zunächst schweigen.

Arbeit – unser täglich Brot, das ist im Grunde der Sozialstaat. Wenn es viel Arbeit gibt, ist der Sozialstaat wenig gefordert; er hat dann zwar gute Einnahmen, die er aus sozialstaatlichen Motiven aber eher nicht verwendet. Wenn es wenig Arbeit gibt, hat auch der Staat weniger Einnahmen, die er gerade dann brauchen würde, um als Sozialstaat etwas leisten zu können.

Angesichts dieser Fehlkonstruktion kann es mit dem Sozialstaat nicht so weit her sein, und es verwundert daher auch nicht, daß die angeblich so üppigen Sozialleistungen immer dann gekürzt werden (müssen), wenn sie besonders nötig wären.

Die immense Verschuldung der öffentlichen Hände im Bund, in den Ländern sowie in den Kommunen resultiert jedoch nicht – wie man optimistisch annehmen könnte – aus der Finanzierung konsumtiver Sozialausgaben, sondern aus der – oben angeschnittenen – Finanzierung investiver Subventionen verschiedenster Formen.

Der Sozialstaat ist also nicht, was er indiziert: der für soziale, und das ist (auch) materiale Gerechtigkeit sorgende Staat. Soziale Sicherheit gibt nur Arbeit – diese Gerechtigkeit aber kann der liberale Rechtsstaat nicht gewährleisten. Wir bleiben daher auf die Gunst konjunktureller Lagen angewiesen, und wenn es ganz arg kommt, eben darauf, durch Sozialhilfe vor dem Verhungern mehr schlecht als (ge)recht bewahrt zu werden. (Die „Hilfe zum Lebensunterhalt", wie der Terminus technicus lautet, beträgt rund 500,– Mark im Monat.)

Der Sozialstaat bemüht sich lediglich, Arbeit(splätze) zu fördern, damit wir in die Lage versetzt werden, uns unser täglich Brot selbst zu erarbeiten. Dies führt zu dem paradox anmutenden Ergebnis, daß nicht die Arbeit bzw. die Arbeiter, sondern die Unternehmer durch den Sozialstaat geschützt werden.

Um schließlich noch ein *Miß*verständnis vom Sozialstaat auszuräumen: Die Leistungen, die wir gewöhnlich als sozialstaatliche Gaben ansehen, insbesondere also Arbeitslosengeld, Renten und Leistungen im Krankheitsfalle, sind nicht etwa Leistungen des Staates, sondern beruhen auf Beitragsleistungen der Arbeitnehmer/-geber; sie sind wohlerworbene Lohnbestandteile, die in der Form von Versicherungen vorgeleistet wurden. Sie lassen sich nicht schon deshalb als sozial*staatliche* Leistungen in Anspruch nehmen, weil sie auf gesetzlichen Grundlagen beruhen.

Doch dies ist erst der unbedeutendere Teil des sozialstaatlichen Unverständnisses, dessen zweiter, gravierenderer Teil nun folgt.

VI.

Wir haben die Einsicht gewonnen, daß Arbeit unsere soziale Sicherheit begründet, und unsere Sicherheit gewährleistet die des Staates gegen sozialpolitisch motivierte Unruhen. Sehr verkürzt entspricht dieser Konstellation die Arbeitsgesellschaft; der Arbeiter bietet seine Arbeitskraft auf dem Arbeitsmarkt an und bezieht dafür Arbeitslohn, mit dem er sein Arbeits-, Konsumenten-, Kultur-, Freizeit-Leben etc. gestaltet und aus dem er auch sein Sozial-Prestige bezieht – lohnarbeitszentriert nennt man dieses Leben. Nicht Arbeit, sondern Lohnarbeit ist also unser tägliches Brot – und dies erst macht den Unterschied aus zwischen der Wiese, dem Meer und der Fabrik.

Nun hat es sich aber ergeben, daß der Arbeitsgesellschaft die Arbeit, jedenfalls die Lohnarbeit auszugehen droht, und zwar schon seit sehr vielen Jahren: In den 70er Jahren waren es ganz grob eine Million, in den 80er Jahren ganz grob zwei Millionen Menschen tagtäglich, die ohne Arbeit und ohne Einkommen waren (ohne die davon betroffenen, abhängigen Familienangehörigen mitzuzählen). Massen- und auch Langzeit-Arbeitslosigkeit nennt man dieses sozialstaatliche Phänomen, das weder auf Deutschland noch auf die letzten beiden Jahrzehnte beschränkt ist. Dabei hatten wir „eigentlich“ fast immer ein ganz gutes Wirtschaftswachstum zu verzeichnen.

Des Rätsels Lösung ist ziemlich einfach: Wachstum wird von Lohnarbeit entkoppelt, menschliche Arbeit immer weiter durch maschinelle Arbeit ersetzt. Derartige Produktivitätssteigerungen durch Rationalisierung wären zu begrüßen, wenn Menschen dadurch von unwürdiger Arbeit befreit würden. Werden sie aber nicht! Die Drecksarbeit bleibt nämlich, nur die Arbeiter werden „freigesetzt“, wie dies neudeutsch nun heißt. Die Arbeiter werden auf die Straße gesetzt, ihrer Sicherheit durch Arbeit beraubt, zunächst durch Arbeitslosengeld über Wasser gehalten, dann auf eine nur noch zugestandene Arbeitslosenhilfe herabgestuft und schließlich auf Sozialhilfe gesetzt, die den schon hoffnungslosen Fällen als – gesetzliches – Existenzminimum gewährt wird: aus Gründen der Menschenwürde, wie das Bundesverwaltungsgericht judizierte[19].

Dieses durch Maschinen-Produktivität induzierte Wirtschaftswachstum ist sehr kapitalintensiv; ein moderner Arbeitsplatz, etwa in der Automobil-Industrie, kann heute einige hunderttausend Mark kosten – woher soll dieses viele Geld kommen, mit dem Arbeitsplätze vernichtet werden, wenn nicht aus den Subventionstöpfen des Staates. Die oben noch gelobte Subventions-Logik wird nun zwar löcherig, doch was tun, wenn sonst die Abwanderung ins Ausland droht?

Wenn Arbeit also gleichbedeutend ist mit sozialer Sicherheit des einzelnen, dann ist Arbeitslosigkeit gleichbedeutend mit sozialer Unsicherheit, durch die zugleich das friedliche Zusammenleben der Gesellschaft und im Staat gefährdet wird.

VII.

Doch nun wird es komplex: Vollbeschäftigung durch Lohnarbeit ist nämlich nicht minder gefährlich; gefährdet wird dadurch nicht der soziale, sondern der Frieden mit der Natur. Arbeit ist schließlich Eingriff in die ökologischen Zusammenhänge der Natur, die in Abhängigkeit von Quantität und Qualität der Eingriffe zu deren „Versagen“ führen muß.

Es kommt hier nicht darauf an, welches Bild von Natur unterlegt wird; es kommt allein darauf an, daß Natur nicht mehr so „funktioniert“ wie der Mensch sie zum Leben benötigt; und so funktioniert sie schon seit geraumer Zeit nicht mehr. Angesichts vergifteter Böden, vergifteten Wassers, vergifteter Luft, aus denen unsere *Lebens*mittel wachsen, braucht man weder auf das Ozonloch noch auf Tschernobyl, weder auf die Erderwärmung noch auf die tropischen Regenwälder zu starren.

Natur kann nicht funktionieren, wenn ökonomisches Wachstum Umweltge- und -verbrauch ist. Bei einem Wachstum von nur 4% jährlich steigt das Sozialprodukt einer Volkswirtschaft in einem Menschenalter von 70 Jahren um das 16fache. Legt man das Bruttosozialprodukt der (alten) Bundesrepublik mit 2,3 Billionen Mark zugrunde, so erreicht es aufgrund dieser Exponentialität bis zum Jahr 2060 einen Wert von ganz grob 37000000000000 Mark – also etwa das Volumen, das gegenwärtig die ganze Welt erwirtschaftet.

Wenn man nun noch annimmt, wie etwa die offizielle Entwicklungspolitik, daß auch die Länder der sogenannten Dritten Welt vermessen genug sind, ein Wachstum anzustreben, das sie an unseren Überfluß heranbringen soll, wozu sie aufgrund ihres Elends wahrlich Grund hätten, kann man sich nur noch vorstellen, daß es ganz unvorstellbar würde[20].

Die Zahlen belegen mit unwiderstehlicher Eindringlichkeit, daß Erwerbsarbeit Naturzerstörung sein muß. (Natürlich gilt dies auch für die angeblich „cleanen" Technologien, vor allem im „High-tech"-Sektor, die ja nicht im „luftleeren Raum" operieren, sondern letztlich auf den Sektor zielen, in dem „produktiv zerstört" wird – wirkungsvoller als jemals zuvor!) Arbeit ist Veränderung von Natur, Transformation in Produktionsmittel sowie schließlich in Ge- und Verbrauchsgüter.

Zusätzliche Erwerbsarbeit, zur Beseitigung der Arbeitslosigkeit aus Gründen der sozialen Sicherheit geboten, muß also zu einer progressiven Verschlechterung der „Funktionen" der Natur führen. Dies gilt vor allem, wenn man berücksichtigt, daß zunehmender Arbeitseinsatz im Gleichschritt mit technischen Innovationen verläuft, die Rationalisierung – und damit Rationierung – von Arbeit bedeuten. Vollbeschäftigung ist daher nur bei potenziertem Arbeitsertrag denkbar, der zu potenziertem Naturverbrauch führt und nicht nur in der Produktion entsteht, sondern sich in Distribution, Konsumtion und selbst in den „Entsorgungsparks" fortsetzt. (Wenigstens unsere sprachgestalterische Schöpfungskraft hat die Probleme begriffen: Euphemismen als Indikatoren.)

Für den „Exportweltmeister" Deutschland wie für die meisten Industriestaaten gilt, daß ein (wachsender) Teil der (zusätzlichen) Produktion ausgeführt werden muß, weil wir schon längst nicht mehr verbrauchen können, was wir uns in der Produktion leisten. Exportüberschüsse hierzulande müssen andernorts aber zu Importüberschüssen, d. h. zu Verschuldung im Ausland führen. Davon sind besonders die Entwicklungsländer betroffen, die sich oft genug aus unseren Überschüssen an Atomkraftwerken, Chemie-Fabriken und sonstigen Militärgütern bedienen.

Unterentwicklung in Verbindung mit Auslands-Verschuldung aber führt häufig direkt und indirekt zu zusätzlicher Naturnutzung, die sich mit anderen Nutzungsansprüchen, etwa aus dem Versuch einer nachholenden Industrialisierung, zu galoppierender Umweltzerstörung kumulieren. Aus dieser additiven Umweltnutzung resultiert unsere gegenwärtige globale Umweltzerstörung. (Nur aus prinzipiellen Erwägungen ist anzumerken, daß die „arme Welt“ durch eine industrielle Modernisierung zwar möglicherweise die Armut ihrer Bevölkerung relativieren könnte, doch sollten diese Bemühungen zum Erfolg verdammt sein, dann müßte die Umweltzerstörung unvorstellbar radikal ausfallen. Dieser Zusammenhang stellt die Struktur des Problems dar, um das auf der UNCED in Rio de Janeiro zwischen Industrie- und Entwicklungsländern so erbittert gerungen wurde.)

VIII.

Die lohnarbeitszentrierte Gesellschaft steht damit vor der paradoxen Gefahr, daß sie einerseits nicht ausreichend viele angemessene Arbeitsplätze zur Verfügung stellen kann; dadurch wird die Stabilität des Systems der sozialen Sicherheit, potentiell aber auch die Stabilität des politischen Gesamtsystems gefährdet.

Kann die Wirtschaftsgesellschaft aber Lohnarbeit in entsprechendem Umfang anbieten, werden dadurch die ökologischen Lebensbedingungen destabilisiert, wodurch wiederum das politische Gesamtsystem, auf längere Sicht aber selbst das System der globalen Zivilisation als gefährdet angesehen werden muß.

Diese Konjunktion bezeichne ich als „Arbeits-Paradoxon“, weil Sicherheit Sicherheit zerstört. Denn wie nun ausführlich dargelegt, bewirkt in der Arbeitsgesellschaft nur Arbeit materielle Sicherheit, die jedoch die ökologische Sicherheit zerstört, die – so oder so, durch Handeln oder Unterlassen – wiederum die materielle, politische, staatliche etc. Sicherheit zerstört – und dieser Circulus vitiosus gilt natürlich weltweit.

Dennoch bietet der Sozialstaat – wenn überhaupt – immer nur ein sehr beschränktes Maß an materieller Sicherheit, die mit den produktiven wie in der Wechselwirkung naturzerstörenden Fortschritten auch nicht annähernd Schritt zu halten vermag. Das System der sozialen Sicherheit ist in sich keineswegs stabiler geworden; es bleibt – ein Halm im Sturm – den konjunkturellen Schwankungen der globalen Risikogesellschaft ausgesetzt.

Dieses Szenario liegt nicht erst in nebelhafter Ferne weit voraus – die Apokalypse ist der ganz normale, alltägliche Wahnsinn!

Das Un-Verständnis, mit dem wir dem Sozialstaat *gegenüber*treten, wird nun verständlich, und vielleicht ist sogar ein wenig verständlich geworden, wozu es der so langen Vorrede über die Delphine bedurfte: Sie säen nicht und ernten doch, wir aber säen wie die Weltmeister und ernten doch nur Zerstörung.

Unser Reichtum ist äußerlich, ohne Bestand, weil er sich in materielle Dinge flüchtet, die rasch wertlos werden. Das ist nicht metaphorisch. Man sehe sich um, um festzustellen, was überdauert; da ist nicht viel. Von den Weltwundern der Antike stehen noch die Pyramiden von Gizeh; Vergleichbares haben wir schon nicht mehr, nur unsere atomaren Gifte werden einige zehntausend Jahre überstehen. Sich diese Flüchtigkeit bewußt zu machen erscheint mir ganz besonders wichtig, weil sie unseren Blick öffnet für neue Optionen.

Wir investieren nur in Werkzeuge, die nach der Schumpeterschen Devise vom innovativen Unternehmer die „schöpferische Zerstörung" vorantreiben[21]. Unter so immensen Kosten, daß nur wenig bleibt, werden die eben erdachten Werkzeuge zerstört, ohne Unterlaß. Da wir aber eben nicht Schöpfer sind, *machen* wir bloß, und auf Dauer bleibt als unser Beitrag zu derartigem Fortschritt nur Zerstörung. Schumpeter hat, ähnlich wie schon Marx, die Gefahren dieses Weges noch erkannt und gefordert, daß wir die Natur wie „boni patres familias" zukünftigen Generationen *verbessert* zu hinterlassen haben[22] – den Epigonen der industriellen Fortschritts-Idee ist diese Restriktion aber schlicht entfallen.

Wir setzen ausschließlich auf die Werkzeuge, gerade auch im Un-Verständnis des Sozialstaates. So drängend notwendig sich der Sozialstaat noch immer und immer wieder von neuem erweist, obwohl er als Produkt historischer Not längst obsolet sein müßte, weil überall Wohlstands-Notstand herrscht, als so falsch hat sich der eingeschlagene Weg, der Weg der instrumentellen Anwendung des Sozialstaates nun endgültig erwiesen.

Das Un-Verständnis des Sozialstaates ist also prinzipiell.

IX.

Was aber bleibt als Weg, wenn der wie ein Werkzeug zur Reparatur angewendete Sozialstaat, der von der schöpferischen Zerstörung lebt, letztlich die Schöpfung zerstört?

Im Grunde ist die Lösung einfach: Jeder nimmt sich oder bekommt was er benötigt, wie das Reh auf der Wiese, wie der Delphin in den Weiten des Meeres, denn dazu ist genügend vorhanden[23]. Unter den konkreten Bedingungen des zivilisatorischen Status quo ist dies allerdings leichter gesagt als getan, weil der Mensch dazu eben arbeiten muß, so wie der Delphin seine Arbeits-Spiele treibt. Die einfache Lösung bedarf daher der Modifikation ohne dadurch ihren Charakter aufzugeben, der in der Eröffnung sozialorganisatorischer Optionen liegt.

Seit langer Zeit wird ein Lebensmodus diskutiert, der weit weniger utopisch ist als zunächst scheinen mag, der aber gleichwohl der sozialen und ökologischen Misere bedurfte, um wenigstens ein gewisses Maß an Beachtung zu erlangen. Diese bisher nur als rohe Modelle vorgetragenen Überlegungen treten unter ganz verschiedenen Namen, aber immer mit der gleichen Zielsetzung auf: die ökosoziale Befriedigung, Befriedung und Befreiung zu erreichen. „Ökologie des Sozialstaates" oder „soziale Ökologie" nenne ich diesen Modus, der nicht nur das Überleben sichern, sondern die Bedingungen eines kontemplativen Lebens eröffnen soll.

Die Grundbedingung dieses Lebensmodus ist die Gewährleistung eines Mindestmaßes an sozialer Sicherheit durch ein staatlich verbürgtes Garantieeinkommen[24]. Dieses Einkommen erhalten alle regelmäßig überwiesen, gewissermaßen als Gratifikation für das kollektive Zustandekommen des gesellschaftlichen Reichtums, der sozialer Produktion entstammt, denn, wie Goethe sagt, „was du bist, das bist du anderen schuldig". Dadurch wird die Diskriminierung vermieden, die den privaten Empfängern staatlicher Hilfeleistungen heute noch anhaftet. Diese Grundsicherung soll aber nicht nur als materielle Gewährleistung verstanden werden, sondern zugleich strukturelle Veränderungen der sozialen Rahmenbedingungen ermöglichen. Nur wenn es gelingt, die sozialstaatlichen Strukturen grundlegend neu zu gestalten, wird der mögliche Einwand entkräftet, auch im Garantieeinkommen bleibe das alte instrumentelle Verständnis des Sozialstaates und daher auch dessen Un-Verständnis wirksam.

Diese Absicht nähert sich der Quadratur des Kreises. Bekanntlich hat der Staat nichts, das er verteilen könnte, und wenn er etwas erlangt, dann nur durch die Arbeit seiner Mitglieder, die ins Dilemma des „Arbeits-Paradoxons" führt: Arbeit bewirkt durch die materielle Sicherung die ökologische Zerstörung – jedenfalls dann, wenn wir weitermachen wie bisher.

Um diesem Dilemma zu entkommen, ist eine kleine *Manipulation* vonnöten, wobei der negativ besetzte Begriff durchaus die richtige Richtung weist: mit der Hand machen, jedenfalls mehr mit den Händen als mit artifiziellen Instrumenten – und als Ergebnis der Manipulation ersteht eine Tätigkeitsgesellschaft.

Die Tätigkeitsgesellschaft ist dadurch gekennzeichnet, daß nur noch ein (geringerer) Teil des individuell verfügbaren Zeitbudgets auf erwerbswirtschaftlich geprägte Lohnarbeit verwendet wird, während das (wachsende) restliche Kontingent durch nicht-kommerzielle, selbst nicht-ökonomische Tätigkeiten sozial sinnvoll ausgefüllt wird: durch Eigenarbeit, Familien- und Nachbarschaftshilfe, soziale Dienste, durch Kommunikation, Aus- und Weiterbildung sowie Kunst und Kultur.

Die Einnahmen der Tätigkeitsgesellschaft entspringen ganz verschiedenen Quellen, die zueinander auf funktionale und strukturbildende Weise in Wechselbeziehung stehen und unterschiedlichen Bestimmungen dienen. Grundlage ist das Garantieeinkommen, das durch marktbewertete Lohnarbeit ergänzt werden kann. Dazu kommen Einnahmen bzw. Ausgabenminderungen aus den skizzierten Tätigkeiten sowie – als negative Einkommensquelle – Konsumverzichte, die mir ganz unabdingbar, aber auch ziemlich leicht möglich erscheinen. Diese Einnahmen müssen insgesamt zu einer sozio-kulturell angemessenen Lebensführung befähigen, die individuell ganz unterschiedlich ausfallen kann und auch soll.

Das Garantieeinkommen hat also den originären Zweck, allen immer ein Mindestmaß sozialer Sicherheit zu gewährleisten. Es hat zugleich die nicht minder wichtige Funktion, die Bedingungen der Möglichkeit einer strukturverändernden Sozialpolitik durch die Tätigkeitsgesellschaft zu schaffen, also eine Option zu eröffnen.

Natürlich kostet dies viel Geld und natürlich besteht die Gefahr, daß das Arbeitsangebot bei guter Dotierung des Garantieeinkommens so stark zurückgeht, daß das erwirtschaftete Volkseinkommen zur Deckung vielleicht nicht mehr zur Verfügung steht. Diese Gefahr erscheint angesichts der „Tradition" von Arbeit, vor allem aber angesichts ihrer kaufkräftigen Vorzüge gering, aber sie bleibt zu bedenken. Der Bemessung des Transfer-Einkommens fällt daher auch die Aufgabe zu, das gesellschaftlich notwendige und ökologisch vertretbare Angebot an Erwerbsarbeit auszutarieren.

Die Festlegung der Höhe des Garantieeinkommens wird jedoch nicht nur Einfluß nehmen auf die Zeit, die für Erwerbsarbeit aufgewendet werden muß, sondern in Wechselwirkung auch darüber entscheiden, wieviel Zeit für sozial sinnvolle Tätigkeiten verbleibt. Diese schwierige Balance entscheidet über die Öffnung sozialer Spielräume, ohne die eine Tätigkeitsgesellschaft nicht möglich ist. Dies erscheint mir daran ganz wichtig: Die Chance, das Wagnis eines sozio-ökologisch notwendigen Experiments auch bestehen zu können, muß möglichst groß sein.

Der Vorteil einer sozialen Grundsicherung ist also darin zu erkennen, daß materielle Sicherheit nicht mehr (unabdingbar) an Erwerbsarbeit gebunden ist, daß „Essen" von „Arbeit" entkoppelt wird. Dieser Grundsatz gilt übrigens, wenngleich aus anderen Motiven, bereits im Sozialhilferecht[25], das also sozusagen nur noch weitergedacht werden muß.

Damit sind aber erst die Grundlagen der Idee des Garantieeinkommens genannt, das nicht nur darauf zielt, die sozialen und die ökologischen Bedingungen verträglich(er) zu gestalten, sondern darüber hinaus eine Gemeinschaft anstrebt, in der der Mensch das ganze Spektrum seiner Fähigkeiten zu entfalten vermag, und dafür bietet die Idee vielfältige Ansätze.

Zunächst einmal würde der Druck auf den Staat als Sozialstaat gemildert, wenn die Bürger ihr soziales Schicksal besser in die eigenen Hände nehmen, das heißt, wenn sie weniger abhängig von Lohnarbeit bzw. von Arbeitsplätzen werden. Diese evolutionäre Entwicklung des Sozialstaates zu einer sozialen Gemeinschaft könnte jedenfalls sozial-revolutionäre Energien binden, die virulent werden, wenn fehlende Arbeit zu materieller Unsicherheit und ökologischer Degradation führt.

Wichtiger aber ist, daß die Dominanz des ökonomischen Rationalitäts-Theorems durch die Tätigkeitsgesellschaft zumindest prinzipiell gebrochen wird. Das „Gesetz der Ökonomie“[26], an dem wir unser Handeln orientieren, erweist sich als historisch limitierter Ausschnitt von Rationalität, die als Instrument einer geschichtlichen Phase des Übergangs ihre Aufgabe erfüllt hat und nun allmählich Rationalitäts-Formen weichen kann, die nicht – mehr ausschließlich – ökonomisch definiert sind. Der Bruch mit der ökonomischen Rationalität scheint angesichts der elementaren Rationalität der Natur ohnehin unabwendbar. Die ökologische Bewahrung der Welt ist nun einmal conditio sine qua non, der sich nur noch mit einer „Heuristik der Furcht“ begegnen läßt[27]. Die Wirtschaft wird dann wieder die Rolle ausfüllen können, die ihr zukommt, nämlich Mittel zum Zweck der Bedürfnisbefriedigung zu sein[28].

Die marktvermittelte Erwerbsarbeit wird durch die angestrebte Tendenzwende keineswegs hinfällig. Sie bildet nach wie vor die finanzielle Grundlage, aber sie wird in ihrer gesellschaftlichen Bedeutung spürbar relativiert. Neben das „Recht auf Arbeit“, oder richtiger wohl: den Zwang zur Arbeit, tritt – als sozial und ökologisch sinnvolle Option – ein „Recht auf Faulheit“, wie es Paul Lafargue, Marxens mißliebiger Schwiegersohn, aus humanitären Erwägungen schon vor mehr als hundert Jahren gepredigt hat[29]. Jedenfalls wird Lohnarbeit als Regel- bzw. als Zwangsverhältnis überwunden. Erst dann können die Bedingungen der individuellen Reproduktion über den Umfang und die Form der Arbeit(sorganisation) entscheiden, und dann bestimmt Arbeit nicht mehr über den Rhythmus des Lebens.

Als Folge dieser Entwicklung sind die Industrieländer dann auch in der Lage, ihre strukturell bedingte globale ökonomische Vorherrschaft aufzugeben, und vielleicht könnten sie sogar zum (späten) Vorbild einer sinnvollen Entwicklung werden. Auf jeden Fall aber würde der tendenzielle Rückzug der Industrieländer der „armen Welt" die Chancen zu einer autochthonen Entwicklung eröffnen, die ihr bisher versagt bleiben mußte, was als bedeutende Ursache der gegenwärtigen Umweltzerstörung anzusehen ist.

Die Umrisse einer kontemplativen Zielen zugewendeten Gemeinschaft werden dann erkennbar, wenn gesellschaftliche Anerkennung nicht mehr durch die Anhäufung materieller Status-Symbole erworben wird. Die kontemplative Gemeinschaft orientiert sich dagegen am Wert der sozial verantworteten Selbstbestimmung, die des marktvermittelten Sozial-Prestiges nicht mehr bedarf, sondern als unsozial und unökologisch geradezu verachten kann. Dies erst wäre der vollzogene Wertewandel, von dem so viel die Rede ist.

Die deutlich spürbare Zwei-Drittel-Gesellschaft wird durch das Garantieeinkommen nicht gebannt; dazu bedarf es weiterhin tradierter sozialer Umverteilung, besonders zugunsten strukturell benachteiligter Randgruppen. Ein „unteres" Drittel hat künftig aber die Chance, nicht mehr stigmatisiert zu werden; es kann vielmehr zum Vorbild avancieren, das mutig genug ist, auf jenem Weg voranzugehen, den heute schon eine beständig wachsende Zahl von Menschen als den „eigentlich" richtigen Weg ausgemacht hat.

X.

Sicherheit ist keine objektive, materiell quantifizierbare Größe, sondern eine Wahrnehmungsvariable, die sich aus qualitativen Perzeptionen speist. Dazu gehört ein Maß materieller Existenzsicherheit, die sich relativ zur Sicherheit der anderen bemißt – also gemeinschaftlich ist. Dazu gehört aber auch ein Maß an Souveränität, die es erlaubt, Vorstellungen zu entwerfen, die über *den* Menschen hinausweisen, der sich (nur) als Arbeiter definieren (lassen) muß. Dazu zählen nicht zuletzt die Emotionen, auch als soziales und ökologisches Erkenntnismittel. Gerade der Verlust der Emotionen durch den „Prozeß der Zivilisation" (Elias) dürfte uns so anfällig gemacht haben für den linearen Weg der eindimensionalen Werkzeuge.

Das Garantieeinkommen bleibt zunächst zwar ein Instrument, aber es befreit von der Dominanz ökonomischer Strukturen und es fördert Strukturen der materiellen Befriedigung, der sozialen Befriedung und der emotionalen Befreiung, die einer kontemplativen Humanität dienen.

Damit ist keineswegs eine Gewähr ökologischer Sicherheit gegeben, die es in der Endlichkeit des Planeten nicht gibt, aber die Hoffnung, daß wir uns in dieser Endlichkeit einzurichten vermögen. Und die Arbeit, die zu tun bleibt, könnte die Arbeit des Homo ludens sein – darin liegt eine Chance, von der die Cetaceen bereits seit vielen Millionen Jahren spielend leben.

Anmerkungen

[1] Joan McIntyre (Hrsg.), Der Geist in den Wassern. Ein Buch zu Ehren des Bewußtseins der Wale und Delphine, Frankfurt 1987 (12. Aufl.)
[2] Vgl. etwa Heathcote Williams, Kontinent der Wale, Frankfurt 1989 (7. Aufl.); John May (Hrsg.), Das Greenpeace-Buch der Delphine, Hamburg 1990; Cynthia D'Vincent, Reisen mit den Walen, München 1990; Jim Nollman, Die Botschaft der Delphine. Tiere lehren uns die Natur verstehen, Berlin 1989
[3] John C. Lilly, Delphin – ein Geschöpf des 5. Tages?, München 1969
[4] Vgl. dazu die Res. 44/225 vom Dezember 1989 der UNO-Generalversammlung, die wenigstens einen Anfang bedeutet, völkerrechtlich allerdings unverbindlich ist.
[5] Bernard de Mandeville, Die Bienenfabel oder Private Laster, öffentliche Vorteile, Frankfurt 1968
[6] Vgl. zu dieser Vorstellung Hans Moravec, Mind Children. Der Wettlauf zwischen menschlicher und künstlicher Intelligenz, Hamburg 1990
[7] Vgl. dazu die prinzipielle Schrift von Hans Jonas, Das Prinzip Verantwortung. Versuch einer Ethik für die technologische Zivilisation, Frankfurt 1984
[8] Vgl. zu dieser Formulierung Klaus M. Meyer-Abich, Aufstand für die Natur. Von der Umwelt zur Mitwelt, München 1990, S. 93. Vgl. bei Kant, Prolegomena zu einer jeden zukünftigen Metaphysik, die als Wissenschaft wird auftreten können, Hamburg 1951 (§ 36)
[9] Vgl. John Locke, Über die Regierung, Stuttgart 1966 (Kap. V)
[10] Vgl. Thomas Hobbes, Leviathan, Stuttgart 1976 (insb. 13. Kap.)
[11] Vgl. dazu ausführlicher P. C. Mayer-Tasch/A. Adam/F. Kohout/B. M. Malunat/H.-M. Schönherr, Politische Theorie des Verfassungsstaates. Eine Einführung, München 1991, S. 105ff.
[12] Vgl. Aristoteles, Politik, München 1973 (1. Buch)
[13] Vgl. grundlegend A. Smith, Der Wohlstand der Nationen. Eine Untersuchung seiner Natur und seiner Ursachen, München 1974
[14] Zu den Veränderungen im Ostblock, dem dieses ‚Geheimnis der Staaten' offenbar nicht vertraut war, wären viele Anmerkungen angebracht, doch ist hierfür nicht der Platz.
[15] Vgl. Hans F. Zacher, Vierzig Jahre Sozialstaat – Schwerpunkte der rechtlichen Ordnung, in: Norbert Blüm/Ders. (Hrsg.), 40 Jahre Sozialstaat Bundesrepublik Deutschland, Baden-Baden 1989, S. 23
[16] Art. 79 Abs. 3 GG
[17] Vgl. Karl Marx/Friedrich Engels, Manifest der Kommunistischen Partei, Berlin 1959, S. 459ff. (MEW 4)
[18] Vgl. Peter Häberle, Grundrechte im Leistungsstaat, in: VVdStRL, Bd. 30/1972, S. 101

[19] Vgl. zu den Gründen ausführlicher BVerwGE 1, 159ff. sowie auch BVerfGE 1, 97ff.; 22, 180ff.
[20] Nach wie vor richtungsweisend Walt W. Rostow, Stadien wirtschaftlichen Wachstums. Eine Alternative zur marxistischen Entwicklungstheorie, Göttingen 1960
[21] Vgl. Joseph A. Schumpeter, Kapitalismus, Sozialismus, Demokratie, Tübingen 1987 (6. Aufl.)
[22] Karl Marx, Das Kapital. Kritik der politischen Ökonomie, Berlin 1964 (Bd. 3), S. 784 (MEW 25). Ähnlich Joseph A. Schumpeter, Theorien der wirtschaftlichen Entwicklung, München/Leipzig 1935 (4. Aufl.), S. 20f.
[23] Das reichliche Vorhandensein alles Notwendigen bildete schließlich die Voraussetzung für die Legitimierung des bürgerlichen Eigentums; vgl. dazu Locke (Anm. 9)
[24] Vgl. zu diesem Konzept etwa Michael Opielka/Georg Vobruba (Hrsg.), Das garantierte Grundeinkommen. Erklärung und Perspektiven, Frankfurt 1986; Thomas Schmid (Hrsg.), Befreiung von falscher Arbeit. Thesen zum garantierten Mindesteinkommen, Berlin 1986 (2. Aufl.); Georg Vobruba (Hrsg.), Strukturwandel der Sozialpolitik. Lohnarbeitszentrierte Sozialpolitik und soziale Grundsicherung, Frankfurt 1990
[25] Vgl. dazu die in Anm. 19 genannten Entscheidungen sowie auch § 1 SGB I
[26] Zum Zusammenwirken von Wirtschaft, Staat und Gesellschaft ausführlicher Malunat, Weltnatur und Staatenwelt. Gefahren unter dem Gesetz der Ökonomie, Zürich/Osnabrück 1988
[27] Vgl. Jonas (Anm. 7), S. 8 und passim
[28] Zur Begründung ausführlicher Malunat (Anm. 26), S. 16ff. Meyer-Abich (Anm. 8) fordert sogar, die Wirtschaft wieder Zielen unterzuordnen, ‚die nicht aus ihr selbst zu begründen sind' (S. 113).
[29] Paul Lafargue, Das Recht auf Faulheit, Frankfurt 1966

Ulrich Horstmann

Technologisches Denken und apokalyptische Imagination

Wir sind schon ein abgebrühtes Völkchen. Die Tatsache, daß wir unsere Flachdächer nicht dicht bekommen, hat dem munteren Hantieren mit Plutonium keine Sekunde Einhalt geboten, und das Gedankenspiel mit dem Feuer, das Ausmalen der Apokalypse also, besitzt für uns eine Faszination, die allenfalls noch durch das mal kunstvoll sublimierte, mal schamlos regressive Interesse an Fortpflanzung, Sexualität und Lustseuchen übertroffen wird. Die achtziger Jahre sind uns folglich wie im Fluge vergangen. Sie standen im Zeichen der ständigen Nachrüstung des Thanatos und waren ein einziger von den Irrlichtern des Ökopax nur um so gespenstischer erleuchteter Schauerroman.

„Der apokalyptische Horizont glüht", vermeldete Gerhard Marcel Martin hingerissen in seinem Buch *Weltuntergang: Gefahr und Sinn apokalyptischer Visionen*,[1] um auf diesem Energiespender flugs sein theologisches Süppchen zu kochen. Die Philologie schob zwei Jahre später bei Suhrkamp Brennstoff in eigener Sache nach und sicherte sich mit dem Sammelband *Apokalypse: Weltuntergangsvisionen in der Literatur des 20. Jahrhunderts*[2] die interpretatorischen Zweitverwertungsrechte der Neuen Schauerlichkeit. Die Medien versuchten ihrer programmatischen Erschlaffung durch die Zauberformel „Lust am Untergang" abzuhelfen und riefen die Propheten der letzten Tage wieder und wieder an der Thingstätte der Talks zusammen, weil allein noch die diversen Höllenfahrten der Gattung Homo sapiens die Einschaltquoten in die Höhe trieben.

Apokalypse-Gewinnler also, wohin man blickt. Und die harte Wissenschaft? Der technologische und technokratische Sachverstand? Schwebte er souverän und unangefochten über den Endzeitszenarien? Übersprühte er die Menetekel unverdrossen mit seinem altbekannten Slogan „Der Fortschritt ist machbar"? War er immun gegen den Alp eines weltgeschichtlichen Super-GAU? Auf den ersten Blick will es ganz so scheinen. Ja, man könnte sogar die These von der Inkompatibilität der beiden Formen des Realitätserlebens aufstellen und gleichsam eine neue Zweitweltenlehre postulieren.

Mitten in der Hausse der Niedergeschlagenheit und der Zukunftsängste erscheint zum Beispiel 1985 ein geradezu himmelstürmendes Dokument des ungebrochenen wissenschaftlichen Optimismus. Es trägt den Titel *Interstellar Migration and the Human Experience*[3] und macht die Referate und Diskussionsergebnisse einer Konferenz von Raumfahrtexperten in Los Alamos zugänglich. Beim Blättern in diesem Brevier des Tatendurstes reibt man sich bald verdutzt die Augen, hat man doch über weite Strecken den Eindruck, sich schon hienieden auf einem anderen Planeten, auf einer neuen Erde zu befinden, so rosarot sind die Perspektiven, so problemlos lebt es sich auf unserem kugelrunden Weltraumbahnhof. Bevölkerungsexplosion, Hunger, ökologische Krise, Landflucht, Verslummung der Städte, und was der apokalyptischen Schreckgespenster mehr sind, lösen sich unter dem weitsichtigen Blick der Forscher in Wohlgefallen auf, mehr noch, verwandeln sich in ein grandioses Startkapital:

> Dank der Errungenschaften, die zahlreiche technologische Umwälzungen im landwirtschaftlichen, industriellen, medizinischen und naturwissenschaftlichen Sektor mit sich gebracht haben, sind wir jetzt mehr als vier Milliarden stark. Die meisten von uns leben in Städten, weitab von den natürlichen Existenzgrundlagen. Nahrung, Wärme, Schutz – diese Grundbedürfnisse werden von einem technologischen Netzwerk befriedigt, das sich von landwirtschaftlichen Betrieben, Ölfeldern und Stauseen, von Bergwerken und Fabrikanlagen bis in unsere Behausungen erstreckt. Das Schicksal der Menschheit ist aufs engste mit der Technologie verknüpft, die uns jetzt die Chance eröffnet, unseren heimatlichen Planeten zu verlassen. Um im All zu überleben, werden wir unseren ganzen technischen Erfindungsreichtum aufbieten müssen; aber man sollte die Herausforderung auch nicht überbetonen.[4]

Statt Neuer Schauerlichkeit wird hier die Neue Geborgenheit ausgerufen, „a web of technology" umfängt uns, wir leben in der von uns selbst ausgedachten und zusammengebauten Gebärmutter einer industriellen Hochzivilisation, hängen an der Nabelschnur der Plazenta Wissenschaft. Und die ist so dehnbar und flexibel, daß sie auch auf dem Weg nach Alpha Centauri nicht reißen wird.

Ein, wie man zugeben muß, irritierender Wahrnehmungsbruch. Ein und dieselbe Welt, die einmal als Abrahams Schoß erscheint, aus dem uns ein wissenschaftliches Himmelfahrtskommando paradoxerweise verscheuchen will, während die Apokalyptiker überall den gähnenden Höllenschlund ausmachen, aber keineswegs das Weite suchen, sondern seit Jahr und Tag mit heiler Gänsehaut davonkommen und der nächsten desaströsen Heimsuchung entgegenfiebern. In der Gegenwart, schreibt K. Ludwig Pfeiffer in seinem Aufsatz „Apocalypse: It's Now or Never – Wie und zu welchem Zweck geht die Welt so oft unter?",

> werden apokalyptische Vorstellungskomplexe zunehmend freier verfügbar. Auch muß es nicht mehr die ganze Welt sein, die untergeht. Es genügt, wenn ein für wichtig gehaltener Bereich des Lebens einzelner oder sozialer Gruppen scheinbar oder tatsächlich bedroht wird, um Untergangsphantasien freien Lauf zu lassen. ... Regelmäßig gehen heute die freie Marktwirtschaft oder der Sozialstaat unter, wenn von Planung die Rede ist oder das Netz der sozialen Sicherheit weitmaschiger zu werden droht. Das deutsche Bildungs- und Gesundheitswesen kollabiert in ebenso regelmäßigen Abständen. Selbst das Abendland wird immer wieder einmal zu Grabe getragen. Im Vergleich zur Massenproduktion von Untergangsphantasien heutzutage mutet selbst der vielgeschmähte Oswald Spengler noch relativ nüchtern an.[5]

Müssen wir angesichts dieser Verdoppelung von Wirklichkeit in ein apokalyptisches Negativ und den Hochglanzabzug des naturwissenschaftlichen ‚can-do-spirit' nicht unsere Themenformulierung revidieren und aus der Neben- oder Zuordnung „Technologisches Denken *und* apokalyptische Imagination" die grundsätzliche Alternative „Technologisches Denken *oder* apokalyptische Imagination" herausfiltern? Ist nicht jeder von uns zur Entscheidung aufgerufen zwischen dem unaufgeregten fach- und sachkundigen Konstruktivismus des Neokortex und dem phantasmagorischen Hexensabbat des Stammhirns, dessen heraufbrodelnde Urängste den Religionen zupaß gekommen sein mögen, dem aufgeklärten Geist aber von jeher ein Greuel waren? Und ist schließlich und endlich die von Pfeiffer und anderen konstatierte Inflation apokalyptischer Szenarien nicht ein untrügliches Zeichen dafür, daß hier – wie vor der letzten Jahrtausendwende – adventistische Halluzinationen grassieren, Unkenrufe ertönen, die heute aber in Ermangelung eines homogenen christlichen Resonanzbodens rasch verhallen bzw. sich gegenseitig neutralisieren werden?

Ich fürchte, so manichäisch läßt sich der Sachverhalt nicht deuten. Die Konjunktion ‚und' steht schon an der richtigen Stelle, Verbindungen zwischen den beiden Welten der Apokalyptik und der wissenschaftlichen Rationalität existieren; auch sind sie nicht zufällig, sondern liegen in der Natur des ‚Projekts Moderne'. Dessen „tableau historique des progrès de l'esprit humain" (Condorcet), die ständig aktualisierte progressive Erfolgsbilanz also, nehme ich mir zum Vorbild für meine eigene Eskalationskette, die aus drei im folgenden zu kommentierenden Tatsachenbehauptungen besteht. Sie lauten:

1. Der Typus des Schwärmers und der Typus des Forschers bedingen einander und konstituieren in ihrem Wechselspiel wissenschaftliche Praxis.
2. Die herrschende Wissenschaftsreligion benötigt zur Akzeptanzsicherung ein Verheißungs- und ein Bedrohungspotential, also einen utopischen und einen apokalyptischen Horizont.
3. Das Verschwinden des angeblichen Störfaktors Katastrophismus wäre eine Katastrophe für die internationale Forschungsgemeinschaft.

Ich beginne mit dem Versuch, den apokalyptischen Schwärmer, den Geisterseher und Propheten der aus den Trümmern der alten aufsteigenden neuen Welt im Kernbezirk des Wissenschaftsbetriebs auszumachen. Dort heißt er natürlich anders, unverfänglicher: Visionär zum Beispiel oder besser noch Pionier, und wenn auch das noch zu pathetisch klingt – die Ordensbrüder vom Heiligen Labor pflegen bekanntlich das Understatement –, dann vielleicht Initiator eines Paradigmawechsels. Gemeint sind in jedem Fall jene Vordenker und Vorgreifer, die mit ihren intuitiven Gewißheiten das Forschungsprogramm von Generationen festschreiben, ohne selbst mehr als die Anfangsgründe liefern zu können. Apokalypse heißt Offenbarung, und in genau diesem Sinne fiel es Galilei und Newton wie Schuppen von den Augen. Das Buch der Natur, erkannten sie, ist in mathematischen Formeln geschrieben, das scholastische Analogiedenken also teuflisches Blendwerk. Die Denunziation und Zertrümmerung der überholten, zur Unwissenschaft herabgewürdigten alten Episteme beginnt, Pech und Schwefel regnen auf ein verdüstertes Mittelalter, die „scienza nuova" macht tabula rasa, schreibt rationale Heilsgeschichte neu.

Selbstredend werden die Heißsporne und Hitzköpfe von gestern im Verlaufe eines erfolgreichen Umsturzes, der Institutionalisierung des Revolutionären, immer mehr zu Ikonen, zu abgeklärten Gründervätern oder Schutzheiligen, vor deren wissendem Blick die Bollwerke der Ignoranz zerbröckelten wie einst die Mauern von Jericho unter den Trompetenstößen der Israeliten. Aber in Wirklichkeit handelt es sich allemal um verkappt apokalyptische Naturen, die alles auf eine Karte setzten. Nicht von ungefähr mündet die Dynamik kosmologischer Ketzerei von Kopernikus über Tycho Brahe so keineswegs einsinnig in die Theoriekonsolidierung Keplers, sondern vorher schon in die ungeheuerliche Welten-ohne-Ende-Vision Giordano Brunos, an der wir uns erst seit der Kant-Laplaceschen Hypothese mit wissenschaftlichem Segen berauschen oder ernüchtern dürfen. Und zeitgenössisch, also bei den Aspiranten für den umkämpften Vordenker- und Kirchenvaterstatus von morgen und übermorgen, ist die Nähe von Wissensdurst, Auserwähltheitsgefühl und Größenwahn noch ungleich augenfälliger. Ich zitiere erneut aus *Interstellar Migration and the Human Experience*, erschienen in der akademisch über jeden Verdacht erhabenen University of California Press, und zwar aus den Überlegungen David R. Criswells zur Sonnenoptimierung (sog. ‚star lifting'):

> Ein Stern wie die Sonne verschwendet den Großteil seiner Energien an das dunkle Weltall. Außerdem verbrennt er seine Materie relativ rasch, in $1{,}2 \times 10^{10}$ Jahren nämlich. Die kleinsten Sterne, Weiße Zwerge, sind da zweitausendmal sparsamer. Eine grundsätzliche Option für eine fortgeschrittene menschliche Zivilisation besteht demzufolge darin, die Sonne Schicht um Schicht auseinanderzunehmen. Dies könnte von riesigen magnetohydrodynamischen Maschinen bewerkstelligt werden, die mit etwa zehn Prozent der gewonnenen Sonnenenergie betrieben würden. Wasserstoff und Helium ließen sich speichern und dem neuen aus der Sonne entstandenen Weißen Zwerg bei Bedarf wieder zuführen. Schwere Elemente könnten in Millionen von Ozeanen, Billionen von Erdoberflächen mit mehr als 2×10^{21} Bewohnern umgewandelt werden. Diese Sonnenoptimierung würde ungefähr 300 Millionen Jahre in Anspruch nehmen. Sie könnte aber schon in 150 Jahren beginnen.[6]

Die goldene Zukunft unserer Rasse und unseres Planeten unter der Sparflamme eines Weißen Zwerges, das magnetohydrodynamische Enthäuten und Schälen unserer Himmelsorange über dreihundert Millionen vollbeschäftigte Jahre, dazu Erden wie Sand am Meer und darauf Menschheiten aus zweiundzwanzig Nullen, das alles flößt uns rein gar keine Vorfreude ein? Eine derartige ‚Utopie' ist eine Horrorvision und dieser David R. Criswell ein von allen guten Geistern verlassener Spinner? Schon möglich, allerdings hat Bischof Wilberforce eben das auch von einem gewissen Charles Darwin behauptet und die Inquisition von den Verfechtern des neuen heliozentrischen Weltbildes. Jedenfalls dürfte deutlich geworden sein, daß dem Forschungsdrang unterschwellig oder eruptiv ein schwärmerischer Impuls eignet, dessen Sehnsucht nach dem Neuen und Nie-Dagewesenen mit einer skrupellosen Opferbereitschaft gegenüber dem Vertrauten, Gewohnten, Üblichen einhergeht. Ein paar Schritte hinter dem unaufhaltsam vorrückenden Triumphbogen der Innovationen und Entdeckungen wird das Überholte mit Füßen getreten und routiniert verscharrt. Das vom Erdboden Verschwinden, der Untergang, die apokalyptische Auslöschung bilden die Kehrseite jeder gleisnerischen Wissensexplosion.

Damit sind wir beim zweiten Punkt, dem offensichtlichen Legitimationsbedarf der wissenschaftlichen Sprengmeister. Wer die Welt in so rasantem Tempo verändert wie der technologische Sachverstand, wer einschaltet und ausknipst nach Herzenslust und ohne Rücksicht auf Verluste, der braucht, wenn nicht gute, so doch eindrückliche Gründe dafür. Das haben wenige so klar gesehen wie der Totengräber der aristotelischen Schule und erste Propagandist grenzenloser experimenteller Neugier: Francis Bacon. Der korrupte Lordkanzler, ohne dessen konzeptuelle Vorleistung das Stereotyp vom unbestechlichen Grundlagenforscher so nicht abrufbar wäre, ohne den es auch die Royal Society in der 1660 institutionalisierten Ausprägung nicht gegeben hätte, stand vor einem fast unüberwindlichen Problem. Er wollte den König und die politische Elite seines Landes zu immensen Investitionen in eine neue auf der Basis von Induktion und erfolgskontrolliertem Probehandeln entworfene Wissenschaftsmaschinerie bewegen, die weder installiert war noch ihre Funktionstüchtigkeit – etwa über modellhafte Probeläufe – hatte unter Beweis stellen können. Die vielgestaltigen Trägheitskräfte, die heute dafür sorgen, daß die Arbeit in Forschungszentren, Instituten und Versuchsanlagen auch dann weitergeht, wenn Durchbrüche ausbleiben; die großen Triumphe der Physik, Chemie, Medizin, die man in Krisensituationen ins Gedächtnis rufen kann; die schiere Selbstverständlichkeit und Alltäglichkeit wissenschaftlicher Intervention; das alles war für Bacon noch Zukunftsmusik. Und seine Aufgabe bestand eben darin, Mittel und Wege zu finden, damit sie ertönen, damit sie unaufhaltsam anschwellen konnte, bis nichts mehr gegen das brausende Fortschritts-Hosianna ankam.

Zwar gab es ein paar Zufallsentdeckungen wie das Pulver, den Kompaß, den Buchdruck, aber es existierte keine Heuristik, kein systematisch ausbaubares Forschungsprogramm. Diese Leerstelle füllte Bacon mit dem Glauben an die Möglichkeit konsequenter wissenschaftlicher Selbstermächtigung. Die Wissenschaftsreligion ging also der Wissenschaftspraxis voraus, und Bacon missionierte mit den aus der Expansionsgeschichte von Glaubenssystemen sattsam bekannten Methoden. Für den Fall der Bekehrung versprach er seinen Jüngern das Blaue vom Himmel, den er im Gegensatz zum ‚star-lifter' Criswell jedoch noch unangetastet ließ. Den Unbelehrbaren und Verstockten aber drohte er mit der geistigen Stagnation und dem Fegefeuer eines ewigen Mittelalters. Allerdings lag diese Epoche noch so nah, war in Relikten noch so lebendig, daß auf manch einen jene versinkende bedächtige, gottesfürchtige, vor allem aber zum Überborden sinnvolle Welt eher anziehend als abschreckend wirkte; weshalb Bacon gut beraten schien, den Hauptteil seiner Energien in das Verlockungspotential seiner Ideen zu investieren und sich mit Strafandrohungen nicht sonderlich aufzuhalten.

Also skizzierte er 1624 sein Neues Jerusalem, nannte es post-apokalyptisch *New Atlantis* und hütete sich, seine Beschreibung des wissenschaftlichen

Schlaraffenlandes und High-Tech-„Dschinnistan" (Novalis) zu vollenden. Das war schließlich die Aufgabe jener Empiriker, die seinen Köder geschluckt hatten. Allzu lange sollten sie nach Bacon allerdings nicht zappeln müssen, denn – das hatte er schon in einer Art Prospekt zum *Novum Organum* beteuert – nach Sicherung der methodischen Grundlagen sei „die Erforschung der Natur und die Ausbildung aller Wissenschaften das Werk weniger Jahre".[7] Nur eine kleine Durststrecke also, ein paar Dezennien höchster Anstrengung, ein ‚crash programme', ein friedliches ‚Manhattan Project' zum Wohle der Menschheit (auch die Absolutionsformel „for the benefit of the human race" verdanken wir diesem Moses der Maschinenbauer) und schon ist die industrielle Reparadisierung der Erde nicht mehr aufzuhalten. New Atlantis, der frühneuzeitliche Entsorgungspark irgendwo in den Weiten der Südsee, liefert dabei nur einen kleinen Vorgeschmack von den Möglichkeiten des ausgewachsenen Wissenschaftsimperialismus. Unterseeboote tauchen auf und schemenhafte Fluggeräte im Lilienthal-Stadium. Ahnungen von Kinos („houses of deceits of the senses"), Tonstudios („sound-houses") und Maschinenhallen („engine-houses") liest der heutige Rezipient aus dem Text heraus. Und die Wunschbilder der medizinischen Reversibilität des Todes, der Transplantate und Organspenden wie des ‚genetic engineering' waren dreihundertundfünfzig Jahre vor ihrer partiellen Einlösung immerhin schon protoempirisch formulierbar, wobei sogar die entscheidende Rolle von Tierversuchen zur Sprache kommt.

Den europäischen Seeleuten, die es nach dem Willen des Autors ins erfindungsreiche Baconesien, d.h. das Land der unbegrenzten technischen Möglichkeiten ihrer eigenen Kultur, verschlägt, gehen denn auch planmäßig die Augen und Herzen über. Sie wähnen sich im Himmel der Machbarkeiten, im Garten Eden einer durch naturgesetzliches Herrschaftswissen zum zweiten Mal verharmlosten und entfeindeten Schöpfung: „Uns war, als hätten wir ein Bild unserer himmlischen Erlösung vor Augen ... und es ging von Mund zu Mund, daß wir im Land der Engel angekommen seien."[8] Der Zeitreisende aus dem späten 20. Jahrhundert aber sieht die Dinge in einem ganz anderen Licht. Das versprochene Heil ist nämlich auch auf einem wissenschaftlichen Leistungsniveau ausgeblieben, hinter das New Atlantis so weit zurückfällt wie das elisabethanische England hinter Bacons Zukunftsprojektion. Und die durchreglementierte und durchtotalisierte Atlantiden-Gesellschaft, die den wissenschaftlichen Wasserkopf trägt und finanziert, lehrt uns das Fürchten, zumal die Unterwerfung der Natur nicht nur in ausgedachten Geschichten, sondern auch in der hinter uns liegenden Historie mit der Entmündigung des Mitmenschen Hand in Hand zu gehen scheint. Hochtechnologie, so die kollektive Erfahrung der letzten Generationen, läßt eben nicht nur Flüsse und Seen umkippen; auch Utopien ereilt dieses Schicksal.

Anders gesagt, viele Verheißungen und Versprechungen, mit denen die Wissenschaftsreligion ihre globale Anhängerschaft bei der Stange hält, entpuppen sich bei oder kurz nach ihrer Realisierung als Danaergeschenke. Die sogenannte friedliche Nutzung der Atomkraft zum Beispiel hat sich nicht als unerschöpfliches Reservoir spottbilliger Energie erwiesen, sondern als Quelle unabsehbarer Umweltbelastungen und Folgeschäden. Die große Freiheit der Mobilität läßt heute jeden, der ein paar Stunden in den Verkehrsströmen mitgeschwommen ist, gerädert in der Gosse zum Stillstand kommen. Und auf den Intensivstationen hat die Todesprophylaxe jenen Grad der Erbarmungslosigkeit erreicht, der Moribunde zum Kampf um ein menschenwürdiges Sterben zwingt. Da könnte der Slogan „Bis hierher und nicht weiter" aufkommen und der Vorschlag eines temporären Forschungsmoratoriums spruchreif werden. Das aber zöge, wie jeder wissenschaftliche Assistent weiß, erstens einen persönlichen Karriereknick nach sich und wäre zweitens überhaupt der Anfang vom Ende, weil dann die Wonnen des Müßiggangs und einer mit der Zeitlupe arbeitenden Beschaulichkeit wieder spürbar würden. Also müssen größere, grellere, geilere Utopien her, elektronische Drogen und ‚virtual realities', fünf, zehn, zwanzig neue Spielwelten, die simulierte Transzendenz und die transzendente Simulation. Und wenn das alles nicht mehr so recht anschlagen will, weil unter den Laienbrüdern die ungläubigen Thomasse zunehmen und die Erinnerung an das letzte utopische Sodbrennen noch zu frisch ist, dann bleibt neben dem Zuckerbrot der Optionen doch immer noch die Peitsche.

Schon Francis Bacon hat dieses Instrument gekannt und beschrieben. Nur einsetzen ließ es sich damals kaum, weil man im machtlosen frühkirchlichen Stadium gemeinhin wirbt und nicht züchtigt. Trotzdem ist ihm bewußt, daß die aufkeimende Wissenschaft neben leicht zu weckenden großen Hoffnungen noch einen weiteren natürlichen Trabanten besitzt: die Angst vor dem Ruin. Somit, folgert Bacon in seinem eigennützigen Mythendekodierungsversuch *The Wisdom of the Ancients* (1609), hat der advocatus scientiae seinem Zielpublikum einerseits die Zufriedenheit mit dem Status quo zu vergällen – „eingebildete Fülle ist die Hauptursache unseres Mangels"[9] –, damit es zukunftshörig wird. Zum anderen muß er die befremdliche Dialektik in den Griff bekommen, die Wunschbilder regelmäßig mit Bedrohungsszenarien und Verlustphantasien vergesellschaftet.

Der Mechanismus ist schlicht gesagt der, daß jeder, der genug weiß, um durch wissenschaftlichen Eingriff in den Lauf der Dinge eine Wende zum angeblich Besseren herbeizuführen, sich auch vorzustellen vermag, was dabei alles schiefgehen und entgleisen könnte. Dieses Risikobewußtsein wirkte im weiterhin theologisch geprägten frühneuzeitlichen Kontext tendenziell lähmend, weil das Durchbrechen und Manipulieren der göttlichen Ordnung vielfach noch als sünd- und frevelhaft erlebt wurde. Bacon stellt die Angst vor der eigenen wissenschaftlichen Courage deshalb unter utopische Kuratel. Doch diese Zeiten des Taktierens sind längst vorbei. Die alte Kirche ist selbst wissenschaftsgläubig geworden und rehabilitiert einstige Häretiker und Anhänger der Gegenseite wie Galilei. Die neue ecclesia militans aber kennt keine skrupulösen Heiligen mehr, sondern erbaut sich an skrupellosen Nobelpreisträgern. Und da die moderne Nachfolgereligion des Christentums immer mehr kostet und immer weniger leistet, da ihre Himmel auf Erden nicht nur in Bitterfeld den Atem stocken und die Augen tränen lassen, geht sie zunehmend dazu über, nicht die Hoffnung, sondern die bösen Ahnungen zu ihrem wichtigsten Verbündeten zu machen.

Nach dem Motto: Wenn Wissenschaft auf Dauer schon nichts Wunderbares bewirken kann, so vermag sie doch Furchtbares abzuwenden, schürt sie mit Macht die Zukunftsängste ihrer Schutzbefohlenen und malt bei jeder Gelegenheit den Teufel samt apokalyptischer Reiterei an die Wand. Das erste voll ausgestaltete Panorama des Grauens wurde 1967 vom Club of Rome enthüllt und trug den Titel *Die Grenzen des Wachstums.* Seither erfreut sich zumindest das verhängnisorientierte wissenschaftliche Hochrechnungswesen einer rasanten Expansion. Folglich wissen wir alle inzwischen um unsere verzweifelte Lage. Was waren das für glückliche Zeiten, als wir nur mit unserer Sterblichkeit fertig werden mußten. Denn inzwischen sehen wir den Himmel und die so ungemein verschwendungssüchtige Sonne vor lauter Damoklesschwertern nicht mehr. Aids, Krebs, Cholesterin, Weichspüler, Sportplatzschotter, selbst das ballaststoffarme Baguette, alles, aber auch alles trachtet uns nach dem Leben, der Planet liegt in den letzten Zügen, und falls wir im kosmischen Unglückslotto noch einen asteroiden Volltreffer ziehen, ist alles zu spät. Halt, nein, wäre alles zu spät, wenn wir den computergestützten David nicht hätten, der es den Bedrohungsgoliaths schon zeigen wird, den experimentellen Zauberlehrling, der mit den Herausforderungen bekanntlich wächst und wächst und wächst, den verläßlichen Nothelfer für alle Lebenslagen: die wissenschaftliche Forschung, für die uns im eigenen Interesse nichts zu teuer sein sollte. So jedenfalls die zur Zeit vom Wissenschaftsklerus favorisierte Lesart, die den großen Vorteil hat, Investitionsprogramme auch dann noch als menschheitsbeglückend zu qualifizieren, wenn sie zur Weltverbesserung nichts beitragen, sondern die Verwüstung der Wirklichkeit lediglich aufhalten oder verlangsamen.

Etwas weniger zögerlich nähern wir uns dem dritten Protokollsatz und damit dem wunden Punkt des wissenschaftlichen Selbstwertgefühls. Durch die bereits mehr als dreihundert Jahre währende Parusie-Verschiebung, d. h. die ständige Vertagung des Heilseintritts, ist der Vorschein der in Aussicht gestellten künstlichen Paradiese verblaßt, die futurologische Gravitation zur schwachen Wechselwirkung mit dem Wissenschaftssponsor Öffentlichkeit heruntergekommen. Der Absolutheitsanspruch des szientifisch-technokratischen Komplexes, an dem die Neuzeit laboriert, gerät ins Wanken. Die Renaissance der Esoterik und anderer Formen vorwissenschaftlicher ‚Abgötterei' werden ganz richtig als Alarmsignal gedeutet, und das bedrohte Baconsche Glaubenssystem reagiert auf Gleichgültigkeit, Vertrauensschwund oder direkte Verunglimpfung des Machbarkeitsdenkens mit einer Art konzertierter Erweckungsbewegung, und zwar unter apokalyptischem Vorzeichen. Seriöse Wissenschaftsmanager verwandeln sich dabei in spekulative Schadensentgrenzer, in virtuose Multiplikatoren heraufziehender Plagen. Der Ruf nach Buße und Umkehr ertönt in der populärwissenschaftlichen Literatur, die den Kleingläubigen ins Gewissen redet und unter Kapitelüberschriften wie „Die Wissenschaft abschaffen?" ein für allemal klarstellt: „Heute weckt die Wissenschaft keine ... [Fortschritts-]Visionen mehr. Was aber haben wir anders zur Bewältigung der Zukunft als unsere Wissenschaft? ... Wir können sie nicht aufgeben, wenn wir uns nicht selbst aufgeben wollen."[10]

So lautet das rhetorisch aufbereitete Mitgefangen-mitgehangen-Argument, von dem man früher glaubte, es gelte nur für mafiöse Organisationen. Daß inzwischen auch die Cosa Nostra wissenschaftlicher Rationalität so verteidigt wird, läßt tief blicken. Wer seit Generationen auf den großen Paten Francis Bacon und die Industrialisierung gesetzt hat, wollen uns ihre Apologeten einhämmern, der kann nicht mehr aussteigen, es sei denn, er ist lebensmüde. Nur innerhalb der Organisation, innerhalb unserer technischen Hochzivilisation also, gibt es eine halbwegs gesicherte Existenz. Draußen aber lauert der Tod.

Die so denken und sich in der Wagenburg ihrer Wissenschaftshörigkeit verschanzen, brauchen, damit ihnen die eigene Sippschaft und die Bediensteten nicht weglaufen, vor allem eins: Indianer, Indianer, Indianer. Allein der Teufelskreis herumwirbelnder Dämonen, blutrünstiger Feinde des Menschengeschlechts sorgt für die Einmütigkeit der Eingeschlossenen, so daß auch kritische Geister angesichts der überwältigenden Bedrohung ihre Vorbehalte zurückstellen, sich ein- und unterordnen und zu den Pulverfässern eilen. Sobald sich allerdings Auswege auftäten, Horizonte öffneten, wären Solidarität und Gehorsam dahin, und eben deshalb hat die Wissenschaft am Ende des 20. Jahrhunderts einen geradezu unersättlichen Bedrohungs- und Katastrophenbedarf.

Woher aber die Indianer nehmen, die sie selbst an den Rand der Ausrottung gebracht hat? Wie das permanente apokalyptische Grauen, die auf Dauer gestellte Todesangst heraufbeschwören, wenn die Gattung schon mindestens zwei oder drei Millionen Jahre ohne Kugellager und Katalysator über die Runden gekommen ist? Die Antwort lautet in grandioser Schlichtheit: Wo in der Realität und in der Naturgeschichte Beruhigungspotentiale auftauchen, da muß sie unser technologischer Erfindungsgeist beseitigen, wo Fluchtwege vermutet werden, sind sie zu verbauen, wo bei der Tour d'horizon apokalyptische Vakanzen und Defizite ins Auge fallen, setzt geradezu reflexhaft die empirische Unheilsproduktion ein.

Die Wissenschaft ist mit anderen Worten eifrig dabei, die tödlichen Bedrohungen in die Welt zu setzen, durch deren anschließende Bekämpfung oder Schadensminimierung sie ihre Existenz als alternativloser Überlebensgarant rechtfertigt. Damit ist sie aus dem Stadium des guten Willens und der Naivität gegenüber dem eigenen Wesen in das des Zynismus übergetreten und hat ihre ehemals weiße Magie gründlich angeschwärzt. Wissenschaft muß heute hauptsächlich deshalb sein, um die Verheerungen, zu denen sie sich anschickt, in letzter Sekunde wissenschaftlich unter Kontrolle zu bringen, um ihr eigenes Schlimmstes abzuwenden und den Teufel mit Beelzebub auszutreiben, wobei die Sanierungen idealiter ihrerseits nicht rechtzeitig erkannte fatale Folgen haben sollten, die wiederum neuen Forschungs- und Interventionsbedarf erzeugen und so weiter und so fort. Denn nur die atemlose Diskussion um Ausstiege aus immer neuen Risikotechnologien verhindert den Ausstieg aus der apokalyptischen Spirale selbst.

Zwei Beispiele für die Rückkoppelung von Existenzbedrohung durch Wissenschaft und kostenintensiver Lebenserhaltung mittels derselben Instanz mögen an dieser Stelle genügen: die Hochrüstung und das Ozonloch. In beiden Fällen führt der erreichte technische Leistungsstand – einmal bei den Massenvernichtungswaffen, andererseits bei der FCKW-Produktion – zu einer direkten oder indirekten Bedrohung des Fortbestands der menschlichen Rasse. Und da ‚disinvention', d. h. das Ungeschehenmachen von Erfindungen, das einzige ist, was die Wissenschaft ihrem Selbstverständnis nach nicht vermag, werden den Gefahrenherden Frühwarn-, Abschreckungs- und Kompensationstechnologien übergestülpt wie dem Reaktorkern sein Berstschutz. Was der – zumindest in der östlichen Ausführung – taugt, haben wir erlebt. Und auch bei der unfriedlichen Nutzung der Atomenergie ist uns am Ende des Zweiten Weltkriegs sowie bei diversen Testserien ein Anschauungsunterricht zuteil geworden, der keine Zweifel am Overkill-Effekt der vorhandenen Arsenale duldet.

Im zweiten Fall ist das grundsätzlich anders. Ob es sich beim sogenannten Ozonloch überhaupt um eine echte Bedrohung handelt, ist mit letzter Sicherheit noch gar nicht auszumachen. Aber vielleicht ist der Wissenschaft ja mit einem Katastrophenphantasma ebenso oder noch besser gedient als mit selbstgebauten Untergangsmaschinen. Entscheidend für den Selbstbehauptungs- und Wachstumsinstinkt der etablierten Forschung ist schließlich nicht, daß sie mit ihren Horrorszenarien recht behält. Das wäre eine selbstmörderische Form prognostischer Kompetenz. Wissenschaft will aber ad infinitum fortwirken. Deshalb hängt ihr Wohl und Wehe allein davon ab, ob diese Menetekel von der Öffentlichkeit für wahr gehalten werden oder nicht. Denn nur bei blinder Glaubensbereitschaft fließen die Gelder für die wissenschaftlichen Exorzisten der bösen Geister der wissenschaftlichen Vernunft. Das Ozonloch gibt inzwischen Tausenden und Abertausenden Brot und Arbeit. Es ist folglich unverzichtbar, selbst wenn es so nicht existiert, etwa weil es sich um extrem langfristige natürliche Prozesse und Schwankungen handelt.

Die derart gewitzt apokalyptisierte, auf das bloß denkmögliche Unheil setzende Forschung ist fein heraus. Sie braucht den Wahrheitsbeweis für ihre Voraussagen nie anzutreten, legitimiert sie sich doch durch die erfolgreiche Verhinderung des Hochgerechneten und Heraufbeschworenen. Und weil sich fiktive Heimsuchungen auch bei äußerstem wissenschaftlichen Unvermögen irgendwann in Wohlgefallen auflösen, bringen sie jederzeit einen erklecklichen Prestigegewinn für den selbsternannten Krisenmanager und Gegensteuerer Forschung, die den Erleichterungsbonus der ‚Noch-einmal-Davongekommenen' einstreicht und die Genasführten zur Dankbarkeit verpflichtet. Deshalb verhält sich Wissenschaft am Ende unseres Jahrhunderts über weite Strecken alarmistisch und katastrophil. Sie entwickelt und entwirft ein Untergangsszenario nach dem anderen, denn die Hypnotisierung und Hysterisierung ihrer Gemeinde erweist sich als die notwendige Voraussetzung für einen schwungvollen Ablaßhandel.

Allerdings wird diese Rechnung nicht beliebig lange aufgehen. Reizmaximierung hat auch hier Abstumpfung zur Folge, und wir sind, wie eingangs angedeutet, schon jetzt ein abgebrühtes Völkchen. Die Inflation utopischer Hoffnungen und güldener technologischer Zukünfte hat zu einem – literarisch beim frühen Wells, bei Samjatin, Huxley, Orwell, Čapek dokumentierten – Vertrauensverlust geführt, zum Aufbau eines skeptischen Immunsystems, welches uns nahelegt, daß die Dauerberieselung durch die Sirenenklänge des Reichs der Freiheit unsere Lebensqualität keineswegs erhöht hat und wir ohne utopische Selbstüberhebung und Selbstüberforderung besser zurechtkommen werden. Und vielleicht zerbricht eine ähnliche Übersättigung und Überdrußreaktion bald auch die derzeitige Zweckgemeinschaft von technologischem Denken und apokalyptischer Imagination. Aus dem siebten Himmel der Baconschen Verheißungen sind wir herabgestiegen, ohne uns den Hals zu brechen. Wie lange wollen wir uns jetzt im sechsten herumtreiben? In der apokalyptischen Beletage, auf der die wissenschaftliche Megalomanie sich damit tröstet, daß sie, wenn schon keine Verparadisierung, so doch eine Infernalisierung von Welt zuwege bringen könnte, und sich selbst dabei immer wieder kokett auf die zuckenden Finger klopft.

Anmerkungen

1 Gerhard Marcel Martin, *Weltuntergang: Gefahr und Sinn apokalyptischer Visionen.* Stuttgart: Kreuz Verlag 1984.
2 G. E. Grimm, W. Faulstich, P. Kuon (Hgg.), *Weltuntergangsvisionen in der Literatur des 20. Jahrhunderts.* Frankfurt: Suhrkamp 1986.
3 Ben R. Finney, Eric M. Jones (eds.), *Interstellar Migration and the Human Experience. Proceedings of the Conference on Interstellar Migration Held at Los Alamos in May 1983.* Berkeley/Los Angeles: University of California Press 1985.
4 Ebd., „Introduction", S. 3f.
5 K. Ludwig Pfeiffer, „Apocalypse: It's Now or Never – Wie und zu welchem Ende geht die Welt so oft unter?" in: *Sprache im technischen Zeitalter* 83 (1982), 181–196, hier S. 185.
6 David R. Criswell, „Solar System Industrialization: Implications for Interstellar Migrations", Finney/Jones, *Interstellar Migration*, 50–87, hier S. 83.
7 „Description of a Natural and Experimental History, Such as May Serve for the Foundations of a True Philosophy", *The Works of Francis Bacon*, ed. J. Spedding, R. L. Ellis, D. D. Heath; vol. IV. London: Longman 1860, S. 252.
8 *New Atlantis, The Works of Francis Bacon*; vol. III, S. 136.
9 „Prometheus", *The Works of Francis Bacon*; vol. VI, 745–753, hier S. 749.
10 Armin Hermann, *Wie die Wissenschaft ihre Unschuld verlor: Macht und Mißbrauch der Forscher.* Stuttgart: Deutsche Verlags-Anstalt 1982, S. 10.

Christoph Rehmann-Sutter

Was ist ein Lebewesen?

Zur philosophischen Herausforderung durch die Molekularbiologie[1]

I

Das Bild der Lebewesen, das uns die Molekularbiologie zeichnet, hängt in besonderer Weise davon ab, wie sie die Rolle der DNA im Zusammenhang der Zelle einschätzt. Soviel Klarheit über die Funktion der DNA innerhalb der Proteinsynthese besteht und soviel Wissen über die Wirkung einzelner Gene auf der Ebene des Phänotyps vorliegt, so unklar bleibt doch die Rolle des ganzen Chromosoms im Ganzen einer Zelle. Über die Rollenverteilung zwischen DNA und den anderen Zellbestandteilen im lebendigen Prozeß muß man spekulieren.

Eine Ansicht von der Rolle der DNA im Organismus ist verbreitet: Die DNA enthalte einen *Plan,* eine *Bauanleitung* oder ein *Programm* zur Entwicklung des Organismus. „Die Erbinformation enthält ein genaues *Entwicklungsprogramm,* das die Entwicklung von der befruchteten Eizelle bis zum erwachsenen Organismus steuert.“[2] – Trotz aller Differenzen ist den Begriffen Plan, Bauanleitung und (Entwicklungs-)Programm eines gemeinsam: Sie implizieren, *die Sequenz der DNA-Basenpaare sei ein verschlüsseltes Bild des Lebewesens und seines Wandels.* Es besteht die Meinung, die Gensequenzen seien ein Code, der die Entwicklung, die Gestalt, die Fähigkeiten und die Organausstattung des Lebewesens festlegt, das die Gene trägt. So heißt es bei Jacques Monod über das „Alphabet“ der Nukleotide: „In diesem Alphabet kann [...] die ganze Vielfalt der Strukturen und Leistungen abgefaßt werden, die in der belebten Natur enthalten sind.“[3] Wenn die DNA so etwas ist wie ein Alphabet, wie eine Schrift, so ist zu fragen, was in ihr geschrieben steht. Die Metapher der Buchstaben, die sich bei der Beschreibung der DNA-Struktur in der Tat aufdrängt,[4] scheint so ausgelegt zu werden, daß die Nukleotidschrift das Lebewesen selbst beschreibe. Gemäß dieser Antwort stellen die Nukleotidsequenzen in der Summe die für den Aufbau und die Entwicklung des Lebewesens nötige Information dar. „Man kann diese DNS als einen Satz von Instruktionen auffassen, die im Nucleotiden-Alphabet A, T, C, G aufgezeichnet sind und angeben, wie ein Körper gemacht weden soll. Es ist so, als ob es in jedem Raum eines gigantischen Gebäudes einen Bücherschrank gäbe, der die Pläne des Architekten für das gesamte Gebäude enthält."[5] Ich bezeichne im folgenden diese Auffassung von der Rolle der DNA im Organismus als *Vorbildtheorie der DNA*. Dabei ist der Begriff des „Bildes" in einem weiten Sinn genommen. Nicht nur drei- oder zweidimensionale räumliche Abbildungen sollen gemeint sein können, sondern Codierungen der Gestalt, der Funktion und des Entwicklungsprozesses überhaupt.

Die Vorbildtheorie der DNA ist nicht nur eine wertneutrale Beschreibung wirklicher Organismen, die richtig oder falsch sein kann, sondern sie hat ontologisches Gewicht: Wenn die DNA ein abstraktes Vorbild des Lebewesens ist, das von der biochemischen Maschinerie der Zellen abgelesen werden kann, ist auch eine bestimmte Antwort auf die Frage nach dem essentiellen Kern der Lebewesen vorgezeichnet. Wie könnte man anders, als in der DNA eines Lebewesens dessen „Wesen" zu sehen, also das, was es zum Lebewesen, zum bestimmten Lebewesen macht? Was das Lebewesen bestimmend ausmacht, wäre sein Genotyp.

Für diese Interpretation scheint auch die Universalität des Bauprinzips DNA zu sprechen: Alle teilungsfähigen Zellen aller Lebewesen, so verschieden sie morphologisch auch sind, enthalten DNA als Informationsträger. Mit kleineren Abweichungen ist sogar die Übersetzungsvorschrift von DNA-Basentripletts zu Aminosäuren, der sog. „genetische Code" universal. Sogar die azellulären Organismusformen, die Viren, funktionieren so. Die Ausnahme bilden auf den ersten Blick nur die RNA-Viren; von diesen enthalten aber zumal die Retroviren das Enzym Reverse Transkriptase, mit dessen Hilfe in der Wirtszelle von viralen RNA-Chromosomen zuerst eine funktionelle DNA-Kopie hergestellt wird. Und die übrigen RNA-Viren, bzw. deren Wirtszellen, „lesen" die RNA-Tripletts wie die Zelle ihre DNA. Das Prinzip ist offensichtlich im Leben auf der Erde allgemeingültig.

In seinen ideengeschichtlichen Erörterungen erkennt Max Delbrück, einer der Pioniere der Forschung an Bakteriophagen, im Prinzip DNA jenes formende Prinzip wieder, welches für Aristoteles der männliche Samen enthielt: „Aristotle, I should like to utilize this opportunity to state the conjecture that this wonderful man discovered DNA. [...] What strikes the modern reader most forcibly is his insistence that in the generation of animals the male contributes, in the semen, a *form-principle,* not a mini-man"[6]. Delbrück übersetzt aus der aristotelischen Schrift *de generatione animalium* die Sätze, wonach das Männliche bei der Zeugung den Plan der Entwicklung beisteuere und das Weibliche das stoffliche Substrat. Das Formprinzip sei zu vergleichen mit einem Handwerker, denn es sei die bewegende Kraft, welche das Substrat verändert, ohne daß die bewegende Kraft je im materiellen Produkt enthalten ist. Das Formprinzip bewege, ohne selbst bewegt zu sein.[7] It is my contention that Aristotle's principle of the ‚unmoved mover' perfectly describes DNA: it acts, creates form and development, and is not changed in the process."[8] Diese Interpretation der DNA in Begriffen der aristotelischen Form-Stoff-Ontologie ist von anderen Denkerinnen und Denkern der Gegenwart aufgenommen worden, wohl nicht deshalb, weil Delbrück eine sonst verborgene Konjektur aufgedeckt hätte, sondern eher weil es einfach auf der Hand liegt, den Sachverhalt in dieser Art zu verstehen: es ist die direkte ontologische Implikation der Vorbildtheorie der DNA.

Eve-Marie Engels zieht das Fazit: „So ist die aristotelische Form mit der genetischen Information vergleichbar, in der die zukünftige Gestalt des Organismus und die Schritte der Realisation dieser Gestalt verschlüsselt liegen."[9] Oder Ernst Mayr: „Just as the blueprint used by the builder determines the form of a house, so does the *eidos* (in its Aristotelian definition) give the form to the developing organism, and the *eidos* reflects the terminal *telos* of the fullgrown individual. [...] There is, of course, one major difference between Aristotle's interpretation and the modern one. Aristotle could not actually *see* the form-giving principle (which, after all, was not fully understood until 1953) and assumed therefore that it had to be something immaterial. [...] Since the modern scientist does not actually ‚see' the genetic program of DNA either, it is for him just as invisible for all practical purposes as it was for Aristotle. Its existence is infered, as it was by Aristotle."[10] „Aristotle's *eidos* is a teleonomic principle which performed in Aristotle's thinking precisely what the genetic program of the modern biologist performs".[11] „[T]here is a remarkably close analogy between the postulated properties of the *Lebenskraft* of many authors from Aristotle on and the actual properties of the genetic program (DNA)."[12] Delbrück, Engels und Mayr bringen die Auffassung zum Ausdruck, wonach im Prinzip DNA die naturwissenschaftliche Antwort vorliege auf die alten metaphysischen Fragen nach dem Wesen des Lebens. Das, was ältere Denker mit den Begriffen der Entelechie und der Lebenskraft[13] gemeint haben, sei nun in Gestalt der DNA entdeckt worden. Ich will diese Auffassung, die mit der Vorbildtheorie der DNA verknüpft ist, die *These von der essentiellen Natur der DNA* nennen. Das Wort „essentiell" wird dabei im ontologischen Sinn gebraucht. Die These von der essentiellen Natur der DNA besagt also, daß im Prinzip DNA eine Antwort auf die Frage nach dem Sein der Lebewesen zu finden sei.

II

Im folgenden möchte ich mit Hilfe eines Gedankenexperiments untersuchen, ob die von der Molekularbiologie entwickelten Theorieelemente eine Interpretation im Sinne der Vorbildtheorie der DNA und der These von ihrer essentiellen Natur überhaupt zulassen. Darf die Rolle der DNA im Zusammenhang der Zelle und des Organismus tatsächlich so ausgelegt werden oder ergeben sich damit nicht vielmehr Widersprüche *innerhalb* der Biologie selbst? Meine Frage ist, ob die Molekularbiologie für die herausgestellte philosophische Interpretation überhaupt die Berechtigung gibt.

Stellen wir uns folgende experimentelle Anordnung vor: Ein kleines Stück DNA aus einer Bakterienzelle (z. B. das Gen A aus *E. coli)* soll *in vitro* zur

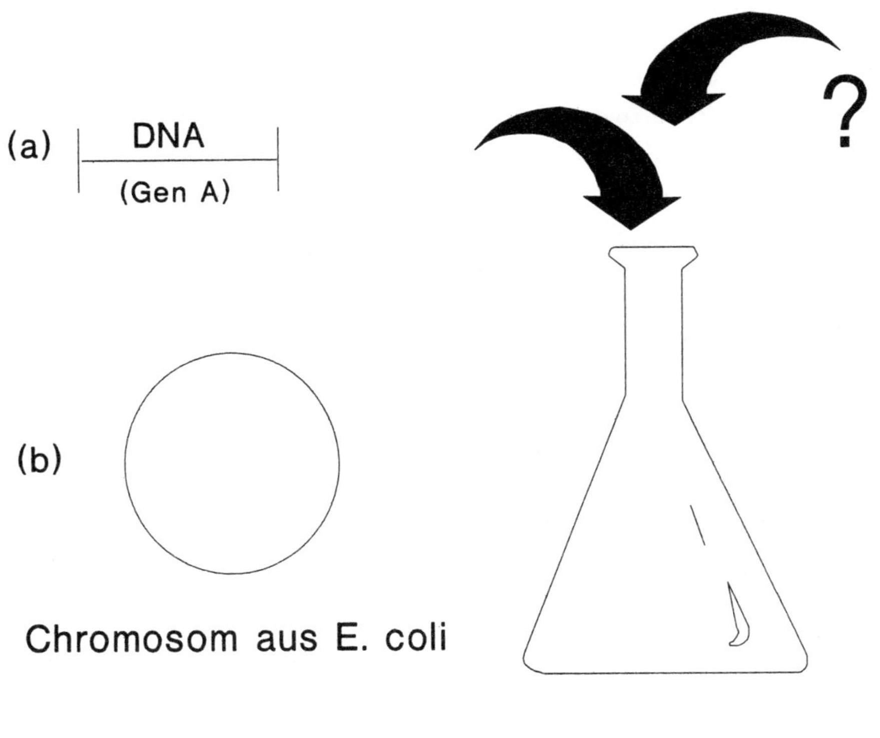

Funktion gebracht werden (s. Abb. 1a). Was muß alles in die Lösung gegeben werden, damit das Gen A abgelesen wird und ein Eiweißmolekül a entsteht? Es werden eine ganze Reihe von Komponenten nötig sein: insbesondere Vorräte an t-RNAs, Aminosäuren, Ribosomen, eine Kollektion von speziellen Enzymen wie Synthetasen und Regulationsfaktoren. Experimente von diesem Typ wurden tatsächlich durchgeführt. Die zugegebenen Bestandteile stammten dabei aus fraktioniertem Zellmaterial; sie wurden also nicht einzeln zugefügt, sondern waren nach einer relativ groben Aufteilung der Zellbestandteile in einer der Fraktionen vorhanden, deren Zusammensetzung nicht bis in alle Details bekannt war.[14]

Versuchen wir uns nun vorzustellen, was nötig wäre, um nicht nur ein einzelnes Gen oder wenige Gene zu exprimieren, sondern das ganze Bakterienchromosom, also die ganzen ca. 3×10^6 Basenpaare oder ca. 2500 Gene (Abb. 1b). Was müßte der Lösung zugegeben werden, damit das *E. coli*-Chromosom als *E.coli*-Chromosom funktioniert? Dazu müßte das Chromosom nicht auf einmal vollständig abgelesen werden, sondern die Gene dürften nur in genau der differentiell regulierten Weise exprimiert werden, wie sie von lebendigen Zellen exprimiert werden. – Die Antwort ist, daß man eigentlich gar nichts weglassen dürfte, was in den lebendigen Zellen da ist. Insbesondere könnten die Zellwand, die Membranen, die Rezeptoren und der Fortbewegungsapparat des Bakteriums nicht fehlen. Es müßten, denkt man dies konsequent zu Ende, nichts anderes als vollständige, vitale *E. coli*-Zellen um die Chromosomen herum gebaut werden, bis das isolierte Chromosom „richtig" d. h. natürlich funktionieren kann. Würden Bestandteile weggelassen oder Teile falsch zusammengefügt, könnten höchstens Teilfunktionen aktiviert werden oder die Genregulation wäre nicht mit der natürlichen Situation identisch.

Solche Experimente konnten bislang freilich noch nicht wirklich durchgeführt werden, sie werden auch für die absehbare Zukunft unmöglich bleiben. Es ist also eine Extrapolation aus den bekannten Daten über die Struktur und Funktion der Bakterien, die es uns sozusagen spekulativ erlaubt, das Experiment zumindest in Gedanken zu realisieren. Je mehr Daten über die Komplexität der zelleigenen Genregulation vorliegen werden, desto stärker wird dies unser Resultat unterstützen, daß es ganze, intakte Zellen bräuchte, um das isolierte Chromosom in seiner natürlichen Aktivität sich entfalten zu lassen.

Welche Schlüsse müssen wir aus dem Ergebnis dieses Gedankenexperimentes ziehen? – Zunächst haben wir den Satz bestätigt: *Omnis cellula ex cellula.* Es braucht immer das Ganze einer Zelle, damit eine neue Zelle entstehen kann. Eine Zelle entsteht nicht aus der DNA, sondern aus einer Zelle. Die DNA ist nicht in der Lage, im Bau oder im Leben einer Zelle zu funktionieren, außer sie befindet sich als Bestandteil schon in einer funktionierenden Zelle. Damit die DNA gemäß der Vorbildtheorie ihr Entwicklungsprogramm für den Organismus entfalten kann, muß der Organismus, für welchen sie das Programm enthält, schon vorhanden sein. Das ist eine für die Vorbildtheorie sehr unangenehme Konsequenz. Die DNA scheint nur unter Inkaufnahme theoretischer Ungereimtheiten als Plan, Bauanleitung etc. aufgefaßt werden zu können.

Viel plausibler scheint eine „organismische" Interpretation der Rolle der DNA zu sein. Sie würde darauf hinzielen, die DNA als spezialisierten funktionalen Bestandteil einer Zelle zu verstehen, welche einfach im Zusammenspiel mit den übrigen Zellbestandteilen eine besondere Aufgabe erfüllt. Diese Aufgabe wäre aber nicht damit beschrieben, daß sie ein verschlüsseltes Entwicklungsprogramm enthält, welches von den übrigen Zellbestandteilen zur Ausführung gebracht wird, sondern sie besteht im Speichern und Verfügbarhalten von Aminosäuresequenzen von Proteinen. Damit der Organismus sich entwickeln kann, ist immer schon ein Organismus nötig. Im Bereich des Lebendigen scheint zuzutreffen, daß „nur aus Organisation Organisation sich bildet".[15]

Die DNA ist für das Leben, für die Differenzierung und Entwicklung eines Organismus nötig. Ohne DNA läuft in der Zelle nichts und mit veränderter DNA läuft etwas anderes. Weniger salopp ausgedrückt: Wenn die DNA aus einer Zelle entfernt oder künstlich am Funktionieren gehindert wird, verlieren die biochemischen Einzelreaktionen ihre organisierte Koordination. Sie verselbständigen sich. Der organische Prozeß kommt zum Erliegen.[15a] Der Organismus, der sich als lebendiger fern vom thermodynamischen Gleichgewicht gehalten hat, zerfällt in Bestandteile und Einzelprozesse, denen die Gesetze der Thermodynamik nun allein die Richtung vorschreiben. Wir sprechen bei diesem Vorgang vom Tod des Lebewesens. Die DNA spielt die Rolle eines zentralen Funktionselementes zur Konstitution der Selbstreferenz aller im Organismus ablaufenden Prozesse, also zur Gewährleistung dessen, was die neuere Systemtheorie mit dem Begriff der Autopoiesis[16] zu beschreiben versucht. Deshalb ist es möglich, durch („gentechnologische") Eingriffe in die Basensequenz der DNA die Gestalt, die Eigenschaften und Fähigkeiten eines Lebewesens zu verändern.[17] Der lebendige Prozeß wird mehr oder weniger dramatisch umgelenkt, wenn die Basensequenz geändert wird. Oder umgekehrt gesagt: Für einen *bestimmten* lebendigen Prozeß ist eine *bestimmte* DNA nötig.

Wir können schreiben: Die Zellen sind so eingerichtet, daß ihre ständige innere Interaktion mit Genen die Prozesse *möglich macht*, welche zum Leben eines Lebewesens gehören. Zur Gewährleistung der Selbsterhaltung, der Entwicklung und zur Verwirklichung sämtlichen Verhaltens werden immer wieder bestimmte Gene exprimiert und andere stillgehalten. Die DNA enthält in komplexer Weise die Information für die Aminosäurensequenzen der gebildeten Proteine. Unter der Voraussetzung, daß die richtigen Enzyme zur Transkription (Synthese einer Boten-RNA) und Translation (Proteinsynthese) gegenwärtig sind, d. h. wenn die richtigen Tripletts als „Start" und „Stop" interpretiert und die richtigen Verbindungen zwischen Tripletts und Aminosäuren geschaffen werden, können von einem Stück DNA in determinierter Weise Proteine entstehen. Bei den eukaryontischen Zellen, die anders als die Bakterien mit einem echten Zellkern ausgestattet sind, kommt als Komplikation noch hinzu, daß die Boten-RNA „gespleißt" wird: Bestimmte Teilstücke werden von spezialisierten Enzymen herausgeschnitten, bevor die Boten-RNA zur Proteinherstellung die Sequenzinformation beisteuert. Die gebildeten Proteine sind einesteils strukturelle Bausteine für die Zelle, andernteils aber als Enzyme dazu spezialisiert, bestimmte biochemische Reaktionen katalysieren zu können. Zudem sind die Proteine wirksam in der Regulation der Aktivität von Genen. Sie fungieren als Repressoren und Aktivatoren, z. T. wirken in der Regulation eines Gens sogar mehrere Regulatorproteine zusammen.[18] Die DNA enthält damit die Informationen, die zur Herstellung der Faktoren nötig ist, welche die eigene Aktivität kontrollieren. Wann aber ein einzelnes Gen abgerufen wird, hängt nicht nur von der Sequenz der DNA ab, sondern vom *Gesamtzustand* der Zelle und ihrer Umgebung. Die Regulatorproteine können interpretiert werden als Mittel, welche die Zelle dazu einsetzt, die Aktivität der verschiedenen Gene vom Gesamtzustand der Zelle und von Umgebungseigenschaften *abhängig* zu machen. Nur so kann die Zelle ihre Struktur, ihren Stoffwechsel und ihr Verhalten *anpassen.*

So betrachtet, spielen die Gene innerhalb der Zelle keine „bestimmende" Rolle, d. h. von ihnen gehen keine „Befehle" zur Entwicklung der Zelle aus, auch nicht in einem übertragenen Sinn. Die Gene können nicht die „Essenz" des Lebewesens sein. Sie sind ein organisiertes Lager von codierten Proteinsequenzen, welche irgendwann abgerufen werden können. Wie die DNA selbst organisiert ist, ist für das Abgerufenwerden zwar wichtig, die DNA allein ist aber nicht selbst die Information für ihr angepaßtes Abgerufenwerden. Es ist eher die Ebene des komplexen, selbst-bewegten Ganzen des zellulären Prozesses, worin das Geheimnis oder das Wesen des Lebendigen liegt. Daran hat die DNA einen wichtigen Anteil. Das Wesen kann aber nicht im Zellkern enthalten sein.

III

Unser Gedankenexperiment ist ein erstes Indiz dafür, daß die Auffassung von den Genen als „Plan“, „Entwicklungsprogramm“ etc. nicht zutreffen kann. Es zweites Indiz ist, daß Dinge wie Pläne, Programme, Bilder, Bauanleitungen usw. eine Differenz von Plan und Geplantem, Programm und Programmiertem, Bild und Abgebildetem, Bauanleitung und Ausgeführtem voraussetzen, allgemein gesagt, ein *semantisches Verhältnis*, das sich in die Ebene molekularer Interaktionen nicht hineindeuten läßt.

Das hängt natürlich davon ab, wie wir die Begriffe des Programmes, des Planes etc. verstehen. Denken wir an menschliche Artefakte, z. B. an Konzertprogramme, Architekturpläne, naturalistische Gemälde, Bastelanleitungen, so ist klar, daß es sich dabei um ideelle Strukturen mit einer Beziehung auf eine gegenständliche Struktur handelt. Das Konzertprogramm ist nicht erst gegenwärtig, wenn es geschrieben oder sogar gedruckt vorliegt. Es kann bloß in Form von Absichten und Abmachungen zwischen den Musikerinnen und Musikern bestehen. Dasselbe gilt für Architekturpläne und Bastelanleitungen. Obwohl sie meistens aufgezeichnet werden, muß man zugestehen, daß die Formidee der Architektin oder die Konstruktionsidee des Ingenieurs der eigentliche Plan ist. Die Aufzeichnung dient dem Mitteilen des Planes und macht ihn für andere nachvollziehbar. Beim Gemälde, auch beim naturalistischen, liegen die Verhältnisse anders, denn man wird dem Gemälde nicht gerecht, wenn man es als bloße Reproduktion der Natur ansieht. Es ist immer eine genuin bildliche Interpretation von Gesehenem und kann die Betrachtenden zu eigenem neuen Sehen anleiten. Insofern hat das künstlerische Bild ein eigenständiges Dasein.[19] Dennoch, oder erst recht, ist eine Beziehung zwischen Bild und Natur da, aber wohl eine Beziehung komplexerer Art als zwischen einem Gegenstand und seinem Abbild. Für alle diese Beispiele trifft aber zu, daß die Beziehung zwischen ideeller Struktur und gegenständlicher Struktur den intentionalen Charakter des Meinens hat. Es ist dieselbe Grundstruktur, wie bei Zeichen und ihrer Bedeutung: Mit einem Zeichen ist eine Bedeutung gemeint. Wenn wir von Plänen, Programmen, Bildern und Konstruktionsanleitungen in menschlichen Handlungs- und Kommunikationszusammenhängen sprechen, implizieren wir jeweils eine Variante der Grundstruktur des Bedeutens. Damit es einen Sinn macht, von der Bedeutung von etwas zu sprechen, muß das Dritte gegeben sein, ohne das Bedeutungsverhältnisse nicht vorkommen können. Es müssen *Subjekte* dasein, welche etwas meinen. Semantische Verhältnisse lassen sich innerhalb der Ebene reiner Objektivität nicht rekonstruieren. So gesehen, wäre es Unsinn, mit diesen Begriffen molekulare Reaktionsabläufe beschreiben zu wollen. Die DNA der Lebewesen ist von keinem Subjekt „geschrieben“ worden, sondern hat sich durch Mutation und Selektion im Laufe eines evolutionären Prozesses *ergeben*[19a].

Vielleicht ist es aber möglich, den Begriff des Programmes in einem erweiterten Sinn zu verstehen, wie das vom Molekularbiologen Gunther Stent vorgeschlagen wurde. Er reiht die Entwicklung eines Lebewesens der großen Klasse von „regelmäßigen Phänomenen“ ein, die alle dadurch charakterisiert seien, daß eine spezielle Reihe von Anfangsbedingungen im allgemeinen zu einer bestimmten Reihe von Konsequenzen führt, über eine mehr oder weniger invariante Reihe von Zwischenschritten. Nur eine kleinere Unterklasse von regelmäßigen Phänomenen könnten „programmatische Phänomene“ heißen. Bei diesen müsse die notwendige Bedingung erfüllt sein, daß zusätzlich zum Phänomen selbst noch ein zweites Ding, das „Programm“ existiert, dessen Struktur mit dem Phänomen „isomorph“ ist und mit dem Phänomen in eine „Eins-zu-eins-Korrespondenz“ gebracht werden kann.[20] Diese Isomorphiebedingung sei zwischen der Basensequenz der DNA und der Aminosäuresequenz der Polypeptidketten erfüllt. Die Proteinsynthese kann also nach dieser Auslegung des Programmbegriffes als „programmatisches Phänomen“ gelten. Allerdings ist, wie Stent sieht, die Bedingung schon bei der darauffolgenden Faltung der Polypeptidkette zum dreidimensionalen Eiweiß, z. B. zum funktionalen Enzym, nicht mehr erfüllt, denn die räumliche Konformation des Moleküls (seine sog. Tertiärstruktur) ist die Konsequenz seiner „kontextuellen Situation“ und hat selbst keine isomorphe Korrespondenz auf der DNA.[21] Die Raumstruktur des Eiweisses ist unter anderem vom pH, vom Salzgehalt, aber auch von der Präsenz anderer makromolekularer Bindungspartner im Zytoplasma abhängig. In dieser Auslegung enthält die DNA zwar Programme für die Konstruktion von linearen Polypeptidketten, aber nicht für die weitergehenden, komplexen Lebensprozesse, die in der Entwicklung eines Organismus vorkommen.

Aber immer noch bleibt eine – mittlerweile umgangssprachliche – Verwendungsweise des Begriffs Programm unbesprochen, nämlich das „Programm“ von Computern. Software ist gewiß eine ideelle Struktur, die aber trotzdem in der Ebene bloßer Objektivität wirksam ist, – soweit man den Halbleiterbauelementen, Kondensatoren und Widerständen, aus denen ein Computerhirn im wesentlichen besteht, nicht eine Subjektivität zugestehen will.[22] Ich kann ein Programm auf einer Diskette kaufen und damit meinen Computer zu programmiertem Verhalten bringen. Was der Rechner „sieht“, ist aber nur eine lineare Abfolge von zwei magnetischen Zuständen in den Spuren der Diskette, als solche durchaus vergleichbar mit der linearen Abfolge von vier Basen auf dem DNA-Einzelstrang. Und auch das Computerprogramm ist so ausgelegt, daß sich das Verhalten der Maschine nur in Abhängigkeit von einer kontextuellen Situation voraussagen läßt. Es kommt darauf an, was ihm von außen in jedem Arbeitsschritt für Befehle eingegeben werden, z. B. welcher Text, welches Seitenformat etc. für die Textverarbeitung eingelesen werden. Zwischen den Programminformationen auf der Diskette und dem tatsächlich im Arbeitsablauf verwirklichten Verhalten der Maschine besteht *keine* Isomorphie. Dennoch sprechen wir aber – wir meinen mit Recht – davon, daß ein Computer programmiert wird.

Ich glaube, daß dieses Beispiel imstande ist, die Gültigkeit von Stents Programmdefinition außer Kraft zu setzen. Es ist nicht die Isomorphie zwischen Programm und Programmiertem, das uns veranlaßt, bei bestimmten regelmäßigen Phänomenen den Ausdruck des Programmes für angebracht zu halten, sondern das Verhältnis des Gemeintseins des programmierten Ablaufs durch eine ideelle Struktur. Das ist nämlich im Fall des Computerprogramms gegeben: Der Computer ist programmiert, weil *ein Mensch* ihn (in ziemlich verwickelter Weise) dazu gebracht hat, sich in bestimmten Situationen so und so zu verhalten. Der Programmierer ist in der Rolle eines Ingenieurs. Er baut zwar nicht die Maschine, aber er plant ihr Verhalten; er bestimmt im voraus, was sie tun wird, falls bestimmte „Umwelt"-Stimuli eintreffen. Kein Computerprogramm ist zu denken außerhalb eines menschlichen Planes.

Wenn Computer so programmiert werden, daß sie „selbst" andere Computer programmieren, ist die Ebene des von Menschen geplanten Verhaltens nicht verlassen worden, auch dann nicht, wenn stochastische Prozesse zur Strukturierung des von der Maschine selbst geschriebenen Programmes mit benützt werden. Die Unvoraussagbarkeit der Programmstruktur wäre auch dann von Menschen beabsichtigt – oder immerhin zugelassen. Und der Prüfstein wäre nur noch, ob wir einem unvorausgesehenen und in keiner Weise menschlich geplanten, von Maschinen selbst geschriebenen „Programm" seinen Namen noch sinnvoll geben. Ich würde sagen, es handelte sich dann um „so etwas wie" ein Programm, nämlich um etwas, das auch hätte von Menschen geschrieben sein können. Die Tatsache, daß es keinen Bezug zu (subjektiver) Intentionalität hat, macht es aus, daß es „eigentlich" kein Programm ist. Wir nennen auch nicht eine Diskette ein Programm, sondern das, was auf der Diskette gespeichert ist. In einem solchen Fall, wäre aber nichts gespeichert, sondern es handelte sich lediglich um eine Reihe von binären Zuständen, welche in der Lage ist, im Verhalten von Computern eine wichtige Rolle zu spielen.

Von dieser letzteren Art sind auch die DNA-Sequenzen der lebendigen Wesen. Niemand hat sie programmiert. Und auch wenn Gott am Anfang der Welt die Sequenzen geplant hätte, wäre im Laufe der (stochastischen) evolutionären Prozesse seither der Charakter der Geplantheit verlorengegangen. Die DNA ist höchstens, wie ein zufällig maschinengeschriebenes Computerprogramm, „so etwas wie" ein Programm, d. h. sie ist in der Lage, in den Prozessen der Entwicklung und des Verhaltens der Lebewesen eine unentbehrliche und äußerst wichtige Rolle zu spielen.

IV

Unser Befund ist der folgende: Die Vorbildtheorie der DNA führt zu Widersprüchen und operiert mit Begriffen, welche zwar große Suggestionskraft an sich haben, aber der Sache, die sie bezeichnen wollen, nicht gerecht werden. Entsprechend ist die These von der essentiellen Natur der DNA kaum aufrechtzuhalten. Welche Konsequenzen sind daraus zu ziehen?

Zuerst müssen wir anerkennen, daß auch nach der Aufklärung des genetischen Codes und nach der Kenntnis der genauen DNA-Sequenz eines Lebewesens das Geheimnis des Lebens im allgemeinen und im besonderen in keiner Weise gelüftet ist.[23] Wir haben detaillierte Kenntnisse über *einen* wichtigen Lebensprozeß gewonnen, und es sind uns damit auch ungeahnte Möglichkeiten zur Manipulation von Lebewesen und von Eingriffen in die zukünftige Evolution eröffnet. Vielleicht war die Vorbildtheorie und die These von der essentiellen Natur der DNA auch deshalb so gerne akzeptiert worden, weil sie den Errungenschaften der Molekularbiologie viel Ehre zuteil werden läßt. Der nüchterne Blick zeigt, daß es mehr Ehre ist, als ihr rechtmäßig zukommt. Jedenfalls hat die Biologie mit der DNA nicht das in Händen, was das Leben der Lebewesen auszeichnet, sondern lediglich einen funktionalen Bestandteil von Organismen. Die Theorie von der DNA löst nicht die ontologische Frage des Lebens. Metaphysisch ernüchtert, kann vielleicht die Molekularbiologie erst recht gewürdigt werden: Auch wenn die Molekulargenetik nichts zur Entzauberung des Lebens beiträgt, bringt sie doch tiefere Einsichten in jene letztlich geheimnisvoll bleibenden Zusammenhänge, welche im Lebendigen am Werk sind.

Zum Zweiten ist es offensichtlich zwecklos geworden, ein Programm der

Entwicklung des Lebewesens *hinter* der Entwicklung selbst zu suchen. Alle Regelmäßigkeiten des lebendigen Prozesses zeigen sich im wirklichen Prozeß. Es gibt keine Ebene dahinter. Es gibt kein Bild der Zelle in der Zelle, sondern nur sie selbst, im tätigen Lebensvollzug. Dadurch gewinnt diese Wirklichkeit aber an Bedeutung. Wenn das Eigentliche am Leben nicht hinter den tatsächlichen einzelnen Lebenswirklichkeiten der verschiedenen Organismen liegt, sondern diese Wirklichkeit *ist*, ist unser Blick auf die Vielfalt und den Reichtum dieser Lebenswirklichkeit gelenkt. Wir haben die Hoffnung gewonnen, die biologische Wirklichkeit *um ihrer selbst willen* zu beobachten, zu beschreiben und zu untersuchen, und nicht, weil wir mit ihrer Hilfe das darunterliegende Prinzip des Lebens zu finden hoffen.[24]

Drittens: Alle Ontologie, die einen Teil des Gegenstandes zu seinem Prinzip erhebt, beobachtet den Gegenstand unter dem Aspekt der Herrschaft. Das griechische Wort *arché* umfaßte beide Bedeutungen: Prinzip und Herrschaft. Sehen wir es in der Sequenz der DNA, setzen wir voraus, daß sie im Inneren der Zelle das Bestimmende ist. Dabei legen die Beobachtungen der Molekularbiologie, soweit sie die Genregulation versteht, eine solche Sicht nicht nahe. Wir tragen sie, wenn wir sie sehen wollen, vielmehr in die Beobachtungen hinein.[25] Daraus, daß die Sequenzinformation gewöhnlich nur in einer Richtung kopiert wird, nämlich von der DNA zur RNA zum Protein (das nicht mehr ausnahmslos gültige sog. „zentrale Dogma" der Molekulargenetik), kann man nicht ableiten, daß die DNA-Sequenz die Form und die Entwicklung eines Lebewesens *bestimme*. Die Richtung, in der die Regulation der Gene wirkt, ist zur Kopierrichtung entgegengesetzt und hebt die Unidirektionalität der Wirkungen auf. Die Beobachtungen der Molekularbiologie zeigen die Zellen nicht als ein hierarchisch organisiertes System von molekularen Interaktionen. Es ist höchstens unser voreingenommener Blick, der ein solches Organisationsprinzip sucht. Man muß *ideologiekritisch* fragen: Welche Funktion hat die hierarchische Interpretation der Molekularbiologie innerhalb der Legitimation von menschlichen Sozialsystemen?[26] Und welche Funktion hat sie zur Erzeugung des Gefühls, mit Philosophie die Lebewesen sozusagen intellektuell zu beherrschen?

Viertens: Die Molekularbiologie zeichnet, allem Anschein zum Trotz, kein geschlossenes Bild vom Lebewesen. Die Sequenzinformation der DNA ist nicht mit einem Prinzip zu identifizieren, das den Organismus von innen her organisiert, ihn zu einem Ganzen macht und den Unterschied zwischen innen und außen stabilisiert. Das wäre eine überzogene und anderes außer Acht lassende Interpretation der Rolle der DNA im Zusammenhang der Zelle. Die DNA hat natürlich wesentlichen Anteil an jenen Prozessen, die in ständiger

Interaktion mit sich und der Umgebung die Einheit, Ganzheit und Erhaltung des Organismus stiften und ihn nach innnen differenzieren. Daß der DNA die Rolle der inneren Organisationsinstanz zugeschrieben wurde, hängt gewiß mit der in unserer Denktradition vorherrschenden Art zusammen, ein Ding überhaupt zu denken.[27] Wenn wir uns von dieser Voreingenommenheit befreien, so kann die Molekulargenetik sogar wesentliche Evidenzen dazu beitragen, das Leben nicht als von innen her organisiert und sich gegen außen abgrenzend, sondern als ein Dasein-im-Prozeß zu verstehen, das ihre Bestimmungen aus den *Beziehungen* schöpft, die sich in seinem Inneren und über seine Leibgrenzen hinweg mit Dingen und anderen Lebewesen ergeben.
Zum Schluß möchte ich versuchen, eine solche offene Theorie der Lebewesen im Ansatz zu skizzieren.

V

Das Bild der Lebewesen, worin die Ergebnisse der modernen Biologie Sinn finden könnten, ist auf vier Seiten hin offen:
(i) Die Würde und das Wesen eines Lebewesens ist stets auf der Ebene der *Ganzheit* seiner Teile, Zustände und Vorgänge. Diese sind uns naturwissenschaftlich nur als einzelne zugänglich. Bestenfalls können wir Zusammenhänge zwischen einzelnen exakt beschreiben. Wenn wir ein Lebewesen genügend intensiv, genügend schonend und genügend lange untersuchen könnten, hätten wir höchstens eine Summe von allen. Aber das Ganze, welche sie zusammen bilden, kann nie Inhalt einer Theorie sein. Es ist nur in der Wirklichkeit des Lebewesens selbst gegenwärtig. Diese lebendige Wirklichkeit läßt sich in der Theorie nicht abbilden, sondern muß in ihr als ihr offener Horizont angezeigt bleiben. Es *gibt* die Ganzheit des Lebewesens nicht *in abstracto*, d. h. in Gedanken, sondern nur in der je besonderen Individualität konkreter einelner Wesen. Wir können das einzelne Lebewesen wahrnehmen und es sodann beschreiben. Jede Beschreibung ist notwendigerweise eine Abstraktion, nie sein Ganzes. Erst recht sind die Klassifikationen in Typen (alles was zu einer besonderen Gattung, Art, Ordnung etc. gehört) Abstraktionen. Das Wesen des Lebewesens liegt in seiner eigenen individuellen Fülle des Daseins. Dafür muß die Theorie des Lebendigen offen sein, um ihrem Gegenstand gerecht zu werden. – Im Wahrnehmen können wir mit der Totalität eines Lebewesens in eine Beziehung treten. Wahrnehmung ist dann eine Weise der Kommunikation mit dem wirklichen Lebewesen. Deshalb ersetzt keine Theorie die Wahrnehmung.

(ii) Das Wesen des Lebendigen, genommen als die dem Lebendigen eigene Weise des Seins, ist *Dasein-im-Prozeß*. Im steten Wandel nur ist das Lebendige lebendig. Einerseits ist das der ständige Stoffwechsel. Ein Organismus *ist* dadurch, daß er stofflich nie derselbe bleibt. Durch den Fluß der Materie durch ihn durch erhält er sich in seiner Einheit.[28] Andererseits ist das die ständige Bewegung seiner selbst als Wachstum, Zellteilung, Entwicklung und Aktivität im Raum. Der Wandel in beiden Dimensionen ist ein Phänomen, das sowohl vom Organismus selbst autonom gelenkt wird, als auch auf die Bedingungen der Umgebung angepaßt ist. Das Blatt der Pflanze streckt sich gegen das Licht der Sonne. Der lebendige Prozeß ist eine Vermittlung von Selbstbestimmung und Historizität. Jeder Zustand ergibt sich aus einem vorherigen, aber nicht zufällig. Das Geheimnis dieser Vermittlung ist das Leben. Theorie kann einzelne Mechanismen, durch die sie zustande kommt, begreiflich machen. Die Vermittlung selbst, und damit der wirkliche Prozeß, zeigt sich aber nur am konkreten Leben. Die Theorie kann wiederum darauf *zeigen*, es aber nicht reproduzieren.

(iii) Die naturwissenschaftliche Biologie beschreibt Lebewesen in der Sprache der Objektivität. Subjektives kann von ihr nur genannt, nicht aber beschrieben werden. Wir beobachten Lebewesen, wie sie am Ende sind. Dabei sehen wir lauter objektive Tatsachen: Reaktionen auf Reize, biochemische Zustände und Veränderungen. Nur aus dem Umstand, daß wir selbst, die Beobachtenden, Lebewesen sind, können wir ahnen, daß Leben sich in zwei Perspektiven zeigt. In der Perspektive des *Selbstseins*[29] (wenn ich selbst lebe und mein Leben beschreibe oder wenn das Lebewesen, das ich beschreibe, sein Leben selbst *er*lebt) und in der Perspektive des *Anderesseins* (wenn ich ein anderes Wesen wahrnehme, beschreibe etc. oder wenn das Lebewesen, das ich beschreibe, andere Wesen wahrnimmt). Die Perspektive des Selbstseins bedeutet, Leben wahrzunehmen als lauter subjektive Tatsachen.[30] Bei allen Lebewesen, die Wahrnehmungsorgane haben und kommunizieren, können wir Subjektivität vermuten. Bis „hinunter" zu den einfachsten Zellen gibt es Zell-Zell-Kommunikation – man denke an zu Fruchtkörpern aggregierende Bakterien oder Amöben. Und es gibt Wahrnehmung – z. B. Rezeptoren in der Zellmembran für bestimmte Molekültypen. Die Theorie, welche in der Sprache der Objektivität geschrieben ist, muß das Selbstsein und die Subjektivität der beschriebenen Lebewesen sozusagen als Leerstelle mitführen. Das ist in den Sparten der Biologie, welche es mit dem Verhalten ganzer Lebewesen, insbesondere den komplexeren, befaßt, heute bei vielen Autoren eine Selbstverständlichkeit. In der Molekularbiologie, die einmal hoffte, alles am Leben durch molekulare

Mechanismen zu erklären,[31] ist die These von der Subjektivität als offener Horizont der Theorie natürlich nicht selbstverständlich. Sie wird auch auf Widerstreit stoßen. Dabei ist die „Subjektivität" nicht eine feste Qualität, sondern kann von Lebensform zu Lebensform genauso unterschiedlich realisiert sein, wie die Objektivität.

(iv) Die Identität eines Lebewesens ist nicht nur aus sich selbst heraus konstruiert, im Extrem etwa als Realisation eines im Inneren mitgeführten Programmes, sondern formt und bildet sich in den *Beziehungen*, die sich sowohl in seinem Inneren ergeben als auch mit äußeren Dingen und anderen Lebewesen entwickeln. Diese Beziehungen sind von mannigfaltigster Art. Die Beziehungen, seien es Interaktionen oder Verhältnisse, sind für das Wesen des Lebewesens nicht sekundär, d. h. sie formen nicht eine schon vor oder außerhalb der Beziehungen daseiende Identität, sondern konstituieren diese selbst. Das Lebewesen bildet sich in jeder Beziehung als Partner zu anderem und anderen.[32] Die Beschreibung des Lebewesens bleibt deshalb immer unvollständig, weil sie eigentlich alle Beziehungen mit umfassen müßte, in denen es stand und gegenwärtig steht. Die Theorie des Lebendigen müßte, um diesem Umstand Rechnung zu tragen, den nicht beschriebenen Relationen gegenüber offen bleiben. Das Unternehmen, Lebewesen als Gegenstände in der Theorie zu behandeln, scheiterte sonst. – Die darwinistische Theorie der Evolution birgt die Chance, auch die historische Entwicklung der Lebewesen (die Phylogenese) als Werden-in-Beziehungen aufzufassen: Nicht eine einmal inkarnierte Idee formte die von da an sich selber bleibenden Lebewesen, sondern die ständige Interaktion mit der Umwelt und mit anderen Lebewesen über viele Generationen hinweg, repräsentiert durch die evolutionären Mechanismen der Mutation und der Selektion, brachte die Vielfalt des Lebens auf der Erde zustande und gab den einzelnen Arten ihre Art-Identität.[33]

Ich stelle mir die Theorie der Lebewesen wie ein Gemälde vor, dessen vier Seiten je ins Unendliche führen. Die vier Unendlichkeiten repräsentieren die vier angedeuteten „Offenheiten". Alle vier Dimensionen spannen aber an ihrer Kreuzung, also am Ort der Leinwand, ein verdichtetes Feld auf. Dort erscheint alles, was sich beschreibend vom Lebewesen sagen läßt, mithin aller positive Inhalt der Biowissenschaften, als die Striche und Farbflecke des Gemäldes. Die Philosophie hat zur Aufgabe, diese Pinselzüge zu interpretieren: Sie sieht die Unendlichkeiten, welche das Feld der positiven Aussagen eröffnen. Das *Wesen* des Lebens, so darf ich in der Summe sagen, liegt weniger innerhalb des bestimmten Feldes als vielmehr in seinen Offenheiten.

Anmerkungen

[1] Frühere Fassungen dieses Aufsatzes wurden im Institut Kurt Bösch, Sion und am Biozentrum der Universität Basel vorgetragen. Ich danke für die Diskussionen, nach welchen mein Argument hoffentlich an Schärfe zugenommen hat. Für kritische Hinweise danke ich auch Patrick Linder und Reinhard Löw.
[2] Rüdiger Wehner/Walter Gehring, *Zoologie,* Stuttgart/New York 1990, S. 49.
[3] Jacques Monod, *Zufall und Notwendigkeit,* Stuttgart 1975, S. 99f.
[4] Ohne die DNA-Struktur zu kennen, postulierte Erwin Schrödinger (*Was ist Leben?* München 1987, § 46) so etwas wie einen „Morsecode" schon 1943. Vgl. dazu das interessante Kapitel XXII in Hans Blumenberg, *Die Lesbarkeit der Welt,* Frankfurt/M. 1981, S. 372ff.
[5] Richard Dawkins, *Das egoistische Gen,* Berlin u.a. 1978, S. 26.
[6] Max Delbrück, „Aristotle-totle-totle", in: J. Monod/E. Borek (eds.), *Of Microbes and Life,* New York/London 1971, S. 50–55.
[7] Die Aristoteles-Passage ist *De Gen. An.* I 730a, 24–30
[8] Delbrück, a.a.O.
[9]Eve-Marie Engels, *Die Teleologie des Lebendigen,* Berlin 1982, S. 81.
[10] Ernst Mayr, *Evolution and the Diversity of Life,* Cambridge (Mass.)/London 1976, S. 400f.; vgl. auch S. 364f.
[11] Ernst Mayr, *The Growth of Biological Thought,* Cambridge (Mass.)/London 1982, S. 88.
[12] Ernst Mayr, *Towards a New Philosophy of Biology,* Cambridge (Mass.)/London 1988, S. 13.
[13] Es kann hier nicht untersucht werden, inwiefern die vorausgesetzte Seinsphilosophie tatsächlich aristotelisch ist. Insbesondere der Entelechiebegriff, wie er bei Hans Driesch und im Vitalismus verwendet wurde, hat mit Aristoteles' Begriff der *entelécheia* so gut wie gar nichts mehr gemeinsam. Aristoteles scheint mir viel weniger Vitalist im Sinne Drieschs und Bergsons gewesen zu sein, als dies von den sich auf ihn wiederholt Berufenden angenommen wird.
[14] Diese Versuche spielten eine wichtige Rolle bei der Entschlüsselung des genetischen Codes; s. Bruce Alberts et al., *Molecular Biology of the Cell,* New York/London 1983, S. 169.
[15] Friedrich W. J. v. Schelling, *Ideen zu einer Philosophie der Natur,* in: *Sämmtliche Werke,* Hg. K.F.A. Schelling, Stuttgart 1856ff., Bd. I/1, S. 41.
[15a] Erythrocyten (rote Blutkörperchen) enthalten keine DNA. Sie sind aber nicht teilungsfähig und müssen vom Körper ersetzt werden. Ihr Funktionsvermögen besteht nur während einer relativ kurzen Zeit.
[16] Vgl. Milan Zeleny: (ed.), *Autopoiesis. A. Theory of Living Organziation,* North Holland 1981; Humberto Maturana und Francisco Varela entwerfen ein zu meiner Auffassung sehr verwandeltes Bild von der interaktionellen Rolle der DNA im Zellzusammenhang, obwohl ich mit anderen ihrer Thesen nicht übereinstimme *(Der Baum der Erkenntnis,* Bern 2. Aufl. 1987, S. 78).
[17] Vgl. z.B. David M. Glover, *Genetic Engineering. Cloning DNA,* London/New York 1980.

[18] Vgl. Alberts, op. cit. (Anm. 14), S. 435–481.

[19] Weiterführende Überlegungen zum Bild als Kunstwerk finden sich bei Gottfried Boehm, „Zu einer Hermeneutik des Bildes", in: Hans-Georg Gadamer/Gottfried Boehm (Hg.), *Seminar: Die Hermeneutik und die Wissenschaften,* Frankfurt/M. 1978, S. 444–471.

[19a] Ich glaube nicht, daß es eine Stütze gibt für die Vorbildtheorie der DNA wäre, wenn die ersten Zellen tatsächlich aus autokatalytischen Reaktionssystemen mit „nackter" DNA entstanden sein sollten (Prigogines „dissipative Strukturen", Eigens „Hyperzyklen"). Denn einerseits sind schon dissipative Strukturen wie die Hyperzyklen aus DNA alleine nicht denkbar, und andererseits sind die DNA-Stränge von präzellulären Systemen nicht in der Lage, die Entstehung einer ersten, wenn auch noch so primitiven Zelle zu determinieren. Bei der Erklärung des Übergangs von membranfreien Systemen zu Zellen ist man nach wie vor auf das Konzept des Zufalls angewiesen, wenn die genannten Theorien dessen Wahrscheinlichkeit vielleicht auch in vorstellbare Größenordnungen zu heben vermögen.

[20] Gunther S. Stent, „Strength and Weakness of the Genetic Approach to the Development of the Nervous System", *Ann. Rev. Neurosci.* 4 (1981): 163–194, hier S. 187 (ich danke Ernst Peter Fischer für diesen Hinweis). Vgl. in gleicher Richtung auch H. F. Nijhout, „Metaphors and the Role of Genes in Development", *BioEssays* 12 (1990): 441–446.

[21] Ebd., S. 188. Vgl. zum Problem auch Alexander Rosenberg, *The Structure of Biological Science,* Cambridge 1985, Kap. 4.

[22] Daß dies nicht mehr für selbstverständlich gelten kann, zeigen die Diskussionen um „künstliche Intelligenz". Vgl. Hans Moravec, *Mind Children. The Future of Robot and Human Intelligence,* Cambridge (Mass.) 1988; Igor Aleksander/Piers Burnett, *Thinking Machines. The Search for Artificial Intelligence,* Oxford 1987.

[23] Zu diesem Schluß kommt auch Stent (op. cit., Anm. 20)

[24] Vgl. zum metaphysischen Problem des Dahinter meinen Aufsatz „Von der ‚Sprache der Natur' und vom Verstummen ihres Wesen", *einspruch* 26 (1991): 37–40.

[25] Einen ähnlichen Punkt bringt auch die feministische Wissenschaftskritik auf: Evelyn Fox Keller, *Liebe, Macht und Erkenntnis,* München 1986.

[26] Schon Aristoteles konzipierte seine Vererbungslehre offensichtlich in der Absicht, die Vorrangstellung des Mannes in der Familie und im Staat zu rechtferigen, wenn er den männlichen Beitrag zur Zeugung als das *eidos* (Form, Idee, Struktur) und den weiblichen als die *hyle* (Stoff) bestimmte. Das war keine Beobachtung des Aristoteles, sondern seine Interpretation des Beobachteten. Vgl. zu diesem Punkt Maryanne Cline Horowitz, „Aristotle and Women", *J. Hist. Biol.* 9 (1976): 183–213; dagegen: Johannes Morsink, „Was Aristotle's Biology Sexist?", *J. Hist. Biol.* 12 (1979): 83–112 und Montgomery Furth, *Substance, Form and Psyche: An Aristotelean Metaphysics,* Cambridge etc. 1988.

[27] Gernot Böhme charakterisiert sie folgendermaßen: „Seit Aristoteles, und im Grunde bis heute, ist unsere Vorstellung von der Natur die eines nach Einheitsformen geschichteten Ganzen. Naturdinge sind durch Prinzipien bestimmt, die alles, was zu diesen Dingen gehört, nach innen zu einem Ganzen machen und nach außen abschließen und

abgrenzen." *(Natürlich Natur,* Frankfurt/M. 1992, S. 132). Seine Alternative baut auf dem Konzept der „Ekstasen" von Dingen.

[28] Diesen Gedanken führt Hans Jonas aus: *Organismus und Freiheit,* Göttingen 1973 und *Philosophical Essays,* Chicago/London 1974.

[29] Dazu Böhme (op. cit. Anm. 27) S. 77–93.

[30] Der Begriff subjektiver und objektiver Tatsachen wird scharf definiert bei Hermann Schmitz, Der unerschöpfliche Gegenstand, Bonn 1990, S. 5ff.

[31] Und damit Biologie als Teilgebiet der Physik zu etablieren. Vgl. die Besprechung der Provinzialitätsthese reduktionistischer Biologie bei Rosenberg (op. cit. Anm. 21), Kap. 4. Reduktion steht als Theoriestrategie der Phänomenengerechtigkeit entgegen.

[32] In gewisser Weise handelt es sich um die naturphilosophische Wendung der philosophischen Anthropologie, welche die menschlichen (sozialen) Beziehungen für die Persönlichkeit als konstitutiv ansieht (Martin Buber, George Herbert Mead u. a.).

[33] Es bleibt hier allerdings die Differenz von Genesis und Geltung zu beachten: Es wäre verkürzt, zu sagen, Mutation und Selektion *ergeben* die Würde und Identität eines Lebewesens. Ich meine, die Würde und Identität seien nicht ohne die naturhistorischen Interaktionen zu begreifen.

Hans Thomas

Vom Umgang mit dem Tod in der Wissenschaft

Früher seien die Leute einfach gestorben, bemerkte kürzliche eine Gerichtsmedizinerin. Erst in diesem Jahrhundert habe man begonnen, „medizinisch zu sterben". Ein Todesfall, meinte sie, lasse uns keine Ruhe, solange der Tod nicht aufgeklärt, solange medizinisch die Todesursache nicht geklärt sei. Von der gleichen Unruhe lebt der Krimi. Wenn der Mörder ermittelt wird, ist der Krimi zu Ende. Dann sind wir über den Tod „aufgeklärt". In der Tat erklärt uns das Wissen, woran oder durch wen jemand gestorben ist, wie es dazu gekommen ist. Es erklärt uns aber nicht, wozu es eigentlich gekommen ist.

Wenn es dazu gekommen ist, wird der Arzt gerufen. Irgendwie herrscht die Vorstellung, er sei zuständig für den Tod. Er wisse mehr. Der Tod sei doch ein Gegenstand seines wissenschaftlichen Interesses. Mit dem Gedanken, der Tod sei ein Objekt von Wissenschaft, schleicht sich unversehens die Vorstellung ein, der Tod sei „etwas".

Die Vorstellung, der Tod sei etwas, ist ganz unvermeidlich. Wir haben uns einen Begriff vom Tod gemacht. Wenn wir über den Tod nachdenken, machen wir ihn zum Gegenstand unseres Denkens, gleichsam zu einem Ding, zu einem Gedankending. Wir verdinglichen ihn. In Märchen, Horrorbildern und Memento mori ist er sogar ein Jemand. Er kommt als Sensenmann oder als surrealistisch wandelndes Skelett daher. In Ingmar Bergmans Film „Das siebte Siegel" spielt er mit dem Helden Schach: Schach um dessen Leben.

Daß „der Tod eingetreten ist", stellen Ärzte seit eh und je fest. Aber keiner von ihnen hat ihn jemals beim „Eintreten" angetroffen oder beobachtet. Was sie jeweils festgestellt haben, ist, daß sie etwas nicht mehr feststellen konnten, nämlich irgendwelche Zeichen von Leben. Über diese rein negative Definition des Todes sind wir medizinisch auch bis heute nicht hinausgekommen.

Wie Künstler den Tod personifiziert ins Bild zu bringen vermögen, können Theologen auch eine positive Definition des Todes geben, als Tor zum ewigen Leben beispielsweise. Unter gläubigen Christen ist für das Sterben auch heute noch vor allem der Priester zuständig. Der Auftrag zwar nicht des Arztes, aber doch der Medizin endet, wenn das Sterben beginnt. Wegen dieser Arbeitsteilung ist gläubigen Christen heute oft ein überlegenes, manchmal gönnerhaftes, manchmal mitleidiges Lächeln gewiß, das allerdings im Ernstfall dann nicht selten zu Verlegenheit gefriert.

Empirisch-wissenschaftlich können wir, wie gesagt, über den Tod nichts positiv in Erfahrung bringen. Wir sollten es also wissenschaftlich bei diesem Nichtwissen belassen und uns dem Leben zuwenden. Aber ebensowenig, wie jemand Erfahrung mit dem Ende seines Lebens hat, so wenig hat jemand Erfahrung mit dem Anfang seines Lebens. Das macht es außerordentlich schwer, um nicht zu sagen unmöglich, mit empirisch-wissenschaftlichen Mitteln zu definieren, was das Leben *ist.* Unser Leben wird uns nur bewußt im Rahmen eines Erfahrungswissens, dem sich unsere eigene Geburt und unser eigener Tod entzieht. Das ist ein Wissen von der Bedrohung durch einen Zustand, der uns ein Geheimnis bleibt. Was nachher ist, so scheint es, wird wohl dem ähnlich sein, was vorher war. Das Fragezeichen bleibt. Empirisch-wissenschaftlich läßt sich das Ende des Lebens nur als dessen Schluß begreifen, nicht aber als dessen Voll*endung,* die auf eine Fülle weist und der puren Tatsächlichkeit, daß wir heute leben, einen Sinn verleihen könnte. Uns Europäern ist nun aber die Vorstellung von einem unvermittelten Schluß, hinter dem nichts weiteres mehr ist, höchst ungewohnt, um nicht zu sagen unbegreiflich. Selbst so harte Materialisten wie Karl Marx konnten sich das Ende von dem, an dessen Leben sie wirklich glaubten, das Ende der Gesellschaft beispielsweise oder der Geschichte, nur vorstellen als deren Voll*endung* im Sinne eines paradiesischen, herrschaftsfreien Zustandes der Menschheit.

In jeder Kultur ist der Umgang mit dem Tod ein Merkmal von besonderer Aussagekraft darüber, wie sie es mit dem Leben hält. Im Umgang mit dem Tod spiegelt sich, wie die Menschen zum Leben stehen, spiegeln sich religiöser Glaube, Kult, Mythos. Auch bei uns. Unter Mythos begreife ich hier das Gesamt aller wirksamen, aber nicht bewußten, gerade nicht-reflektierten, der Lebensführung und Weltsicht zugrundeliegenden Ausgangslagen, Bekenntnisse und Antriebe einer Kultur, Epoche oder Gesellschaft. Sobald sie reflektiert, bewußt bedacht werden, hören sie auf, Mythos zu sein. Es macht den Unterschied zwischen Mythos und Religion aus, daß über den religiösen Glauben durchaus reflektiert werden kann – man nennt das Theologie –, ohne daß deswegen die Religion aufhört, Religion zu sein.

Wie geht nun aber eine Kultur oder Gesellschaft mit dem Tod um, die von der Religion abzusehen entschlossen ist und den Mythos überwunden zu haben beansprucht, und die deshalb *alles* zur Sprache zu bringen und wissenschaftlich zu lösen angetreten ist?

Hier ist zunächst auf eine Schwierigkeit aufmerksam zu machen. Wer alles im wissenschaftlich-rationalen Diskurs zur Sprache bringen will, kann nicht sicher sein, ob seine Überzeugung, den Mythos überwunden zu haben, nicht der gerade herrschende Mythos ist. Seine Inhalte kämen dann einzig nicht zur Sprache.

Das gilt natürlich auch für mich. Es hindert mich aber nicht zu fragen, wie „aufgeklärt" wir denn nun eigentlich sind über den Tod, wenn wir die Ursachen kennen, aufgrund deren er eingetreten ist, und wie aufgeklärt über das Leben, wenn wir noch so viele Funktionen kennen, die es unterhalten. Daß es wichtig ist, das alles zu wissen, soll ebenso unbestritten sein wie die Notwendigkeit, möglichst eindeutig feststellen zu können, wann der Tod denn eingetreten ist. Daß zur amtlichen Feststellung des Todes der Arzt gerufen wird, hat nichts damit zu tun, daß er den anderen im Wissen um den Tod voraus ist. Untrügliche Zeichen des Todes eines Menschen, dafür, daß kein Leben mehr vorhanden ist, drängen sich jedermann auf: Abbruch der Kommunikation, Reglosigkeit, Abkühlung, Verfärbung, Muskelstarre, Leichengeruch ... Der Arzt soll nur früher zweifels- und täuschungsfreier feststellen, daß sich dies alles unwiderrruflich nun ereignen wird. Jahrtausende hatten gelehrt, daß alles dies geschieht, wenn erst einmal der Herzstillstand eingetreten ist. So galt bislang bei Herzstillstand der Tod als eingetreten – bis zur Reanimation durch Herzmassage und Herztransplantation. Seitdem kann Herzstillstand und Tod nicht mehr als synonym betrachtet werden. Wir haben diesem Mangel abgeholfen und für den Zweifelsfall den „Hirntod " defininiert.

Richtig, notwendig, legitim. Aber eine Aufklärung darüber, was der Tod *ist*, enthält die neue Diagnose ebensowenig wie der „Herztod". Die Festellung des Hirntodes ist kompliziert, gerade weil Zeichen von Leben vorhanden sind, weil der Betreffende für den unbefangenen Betrachter eben nicht „tot" ist. Da die Feststellung des Hirntodes sich aber der allgemein menschlichen Erfahrung entzieht und eines aufwendigen medizinischen Fachwissens und Instrumentariums bedarf, erweckt sie den Eindruck, nunmehr sei mit dem Hirntod auch der Tod in wissenschaftliche Zuständigkeit übergegangen. Nun sei man dem Tod empirisch auf die Spur gekommen.

Man kann den diagnostizierten Hirntod (in Deutschland wird er gegenwärtig definiert als unumkehrbarer Ausfall aller Hirnfunktionen oder Zerstörung des gesamten Gehirns) als einen Zustand beschreiben, dem alle Zeichen auf dem Fuße folgen, die immer schon den Tod angezeigt haben, wenn medizinische Apparaturen und Vorkehrungen dies nicht verhindern. Dies wäre eine empirisch begründete medizinische Aussage. Sie identifiziert weder den Hirntod mit dem Tod, noch sagt sie etwas dazu, ob und aus welchen Gründen das Sterben noch verhindert werden darf. Man kann auch philosophisch argumentieren und tut das auch: Das Hirn als das Organ, das die Einheit des lebenden Organismus gewährleiste, sei ebendeshalb Garant der menschlichen Person. Ohne Hirn existiere diese nicht mehr. Daß leibliche Lebensfunktionen wie Atmung, Kreislauf „künstlich" in Funktion gehalten würden, ändere daran nichts. Die Person, der Mensch sei tot. Man habe eine Leiche vor sich, obwohl deren Kreislauf noch funktioniert. Die Durchblutung wird verstanden als eine Funktion der medizinischen Technik, die sie aufrechterhalte.

Das Argument klingt sehr plausibel. Obwohl ja tatsächlich mit der Aufrechterhaltung des Kreislaufs und des gesamten Stoffwechsels sehr viel „Einheit des lebenden Organismus" weiterbesteht. Für den Fortbestand dessen, was Claude Bernard, der Begründer der inneren Medizin, das „milieu intérieur" genannt hat, kann eine bloße Beatmungspumpe wohl kaum als hinreichende Ursache, allenfalls als notwendige Hilfe gelten. Vor allem aber enthält das Argument eine Interpretation, die sich aus rein empirischen Befunden weder ergibt noch ableiten läßt. Gegen ihr Ergebnis, den „Leichnam" mit schlagendem Herzen, setzt sich jede allgemein menschliche Erfahrung zur Wehr. Wer an seines Großvaters Bett sitzt und ihm den Puls fühlt, muß, um ihn für tot zu halten, sich das doch sehr einreden. Zudem bleibt diese Interpretation – wie jede Interpretation – verhandelbar. Es könnte jemand kommen und sagen, Person sei nur, wer noch ein intaktes Großhirn habe. Wenn das Großhirn zerstört sei, gebe es keine eigentlich menschlichen Funktionen mehr. Selbst wenn der Körper noch mit Reflexen reagiere – die Person sei tot. Empirisch kann das niemand widerlegen, so wenig der, der es behauptet, es je beweisen könnte. Mit der veränderten Interpretation ändert sich dann auch die Hirntod-Definition. Dann können Tote auch alleine weiteratmen.

Der Streit ist längst im Gang. Der Medizinethiker Hans-Martin Sass schlägt vor, Ungeborene so lange gar nicht erst als menschliche Subjekte zu betrachten, wie nicht ihr Hirn identifizierbar ausgebildet ist. Gründe gibt es immer, wenn erst einmal pragmatische Interessen für eine neue Deutung sprechen. Jetzt geht es erst einmal darum, mit Embryonen nach Belieben zu verfahren oder Organe zur Transplantation dem „Leichnam" *lebend* zu entnehmen. Noch schlägt niemand vor, den Medizinstudenten „warme Leichen" freizugeben, damit sie lebensnäher die Anatomie studieren oder sich in der Chirurgie üben.

Man kann darüber streiten, ob die Bezeichnung „Hirntod“ eine glückliche Wortwahl ist. Leicht wird statt Tod des Hirns schon Tod des Menschen verstanden. Zwischen der medizinischen Diagnose „Hirntod“ und der rationalen Deutung „personaler Tod“ liegt eine Kluft, die man nicht überbrückt, wohl aber übersehen hat. Man weiß nicht, ob der Hirntote noch lebt oder schon tot ist. Nur leugnet man, es nicht zu wissen: Aus der medizinischen Diagnose „Hirntod“ wird die juristische Tatsachenfeststellung „Tod“. Medizinisch wäre es an sich geboten, den Hirntoten sterben zu lassen. Da Tote nicht mehr sterben können, fehlt jetzt ein Wort, um zu benennen, was geschieht, wenn der Hirntote wirklich „stirbt“.

Die Gleichsetzung von Hirntod und Tod ist sprachlich gewalttätig, geradezu gegen alles unbefangene menschliche Verstehen und Empfinden gerichtet. Der Elementarerfahrung von jedermann, der einem Toten begegnet, wird das Wort geraubt, um die Erfahrung zu bezeichnen. Das Wort „Tod“ wird mit Wissenschaftlichkeit aufgeladen, die Wahrnehmung der Sache der Spontanerfahrung unzugänglich. Wissenschaftliche Fachsprachen leben aber von der Sprache, nicht die Sprache von den wissenschaftlichen Fachsprachen. Die Sprache kann den rationalen Kunstgriff der Gleichsetzung von Hirntod und Tod nicht verkraften. Sie sträubt sich gegen den „Leichnam“, wenn sein Herz noch schlägt, wenn er warm bleibt, noch zu ernähren und zu pflegen ist, wenn er gar noch imstande ist, eine Schwangerschaft auszutragen.

Mit großem Engagement berichteten und kommentierten im Oktober 1992 die Zeitungen den Fall einer hirntoten, im 4. Monat schwangeren Frau. Die chirurgische Universitätsklinik in Erlangen hatte entschieden, die Beatmung, intravenöse Ernährung, Pflege usw. nicht auszusetzen, sie vielmenr möglichst bis zur selbständigen Lebensfähigkeit des Kindes fortzusetzen. Es soll dann durch Kaiserschnitt geboren werden. Neu an dem Fall war die neue Indikation, das „Sterbenlassen“ der Hirntoten aufzuschieben. Was anders war als sonst: Hier waren zwei. Deshalb war der Arzt bemüht, die Hirntote bis zur Geburt des Kindes „am Leben zu halten“. So lauteten allerdings die Nachrichten in den Zeitungen nicht. Vielmehr verkündeten sensationelle Schlagzeilen, hier werde der „tote Körper“ noch „benutzt“, bis das „Kind der Toten“, ein „Waisenkind schon vor der Geburt“, zur Welt komme. Es wurde gezweifelt, ob das zu verantworten sei angesichts der „der toten Mutter gegenüber geschuldeten Pietät“. Es war davon die Rede, das Amtsgericht habe juristisches Neuland betreten, weil es – erstmalig „für eine Tote“ – einen „Betreuer“, also einen Vormund bestellte, was gesetzlich nur für einen Lebenden vorgesehen sei: für einen Lebenden, der „aufgrund einer psychischen Krankheit oder körperlichen, geistigen oder seelischen Behinderung seine Angelegenheiten ganz oder teilweise nicht besorgen" kann. Warum traf das nicht auf die Mutter zu? Eine Blitzumfrage des Forsa-Instituts habe mit der (rückständigen?) Frage, wer dafür sei, „die junge Frau sterben zu lassen", eine Mehrheit dafür ermittelt, während (fortschrittliche?) Politikerinnen die Degradierung der Mutter zur „Nährlösung" empörend fanden. Es fiel sogar das Wort „Gebärmaschine". Parlamentarierinnen sprachen von einer „schwer erträglichen Perversion von Menschlichkeit" und fanden, der Fall zeige „wie wenig die *Menschenwüde einer toten Frau* wert ist, wenn ihr Körper zwecks Austragung einer Schwangerschaft gebraucht wird".

Die Empörung wäre gegenstandslos gewesen, wenn man die Frau als lebend deklariert hätte. Man nennt sie tot – und wichtigste Begriffe inflationieren. Ihr Sinnverlust bereitet Schwindel: „Menschenwürde einer Toten"? Sind, nimmt man die Formulierung so ernst wie das Gebot der Gleichheit aller Menschen aufgrund ihrer Menschenwürde, fortan nicht auch die Lebenden den Leichen gleichgestellt? Sind etwa gar die Menschenrechte zu beachten, wiewohl ein Toter kein Subjekt von Rechten ist?

Was ist der Fall? Der Fall ist, das wir es nicht wissen, ob der Hirntote noch lebt oder schon gestorben ist. Wir wissen, daß der Hirntod ein Übergangszustand im Sterbeprozeß ist, gleichsam ein Augenblick zwischen Leben und Tod, der aber festgehalten werden kann. In welchem Augenblick das Sterben abgeschlossen wird, der Tod eintritt, weiß niemand, noch wird es jemals jemand wissen. Solange der Zustand Hirntod nicht tatsächlich in den Zustand Tod übergeht, muß man empirisch wohl den Hirntod noch dem Leben zurechnen. Folgt man der rationalen Deutung, findet man, was man zuvor hineingedeutet hat. Man hat, als man den Hirntod als ein Todeszeichen definierte, bereits den Hirntod mit dem Tod identifiziert. Das Problem besteht darin, daß sich mit prinzipiellem Nichtwissen ein empirisch-rationaler Wissenschaftsbetrieb nicht abfinden kann. Was nicht festzu*stellen* ist, wird fest*gesetzt.*

Die Verwissenschaftlichung des Todes und des Lebens scheint an einen verwirrenden Punkt gelangt zu sein. Wir waren angetreten, den Tod empirisch-wissenschaftlich aufzuklären, um ihn unserem Umgang gefügig zu machen. Die Technisierung des Umgangs mit Krankheit und Sterben wird heute als „Apparatemedizin" viel gescholten. Daß klinisch High-tech angewendet wird, ist aber gar nicht das Problem. Auch daß die Medizin das, was sich empirisch-rational erfassen läßt, dann wissenschaftlich artikuliert, ist legitim. Das einzige Problem ist, dann zu glauben, das sei alles. Der Optimismus, irgendwann lasse sich die Welt doch wissenschaftlich ganz enträtseln und die Menschheitsprobleme seien am Ende sämtlich technisch doch zu lösen, gehört zu dem modernen Mythos, an den die „Fortschrittsfundamentalisten" (Otto Kallscheuer) immer noch glauben.

Die Aufklärung der Menschen über die Ursachen von Gewitter und Pest, so haben wir gelernt, sei das probate Mittel gegen die Ängste der Menschen vor diesen Gefahren. Dem Schwerkranken kann man aber die irrationale Angst nicht einfach dadurch nehmen, daß man ihn nur über die Ursache seines infausten Zustands aufklärt und ihm sagt, daß er Krebs hat. Das ist aber der Lösungsvorschlag jener „post-hippokratischen Medizinethik", die die Patientenautonomie als Leitprinzip auf ihre Fahnen schreibt: ein grausames Prinzip, wenn der Patient von Selbstbestimmung überfordert wird. Ärztliche Fürsorge wird als ein patriarchalisches Relikt aus voraufklärerischer Zeit verworfen. Der Arzt möge aufhören, sich als eigenständiges ethisches Subjekt zu gebärden. Ihm wird die Rolle eines Erfüllungsgehilfen dieses oder jenes fremden Willen zugewiesen. Am Markt wird nicht geschärfte ethische Kompetenz, sondern sein wissenschaftlich-technisches Know-how nachgefragt.

Die Zukunftsängste unserer Zeitgenossen, so lehren uns inzwischen ganze Bibliotheken einschlägiger Literatur, seien nunmehr auf die ständig wachsende Undurchschaubarkeit der immer komplexeren, verwissenschaftlichten technischen und sozialen Erfahrungswelt zurückzuführen. Es handle sich, so war kürzlich in einer großen Zeitung zu lesen, um das Problem des „Nochnichtverstehens" wissenschaftlicher Sprachen. Früher griffen die Fachsprachen gierig nach Begriffen, unter denen man sich alltagssprachlich etwas vorstellen konnte. Nun scheint es umgekehrt zu sein. Die Sprache wird mit Fachbegriffen aufgeladen, die das „Nochnichtverstehen" in die Alltagswelt transportieren und so das Leben komplizieren. Lösungsvorschläge beschwören weiterhin, es bedürfe „nur" der vermehrten Aufklärung über die Bedingungen dieser Komplexität, die sich als Resultat der Aufklärung ergibt, die das Problem beheben sollte.

Der Tod ist eine Herausforderung an das wissenschaftlich-technische Weltbild geblieben. Was für das Lebensende gilt, gilt für dessen Anfang auch. Schon deshalb ranken sich heute so viele brisante Fragen an die medizinische Ethik wie Trauben um den Anfang und das Ende des menschlichen Lebens, ob sie nun die In-vitro-Fertilisation, Embryonenforschung, Gentherapie oder Abtreibung betreffen oder die Grenzen ärztlicher Behandlungspflicht, den „Hirntod" oder die Euthanasie. Ein nur auf Empirie und Rationalität gebauter Wissenschaftsbetrieb ist offenkundig auf Fragen des Arztethos und der Forschungsethik in der Medizin gar nicht eingerichtet. Was ärztlich-klinisch durch medizinisch-technisches Know-how nicht zu beherrschen ist, gilt entweder als „noch nicht zu beherrschen“ oder wird einer subjektiven, von Gefühlen und Traditionen bestimmten Sphäre zugeschrieben, die von verborgenen psychischen oder sozialen Mächten beherrscht wird. Sich ihrer wissenschaftlich zu bemächtigen, dafür seien aber mindestens die Zuständigkeiten wiederum wissenschaftlich geregelt.

Dem Arzt rät angesichts des Todes die aufgeklärte Gesellschaft, Psychologen, Soziologen, Philosophen, Theologen beizuziehen, um im Diskurs mit ihnen auch das Sterben „wissenschaftlich zu bewältigen“. Das Ende des Diskurses wird der Kranke nicht mehr erleben. Am Krankenbett blühen inzwischen die Strategien der Vereinfachung: Der Tod wird verdrängt, das Sterben tabuisiert. Seine Beschleunigung wird hier und da erwogen – Euthanasie als Therapie des Leids, zudem mit kostendämpfendem Effekt. Daß manchmal Tötung hinzunehmen sei, folgt aus sozialer Staatsräson. Die Argumente liegen vor und haben es, wie die Abtreibungsdebatte gezeigt hat, vermocht, auch christliche Politiker zu überzeugen.

Der Tod hat sein Geheimnis nicht preisgegeben. Die Wissenschaft hat ihn nicht aufgeklärt. Das Mysterium hat sich nicht profanieren lassen. Es hat, im Gegenteil, die Autoritäten, die es neuerdings verwalten, sakralisiert. Im Glauben an die Wissenschaft sind wir nicht minder fromm als die, die einst auf Gott vertrauten. Wie sie an Gott sich ausgeliefert sahen, sind wir es an Experten, die uns zum Tode wie zum Leben führen können. Wir werden bald im Arzt nicht nur den Priester, vielmehr den „Gott in Weiß“ in Gottesfurcht verehren.

Wolfgang Sachs

Der blaue Planet

Zur Zweideutigkeit einer modernen Ikone

Die Entdeckung der Erde ereignete sich auf der Fahrt zum Mond. Als Neil Armstrong im Juli 1969 sich von seinem Raumschiff Apollo loskoppelte und mit der Landefähre auf unserem Nachbarplaneten aufsetzte, da fand er nur Öde und Leere und eisige Stille. Doch als er seinen Blick zurückwandte, brach er in Entzücken aus. Wie anders zeigte sich die Erde! Blau schimmernd schwebte sie wie ein kreisrunder Juwel im pechschwarzen Weltraum. Ein Gespinst von Wolken hüllte sie in weiße Wirbel, darunter leuchteten Kontinente und Ozeane, sanft bräunlich und tiefblau. Seit diese Missionen zum ersten Mal das Bild von der am Mondhimmel aufgehenden Erde in unsere Wohnzimmer zurückgefunkt hatten, wurde die Neuentdeckung der Erde zur eigentlichen Offenbarung der amerikanischen Raumfahrt. Inmitten der trostlosen Weite des Universums enthüllte sich die alte Erde als der bewohnbare, als der ganz besondere, als der heimatliche Stern. Dieses Bild von der Erde im All hat sich in der zeitgenössischen Bilderwelt einen Spitzenplatz erobert; es ziert die Umschlagdeckel gewichtiger Umweltreporte ebenso wie T-Shirts aller Größen, es verleiht Fernsehnachrichten die globale Weihe und springt einen aus Werbespots heraus an. Überall kann es einem begegnen; fast wie früher das Kreuz scheint heute die kreisrunde Erde zu einem Gütezeichen für alles und jedes zu werden. Es ist nicht zuviel gesagt: das Bild vom blauen Planeten ist zur Ikone unseres Zeitalters geworden. Während die plötzliche Ahnung von der Einzigartigkeit der Erde die Gefühle schwellen ließ, bedeutete die erstmalige Ansicht der Erde in ihrer Ganzheit einen Sprung in der Geschichte der menschlichen Selbstwahrnehmung. „Die Satellitenoptik", schreibt Peter Sloterdijk, „ermöglicht uns eine kopernikanische Revolution des Blicks. Für alle früheren Menschen war ja der Blick zum Himmel so etwas wie eine naive Vorstufe des philosophischen Über-die-Welt-Hinausdenkens und eine unwillkürliche Erhebung zur Anschauung einer Unendlichkeit. Seit dem Oktober 1957 jedoch ist etwas in den Gang gekommen, was zur Umkehrung des ältesten Menschheitsblicks führte: der erste Satellit wurde über der Erde ausgesetzt. Bald danach wimmelte es im erdnahen Weltraum von Satellitenaugen, die das uralte Phantasma des göttlichen Herabschauens von sehr weit oben technisch realisieren. Seit den frühen sechziger Jahren ist somit eine umgekehrte Astronomie entstanden, die nicht mehr den Blick vom Erdboden zum Himmel richtet, sondern einen Blick vom Weltraum aus auf die Erde wirft.«[1]

Die Herstellung der Erde im Bild

Sicherlich, seit langem hatten die Menschen versucht, sich in ihrem Geist die Gestalt der Erde vorzustellen. Vor zweitausendfünfhundert Jahren schon argumentierte Pythagoras, daß die Erde von vollkommener Gestalt, also eine Kugel sein müßte. Vor zweitausend Jahren hatte Eratosthenes diese Vermutung mathematisch zu belegen versucht, indem er den Schatten der Sonne an verschiedenen Orten verglich. Und vor vierhundert Jahren war es schließlich Magellan gelungen, die Welt zu umsegeln; ihr Ausmaß ist seither kein Geheimnis mehr. Als dann Mercator vermittels eines Netzwerks von Längen- und Breitengraden eine Weltkarte konstruiert hatte, wurden maßstäbliche und damit geometrisch konsistente Darstellungen der Erde gang und gäbe. Spätestens seit Martin Behaims Globus aus dem Jahre 1492 konnte man Kugelmodelle in Augenschein nehmen und die Erde wurde durch die Verbreitung von Globen, groß und klein, zu einem alltäglichen Objekt in Schule und Haushalt. Doch der Globus konnte nicht beanspruchen, Abbild einer physischen Realität zu sein; nichts konnte über seine Herkunft vom Zeichenbrett hinwegtäuschen, er war ein Modell der Erde, aber zeigte nicht die Wirklichkeit der Erde selbst.

Sichtbar

Die Erde, und das ist das fundamental Neue, rückte nun mit dem Satellitenphoto in den Kreis der sichtbaren Dinge ein. Die Gestalt der Erde ist keine wissenschaftliche Schlußfolgerung mehr, sondern eine augenfällige Realität, von der ein jeder sich durch einen Blick auf ein Stück Papier überzeugen kann. Zum ersten Mal in der Geschichte kann die Erde gesehen werden, sie liegt vor unseren Augen wie jeder andere beliebige Gegenstand, wenn auch vermittelt durch die Photographie. Nie zuvor war sie für ihre Bewohner eine sinnenfällige Realität. Zwar war ihre Existenz eine empirische Gewißheit, aber eben keine empirische Größe, denn der Erdball überstieg mit seiner riesigen Masse alles, was mit einem Blick erfaßt werden konnte. Erst jetzt wurde die Erde wahrhaftig zu einem Gegen-stand; durch das Photo aus dem All wurde der Planet erst als Objekt hergestellt. Das Photo, es verleiht der Erde Evidenz und schafft damit nichts anderes als eine neue Realität.

Dabei ist es wichtig, daß es sich um ein Photo handelt; denn nur die Photographie – unter all den verschiedenen Abbildungen wie Gemälden, Plastiken, Karten oder Modelle – beansprucht, nicht nur dem dargestellten Gegenstand ähnlich, sondern ihm gewissermaßen gleich zu sein. „Weil eine Fotografie", erläutert Susan Sontag den Unterschied zwischen Bild und Fotografie, „nicht nur ein Bild ist (so wie ein Gemälde ein Bild ist), eine Interpretation des Wirklichen, sondern zugleich eine Spur ..., wie ein Fußabdruck oder eine Totenmaske. Während ein gemaltes Bild ... niemals mehr als eine Interpretation bietet, ist eine Fotografie nie weniger als die Aufzeichnung einer Emanation (Lichtwellen, die von Gegenständen reflektiert werden) – eine materielle Spur ihres Gegenstands wie es ein Gemälde niemals sein kann."[2] Obwohl ein Photo immer selektiert, kommt es doch als Zeuge für eine Tatsache daher. Das Photo aus dem All demonstriert die Realität der Erde und die Reproduzierbarkeit des Photos macht diese Realität allgegenwärtig. Damit ist die Basis für viele zeitgenössische Varianten globalen Bewußtseins geschaffen.

Abgegrenzt

Nichts sticht auf dem Bild so deutlich hervor, wie die Grenzen, welche die leuchtende Erde vom kalt-schwarzen Weltraum absetzen. „Als ich in die Schwärze des Alls mit seiner Glorie von Lichtpunkten hinausschaute", berichtete der Astronaut Loren Acton, „da sah ich Majestät – aber keine Gastfreundschaft. Der gastfreundliche Planet, der war unter mir. Dort unten, eingeschlossen in der dünnen, sich bewegenden, unglaublich verletzlichen Hülle der Biosphäre, da ist alles, was dir lieb und teuer ist, das gesamte menschliche Drama und die gesamte menschliche Komödie. Dort ist das Leben, all die guten Dinge befinden sich da unten."[3]

Der Rand der Erdkugel markiert einen überwältigenden Kontrast, er trennt nicht weniger als die Sphäre des Lebens von der Sphäre des tödlichen Schweigens. Vor dem Hintergrund des lebensfeindlichen Alls erscheint die beleuchtete, blaue Erde als ein freundlicher, bergender Ort. Die so augenfälligen Grenzen der Erde lassen ein neues Gefühl für Innen und Außen entstehen; was da abgegrenzt wird, ist unser Wohnort vor dem Nichts des Weltalls.

Was den Mond anlangt, so hatte sich weitgehend Ernüchterung eingestellt: kein Leben weit und breit, allenthalben nur abgrundtiefe Kälte, Gesteinswüsten und eine lebensfeindliche Atmosphäre. Die Erde dagegen erschien einer Oase gleich in der Wüste des Alls. Hell und freundlich, grün und fruchtbar, hebt sie sich ab aus der unendlichen Schwärze. Ist sie nicht einzigartig, wie sie da einladend im Raum schwebt? Die Perspektive aus dem Weltraum rückte nachdrücklich ins Bewußtsein, was den Planeten Erde vor allen anderen bekannten Planeten auszeichnet. Es ist jene dünne Schicht von Luft und Wasser, von Boden und Organismen, welche Lebewesen gedeihen läßt und ihnen eine Heimstatt gibt. Nicht dicker als 17000 Meter oder ein Vierhundertstel des Erdradius umschließt jene atmosphärische Hülle, die alles Leben trägt, die Erde. Daher drängt sich mit dem Blick aus dem All die Erde als Biosphäre ins Bewußtsein; sie enthüllt sich im wörtlichen Sinn als – „Lebens-Kugel".

Klein

Entfernung verkleinert. Der vielleicht erstaunlichste Effekt des Blickes aus dem Weltraum, wieder und wieder von Astronauten besungen, war das Schrumpfen der Erde. James Irwin, der 1971 mit APOLLO 15 flog, fing diese Erfahrung in poetischen Formulierungen ein: „Die Erde erinnerte uns an eine in der Schwärze des Weltraums aufgehängte Christbaumkugel. Mit größerer Entfernung wurde sie immer kleiner. Schließlich schrumpfte sie auf die Größe einer Murmel, der schönsten Murmel, die du dir vorstellen kannst."[4] Ein dramatischer Bruch in der Wahrnehmung: die Erde, einst unermeßlich groß, liegt nun als ein kleiner Ball vor aller Augen. Wahrlich eine Umkehr der Perspektive! Während sich die Menschen bisher von der Erde – im Guten oder Bösen – umgeben sahen, umfangen sie nun selbst die Erde – wenigstens mit ihren Blicken.

Die Umkehr in der Perspektive ist offensichtlich die Frucht des ungeheuren Abstands, in den die Astronauten katapultiert worden sind. Die raketengetriebene Entfernung von der Erde verrückt den Maßstab, welcher bisher im begrenzten Vermögen der menschlichen Kräfte und Sinne gegründet war. Wahrnehmungen sind jetzt zugänglich, eine Wirklichkeit ist geschaffen, die in keinem Verhältnis mehr zu den menschlichen Sinnen steht. Die Proportion von Mensch und Erde wird geradezu auf den Kopf gestellt. Der Astronaut Buzz

Aldrin brachte die mirakulös-unheimliche Verkehrung der Verhältnisse auf den Punkt: „Die Erde wurde schließlich so klein, daß ich sie einfach dadurch aus dem Weltraum verschwinden lassen konnte, indem ich meinen Daumen vor sie hielt."[5]

Was heißt es, wenn – über Fernsehen und Photographie verbreitet – die verkleinerte, aus dem menschlichen Maß ausgekoppelte Erde zur herrschenden Vorstellung wird? Zwei Reaktionen sind gegenwärtig sichtbar. Auf der einen Seite wird über die Erde in einer Sprache sentimentaler Trivialisierung gesprochen: seht her, wie winzig und zerbrechlich sie ist, sie braucht unsere Zuwendung und Pflege! Auf der anderen Seite machen sich Stimmen von menschlicher Selbstvergrößerung und Omnipotenz bemerkbar, die sagen: seht her, wie überschaubar und handhabbar die Erde ist, sie läßt sich beherrschen und unter Kontrolle halten! Natürlich ist nicht ausgeschlossen, daß die Motive „Sorge" und „Kontrolle" zusammenfließen. Etwa in jener vom „Patienten Erde" scheinen beide Sprechweisen übereinzukommen.

Freilich nicht alle Bilder sind von Mondfahrten geschossen; jene aus den Erdumlaufbahnen lassen die Erde zwar als Objekt, jedoch hübsch riesengroß erscheinen. Dennoch prägt die Verzerrung der Proportionen auch hier noch die Wahrnehmung. Die Verkleinerung, die der Planet durch die Auskopplung des menschlichen Maßes erfährt, bringt es mit sich, daß Menschliches der Irrelevanz anheimfällt. Jene Erde, die da im Bild erscheint, ist im wesentlichen ein physisches Objekt, mit Ozeanen, Landmassen und Wolkenwirbeln, versteht sich, aber nicht die Wohnstatt von Menschen. Was die Lebensrealität von Menschen ausmacht, verflüchtigt sich in diesem Bild von der Erde; weder sind Kulturen noch Rassen oder Nationen zu sehen. Unterstützt wird dieser Sachverhalt noch vom Charakter der Photographie: ein Photo fixiert immer die Zeit und schneidet daher jedes Verständnis für Geschichte und Kontext des Dargestellten ab. So erscheint die Erde überdeutlich als physische Einheit, und zwar als eine physische Einheit, die unmittelbar soziale Einheit unterstellt, weil die konflikthafte Realität der Menschen gegenüber der grandiosen Tatsächlichkeit der Erde ganz verblaßt. Deshalb haben wohl so viele Astronauten betont, wie freundlich und friedlich die Erde aussieht, und immer wieder unterstrichen, daß Grenzen, Differenzen und Konflikte für den Blick vom All wie weggewischt sind. Die stärkste Botschaft des Bildes ist daher eine naturalistische Reformulierung der Menschheits-Idee: was die Einheit der Menschen stiftet, ist ihr gemeinsames Schicksal, auf diesem Erdkörper im All zu schweben. Oder wie es auf einem Poster des blauen Planeten lapidar heißt: „All one people".

Synoptisch

Höhe beschert Überblick. Je höher einer steigt, desto weniger Hindernisse stellen sich seinem Blick in den Weg; je größer der Abstand zum Boden, desto weiter schiebt sich der Horizont in die Ferne. Der Mond aber stellt die höchste Aussichtsplattform dar, die der Mensch jemals erreicht hat. Vom Raumschiff wie vom Satelliten bietet sich die gesamte Erde (oder große Teile von ihr) im Draufblick dar, eine Synopse der Welt, die umspannender nicht sein kann. Ein einziger Blick erfaßt mehr als jemals zuvor und die Zusammenschau über Meere und Kontinente hinweg enthüllt weiträumige Felder von Wechselbeziehungen, die vorher der menschlichen Anschauung verborgen waren. Wolkenformationen und Algenteppiche, Erdfalten und Siedlungsmuster formieren sich zu Gestalten höherer Ordnung, die nachdrücklich nahelegen, daß scheinbar geographisch verstreute Phänomene in Wahrheit oft Teilstücke größerer Zusammenhänge darstellen.

Kein Zweifel, eine solche Gesamtschau gibt integrierendem Denken, in welchen Varianten auch immer, einen starken Auftrieb, weil nunmehr auch übergeordnete Muster, in denen die einzelnen Teile zusammenspielen, sich dem Augen aufdrängen. Noch verstärkt wird die synoptische Kraft des Satellitenblicks durch die Umlaufbewegung: in knapp 90 Minuten etwa, in denen der Raumtransporter Columbia die Erde umkreist, zieht das ganze Erdenrund weit unten vorbei. Nimmt man hinzu, daß im Laufe der Tage die Umlaufbahn sich Abschnitt um Abschnitt über der Erdoberfläche versetzt, dann wird klar, daß nicht nur Zusammenschau, sondern Allessicht das der Satellitenfahrt technisch eingeborene Programm darstellt. Kein toter Winkel mehr und auch kein weißer Fleck, statt dessen totale Einsehbarkeit: Satellitenaugen sind in ihrer Weise allgegenwärtig und allwissend.

Von einem Horizont kann man im Draufblick vom Weltraum auf die Erde kaum mehr sprechen; er entschwindet jedenfalls mit der Aufwärts- oder Umlaufbewegung des Satelliten, bis er mit dem Rand der Erdkugel zusammenfällt. Ohne Grenzen ist der Blick und nichts bleibt ihm verborgen, ein Modus des Sehens, der kein „jenseits“, „danach“ oder „dahinter“ mehr kennt. Die Totalität des Satellitenblicks läßt Unterscheidungen wie hier/dort, innen/außen und auch jetzt/später in sich zusammenfallen. Damit hat das Bild von der blauen Erde die Grenzen des perspektivischen wie auch des panoramatischen Blicks hinter sich gelassen. Während die klassische Zentralperspektive die Tiefe des Raumes betont, ist hier die Unterscheidung von „davor“ und „dahinter“ in der makroskopischen Gesamtschau aufgehoben. Und während das panoramatische Blickfeld auf ein „jenseits“ des Horizonts verweist, ist hier der Rundblick in keinem Horizont mehr gefangen, sondern reicht hinter alle Horizonte. Perspektive und Panorama, beiden Sehweisen wohnte eine Bewegung, eine innere Dynamik, ja ein Antrieb zur Transzendenz in Fläche, Höhe und Zeit inne: immer weiter, von einem immer höheren Standpunkt, also morgen sehr viel mehr zu sehen[6]. Während diese beiden Sehweisen dem Fortschrittsdenken analog sind, wo es ja um die sukzessive Überwindung von Horizonten geht, zeigt die Makroskopie des Planeten eine deutliche Verwandtschaft zu einem nachfortschrittlichen Denken, wo die Gleichgegenwärtigkeit von allem fasziniert. In anderen Worten, das Satellitenbild stützt eine systemische Wahrnehmung, in der die Aufmerksamkeit den simultanen Interaktionen in einem Netz von weiträumigen Beziehungen gilt, und nicht mehr eine progressistische Wahrnehmung, die auf eine kontinuierliche Entdeckung neuer Möglichkeitsräume in der Zukunft drängt.

Durchleuchtet

„Hinter der Vorstellung, daß alles auf der Welt ‚Material‘ für die Kamera ist“, schreibt Susan Sontag, „stehen zwei unterschiedliche Grundhaltungen. Die eine davon äußert sich in der Überzeugung, daß ein Auge, wenn es nur scharf genug ist, in allem Schönheit oder zumindest Interessantheit entdeckt ... Die andere findet ihren Niederschlag in der Neigung, in allem etwas zu sehen, was sofort oder später seinen Nutzwert haben kann, etwas, das zur Bewertung, Entscheidung und Prognose herausfordert. Für die eine Grundeinstellung gibt es nichts auf der Welt, was nicht gesehen werden sollte; für die andere gibt es nichts, was nicht notiert werden sollte.“[7] Was das Photo aus dem Weltraum angeht, so hat hier der ästhetisierende Blick einen grandiosen Gegenstand gefunden; die ruhige Majestät der Erde, derer man da ansichtig wird, hat die Menschheit zum Staunen gebracht. Der andere Blick freilich, der instrumentelle, der erfassende, bekommt ebenfalls seine Chance, ja viel mehr noch, ihm werden historisch beispiellose Möglichkeiten zur Erkundung und Aufzeichnung eröffnet.

Der Krieg war auch hier der Vater aller Dinge. Während des Zweiten Weltkriegs versuchte man ein Grundproblem der Feindaufklärung mit neuer Technologie anzugehen: wie kann man sehen, was sich hinter geschickter Tarnung verbirgt? Als Antwort wurde die Infrarotphotographie entwickelt, die Wärmeausstrahlung aufzeichnet. Zwar kam sie kaum mehr zum Einsatz, doch verstärkte sich von da an die Suche nach Aufzeichnungsinstrumenten, die mehr erfassen können, als das menschliche Auge je zu sehen vermag. Denn sichtbares Licht stellt nur einen Teil des Spektrums von elektromagnetischen Wellen dar, die von einem Objekt reflektiert, absorbiert oder ausgesandt werden. Alle Objekte, seien es Felsen, Pflanzen oder Bauten, haben eine spezifische Strahlung, die jenseits des sichtbaren Lichts für das Auge unsichtbar bleibt, aber durch entsprechende Sensoren registriert werden kann.

Diese Erkundung des Unsichtbaren durch hochentwickelte Sensorentechnik, welche seit den frühen sechziger Jahren unter dem Sammelbegriff „remote sensing" vorangetrieben wird, ist seit dem Einsatz eines Multispektral-Scanners auf Landsat 1972 zum herausragenden Kennzeichen der Erdbeobachtung durch Satelliten geworden[8]. Allerdings steht die umfassende Umzingelung der Erde mit Satellitenaugen noch bevor; erst das von der NASA geplante Earth Observing System soll in den nächsten 10–20 Jahren zu einer Art umgekehrten Panopticum führen, wo von der Peripherie her das Zentrum unter dauernder Überwachung gehalten werden kann.[9]

Satelliten, mit Sensoren bestückt, sind wahre Himmelsspione, welche die Erdoberfläche bestreichen, um Informationen zu sammeln, die selbst den Akteuren vor Ort verborgen sind. Es verbindet sich da der synoptische Blick mit der Durchleuchtung der Dinge: von großer Höhe werden weiträumige Muster einer Realität erfaßbar, welche unterhalb der sichtbaren Oberfläche der Objektwelt liegt. Waldgebiete etwa können nicht nur nach den vorhandenen Baumarten erschlossen werden, sondern sie lassen sich auch nach ihrer Temperatur, ihrem Chlorophyllgehalt oder ihrer Feuchtigkeit durchleuchten, alles Zustandsbeschreibungen, welche nichts mit der konkreten Dinghaftigkeit der Bäume zu tun haben, sondern einer abstrakten „Biomasse" gelten. Offensichtlich ist der Durchleuchtungscharakter der Fernerkundung etwa beim Einsatz von Magnetometern, mit denen sich verborgene Lagerstätten von Mineralien aufspüren lassen, oder beim Einsatz von Radarsatelliten, denen auch dunkle Nacht und dicke Wolkendecken nichts anhaben können. Was das Satellitenauge aufstöbert, erscheint dann als Buntflächen auf thematischen Karten oder als Verlaufsmodell auf dem Computerschirm; in jedem Fall handelt es sich um die Herstellung einer bis dahin nicht vorhandenen Realität. Die biogeo-chemischen Zustände und Flüsse, welche hinter den Erscheinungen liegen, werden zur eigentlichen, „wissenschaftlich erwiesenen" Wirklichkeit des Planeten; maßgeblich ist nicht die sinnliche, sondern die durchleuchtete Realität. Millionenfach reproduziert auf Photos und Bildschirmen, wandern diese Phantombilder der Erde in jedermanns Bewußtsein.

Es mag ratsam sein, von „Phantombildern" zu sprechen, um die Aufmerksamkeit auf den besonderen ikonographischen Status dieser Bilder zu lenken. Denn in ihrer fortgeschrittenen Form bringt die Fernerkundung weder ein Abbild noch eine Photographie ihres Objektfelds hervor, sondern zu Bildern synthetisierte Messungen. Von „sehen" kann keine Rede sein und auch nicht von „sensing"; bei beiden Worten handelt es sich, genau betrachtet, um metaphorischen Unterschleif. Im allgemeinen liefern die Sensoren nämlich, indem sie ein Gebiet abtasten, einen Strom von digitalisierten Signalen, die aufbereitet, geeicht, mit anderen Daten integriert und mittels Techniken der Bildverarbeitung anschaulich gemacht werden. Bei alledem spielt maschinelle Datenverarbeitung eine entscheidende Rolle; remote sensing, bei einem heutigen Datenfluß von 100 Megabit pro Sekunde, wurde erst durch die Ankunft von Hochleistungscomputern möglich. „Beobachten" hat sich hier schon längst in Messen, Aufzeichnen, Berechnen, Verschneiden, Modellieren und Darstellen von Daten verwandelt. Was sind diese „Bilder" von der Erde mehr als Kollagen von Millionen von elektromagnetischen Meßresultaten? „Sehen ist", so stellt Barbara Duden fest, „kein Kriterium für Wirklichkeit mehr. Wir haben uns daran gewöhnt, Kollagen den Status von Wirklichkeit zu verleihen."[10]

Die Erfindung der Biosphäre

Im September 1970, gerade zwei Jahre, nachdem die blaue Erde zum gefeierten Photo-Objekt aufgestiegen war, veröffentlichte der „Scientific American" ein Themaheft mit dem Titel „The Biosphere". Das Vorwort, geschrieben von den Herausgebern der Zeitschrift, beginnt mit folgenden Sätzen: „Fotos der Erde zeigen, daß sie eine grün-blaue Farbe hat ... Die Biosphäre – jene dünne Schicht von Luft und Wasser und Boden und Leben, die nicht tiefer als zehn Meilen ist, also ein Vierhundertstel des Erdradius – stellt jetzt den Hintergrund für die ungewisse Geschichte der Menschen dar."

Die Wissenschaftler in dem fraglichen Heft nehmen sich als Gegenstand ihrer Forschung jene biogeochemischen Großzyklen vor, die auch auf planetarischer Ebene das Zusammenspiel zwischen der lebenden und der nicht-lebenden Welt prägen: die Kreisläufe von Energie, Wasser, Kohlenstoff, Sauerstoff, Nitrat, Mineralien. Und ihr Forschungsinteresse richtet sich insbesondere auf die Veränderungen in den Stoffkreisläufen, welche von der menschlichen Produktion von Nahrung, Energie und Materialien herrühren. Erst mit diesem Gegenstand – die Großzyklen, welche Atmosphäre, Gestein, Wasser und Organismen in der Lebenshülle der Erde verbinden – wie mit diesem Erkenntnisinteresse – die Gefährdungen der Stabilität dieser Kreisläufe durch den Menschen analytisch und quantitativ zu beschreiben – erhält der Begriff der Biosphäre sein Profil.

Vereinzelt war der Begriff ja schon früher aufgetaucht, aber im wesentlichen als Klassifikationskategorie, um auf globaler Ebene die Sphäre der Lebewesen von den a-biotischen Sphären des Gesteins und des Wassers oder auch des Geistes abzusetzen. Der österreichische Geologe Eduard Süss, als er 1875 zum ersten Mal von der „Biosphäre" sprach, wie auch der französische Theologe Teilhard de Chardin in den zwanziger und dreißiger Jahren zielten zwar auf ein ganzheitliches, planetarisches Verständnis des Lebensphänomens, beschränkten sich aber darauf, die Biosphere mit der Litho-, Hydro- und Atmosphäre bzw. (im Falle Teilhards[11]) mit der Noosphäre zu kontrastieren. Einzig Vladimir I. Vernadsky (in „La biosphère", Paris 1929) rückte die Beziehungen zwischen den geo-chemischen Faktoren und den biota in den Mittelpunkt der Aufmerksamkeit, wobei er dem Leben – in Nachbarschaft zum Vitalismus – einen überragenden Platz in dem Gesamtgeschehen zuwies[12]. Doch erst unter dem Einfluß der Ökosystem-Theorie wurde es möglich, die Beziehungen zwischen dem Organischen und Anorganischen als quantifizierbare Stoffkreisläufe darzustellen, die durch Rückkopplungsprozesse auch gegen Störungen von außen auf ein Gleichgewicht hin zustreben. G. Evelyn Hutchinson brachte nach dem Krieg die Inspiration Vernadskys mit der von Tansley und Lindemann entwickelten Ökosystemtheorie zusammen; er verstand die Natur in der Metapher der sich selbstregulierenden Maschine und regte an jene Regelungsmechanismen zu untersuchen, welche bei widrigen Einwirkungen von außen für die Selbsterhaltung des jeweiligen Systems verantwortlich sind[13]. Es war dann vor allem im Rahmen des Internationalen Biologischen Programms 1964–74, daß der Systemansatz gegenüber anderen Ansätzen in der Ökologie die Oberhand gewann, weil er in der Wahrnehmung der Öffentlichkeit gut mit dem Sozialingenieursdenken dieser Jahre zusammenklang. Daß dieser Klärungsprozeß gegen Ende der sechziger Jahre zu einem gewissen Abschluß gekommen war, läßt sich an der Tatsache ablesen, daß *Nature* 1969 eine terminologische Notiz veröffentlichte, welche unterstrich, daß „die Biosphäre besteht aus lebenden und nicht-lebenden Bestandteilen. Es ist das umfassende Miteinander von Boden, Wasser, Luft und lebenden Organismen, welches ein vollständiges Ökosystem ausmacht."[14] Und es war justament Hutchinson, der im besagten Heft des „Scientific American" den Eröffnungsaufsatz (Titel: „The Biosphere") schrieb, so daß sich die Schlußfolgerung ziehen läßt: im Konzept der Biosphäre wird das planetarische Ganze als das größtmögliche Ökosystem begriffen, das durch kybernetische Mechanismen zu einer Stabilitätslage tendiert, die zunehmend durch menschliche Aktivitäten gefährdet ist.

Das Konzept der Biosphere ist während der letzten beiden Jahrzehnte besonders uner dem Einfluß der sogenannten Gaia-Hypothese weiterentwickelt worden[15]. Die Hypothese besagt, daß unter den Komponenten, welche das globale Ökosystem konstituieren, den lebenden Organismen in ihrer Gesamtheit die vorherrschende Rolle zukommt. Während in der herkömmlichen Sichtweise die geophysikalischen und geochemischen Tatbestände (Land, Ozeane, Atmosphäre) die limitierenden Faktoren für die Welt der Organismen darstellen, die durch deren Aktivität allenfalls modifiziert werden, besteht die Gaia-Hypothese darauf, daß die Organismen – vom Plankton bis zu den Pappeln und von den Viren bis zu den Walen – in ihrer Gesamtaktivität entscheidende Merkmale der Lithosphäre, der Ozeane und der Atmosphäre regulieren. Indem die Lebewesen etwa die Temperatur auf der Erde, den Sauerstoffgehalt der Atmosphäre oder den Salzgehalt der Meere kontrollieren, schafften (im Verlauf der Evolution) und schaffen sie selbst sich eine Umwelt, in der Leben gedeihen kann. Es ist folglich die nimmermüde Wirksamkeit ihrer organischen Hülle, welche die Erde für das Leben gastlich macht. Die Erde hat daher nicht einfach eine Biosphäre, sondern sie ist eine Biosphäre. Denn ohne das planetarische Zusammenwirken der Lebewesen würde weder einzelnes Leben existieren noch die Erde, wie wir sie kennen; wüst wäre sie und leer wie die anderen Planeten.

Es ist kaum ein Zufall, daß James Lovelock in den sechziger Jahren für die NASA gearbeitet hatte, als er die Fährte zu dem, was später die Gaia-Hypothese werden sollte, aufnahm. Er war mit der Frage konfrontiert, wonach und mit welchen Instrumenten man nach Leben auf fremden Planeten Ausschau halten sollte. Die Frage nach den Bedingungen für Leben dort erzwang logischerweise die Frage nach den Bedingungen des Lebens hier; erst durch die Weltraumfahrt drängte es sich auf, verschiedene Planeten in einem einheitlichen Vergleichsraum zu sehen und sich eine zu den Planeten externen Beobachtungsposition (oder auch nur eine Sonde) vorzustellen, von der aus sie verglichen werden können. Das Weltraumprogramm mit seinen Ausflügen jenseits der Schwerkraft der Erde realisierte den extra-terrestrischen Blickwinkel; Raumsonde, Satellit und Raumschiff erschließen erstmals Zonen, die ganz anders als die Erde sind. Aus der radikalen Distanz fällt dann der Blick zurück auf die Erde, eine Lawine von Fragen auslösend, was denn die spezifische Differenz des Planeten Erde sei und was sie begründe.

Lovelock, der in den sechziger Jahren diese Suchbewegung durchmachte, um dann 1969 zum ersten Mal die Gaia-Hypothese in ihren Anfängen zu formulieren, bestätigte mehrfach diesen Entdeckungszusammenhang: „Es ist häufig schwer, die größere Einheit, von der wir ein Teil sind, zu begreifen ... So war es auch mit der Erde, bis wir mit den Astronauten jenen verblüffenden und ehrfurchtgebietenden Anblick teilten ... Dieses Geschenk, diese Fähigkeit, die Erde von großer Distanz zu sehen, war wie eine Offenbarung. Danach konnte die planetarische Biologie nicht anders, als einem neuartigen Ansatz zu folgen, der vom Ganzen ausgeht."[16] Die These von der Globalität des Lebens und die von seiner Priorität über nicht-organische Kreisläufe sind die beiden Ecksteine des modernen Verständnisses von der Biosphäre; beide Thesen verdanken ihre Entstehung der Weltraumperspektive auf die Erde. „Für mich", unterstreicht Lovelock, „stellt nicht neue Technologie das herausragende Nebenergebnis der Weltraumforschung dar. Der wirkliche Gewinn liegt darin, daß wir zum ersten Mal in der Geschichte die Möglichkeit hatten, die Erde aus großer Entfernung zu sehen. Die Informationen, welche wir durch diese Sicht auf unseren blau-grünen Planeten in all seiner Schönheit erhielten, haben eine ganz neue Klasse von Fragen und Antworten aufgeworfen."[17]

In der Tat verdichten sich diese „Fragen und Antworten" zu nicht weniger als zur Reorganisation einer ganzen Reihe von Wissenschaften um ein neues Forschungsparadigma und eine neue Forschungsmethodologie herum. „Lovelock's ‚Gaia'-Hypothese bleibt umstritten. Doch was immer ihr Schicksal in den Einzelheiten, ‚Gaia' bietet ein umfassendes Konzept, das eine ganze Reihe von spannenden interdisziplinären Forschungen von Chemikern, Biologen, Geophysikern, Ozeanographen, Geographen und anderen vereinigt."[18] Das Bild vom blauen Planeten hat so die Erde als ein wissenschaftliches Objekt konstituiert, das zur Umordnung von Fachdisziplinen zwingt, zum Einsatz neuer Methoden wie Fernerkundung und Computersystemen einlädt und eine weite Arena für interdisziplinäre Großforschung eröffnet. Da die Biosphäre als ein System interaktiver Komponenten konzipiert ist, in dem kein einzelnes Teil – Ozeane, Atmosphäre, Gestein, Vegetation, Tierwelt, Menschen – in Isolation vom anderen angemessen verstanden werden kann, sind die Wissenschaften, insbesondere die Biowissenschaften auf der einen und die Geowissenschaften auf der anderen Seite, zu einem Integrationsschub herausgefordert. Da gleichzeitig mit der Satellitentechnik eine neue Generation von Untersuchungsinstrumenten zur Verfügung steht, die eine Unmenge neuer Daten hervorbringt, bildet sich auch eine gerätetechnische Infrastruktur heraus, auf deren Basis sich die neuen wissenschaftlichen Aktivitäten institutionalisieren lassen. Und schließlich mangelt es auch nicht an der sozialen Nachfrage für eine Wissenschaft von der Biosphäre, im Gegenteil: „Es kann keinen Zweifel geben: die neue Wissenschaft der Biosphäre ist notwendig für unser Überleben ... Ohne ein solides wissenschaftliches Fundament können wir weder die einzelnen noch die kumulierten globalen Effekte unserer lokalen, regionalen und globalen Aktionen verstehen."[19] Kein Wunder also, daß seit einigen Jahren, von den USA ausgehend, ein wahres Gründungsfieber für globale Geo-Forschung zu verzeichnen ist. Die National Science Foundation hat zum Beispiel ein Programm „Global Geosciences" eingerichtet, um die akademischen Disziplinen zum Einreißen einiger ihrer Fachgrenzen zu bewegen; das International Council of Scientific Unions, immer schon rührig seit dem denkwürdigen International Geophysical Year 1957/58 an der Schwelle zur Weltraumfahrt, setzt auf ein „International Geosphere-Biosphere Programme", UNESCO reorientiert sein „Man and the Biosphere Programme" und Morgenluft wittert auch jene seit langem schlingernde Großinstitution, der wir die Ikone des blauen Planeten verdanken: die NASA ist dabei, ein Programm „Earth System Science" aufzubauen.[20] Spätestens mit der Errichtung eines Großforschungsinstituts „Geowissenschaften" in Potsdam und dem Gründungskongreß „Geotechnica" (mit Fachmesse) im September 1991 in Köln scheint auch in Deutschland die Biosphäre als wissenschaftliches Objekt der Großforschung ihren Einzug gehalten zu haben.

Das Bild und die sentimentale Ökologie

Während Lovelock mit seiner Hypothese bei der Wissenschaftlergemeinde noch auf taube Ohren stieß, hatte er mit dem Gedankenblitz, seine Erde „Gaia" zu nennen, schon in das Gemüt eines breiten Publikums getroffen. Bei einem Spaziergang mit Lovelock war William Golding, dem Schriftsteller und Nobelpreisträger, der Einfall gekommen, in der lebendigen Erde Lovelocks eine Verkörperung Gaias, der griechischen Göttin und Erdmutter, zu sehen. Das sollte sich als ein Griff von bewußtseinsgestaltender Kraft herausstellen; der seltene Fall trat ein, daß ein wissenschaftliches Theorem diesmal nicht vom Labor langsam ins allgemeine Bewußtsein wanderte, sondern vom Publikum den Forschern aufgedrängt wurde. Denn mit dem Erscheinen von „Gaia" als Buch begab sich eine neuerliche Epiphanie Gaias in der Geschichte: für Teile der Ökologiebewegung wurde da der tiefe Grund und das hohe Ziel ihrer Sorge offenbar. Die Auswürfe der Industriegesellschaft, sie bedrohen schließlich nicht nur die Anrainer des Erie-Sees oder Asthmatiker in Smoggebieten, sondern in ihrer Summe nicht weniger als den Gesamtorganismus der Erde, von dem letztlich alles Leben abhängt. „Rettet die Erde“ wäre vorher ein absurd-komischer Schlachtruf gewesen; nachdem aber das Wesen der Erde in ihrer dünnen Lebenshülle identifiziert ist, erscheint sie gegen die Angriffe des Menschen verletzlich. Das Bild vom blauen Planeten stieg zum Symbol für die lebensspendende Natur auf; von einem Poster mit dem Photo der Erde ruft es einem entgegen: „Love your Mother“.

Das Photo aus dem Weltraum wurde in den USA freilich schon von Anbeginn mit den Ahnungen und Hoffnungen des ökologischen Zeitgeists aufgeladen. Carl Sagan, als Weltraum-Autor freilich nicht ohne Eigennutz, merkte schon wenige Jahre nach der Mondlandung an, daß „viele Führer der Umweltbewegung in den Vereinigten Staaten ursprünglich von den Weltraumfotos der Erde beeinflußt waren, von jenen Bildern, welche eine winzige, zarte und zerbrechliche Welt zeigen, die außerordentlich anfällig für die Raubereien des Menschen ist – eine Wiese mitten im Universum“[21]. Man kann sich fragen, ob Earth Day 1970, jene erste nationale Manifestation der Umweltbewegung in den USA, ohne das Satellitenphoto diesen Namen erhalten hätte; sicher ist jedenfalls, daß aus Anlaß des (zweiten) Earth Day 1990 die Erde als Devotionalienmotiv auf Wimpel, Plakaten, Postkarten übers Land schwappte. Die Erde, sie ist zu einem Gegenstand postmoderner Volksfrömmigkeit geworden.

Offensichtlich zeichnet das Bild eine Reihe von Eigenschaften aus, die in Resonanz mit ökologischer Sensibilität stehen. In erster Linie gibt das Photo den Blick frei auf die Erde als ganzen physikalischen Körper; unmittelbar wird vor Augen geführt, daß die Erde jene umgreifende Ganzheit darstellt, innerhalb derer alles Geschehen sich abspielt. Muß ein solches Bild nicht zu einem machtvollen Triumph für eine Bewegung werden, die nicht müde wird, immer und immer wieder auf dem Vorrang des Ganzen vor der Perfektionierung der Teile zu bestehen? Schließlich geht es an vielen Fronten darum, die verdrängten Folgen von Einzelentscheidungen für das Ganze aufzuspüren; das Photo, welches die Erde als die größte Ganzheit zeigt, bringt daher die letzte und fundamentale Bezugseinheit ökologischen Engagements ins Bild. So prägt sich der Planet, wie er da schimmernd im Weltall schwebt, dem zeitgenössischen Bewußtsein als Wunschobjekt kollektiver Rationalität ein. Verstärkt wird diese Vorstellungsweise durch die augenfällige Tatsache, daß nichts auf dem Bild so deutlich zu sehen ist, wie die Grenzen, welche die leuchtende Erde vom kaltschwarzen Weltraum absetzen. Damit ist der optische Beweis erbracht, daß die Erde endlich ist. Eine solche Evidenz kreisrunder Endlichkeit gibt der Botschaft der Umweltschützer, daß die Natur nicht unbegrenzt vernutzbar sei, photographische Glaubwürdigkeit. Spätestens vor dieser Grenze muß offensichtlich der Hochmut des Menschen vor den Fall kommen.

Darüber hinaus schneidet das Erdenrund aus dem feindlichen All einen heimeligen Binnenraum heraus, der die Erde als unseren Wohnort, ja als unsere Heimat hervorstechen läßt. Die Grenzen schaffen einen Ort, der Ort schafft Zugehörigkeit; das Bild konstituiert ein „Wir" aller Menschen. „Home" steht lapidar auf manchen Postkarten mit dem Bild des blauen Planeten geschrieben. Gewiß, die Einheit des Menschengschlechts ist damit nicht mehr als kulturelle Verstehensleistung, sondern als bio-physische Tatsache bestimmt; doch eine solche Naturalisierung verleiht der Menschheits-Idee die Weihe der Faktizität. Das Bild schafft so eine neue Vorstellung von globaler Interdependenz: weltweite Verflechtung mag auch eine Sache von Geldströmen oder Fernsehnachrichten sein, aber zuallererst ist sie unhintergehbar durch die gemeinsame Lebenshülle gestiftet. Darüber hinaus hat sich der Umkreis der Interdependenz radikal erweitert; sie bleibt nicht auf die Menschheit beschränkt, sondern umfaßt nicht weniger als alle Lebewesen. Während früher die Natur den Hintergrund abgab, vor dem die Menschen in ihrer Gemeinsamkeit hervortraten, stellt jetzt das Weltall den Hintergrund dar, vor dem die Einheit der Natur – unter Einschluß des Menschen, versteht sich – gebieterisch sich aufdrängt. Der Mensch erscheint in erster Linie als Naturwesen, dessen Schicksal und dessen Herausforderung es ist, im planetarischen Lebensgewebe verflochten zu sein. Von daher wächst dem Ruf der Umweltfreunde nach ökologischer Verantwortung so etwas wie eine ontologische Rechtfertigung zu: im Frieden mit der Natur zu leben, diese Sollensforderung ist nicht aus der dünnen Luft der Beliebtheit geholt, sondern wurzelt, so stellt es sich dar, in der Ordnung des Seins.

Aber „Gaia", der geniale Name, ruft noch weit mehr auf als die Vernunft. Er appelliert an die Suche nach dem Letztgültigen, dem Heiligen. Lovelock selbst öffnete den Weg: „Als ich mir zum ersten Mal Gaia vorstellte, kam ich mir wie ein Astronaut auf dem Mond vor, der auf unsere Heimat, die Erde, zurückblickt. Dieses Gefühl verstärkte sich, als Theorie und Empirie die Idee zu bestätigen, daß die Erde ein lebendiger Organismus sein könnte. Der Gedanke, daß die Erde lebendig ist, gibt einem den Eindruck, an einem glücklichen Tag und am rechten Ort, daß der gesamte Planet eine heilige Feier zelebriert."[22] Erstaunen, Ehrfurcht und ein Gefühl der Unfaßbarkeit erweckt das Bild vom blauen Planeten; eine übergroße Wirklichkeit wird einsehbar, die alles Erdgeschehen trägt und umfaßt. „Deshalb ist Gaia für mich ein wissenschaftliches ebenso wie ein religiöses Konzept." Lovelock äußert tiefe Genugtuung darüber, daß seine religiöse Intuition in seiner wissenschaftlichen Arbeit ihre Bestätigung erfuhr und zu einer Sprache fand, welche diese persönliche Erfahrung in einer säkularisierten Welt mitteilbar macht. Diese Genugtuung wird von vielen geteilt, besonders im angelsächsischen Publikum. Denn ökologisches Engagement steht damit für einen Umbruch im Welt- und Lebensverständnis, der auf eine holistische Perspektive setzen kann, die Empirie und Ethik, Wissenschaft und Religion vereint. Die für das ökologische Weltgefühl zentrale Pointe liegt darin, daß der Mensch in diesem Entwurf keinen privilegierten Ort im Universum beanspruchen kann; aus der Krone der Schöpfung ist eine besonders komplexe Manifestation des globalen Lebensprozesses geworden. Die Herkunft des Menschen läßt sich mit der Geschichte der planetarischen Evolution des Lebendigen erzählen, seine Gegenwart wird durch seine Einbettung im globalen Gewebe allen Lebens getragen und seine Zukunft wird davon abhängen, wie er sich in den Prozeß Gaias einfügt. Eine ökologische Grundstimmung findet damit Ausdruck in einem religiösen Entwurf, der weder menschen- noch gottzentriert, sondern, wie es naheliegt, erdzentriert daherkommt. Die Erde, oder genauer: die Biosphäre, steigt zu einem Objekt der Verehrung auf. Das Bild vom blauen Planeten kann so auch im strengeren Sinne als Ikone betrachtet werden: es ist nicht einfach ein Abbild, sondern gilt für manche als Symbol für die Lebensmacht Gaias. Wo verehrt wird, da ergibt sich Gebet und Anrufung von selbst; in einer New-Age-Publikation, die Übungen zur Meditation Gaias gewidmet ist, findet sich folgende Anrufung: „Wir bitten für die Gegenwart Gaias und beten darum, daß der Lebenshauch weiterhin den Heimatplaneten liebkost. Mögen wir in ein wahres Verstehen hineinwachsen – ein tiefes Verstehen, das uns anspornt, den Baum zu schützen, auf dem wir sprießen, und das Wasser und den Boden und die Atmosphäre, ohne die wir nicht existierten ... Wir bitten für die Gegenwart Gaias, hier mit uns zu sein. Damit uns all das offenbar werde, was wir sehen müssen, für unser eigenes höchstes Gut und für das höchste Gut aller."[23]

Das Bild und die technokratische Ökologie

Fast zwanzig Jahre nachdem der *Scientific American* die Biosphäre zu einem neuen Gegenstand wissenschaftlicher Forschung ausgerufen hatte, wies er wiederum den Weg zu neuen Ufern: Das Sonderheft vom September 1989 zeigt auf dem Titelblatt Amerika und Europa aus der Satellitenperspektive und setzt über die Umrisse der Kontinente und Meere den Imperativ „Managing Planet Earth". Im Titelaufsatz findet sich gleich zu Beginn eine Synthese der neuen Blickrichtung: „Unsere Fähigkeit, auf uns selbst zurückzuschauen, symbolisiert die besondere Perspektive, die wir auf unsere Umwelt richten können und darauf, wohin wir als Spezies unterwegs sind. Mit diesem Wissen kommt auch die Verantwortung ...: die Verantwortung, den Gebrauch des Planeten durch den Menschen zu organisieren ... Änderungen im individuellen Verhalten sind sicher notwendig, aber nicht ausreichend. Als eine globale Spezies transformieren wir den Planeten. Nur als eine globale Spezies, die ihr Wissen zusammenführt, ihre Handlungen koordiniert und unter sich teilt, was der Planet bietet, haben wir irgendeine Aussicht, die Transformation des Planeten entlang eines umweltverträglichen Entwicklungspfades gestalten zu können. Das selbstbewußte, intelligente Mannagement der Erde ist eine der großen Herausforderungen für die Menschheit im Übergang zum 21. Jahrhundert." Hochfliegende Worte, gewiß, und auch ein gutes Stück Selbstüberschätzung, doch eine solche Rhetorik, was immer ihre Realisierungschancen, schafft eine neue Wirklichkeit, die sich in die Köpfe einsenkt. Das ist unübersehbar in einer Epoche, in der Umweltthemen die Kommandohöhen internationaler Politik erreicht haben und zum Gegenstand weltweiter Kampagnen geworden sind. Die neue Wahrnehmung beginnt die Sprache der internationalen Debatte zu färben, ihre Echo wird mit Großereignissen wie der UN-Konferenz für Umwelt und Entwicklung in Brasilien immer deutlicher auch jenseits akademischer Betrachtungen zu hören sein.

Ohne das Bild von der Erde wäre es kaum möglich, den Planeten als Managementobjekt zu denken. Allerdings mußten einige weitere Bedingungen hinzukommen, um gegen Ende der 80er Jahre den Horizont ökologischer Managementstrategien global auszuweiten. Noch Anfang der 70er Jahre war die Rede von globaler Verantwortung hauptsächlich ein moralischer Appell, um auf lokale oder bestenfalls nationale Aktion im Namen der Umwelt zu drängen. „Global denken, lokal handeln" war der Slogan jener Jahre, Umweltpolitik bedeutete regional bezogene Ressourcenplanung oder sorgte sich um mehr Lebensqualität vor Ort. Erst im Laufe der 80er Jahre schoben sich mit Ozonloch, saurem Regen und Treibhauseffekt die grenzüberschreitenden, ja globalen Auswirkungen industriegesellschaftlicher Verschmutzung in den Vordergrund; der Planet offenbarte sich als die allumfassende Müllkippe. Auch die wissenschaftliche Ökologie lenkte zur selben Zeit ihre Aufmerksamkeit auf das Studium der globalen Lebenshülle; während Ökologen sich vor zwei Jahrzehnten noch vorwiegend um einzelne, isolierte Naturräume gekümmert hatten, wie Wüsten, Tropenwälder, Wattenmeere, haben sie in den letzten Jahren zunehmend die Biosphäre als das allumfassende Ökosystem entdeckt, welches die Biota mit Prozessen in der Atmosphäre, den Ozeanen und der Erdkruste verknüpft. Und schließlich, wie so häufig in der Geschichte der Wissenschaft, schuf erst eine neue Generation von Instrumenten und Apparaturen die Möglichkeit, globale Prozesse meßtechnisch zu erfassen. Satelliten, Sensoren und Computer stellten im vergangenen Jahrzehnt die Mittel zur Verfügung, die Biosphäre als Objekt zu vermessen und in Modellen darzustellen. Während also die Umweltkrise für Relevanz planetarischer Fragestellungen gesorgt hat, verspricht die Ökologie, die kognitive Grundlagen bereitzustellen, und die Technologie, mit der instrumentellen Ausrüstung aufwarten zu können. Weil diese Faktoren gleichzeitig wirksam wurden, konnte in den letzten Jahren der Planet Erde in eine Managementperspektive rücken.

Nach der heroischen Phase der Auffahrt zum Mond und anderer bemannter Missionen scheint die Raumfahrttechnik sich mit Dienstleistungen zur Verwaltung der Erde zu konsolidieren. Neben Kommunikationstechnik richtet sich die Hoffnung zukünftiger Expansion auf die Beobachtung der Erde. Seit einer Reihe von Jahren werden die Entwicklungsarbeiten dazu bei der NASA unter dem Programm „Mission to Planet Earth“ zusammengefaßt, wie auch das französische SPOT-Programm, die europäische Mission ERS-1 und die zu erwartende japanische Weltraumaktivität in hohem Maße auf eine Nachfrage für Erdbeobachtung setzen. Satelliten dienen dabei als wahre „Umweltspione im All“[24], welche die großräumlichen Veränderungen auf der Lebenshaut des Planeten registrieren. Von großer Höhe lassen sich die Verletzungen der Natur kartieren: Waldrodungen und Ver-Wüstung, Giftwolken und Ölteppiche, ja sogar Truppenübungsplätze bleiben dem Späherblick des Satelliten nicht verborgen. ERS-1 etwa befindet sich seit dem Frühsommer 1991 über dem Nord- und Südpol in einer 800 km hohen Kreisbahn, die ihn täglich 16mal um den Erdball führt, wobei die Erde sich unter ihm wegdreht und nach und nach ihre gesamte Fläche zur Einsichtnahme anbietet. Mittels Sensorentechnik kommt zum synoptischen auch der durchleuchtende Blick, um den Zustand der Vegetation, die Bewegungen der Meere und die Schichten der Lufthülle aufzuzeichnen. Abgesehen von solchen Zustandsanalysen liefern Satelliten im Verbund mit Hochleistungscomputern über die Zeit einen Strom von Verlaufsdaten, mit denen man hofft, sogar so komplexe Naturerscheinungen wie Golfströme oder Klimawandel, in Modellen darstellen und validieren zu können. Dabei liegt der Sinn der Modellbildung darin, auf dem Bildschirm großräumige und höchst verwickelte Naturprozesse für je unterschiedliche Anfangsbedingungen in ihrem Verlauf simulieren zu können. Zum Beispiel versuchten sich Wissenschaftler an einem Modell der Ölausbreitung im Persischen Golf, um Voraussagen über Ablauf und Wirkungen der Katastrophe treffen zu können. Oder es lassen sich die Auswirkungen von unterschiedlichen Schutzmaßnahmen an den Fluß-Systemen, welche die Nordsee speisen, auf die Gesamtverschmutzung dieser Meeresregion vorhersagen. Auch wenn oft noch in den Sternen steht, welche Erwartungen sich tatsächlich einlösen lassen werden, so zeichnet sich doch ab, daß mit der Verkopplung von Raumfahrt, Sensorentechnik und Datenverarbeitung drastisch die Macht wächst, das Naturgeschehen im kontinentalen und planetarischen Maßstab kontinuierlich zu beobachten, vom Menschen verursachte Einflüsse zu erkennen und Prognosen anzustellen. Ähnlich wie ein Patient auf der Intensivstation, das ist die verborgene Absicht dieser Programme, soll der Patient Erde unter Dauerbeobachtung gestellt werden, um rasch Therapien zum Einsatz zu bringen, bevor er noch kollabiert.

Als Fernziel für die nächsten 10–20 Jahre wird projektiert, ein von überall her zugängliche „Global Resource Information Database" aufzubauen, die es den sogenannten Entscheidungsträgern erlaubt, die Umweltauswirkungen ihrer Handlungen vom lokalen zum planetarischen Maßstab abzuschätzen.[25] Alle Daten, die dezentral aus der ganzen Welt eingegeben werden, sollen nach ihrem Ort auf der Erdoberfläche (und fallweise auch in der Dimension der Zeit) gekennzeichnet sein, ein Verfahren, daß wenigstens im Prinzip die Aussicht eröffnet, an jedem Punkt der Erde jeden anderen Punkt in seinem Naturprofil abrufen zu können. Ähnlich wie sich die Staaten seit dem zweiten Weltkrieg eine ausgefeilte Wirtschaftsstatistik zugelegt haben, welche den wirtschaftlich-sozialen Zustand der Gesellschaft spiegeln soll, so ist heute eine – in der Tendenz allerdings weltweite – Datenbank im Entstehen begriffen, welche den Zustand der Biosphäre unter Beobachtung halten soll.

Allumfassend und auch durchdringend ist der Blick des Satelliten in ökologischer Mission. Das Naturkleid des Planeten breitet sich unter ihm aus und jede Region kann möglicherweise bald mittels dreidimensionaler Computergraphik auf dem Bildschirm geholt und Testläufen unterworfen werden. Das Potential an Wissen und vergleichender Simulation läßt Erwartungen wachsen, zukünftig in der Lage zu sein, die Veränderung der Natur auf dem Planeten im Stile rationaler Planung bewußt gestalten zu können. Ein dringender Bedarf scheint dafür in der Tat zu bestehen; denn führt die Umweltkrise nicht deutlich vor Augen, daß die Herrschaft des Menschen über die Natur noch viel zu wünschen übrig läßt? Naturwissenschaft und Technik, so wird gesagt, haben zwar die Natur gewaltig verändert, doch bislang in unkontrollierter Weise. Was daher für eine technokratische Ökologie ansteht, ist die Rationalisierung des Natureingriffs. In dieser Perspektive liegt daher die Herausforderung der gegenwärtigen Phase industriegesellschaftlicher Entwicklung darin, die Herrschaft des Menschen über die Natur nach einer Epoche der Blindheit in eine Epoche der Aufklärung überzuführen. In der Tat, erst die bewußte Kontrolle der ungewollten Folgen der Naturausbeutung würde es erlauben, von gelungener Naturbeherrschung zu sprechen. Weit davon entfernt, den Naturverbrauch der Industriegesellschaft generell zurückzunehmen, sucht eine solche Politik ihr Heil darin, die Umformung der Natur optimal zu steuern. Das Bild vom blauen Planeten – ist er nicht klein und überschaubar? – suggeriert die Planbarkeit eines Geschehens, das bisher der menschlichen Existenz vorgegeben war. Nur unter dem Eindruck dieses Bildes kann der *Scientific American* Fragen dieser Art zu Schlüsselthemen erheben: „Es geht um zwei Kernfragen: welche Art von Planet wollen wir? Welche Art von Planet können wir bekommen? ... Wieviel Artenvielfalt sollte in der Welt erhalten bleiben? Sollte die Größe der Bevölkerung oder ihre Wachstumsrate beschränkt werden ...? Welches Ausmaß an Klimawandel ist akzeptabel?"

Die Bilder aus dem All dokumentieren auf kaum überbietbare Weise eine Art von Erkenntnis, die auf Entfernung beruht. Eine solche Art von Erkenntnis hat aber eine eher unselige Geschichte hinter sich, denn unsere Herrschaft über die Natur beruht auf ihr. Eine abhebende Weltraumrakete illustriert recht anschaulich, womit Naturbeherrschung immer zu tun hatte: nämlich den Menschen aus der gelebten Natur herauszulösen und ihr so gegenüberzustellen, daß ihm als neutrales Interventionsfeld erscheint, was vorher seine eigene Mitwelt war. Die Betrachtung der Erde aus dem Weltraum setzt diese Tradition fort; deshalb kann sich an ihr das Verlangen nach erweiterter Herrschaft festmachen. Eine Raumkapsel ins All zu schießen ist vielleicht die radikalste Weise, jene Entfernung aus der Mitwelt zu realisieren. Schon aufgrund ihrer visuellen Eigenschaften laden daher Satellitenbilder zu Großplanungsphantasien ein.

Unterstrichen wird diese heimliche Aufforderung von der Tatsache, daß auf dem Bildmaterial jegliche menschliche Realität sich in Nichts aufgelöst hat und nur Naturgegebenheiten zu sehen sind. Keine Traditionen, keine Institutionen, keine Geschichte, die Welt hat sich zur Erde verflüchtigt. Die Bahn ist damit frei, die konflikthafte Realität der Menschen zu überspielen und das Soziale ins Biologische hinein aufzulösen. Der heimliche Traum eines Planers, in seinen Interventionsvorschlägen nicht von den widersprüchlichen und widerborstigen Vorstellungen der betroffenen Menschen gestört zu werden, geht am Objekt des Planeten in Erfüllung. Daher ist es alles andere als ein Zufall, wenn in der internationalen Debatte sich zunehmend biologisierende Redeweisen häufen: aus Menschen werden „Populationen", aus Bürgern „Species", Lebensqualität degeneriert zu „Überleben", „Tragekapazität" nimmt die Stelle von Gemeinwohl und „Evolution" die von Geschichte. Die aufsteigenden Begriffe deuten statt dessen auf eine Wahrnehmung, die man biosphärischen Utilitarismus nennen könnte. Neue Worte wie „Biomasse", „Biodiversität" oder „Bioreservate" verraten dieselbe Neigung, nämlich jene, den Planeten und seine Dynamik zum vorrangigen Bezugswert der Politik zu erklären.[26]

Genau das scheint jedoch die Perspektive, welche die Weltkommission für Umwelt und Entwicklung (Brundtland-Report) für eine globale Umweltpolitik der 90er Jahre vorgibt. In seinen ersten Sätzen feiert der Bericht das Bild des blauen Planeten, funkelnd schwebend im schwarzen All, klein und verletzlich. Dann stellt er fest, daß „das Unvermögen der Menschheit, ihre Taten diesem Rahmen einzupassen, dabei ist, planetarische Systeme in fundamentaler Weise zu verändern", um dann den Absatz mit der programmatischen Aussage zu schließen: „Diese neue Wirklichkeit, der man nicht entfliehen kann, ruft nach Anerkennung und nach – Management."[27]

Anmerkungen

1 Peter Sloderdijk, *Versprechen auf Deutsch*, Frankfurt/M., 1990, S. 57.
2 Susan Sontag, *Über Fotografie*, München, 1978, S. 142.
3 In: Kevin W. Kelly (Hg.), *Der Heimatplanet*, Frankfurt/M., 1989, S. 21.
4 In: Kelly, a.a.O., S. 38.
5 In: Kelly, a.a.O., S. 37.
6 Zu Perspektive, Panorama und dem Zurückweichen des Horizonts in der Geschichte der Wahrnehmung siehe: Albrecht Koschorke, *Die Geschichte des Horizonts*, Frankfurt/M., 1989.
7 Sontag, op.cit., S. 162f.
8 Pamela Mack, *Viewing the Earth. The Social Construction of the Landsat Satellite System*, Cambridge: MIT Press, 1990.
9 The Economist, 15. Juni 1991, S. 23.
10 Barbara Duden hat diese Feststellung auf jenes dem blauen Planeten diametral entgegengesetzte, aber doch zutiefst verwandte „Bild" des Fötus auf dem Monitor gemünzt. Dem Gespräch mit ihr verdanke ich zahlreiche Einsichten. Das Zitat stammt aus ihrem Essay *Der Frauenleib als öffentlicher Ort. Vom Mißbrauch des Begriffs Leben*, Hamburg, 1990, S. 30.
11 Einen zusammenfassenden Einblick in diese Gedankenlinie gibt der Artikel „Bio-

sphäre/Noosphäre" in: Joachim Ritter (Hg.), *Historisches Wörterbuch der Philosophie*, Bd. 1, Basel, 1971.

[12] Jacques Grinevald, „Sketch for a History of the Idea of the Biosphere", in: Peter Bunyard/Edward Goldsmith (Hg.), *Gaia, the Thesis, the Mechanisms and the Implications*, Camelford: Wadebridge Ecological Centre, 1988, S. 1–32.

[13] Wolfgang Sachs, „Natur als System. Vorläufiges zur Kritik der Ökologie", in *Scheidewege*, Bd. 21, 1991/92, S. 83–97.

[14] *Nature*, Bd. 223, 1969, S. 500–501.

[15] James Lovelock, *Gaia. A New Look on Life on Earth*, Oxford: Oxford University Press, 1979; ders., *The Ages of Gaia*, New York: Norton, 1988; Lynn Margulis/Doris Sagan, *Microcosmos*, New York: Simon & Schuster, 1986.

[16] Lovelock 1988, op.cit., S. 29.

[17] Lovelock 1979, op.cit., S. 8.

[18] William Clark, „Sustainable Development of the Biosphere: Themes for a Research Program", in: W. C. Clark/R. E. Munn (Hg.), *Sustainable Development of the Biosphere*, Cambridge: Cambridge University Press, 1986, S. 6.

[19] Daniel B. Botkin, „The Need for a Science of the Biosphere", in: *Interdisciplinary Science Reviews*, Bd. 10, 1985, S. 267.

[20] Für einen Überblick siehe Thomas F. Malone, „Mission to Planet Earth. Integrating Studies of Global Change", in: *Environment*, vol. 28, 1986, No. 8, S. 6–11, 39–41.

[21] Carl Sagan, *The Cosmic Connection*, New Yok: Dell Books, 1975, S. 60.

[22] Lovelock 1988, op.cit., S. 205.

[23] John Seed et al., *Thinking Like a Mountain*, Philadelphia: New Society Publishers, 1988, S. 2.

[24] So das Titelthema von *Bild der Wissenschaft*, September 1990.

[25] Michael Gwynne/Wayne D. Mooneyhan, „The Global Environmental Monitoring System and the Need for a Global Resource Database", in: Daniel Botkin et al. (Hg.), *Changing the Global Environment*, San Diego: Academic Press, 1989, S. 243–256.

[26] Für eine ausführlichere Analyse siehe Guy Beney, „Gaia. The Globaritarian Temptation", in: Wolfgang Sachs (Hg.), *Global Ecology: A New Arena of Political Conflicts*, London: Zed Books, 1993.

[27] World Commission on Environment and Development, *Our Common Future*, Oxford: Oxford University Press, 1987, S. 1.

Alexej Stachowitsch

Rußland – Hoffnung oder Bedrohung?

In der „Hauspostille" der deutschen Botschaft in Moskau vom 15. Oktober 1991 stand zu lesen:

„... Der Kommunismus ist beendet. Begonnen hat etwas Undefinierbares. Sich im Westen eine Vorstellung von dem zu machen, was in Rußland vor sich geht, ist praktisch unmöglich, auch wenn man in den gescheitesten westlichen Zeitungen die Moskau-Reportagen der gescheitesten amerikanischen oder französischen oder deutschen Korrespondenten liest. Man beginnt zu verstehen, daß das Ereignis in Rußland nicht so ereignisreich ist wie im Westen. Es ist verschwommen, amorph und nicht faktographisch, das heißt, es entbehrt klarer Konturen. Verstehen kann man es nur im Kontext der sowjetischen Realität, welche im übrigen eine für das Gedächtnis schnell verderbliche Ware ist, die sich rasch zersetzt, sobald man sich auch nur für kurze Zeit außerhalb derselben befindet. Diese Zersetzung erklärt sich folgendermaßen: die sowjetische Realität entbehrt des gesunden Menschenverstandes in einem Maße (sie besteht zu einem großen Teil aus vollkommenem Unsinn), daß sie schwerlich eine Rekonstruktion zuläßt.

Vom Westen aus betrachtet erscheint Rußland entweder als endgültig wild gewordenes Wesen, das auch bereit wäre, die eigene Mutter abzustechen, oder im Gegenteil als verwirrter Knabe mit exaktem Scheitel aus guter Familie, der beschlossen hat, dem „Stoff" zu entsagen und sich wieder der Jurisprudenz zu widmen.

Der ersteren Vorstellung von Rußland hängen gewöhnlich jene Ausländer an, die keinen „Roman" (sei es einen diplomatischen, geschäftlichen oder sentimental-kulturellen) mit Rußland gehabt haben (woran Rußland natürlich selbst schuld ist) und entsetzt geflüchtet sind, den Tag verfluchend, an dem sie eingewilligt haben, hierher zu kommen. Ich kenne Fälle, Leute aus dem Westen, die unverzüglich nach ihrer Ankunft in Moskau wegen der sie umgebenden Unbequemlichkeiten und wüsten Verhaltensweisen in tiefste Depressionen gefallen sind ..."

Diese, für einen westlichen Leser kaum beruhigenden, Aussagen stammen nicht von einem Experten der deutschen Botschaft, sondern sind einem Artikel des russischen Schriftstellers V. Jerofejew (im „Kursbuch Rußland vestehen" Heft 103, März 1991, Rowohlt Berlin) entnommen.

Akzeptiert man diese Feststellungen, entziehen sie jeder konkreten westlichen Prognosemöglichkeit die Grundlage, betrachtet man sie aber nur als ein amüsantes Bon mot, könnte eine gefährliche Fehlbeurteilung der Lage die Folge sein. Für den Russen sind Jerofejews Worte nämlich durchaus kein Unsinn, sondern Ausdruck eines Lebensgefühls und einer Empfindungsweise, die auch in der klassischen russischen Literatur immer wieder dargestellt wurde.

Die Zeiten allerdings, in denen man sich bei solcher Lektüre bequem zurücklehnen und, je nach Erziehung und Veranlagung, entweder „wie interessant, diese Russen!" oder „na ja, diese Barbaren" sagen konnte, scheinen endgültig vorbei zu sein.

Rußland steht mit all seinen Problemen, aber auch seiner Potenz, vor unserer Haustür, die sich nicht mehr einfach zumachen läßt, um uns beruhigt eigenen Fragen zuzuwenden.

Bismarck soll sinngemäß gesagt haben, daß das Wohlergehen Europas weitgehend von den guten Beziehungen Deutschlands mit Rußland abhinge. Die Geschichte hat dem Recht gegeben.

Allerdings war das Rußland, mit dem es Bismarck zu tun hatte, zwar auch damals dem Westen in weiten Bereichen unverständlich, schien aber immerhin auf dem internationalen politischen Parkett so etwas wie ein gezähmter Wilder zu sein, mit dem man in einer beiderseits akzeptierten Sprache verkehren konnte.

Die Periode zwischen der bolschewistischen Oktoberrevolution 1917 und Gorbatschows Perestroika war, abgesehen von der Last innerer Probleme, dadurch gekennzeichnet, daß die Sowjetunion sich bewußt von der Außenwelt abschloß, zugleich aber durch ihr zunehmendes militärisches Gewicht und die von Moskau gelenkten kommunistischen Parteien in der übrigen Welt, an Einfluß und Gewicht gewann und zur 2. Supermacht aufstieg.

Das gelang ihr vor allem dadurch, daß sie als tragendes, dynamisches Element den Glauben an die Überlegenheit der kommunistischen Ideologie als Triebfeder einsetzen konnte und alle etwa aufsteigenden Zweifel daran brutal unterdrückte. Die dadurch entstehende Schizophrenie im Volk, das sehr bald lernte äußeres und inneres Denken und Benehmen sorgfältig zu trennen, nahm man in Kauf. Welcher Prozentsatz der führenden „Nomenklatura“ dabei wirklich an den Kommunismus glaubte, ist schwer festzustellen. Er mag in den 20er Jahren noch verhältnismäßig hoch gewesen sein und ging dann rapide zurück.

Später ging es dann wohl hauptsächlich um die Machterhaltung. Die enormen wirtschaftlichen Schwierigkeiten, die sich vor allem aus dem der Sowjetunion aufgezwungenen Rüstungswettlauf mit den USA ergaben, führten dann, sehr vereinfachend gesagt, zusammen mit dem Glaubensverlust hinsichtlich der kommunistischen Ideologie, zum bekannten Zusammenbruch und zum Zerfall der Sowjetunion.

Es scheint zu banal zu sein, diesen Zusammenbruch mit dem des alten römischen Reiches zu vergleichen, doch steht er diesem in seiner Bedeutung wohl kaum nach, wobei das, was damals Jahrhunderte brauchte, in Rußland innerhalb weniger Jahre sich vollzog.

Nun steht dieses riesige Reich, das Rußland auch ohne die neuen „GUS“-Staaten immer noch ist, seines inneren Zusammenhalts beraubt und nach außen nicht mehr abgeschirmt, vor der übrigen Welt, die, darauf nicht vorbereitet, diesen Koloß mit sehr gemischten Gefühlen anstarrt. Tatsächlich sind weder Rußland noch das übrige Europa oder die USA für dieses Aufeinandertreffen wirklich gerüstet, weder geistig noch materiell. Man weiß einfach zu wenig voneinander und geht meist von ganz verschiedenen Wertordnungen und Gewichtungen aus, – die beste Voraussetzung für tragische Irrtümer.

Daß die Menschen in Rußland zunächst einmal einfach überleben wollen, ist verständlich und gilt für alle Schichten, auch für die sogenannten Intellektuellen, denen der Begriff „Freiheit“ vielleicht mehr bedeutet als dem einfachen Mann. Alle werden nach jeder materiellen Hilfe greifen, woher sie auch kommen möge und jedes gewünschte Lippenbekenntnis ablegen. Es mag dabei Grenzen geben, die ein verbliebenes Selbstbewußtsein und gewisser Nationalstolz setzen, doch sind sie, in dieser Situation, sehr weit gezogen.

Wenn aber die übrige Welt, vor allem die bekannten „G 7“ meinen sollten, Rußland auf Dauer durch Wohlstandsverlockungen einfach vereinnahmen und in ihr System eingliedern zu können, dürfte ein sehr böses Erwachen vorprogrammiert sein.

Wenn die Versorgungslage, wenn die äußeren Lebensbedingungen wieder einigermaßen erträglich geworden sind, wird Rußland fragen, ob denn das schon alles gewesen wäre, was der Westen zu bieten hätte – und dann dürfte diesem Westen die Antwort recht schwer fallen.

Liest man bei uns Analysen oder Prognosen mancher Rußlandexperten, werden die Aussagen Jerofejews erschreckend bestätigt: sie urteilen als Deutsche oder andere „Westler“, gerade auch dann, wenn sie versuchen, dies zu vermeiden. Sie halten an altüberlieferten Wertvorstellungen fest und wollen einfach nicht sehen, daß Rußland tatsächlich auf ganz anderen Fundamenten ruht und damit auch anders reagiert als es der Westen erwartet. Europa und auch die USA haben inzwischen gelernt, dem fernen Osten gegenüber gewisse gundsätzliche Unterschiede in den Wertordnungen hinzunehmen und ihr eigenes Überlegenheitsgefühl, Wirtschaftserwägungen zuliebe, wenigstens zu kaschieren. Rußland gegenüber scheint das noch sehr schwer zu fallen. Man verhält sich eher so, wie wenn in jeder Hinsicht Überlegene, interessanten Eingeborenen wohlwollend auf die Schultern klopfen um zu günstigen Vertragsabschlüssen zu kommen. Hohe Begriffe wie „Demokratie“ u. ä. dienen dann als Aufputz. Es mag ja sein, daß ein wirkliches Verstehen Rußlands und seiner Menschen hier schwer fällt, aber dann sollte man sich wenigstens bemühen, von einer grundsätzlichen Ebenbürtigkeit auszugehen, ohne die auf Dauer kein fruchtbares Zusammenwirken möglich ist. Dies dürfte übrigens gerade für Deutsche nicht allzu schwer sein: man denke nur an die Millionen Deutsche aller Schichten und Berufe, die im Laufe der Jahrhunderte in Rußland seßhaft wurden, sich durchaus wohl fühlten und auch weite Anerkennung fanden. Sie wurden meist zu überzeugteren Russen als viele gebürtige Russen selbst! Darüber wird im Folgenden noch zu sprechen sein.

Wenn nun versucht werden soll, die angesprochenen Unterschiede, trotz aller Schwierigkeiten, wenigstens einzukreisen, ist sich der Autor durchaus dessen bewußt, daß er, gerade bei westlichen Experten, in den Ruf eines weltfremden Fabulierers kommen könnte, der Unwesentliches für wesentlich hält und die Realitäten übersieht. Vielleicht kann es aber auch gelingen, wenigstens Denkprozesse auszulösen, die dann zu besseren Beurteilungskriterien führen.

Bewertungsmaßstäbe westlicher Denker, Wirtschafter und Politiker basieren weitgehend auf den Ergebnissen der Aufklärung, die, besonders seit der französischen Revolution, die menschliche Vernunft zur Gottheit erhoben hat.

Wenn auch inzwischen Zweifel wachsen, ob sich denn wirklich alle Probleme durch Vernunft und Verstand lösen ließen und die Menschheit, wenn sie nur wirklich wollte und die Geeigneten wirken ließe, das ersehnte Paradies auf Erden schaffen könnte, werden Vertreter anderer Meinungen, die z. B. auch religiöse Bereiche einbeziehen, einfach nicht ernst genommen. (Wobei „religiös“ nicht mit „christlich“ gleichgesetzt werden muß). Den Kirchen spricht man zwar ein gewisses Machtpotential zu, das man aber eher psychologischen

Nöten nicht genügend aufgeklärter Menschen zuschreibt, als tatsächlichen Kräfteverhältnissen. Visionäres Denken im Sinne transcendenter Abhängigkeiten gilt im Westen weitgehend als geistige Zurückgebliebenheit.

Es dürfte nicht ganz falsch sein, wenn man die heutigen Existenzängste der Menschen weitgehend auf diese angebliche Desillusionierung zurückführt, die ihre Wurzeln wiederum in der Aufklärung hat. Der auf sich selbst zurückgeworfene Mensch fühlt sich in all seinen Unvollkommenheiten alleingelassen. Was dann bleibt, ist das Streben nach materiellem, persönlichen Erfolg, das sich so schön hinter dem Wort „Selbstverwirklichung“ verbirgt. Diese Identitätskrisen werden nur mühsam durch Erfüllung steigender Wohlstandswünsche übertüncht, die jetzt schon an ihre Grenzen stoßen. Wenn aber die stabilisierende, sinngebende Mitte, eine gemeinsame Kraftquelle, fehlt, wird die Lage eines Volkes, eines Staates labil, mag seine wirtschaftliche Potenz noch so eindrucksvoll sein. Spielen sich Vertreter solcher Wirtschaftskörper, Menschen gegenüber, die aus anderen geistigen Quellen schöpfen, als die überlegenen Träger der Wahrheit auf, ist mit dauerhaften Erfolgen nicht zu rechnen.

Auch der in manchen Kreisen zu hörende Begriff „christliches Abendland“, hinter dem sich wieder ein Überlegenheitsanspruch verbirgt, wird bei näherer Betrachtung recht zweideutig. Zum einen ist es durchaus fraglich, ob dieses Abendland noch den Anspruch erheben kann „christlich“ genannt zu werden und zum anderen handelt es sich dabei um ein Christentum, wie es von der römisch-katholischen Kirche und den Protestanten verstanden wird. Es wird so getan, als gäbe es die orthodoxe Kirche, durch die Rußland geprägt ist, gar nicht, oder als sei sie nur ein vernachlässigbares Kuriosum.

Die sich daraus ergebenden Unterschiede sind viel größer, als der Westen wahrhaben will, denn Rußland ist, trotz aller jahrzehntelangen atheistischen Bemühungen, weitgehend ein religiös fundiertes Land geblieben. So sonderbar das sich für westliche Ohren anhören mag, liegen die Unterschiede letztlich darin, ob das Gesetz oder die Liebe Grundlage des Lebens zu sein habe. Das aber ist wieder der Unterschied zwischen der Alleinherrschaft der Vernunft und dem Leben aus der Vision, die ihre Wurzeln im Streben nach der Vereinigung mit dem Absoluten, mit Gott, hat. Für Rußland war auch der Kommunismus in erster Linie eine Glaubensfrage und erst in zweiter ein ökonomisch-politisches System. Auch darauf wird noch einzugehen sein.

Die Einführung des Begriffes „Abendland“ wirft sofort auch die Frage auf, ob man Rußland einbeziehen, oder es als Gegensatz dazu, etwa schon als „Morgenland“ bezeichnen will? Wo sollen dabei die Grenzen liegen? An der russischen Westgrenze? Am Ural? Oder irgendwo mitten durch Rußland? Der eurasische

Charakter Rußlands läßt sich nicht leugnen, weder geistig, noch geographisch! Als Anhängsel irgendeiner westlichen Staatengemeinschaft läßt es sich nicht integrieren. Europa wird sich bald entscheiden müssen, ob es versuchen soll Rußland gewissermaßen zu unterwerfen (was nicht gelingen wird), oder sich mit Rußland zu einem neuen Gebilde so zu vereinigen, daß jeder Teil seine besondere Rolle spielen kann, aber keiner den anderen als Konkurrenten betrachtet.

Das wird und muß auch Rückwirkungen auf die beiderseits zu akzeptierenden geistigen Grundlagen haben, was wiederum die Kenntnis dieser Grundlagen auf beiden Seiten voraussetzt. Während aber die westliche Denkart in Rußland ziemlich bekannt ist, weiß der Westen über das Wesentliche russischen Seins erschreckend wenig. Dieses Manko sollte raschest behoben werden, weil sonst statt einer Verständigung nur ein dauerndes Aneinandervorbeireden die Folge wäre.

Es mag verschiedene Ansichten darüber geben, ob es echte „volkspsychologische“ Unterschiede gebe, wie ihre Wirkung auf das Verhalten der Völker einzuschätzen sei, ob diese Unterschiede durch das Zusammenrücken der Welt infolge verbesserter Telekommunikation und schnelleren Verkehrsmöglichkeiten nicht immer unbedeutender würden usw. Tatsache dürfte aber sein, daß in unseren Tagen eine Unterschätzung solcher Verschiedenheiten zu Fehlentscheidungen führen muß.

Die Ereignisse in Rußland überstürzen sich. Niemand kann wirklich voraussagen, welche Entwicklungen dieses Land noch nehmen wird. Es ist buchstäblich noch alles möglich. So haben Analysen und Prognosen zwar Informationswert, sagen aber wenig über Grundsätzliches aus, das allein eine Basis für Entscheidungen und Weichenstellungen auf weite Sicht sein kann.

Soweit russische Geschichte im Westen überhaupt wahrgenommen wird, scheinen hier nur die Ereignisse bedeutungsvoll zu sein, die in westlicher Sicht als solche bewertet werden. Das für zukünftige Beziehungen entscheidende Wissen wird vielfach übersehen. Einiges davon mag im Folgenden angeführt werden.

Schon die ältesten Überlieferungen lassen uns das Volk, oder besser die Völker, die später unter dem Namen „Russen“ in die Geschichte treten sollten, als in vieler Weise begabt, geistigen Strömungen aufgeschlossen und auch materiell begütert erscheinen. Die russischen Heldensagen, die sich mit den deutschen auf eine Stufe stellen lassen, zeigen das gleiche Verständnis für Tapferkeit, Treue u. ä. Diese slawischen Völker waren aber, im Gegensatz zu vielen germanischen, machtpolitisch kaum aggressiv. Für staatliche Organisation,

Zentralismus und Disziplin hatten sie wenig Sinn. Wie berichtet wird, haben die Fürsten und sonstigen Volksführer die Aufgabe des Herrschens sehr oft nicht als willkommenes Vorrecht, sondern als erschreckende Last empfunden. So erklärt sich auch die Überlieferung, daß slawische Fürsten, ohne dazu gezwungen zu sein, im Jahr 862 an den Waräger (-Normannen)-Fürsten Rurik mit folgenden Worten herantraten: „Unser Land ist groß und reich, doch es ist keine Ordnung in ihm; so kommt über uns herrschen und gebieten!" Bis auf den heutigen Tag wird es keinem Russen einfallen, in dieser Aufforderung eine schmachvolle Unterwerfung zu sehen. Es war vielmehr eine kluge und tapfere Tat, um dem Volk im Rahmen der damaligen Möglichkeiten, die beste innere und äußere Entwicklung sicherzustellen. Und diese frühe Ehe zwischen Slawen und Germanen erwies sich als äußerst fruchtbar. Die Waräger unterdrückten nicht etwa die Slawen, sondern fühlten sich bald eins mit ihnen und stellten ihre staatenbildenden, organisatorischen Fähigkeiten in den Dienst der sich nun bildenden Staatswesen.

Auch rein rassemäßig wurde diese Vermischung als glückliche Synthese sichtbar, die ihre Früchte bis zum heutigen Tag erkennbar werden läßt. Die von Rurikiden gegründete „Rußj" mit der Hauptstadt Kiew ist die Wiege Rußlands geworden und hat ihm auch seinen Namen gegeben. (Später einsetzende Bestrebungen, die Ukraina und ihre Bewohner als nicht zu Rußland gehörig zu bezeichnen, erscheinen in dieser Sicht als recht sonderbar und haben wesentliche Ursachen nicht nur in machtpolitischen Bestrebungen westlicher Staaten, sondern auch im jahrhundertelangen Bemühen der römisch-katholischen Kirche in den Bereich der Orthodoxie einzudringen.)

Zur Zeit Ruriks hingen die slawischen Stämme verschiedenen heidnischen Kulten an. Früh schon hatten aber die Kiewer „Russen" (diese Bezeichnung sei nun für die aus Normannen und Slawen entstandene Einheit erlaubt), in kriegerischen Zügen Byzanz, die Hauptstadt des oströmischen Reiches, erreicht und bedroht. Gerade dadurch kamen sie aber auch mit dem Christentum in Berührung, so wie es in Byzanz, dem „2. Rom" verstanden und gelebt wurde. Eine auch nur einigermaßen ausreichende Erläuterung der für die Christianisierung Rußlands wichtigen Daten und Ereignisse im Rahmen dieses Artikels ist nicht möglich, so daß für den ernsthaft Interessierten nur die Empfehlung bleibt, sich der einschlägigen, reichhaltigen Literatur zu bedienen. So sei nur festgehalten, daß im Jahr 988 unter Wladimir I., dem Heiligen, die sogenannte „Taufe Rußlands" erfolgte, d. h. Rußland das griechisch-orthodoxe Christentum als Staatsreligion übernahm. Im Gegensatz zur Christianisierung Germaniens von Rom aus, die vielfach nur durch stärkste Gewaltanwendung

durchgesetzt wurde, nahmen die Russen das byzantinische Christentum weitestgehend als die lange schon erwartete und ersehnte Wahrheit an und verschmolzen es mit ihrem Volkscharakter fast in Form eines heftigen chemischen Prozesses, der nur auf einen Katalysator gewartet hatte um eine neue und beglückende Synthese zu vollbringen. Die Bedeutung auch dieser Formung wird im Westen fast immer stark unterschätzt und ist eine wichtige Ursache vieler Mißverständnisse zwischen Ost und West geblieben.
Entscheidend für das Verständnis Rußlands auch in unserer Zeit, ist die Kenntnis der Unterschiede zwischen dem römisch-katholischen (und auch protestantischen) und dem orthodoxen Christentum.
Bekanntlich erfolgte der endgültige Bruch zwischen Byzanz und Rom im Jahr 1054. Die Ursachen waren vielfältig und keinensfalls auf dogmatische Unterschiede beschränkt. Vieles lag (und liegt immer noch) mehr im Atmosphärischen: das westliche Christentum kam nach Europa über die Römer, die bekanntlich hervorragende Juristen waren und alle auf sie zukommende Ideen zunächst in Gesetze und Paragraphen kleideten. Daß Menschen in ihrer Unvollkommenheit und Begrenztheit Regeln und Gesetze brauchen, ist unbestritten. Entscheidend aber ist die Wertordnung, d.h. die Frage, ob ein Gesetzesparagraph der höchste, unantastbare Wert zu sein habe, oder sich in besonderen Fällen noch einer höheren Instanz unterordnen müßte. Diese Unterordnung darf dann natürlich nicht nur Theorie bleiben, sondern muß in der Lebenspraxis sichtbar werden. Für den Russen (aber zunehmend nicht nur für ihn) bietet sich das westliche Christentum in einer Form dar, die (in aller Demut sei das gesagt), stark einer Straßenverkehrsordnung ähnelt, in der klar festgelegt ist, was als erlaubt und was als unerlaubt zu gelten habe und wie Übertretungen bestraft werden. In Streitfällen entscheidet man nach Paragraphen und in gerichtsähnlichen Verfahren, wie z.B. in Ehefragen in der vatikanischen „Rota“.

Natürlich kennt die Orthodoxie ebenfalls Regeln und Gesetze, die aber auch in der Praxis durch die grundlegenden Aussagen des Christentums überhöht werden müssen, nämlich das Wort im Johannesevangelium „Gott ist die Liebe“ und im Korintherbrief (Paulus 13) „Es bleiben aber diese drei, Glaube, Hoffnung und Liebe, die Liebe aber ist die größte unter ihnen“! Wer dem Gesetz die 1. Rangordnung zubilligt, verleiht dem jeweiligen Gesetzesschöpfer- und verwalter auch ganz handfeste Machtfülle. Wird die oberste Instanz aber in den transcendenten Bereich verschoben, ist die Starrheit gemildert und wird der Machtmißbrauch erschwert. Selbstverständlich bleiben da wie dort alle menschlichen Unzulänglichkeiten bestehen, dennoch wirken sich die erläuterten Unterschiede sowohl in der Denkweise wie auch im praktischen Verhalten zwischen Ost und West entscheidend aus.

Unter den dogmatischen Unterschieden zwischen der orthodoxen und der römisch-katholischen Kirche ist besonders das sogenannte „filioque“ bekannt geworden aus dem heraus auch 1054 der endgültige Bruch erfolgte. Im ursprünglich der gemeinsamen Kirche eigenen Glaubensbekenntis („Symbol des Glaubens“) wird gesagt, daß der Heilige Geist vom Vater ausgehe („ex patre“). Um dem Arianismus entgegenzutreten (der die Göttlichkeit Christi anzweifelte), wurde in Rom eine Änderung veranlaßt.
Dieser Zusatz, daß nämlich der Heilige Geist vom Vater und vom Sohne („ex patre filioque“) ausgehe, sollte die Göttlichkeit der Person Jesu Christi unterstreichen, wurde aber von Byzanz als Verfälschung und als Verletzung der sogenannten „Taxis“ (der inneren Beziehung der 3 Heiligen Gestalten) empfunden. Seit dieser Zeit versteht sich die orthodoxe Kirche als die Trägerin und Bewahrerin des ursprünglichen Christentums, von dem sich Rom getrennt habe. Ein westlicher „aufgeklärter“ Betrachter mag dies alles mit einem Lächeln abtun – und würde damit sich selbst das Verständnis Rußlands sehr erschweren. Spätere dogmatische Zusätze vertieften noch die Kluft zwischen den beiden Kirchen, so z. B. das Dogma von der unbefleckten Empfängnis Marias, worunter die römisch-katholische Kirche versteht, daß schon Maria von ihrer Mutter ohne Sünde empfangen worden wäre. Damit wäre aber, nach Ansicht der Orthodoxie, das volle Menschsein Jesu in Frage gestellt. Das 1870 von Rom verkündete Dogma von der Unfehlbarkeit des Papstes wenn er „ex cathedra“ spricht war ein weiterer Schritt zur Entfremdung, denn es beinhaltete die Auffassung, daß der Papst von sich aus („ex sese et non consensu ecclesiae“) unfehlbar sei und nicht etwa nur mit Zustimmung der Gesamtkirche und daß er in der ganzen Welt Jurisdiktionsrechte ausübe und damit jedem Bischof wesentliche Merkmale bischöflicher Vollmacht entziehe. Das 2. Vatikanum hat im Grunde daran nichts geändert, auch wenn dort immer wieder von der „Kollegialität“ gesprochen wurde.

Diese drei dogmatischen Unterschiede sind nun zweifellos wesentliche Hindernisse für eine Annäherung zwischen den Kirchen, erklären aber dennoch nicht in vollem Umfang die Verschiedenheiten zwischen Ost und West, Byzanz und Rom (und damit in der Folge auch zwischen Rußland und dem Westen). Wenn also im Folgenden noch weitere kirchliche Unterschiede erläutert werden, können und sollen sie auch als Erklärung für die Unterschiede in weltlichen Verhaltensweisen herangezogen werden. Die starke Betonung juristischen Denkens in den westlichen Kirchen wurde schon erwähnt, bedarf aber noch einer Erläuterung.

Es darf nicht vergessen werden, daß das Christentum ja aus dem Osten kommt und daß seine letzten Tiefen im Irrationalen und eben nicht in einer Verhaltens- oder Morallehre liegen. Diese Tatsache kam und kommt dem russischen Geist sehr entgegen, während die Römer (und in ihrem Gefolge weitere westliche Denker) stark der Ratio zuneigen.

Dem Wesen war (und ist) alles, was sich nicht formulieren und einordnen läßt, ein Greuel oder zumindest unheimlich. Die Schwierigkeiten, die christliche Mystiker im Westen mit ihren Kirchen hatten sind dafür bezeichnend. Der Osten verzichtete (und verzichtet) von vorneherein nicht nur auf jede Formulierung, sondern verdammt schon den Versuch dazu als frevelhaft. Sehr vereinfachend gesagt, sieht der Westen in der christlichen Heilslehre in weiteren Bereichen eine Art von Gebrauchsanweisung für die Organisierung des Reiches Gottes auf Erden, wobei der Bezug auf das jenseitige Leben zwar natürlich anerkannt, aber der kirchlichen Praxis irgendwie entrückt oder mit höchst irdischem Beiwerk versehen wird, wie z. B. mit der Lehre vom Fegefeuer, nach Tagen bemessenen Ablässen u. ä. Der Osten denkt da viel eschatologischer, also viel jenseitiger. Obwohl er das Primat realen Lebens überall anerkennt, weil auch dieses Leben eben Gottes Leben ist, betrachtet die Orthodoxie als Hauptaufgabe die Vorbereitung der Gläubigen auf die Wiedervereinigung mit dem Vollkommenen, also mit Gott, die sich voll nur im jenseitigen Leben vollziehen kann. Das Streben danach muß aber auf Erden immer lebendig bleiben und kann Menschen zu verschiedenen Stufen der Heiligkeit führen. Durch die Heiligung jedes einzelnen Gläubigen, die alle, zusammen mit Christus die lebendige Kirche bilden, kann diese auch auf die irdische Umwelt wirken, und nur in sehr geringem Maß durch organisatorische Mittel oder gar durch Einmischung in tagespolitische Fragen. Die Kirche wird, nach orthodoxer Auffassung, auf Erden nicht siegen, die Zahl wirklicher Christen wird sich vermindern, auch wenn das Evangelium allen Völkern verkündet wird und die Apokalypse, also die Offenbarung Johannis über das Ende der Welt, wird nicht als Phantasie abgetan. Die Kirche lebt also aus dem „trotzdem!" Sie ist überzeugt, daß Gottes Geist alle Lebensbereiche durchdringt und daß damit alles in der Natur Träger Gottes sein und in die kirchliche Heiligung einbezogen werden kann. Ihre Hauptaufgabe ist eben nicht das Eingreifen in politische Entwicklungen oder auch nur die Überwachung des irdischen moralischen Verhaltens ihrer Gläubigen, sondern das Aufzeigen von Gottes Herrlichkeit und Gegenwart in der Schönheit der liturgischen Feiern als lebendige Wirklichkeit. Wer diese Wirklichkeit erfahren hat, mag sich im Strudel irdischen Lebens immer wieder von ihr entfernen, aber sie bleibt ihm nichtsdestoweniger Wahrheit zu der er in Freiheit strebt.

Diese innere Freiheit durchweht die Orthodoxie als mächtiger Strom und wird von allen Orthodoxen als kostbarstes Gut hochgehalten und verteidigt. Über ihr steht, auch kirchlich gesehen, nur noch die Liebe, die als das wichtigste Band innerhalb der Kirche betrachtet wird, das auch die vielen autokephalen und autonomen orthodoxen Kirchen der Welt zusammenhält. In ihrer mannigfachen Erscheinungsform wird Gott erfahrbar. Dabei kann es sich um die höchste Form geistiger Liebe eines Heiligen, wie auch um eheliche Liebe oder eine Freundesliebe handeln.

Im Westen hat es sich eingebürgert, die vielen orthodoxen Kirchen noch mit einem Zusatz, wie griechisch – russisch, – serbisch, – bulgarisch, – rumänisch, – finnisch usw. usw. – orthodox zu bezeichnen. In Wirklichkeit handelt es sich immer um die griechische Orthodoxie und die Unterschiede liegen nur in der liturgischen Sprache und der Melodik der liturgischen Gesänge. Jeder orthodoxe Christ kann in jeder beliebigen orthodoxen Kirche zur Beichte und zur Kommunion gehen.

Zu den Grundfragen jeder Kirche gehört die Art und Weise in der das gefunden wird, was man als Wahrheit verkündet. Auch hier unterscheidet sich die Orthodoxie von den westlichen Kirchen.

Beide kennen das Institut des Konzils. In westlicher Sicht ist ein Konzil dann ein solches, wenn es (in der römisch-katholischen Kirche) vom Papst rechtmäßig einberufen wurde und seine Beschlüsse vom Papst anerkannt und verkündet werden. Dabei ist der Papst nicht an irgendwelche Mehrheitsbeschlüsse der Konzilsteilnehmer gebunden. Das Kirchenvolk hat die verkündeten Beschlüsse anzunehmen. Wer das nicht tut, wird aus der Kirchengemeinschaft ausgeschlossen.

Die Orthodoxie hat bekanntlich kein Oberhaupt das mit dem römischen Papst vergleichbar wäre, denn der auch heute noch in Byzanz (also Istanbul) residierende ökumenische Patriarch ist zwar ein „primus inter pares“, genießt also einen Ehrenvorrang, hat aber keine päpstlichen Machtbefugnisse. Ein Konzil kann ebenfalls einberufen werden, es kann über alle einschlägigen Fragen beraten und auch die Ergebnisse verkünden. Dann aber hat erst die sogenannte „Reception“ durch das Kirchenvolk zu erfolgen um den Beschlüssen zur Gültigkeit zu verhelfen. Nur diese Annahme kann eine Bestätigung dafür sein, daß die Beschlüsse wirklich durch den Heiligen Geist inspiriert sind und dem Glauben der Gesamtkirche entsprechen.

Nirgends wird dabei gesagt, wie lange die Receptionsperiode zu dauern habe oder wie darüber abzustimmen wäre. Das alles wird dem Leben und der Liebe überlassen. Werden aber Konzilsbeschlüsse nicht recepiert, dann sind sie vom Heiligen Geist nicht getragen worden und damit nichtig – und das Konzil ist dann auch kein Konzil gewesen. So kann praktisch erst ein darauffolgendes Konzil feststellen, ob das vorangegangene eines gewesen wäre.

Für das westliche Denken ist das absurd und muß dem Chaos Tür und Tor öffnen. Für die Orthodoxie ist das aber nur eine zu Ende gedachte Auffassung von echter Kirchlichkeit und des Vertrauens in die Realität des Wirkens des Heiligen Geistes. Lieber nimmt man Schwierigkeiten in Kauf, als das Göttliche durch menschliche Paragraphen zu ersetzen. Ein gutes Beispiel für sich aus solchen Unterschieden ergebende Schwierigkeiten, ist das Konzil von Florenz/Ferrara (um 1453), das für die römischen Katholiken voll gültig, für die Orthodoxen aber gar kein Konzil war, weil seine Ergebnisse (die Wiedervereinigung der Kirchen unter Ausnützung der Bedrohung von Byzanz durch die Türken) von der orthodoxen Gesamtkirche nicht angenommen wurden.

Sehr gut hat diese Problematik der russische Theologe Alexej Stepanowitsch Chomjakoff (1804–1860) ausgedrückt:

„Die Kirche gibt den Bischöfen die Ehre und das Recht, ihre (der Kirche) dogmatischen Entscheidungen kund zu geben; sie behält sich aber das Recht vor, darüber zu urteilen, ob ihr Glaube und ihre Traditionen wahr, d. h. richtig befolgt worden sind. Es sind so viele Konzilien (in der orthodoxen Kirche) verworfen worden, die sich äußerlich gar nicht von ökumenischen Konzilien unterscheiden. Warum? Nur deswegen, weil ihre Entscheidungen nicht als Stimme der Kirche von dem ganzen Kirchenvolk anerkannt worden sind – von diesem Volke und in dieser Mitte, wo in Glaubensfragen kein Unterschied zwischen Gelehrten und Ungebildeten, Klerikern und Laien, Mann und Frau, Herrscher und Untertan, Herrn und Sklaven besteht, wo, wenn es notwendig sein sollte, nach Gottes Ermessen, das Kind die Gabe der Vision erhält, dem Jüngling das Wort der Weisheit gegeben wird, die Häresie des gelehrten Bischofs von ungelehrten Hirten widerlegt wird – damit so alle Eins seien in der freien Einigkeit des lebendigen Glaubens, der eine Manifestation des Geistes Gottes ist."

Chomjakoff sagt weiter: „Die unerschütterliche Festigkeit, die unerschütterliche Wahrheit des christlichen Dogmas hängen nicht von dem Stand der Hierarchen ab; sie liegen in der ganzen Fülle in der Zusammengehörigkeit des Kirchenvolkes aufbewahrt, das die Kirche und den Leib Christi bildet. Weder die hierarchische Gewalt, noch die Bedeutung des geistlichen Standes können als Bürgerschaft für die Wahrheit anerkannt werden. Das Wissen um die Wahrheit wird nur der gegenseitigen Liebe geschenkt.

Die Erkenntnis der Wahrheit ist streng geschieden von den rein hierarchischen Obliegenheiten, d. h. von der Verwaltung der Mysterien (Sakramente) und der Aufrechterhaltung der Kirchenzucht.

Die Gabe der unveränderlichen Erkenntnis, die nichts anderes als den Glauben selbst bedeutet, wird nicht einzelnen Personen, sondern der Gesamtheit des kirchlichen Leibes zugeschrieben und hängt eng zusammen mit dem ethischen Prinzip der gegenseitigen Liebe."
Der russische Theologe Florenskij schrieb dazu: „Es kann keine äußere Autorität der dogmatischen Unfehlbarkeit in der orthodoxen Kirche geben und soll keine geben. Chomjakoff hat die römisch-katholische Lösung der Frage, die gelegentlich in die Anschauungen der orthodoxen Kirche eingedrungen war, erfolgreich zurückgedrängt ..." Und man kann ergänzen: hat damit das Prinzip der Freiheit im Glauben in der Orthodoxie, soweit es überhaupt bedroht war, wieder hergestellt."

In der Orthodoxie trägt somit jeder einzelne Gläubige, unabhängig von seiner Stellung in der Kirche, stets die volle Verantwortung für das Leben der Gesamtkirche. Er hat die königliche Entscheidungsgewalt, aber auch die königliche Bürde zu tragen und kann sie auf niemanden, auch nicht auf Priester oder Bischöfe abwälzen. Hier klingt das grausame Thema von Dostojewskijs „Großinquisitor" an, die schreckliche Anklage an Rom, das die ihm anvertrauten Seelen durch strikte Vorschriften und willige Erlösung von aller Verantwortung zwar vielleicht irdisch glücklicher gemacht, aber damit Christus und seiner Kirche im Wesentlichen entfremdet hätte.

Ein weiterer Bereich wesentlicher Unterschiede möge wenigstens gestreift werden: In allen Fragen, die das Ausmaß göttlicher Gnade betreffen und dieses Maß irgendwie festlegen wollen, ist die orthodoxe Kirche sehr zurückhaltend, so auch in der Lehre vom „stellvertretenden Leiden Christi".

Das Gleiche gilt von der Lehre der „Satisfaktion". Der Gedanke, daß der Kreuzestod Christi sozusagen eine Begleichung der von der Menschheit angehäuften Schulden gewesen sei und Gott als Gläubiger nun den Schuldschein zerreißt, ist für die Orthodoxie viel zu formell und juridisch. Jede rationalistische Formulierung des „Guten" ist dem Osten suspekt, weil sie die göttliche Liebe nicht in Rechnung stellt. Die Orthodoxie geht von der Idee der Rechtfertigung und Erlösung, gleich zu der viel weiterreichenden der Errettung, der Vergottung und Verklärung der ganzen Kreatur über. Die ganze Welt soll in Kommunion mit dem göttlichen Leben treten. Die Verbindung des Gläubigen mit seinem Herrn ist weniger wegen des „Löseopfers" als vielmehr aus seiner Voraussetzung, nämlich der Liebe heraus gegeben. Nicht sosehr die Gerechtigkeit, die Liebe ist das Ausschlaggebende.

Es darf nicht vergessen werden, daß Rußland etwa 1000 Jahre lang durch diese, hier nur kurz gestreiften Auffassungen vom Christentum geprägt wurde, die es willig aufnahm und mit seinem Volkscharakter verwob. Allerdings sollte auch der Eindruck vermieden werden, hier eine einseitig-positive Darstellung der Dinge und Entwicklungen zu geben. Selbstverständlich waren und sind auch die Russen mit allen menschlichen Trieben behaftet und ihre Unmittelbarkeit und Leidenschaftlichkeit sind ebenso bekannt wie ihre Herzlichkeit und Demut. Aber ihr Gefühl, im besten Sinne das „heilige" Rußland, das Volk der Gottesträger zu sein war keine Heuchelei – und daran konnte auch die Periode nach der bolschewistischen Revolution 1917 im Grunde nicht viel ändern. Immer schwingt ein prophetisches Mönchswort mit, das von Moskau, als der legitimen Nachfolgerin Roms handelt und feststellt: „Das erste und das zweite Rom (Byzanz) sind gefallen, das dritte (Moskau) steht, ein viertes wird es nicht geben." Auch die härteste Unterdrückung und schwerste Belastungen werden im Russen nicht das Bewußtsein ganz auslöschen können, der Welt die Wahrheit zu bringen. Das galt eine Weile auch vom Kommunismus, wie er von den Russen verstanden wurde. Wer diese Aspekte in der Begegnung mit Russen übersieht oder für unwesentlich hält, verbaut sich selbst den Zugang zu ihnen. Nicht vergessen sollte noch werden, daß Rußland von 1224–1480 unter Mongolenherrschaft stand, also praktisch ein besetztes Land war. Diese Tatsache ist Vielen im Westen kaum bekannt, erklärt aber teilweise den Drang der Russen, der Welt zu zeigen, daß sie die damalige Unterbrechung normaler Entwicklungen aufgeholt und aufgearbeitet haben.

Bis zum Jahr 1721 wirkte die orthodoxe Kirche unter ihren Patriarchen in recht glücklicher Weise, auch wenn es durch die Reformbestrebungen des Patriarchen Nikon (Versuche, fehlerhafte kirchliche Texte zu verbessern, etwa um 1666) zum sogenannten „Raskol", der Abspaltung der „Altgläubigen" von der offiziellen Kirche kam. Die Kirche trug wesentlich zur Hebung der Allgemeinkultur und der Vergeistigung bei und scheute sich auch nicht, selbst den Zaren (zwar nicht in den politischen, aber in Fragen persönlicher Lebensführung) dann Ratschläge zu erteilen, wenn ihr solche notwendig erscheinen. Die Patriarchen hatten durchaus das, was man heute als „Zivilcourage" bezeichnen würde.

Diese Entwicklung , die den weltlichen Herrschern nicht immer angenehm war, wurde 1721 jäh unterbrochen. Peter I., auch der Große genannt, hinderte die Kirche zuerst 2 Jahrzehnte den verwaisten Patriarchenstuhl neu zu besetzen und setzte dann an Stelle des Patriarchats den sogenannten „Heiligen Synod" ein. Dieser war wie ein Ministerium organisiert und wurde von einem

Staatsbeamten im Ministerrang, dem „Oberprokuror" geleitet. Als Beispiel und Anregung diente Peter I. die Kirchenverfassung Preußens, bei der die Geistlichkeit in Rangklassen ähnlich dem Militär eingeteilt war und praktisch dem König unterstand.

Diese Auflösung des Patriarchats und die Verbeamtung der Geistlichkeit bedeutet einen Einschnitt, der sich auf die weitere Entwicklung Rußlands in sehr negativer Weise ausgewirkt hat.

Die Religion wird unter Peter I. nur noch eine öffentliche Funktion neben vielen anderen, dem Staate untergeordnet und von ihm kontrolliert. Die Priester werden Staatsbeamte niederer Stufe. Die Kirche beginnt zu verwestlichen, nimmt teilweise römische und protestantische Einflüsse und Organisationsformen auf, ohne sie richtig verarbeiten zu können. Zu Tausenden werden sogenannte „überzählige" Geistliche in den Laienstand (und zwar gegen ihren Willen) überführt, die geistige Führungsschicht wird bewußt von der Religion weg und zu einer Anbetung des technischen Fortschritts gedrängt. Die alte „Harmonia" zwischen Geistlichen und Weltlichen geht in Brüche. Noch schlimmer aber ist es, daß damit eine Spaltung zwischen Führungsschicht und Volk eingeleitet wird. Diese Kluft konnte auch bis zur Revolution 1917 nicht mehr ganz geschlossen werden. Daß Peter I. wie es heißt „das Fenster zu Europa aufgerissen hat" ist sicherlich wahr. Er mag auch aus lautersten Motiven gehandelt haben. Seine Schaffenskraft und Organisationsgabe waren bewundernswert und werden in Rußland wie im Westen auch bis heute bewundert. Die Rückwirkung auf Rußland aus der Sicht der heutigen Zeit hat aber viele bedauerliche Aspekte.

Der Auffassung von ihren eigentlichen Aufgaben folgend, wehrt sich die Kirche nicht gegen diese Entwicklungen durch Aufstände oder politische Schachzüge, bekommt aber ein doppeltes Gesicht: einmal die Staatskirche, die auch viele hervorragende Priester und Bischöfe hervorbringt, aber auch mit den Schwächen einer verbeamteten, materiell und geistig arm gehaltenen, vielfach korrupten und liebedienerischen Funktionärsatmosphäre behaftet ist – und zum anderen eine Kirche, die sich in das Volk, die Klöster und dunkle Wälder zurückzieht, im alten Kirchenbewußtsein lebt, auf allen äußeren Glanz und Einfluß verzichtet und, mit wenigen Ausnahmen, vom einfachen Volk getragen wird.

In dieser Phase kommt dem Wirken der „Starzen" besondere Bedeutung zu. Diese Männer, die eine typisch orthodoxe Erscheinung sind, stehen außerhalb jeder hierarchischen Ordnung. Sie sind Mönche, Einsiedler, Wanderprediger, Priester ohne feste Gemeinde – und sind doch noch viel mehr. Wollte man es in gehobener Sprache ausdrücken, wären sie wie Spiegel, aus denen das Antlitz der lebendigen Orthodoxie leuchtet, sie sind Lehrer, Tröster, Bewahrer, Wegweiser, in höchster Demut lebende Träger des Heiligen Geistes. So werden sie vom Volk gesehen, bald aber auch von Menschen jedes Standes.

Ihrem Wirken ist es wesentlich zuzuschreiben, daß die Kirche wieder eine innere Erneuerung erlebte und auch wieder begann, geistige Führungsschichten zu erfassen. Bedeutsam, nicht so sehr als politisches Ereignis, wohl aber als Symbol der Wandlung ist das Schicksal des Zaren Alexander I., des Napoleonbezwingers. Er gerät durch einen, von ihm nicht verhinderten, Mord an seinem Vater in schuldhafte Verstrickung, gründet dann, als Hoffnung Europas und voll fortschrittlicher Gedanken, die bekannte „Heilige Allianz", hängt in seiner Jugend aufklärerischen Gedanken an und muß, gereift, erkennen, daß er im Grunde seinem eigenen Volk und seinem Wesen untreu geworden ist und dort, wo er Segen zu stiften glaubte, Zweifel und Verwirrung hinterließ. Sein Schicksal ist nie bis ins Letzte geklärt worden, aber gerade neue Forschungen scheinen das zu bestätigen, was das einfache Volk immer schon zu wissen glaubte:

Zar Alexander, der offiziell in Taganrog gestorbene, verließ in Wirklichkeit zu Fuß und allein die Stadt, zog mit einem Sträflingszug nach Sibirien und lebte und wirkte dort noch lange als Starez unter dem Namen Fjodor Kusmitsch. Das Volk sah und sieht bis heute darin eigentlich nichts Ungewöhnliches oder zumindest nichts Widersinniges, eher so etwas wie eine natürliche Vollendung.

Gerade zu einer solchen Vollendung im Verhältnis der Kirche zum Staat, zu einer Wiederherstellung der „Harmonia" sollte es in Rußland nicht mehr kommen. Zwar sah das 19. Jahrhundert eine weitere Entwicklung in dieser Richtung, zwar traten immer mehr bedeutende Männer hervor, die in ihrem Wirken die Fehler klar erkannten und auch Wege wiesen, wie gerade Chomjakoff, Gogol, Dostojewskij, Wladimir Solowjoff und viele andere, – aber den Wettlauf mit der Zeit konnten sie nicht gewinnen.

Nikita Struve beschreibt in seinem Buch „Die Christen in der UdSSR" (Matthias Grünewald-Verlag, Mainz) den Aufschwung zu Beginn des 20. Jahrhunderts und sagt zum Abschluß: „Eine Reihe hervorragender Marxisten: Berdjajew, Bulgakow, Frank, Struve und andere wenden sich zunächst dem Idealismus, danach dem orthodoxen Glauben zu und werden zu Initiatoren der neuen Religionsphilosophie. Die „religiös-philosophischen Konferenzen" 1901–1903 und 1907–1917 in Petersburg, Moskau und Kiew führen eine Begegnung zwischen Mitgliedern der Geistlichkeit und Vertretern der „Intelligentsija" zum Zwecke der Versöhnung von Kirche und Welt herbei. Die Kir-

che erlebt eine Blüte auf der ganzen Linie. Die Theologie in allen ihren Sparten, von der Dogmatik bis zur Byzantinistik und dem Studium des Islam, erstrahlt in hellstem Licht. Im Ausland werden die Priester der russischen Botschaften, durchweg aufgeschlossene und gut ausgebildete Theologen, zu wahren Vorkämpfern der ökumenischen Bewegung. Die Missionstätigkeit in Japan, China und Korea hat großartige Erfolge zu verzeichnen. Nur noch eine Kette muß die Kirche abwerfen, um ihr Zeugnis in vollem Umfang geben zu können: die Bevormundung durch den Staat, die trotz der Revolution 1905 kaum schwächer geworden ist.
Gerade in dem Augenblick bricht – paradoxerweise – die atheistische Revolution herein, als Positivismus und Rationalismus endgültig überwunden scheinen."

Hier stehen wir nun vor dem schicksalhaften Einschnitt, der nicht nur Rußland zutiefst berühren sollte.

Es wäre sicherlich falsch anzunehmen, daß die bolschewistische Revolution aus heiterem Himmel über ein glückliches und zufriedenes Volk hereingebrochen sei, das mit seinem Zaren, dem Adel und der Intelligentsija in bestem Einvernehmen gelebt hätte. Nein. Der Staat hatte viel versäumt, die Kluft zwischen arm und reich war groß, die Verwaltung vielfach mangelhaft, – es waren viele Gründe für eine Unzufriedenheit vorhanden, ganz abgesehen davon, daß man ja mitten im 1. Weltkrieg stand, der von Rußland gewaltige Opfer forderte. Daß die Verhältnisse wiederum nicht so schlecht waren, wie sie die Sowjetpropaganda viele Jahrzehnte hindurch aus sehr begreiflichen Gründen, darstellte, steht auf einem anderen Blatt. Bis heute ist es, besonders bei westlichen Intellektuellen der Brauch, die Verhältnisse im vorrevolutionären Rußland mit einem barbarischen Sklavenstaat zu vergleichen. Über die Art und Weise des Zusammenlebens – und -wirkens der Gutsbesitzer mit ihren Bauern werden die schlimmsten Greuelmärchen verbreitet, die von völliger Unkenntnis zeugen (um nur ein Beispiel anzuführen).

Freilich haben zu solchen Legendenbildungen auch russische Literaten des ausgehenden 19. und beginnenden 20. Jahrhunderts beigetragen, die, mit klaren politischen Absichten, alles Bestehende herabsetzten und für das warben, was sie als „fortschrittlich" bezeichneten und das meist mit einer Verwestlichung identisch war.

Die Auseinandersetzungen zwischen den „Westlern" und den „Slawophilen", die für ein Verständnis der Situation von großer Bedeutung sind, können hier nicht näher erläutert werden, weisen aber auch auf die besondere Stellung Rußlands „zwischen Abendland und Morgenland" hin.

Der orthodoxe Russe wird sagen, daß die Revolution letztlich aus der gestörten Harmonie zwischen Staat und Kirche zu erklären ist und daß auch Mißstände in den sozialen Verhältnissen darauf zurückgeführt werden können. Diese, für Russen sehr glaubwürdige Begründung, dürfte zu den Besonderheiten des Russentums gehören, die dem Westen nur sehr schwer verständlich sind: die Schuld des Staates bestand darin, daß er den Glauben verstaatlichen wollte und die Schuld der Kirche, daß sie sich nicht früher von dieser Fessel zu befreien verstand.

Tatsache ist, daß die Kirche viel besser darauf vorbereitet war, der Revolution zu begegnen, ja, sie sogar in gewissem Sinne geistig durchzuführen, als der Staat. Seit 1905 wurden seitens der Kirche Reformen aller Art vorbereitet und die Voraussetzungen für ein Allrussisches Konzil geschaffen, das die Kirche aus staatlicher Bevormundung lösen sollte. Da der Staat dies durchaus fühlte, versuchte er, die Einberufung dieses Konzils hinauszuschieben. Zar Nikolaus II., der persönlich ein tiefgläubiger Christ war, sah sich von verschiedenen Seiten unter Druck gesetzt und nahm eine zögernde Haltung ein.

Es dürfte bekannt sein, daß der bolschewistischen Oktoberrevolution 1917, die Februarrevolution vorausging, die man als sozialdemokratisch bezeichnen könnte. Zar Nikolaus II. dankte ab und es wurde eine Regierung zuerst unter dem Fürsten Lwow und dann unter Kerenskij gebildet, die sich als „provisorisch" bezeichnete.

Aus all dem vorher Gesagten wird verständlich, daß sich die Kirche im allgemeinen der Februarrevolution nicht widersetzte, wenn sie sie auch nicht unterstützte.

Der „Heilige Synod" wurde umgebildet, die Konzilseinberufung konnte erfolgen und im August 1917 traten 250 Geistliche und 314 Laien zum Konzil zusammen. Die bolschewistische Oktoberrevolution machte allen Konzilsteilnehmern klar, daß man sofort das Patriarchat wiederaufrichten und einen Patriarchen wählen müßte. Aus drei gewählten Kandidaten wurde durch ein Los, das ein Einsiedlermönch zog, Tichon von Moskau zum Patriarchen bestimmt.

Der Jubel darüber dauerte nicht lange, denn, obwohl sich die Kirche in dem nun ausbrechenden Bürgerkrieg bewußt neutral verhielt (und z.B. der Patriarch sich weigerte, den Führern der „Weißen Armeen" seinen Segen zu übermitteln!) wurde sehr bald klar, daß die kommunistische Regierung aus ideologischen Gründen in der Kirche einen gefährlichen Feind sah, der mit allen Mitteln bekämpft werden mußte.

Es begann ein neues Martyrium für die Kirche, in dem Tausende von Geistlichen, weit über hundert Bischöfe und ungezählte einfache Gläubige um ihres

Glaubens willen ermordet und gequält wurden. Die Zahl derer, die infolge ihres Festhaltens am Glauben an ihrer Freiheit, ihrer Gesundheit und ihrem Fortkommen Schaden erlitten, geht in viele Millionen.

Es kann nicht Sinn dieses Artikels sein, die Geschichte der kommunistischen Christenverfolgung in der Sowjetunion im Detail darzustellen. Es mag genügen festzustellen, daß sich zwar die Schärfe der Verfolgung je nach politischem Nutzen (z. B. ein Nachlassen während des 2. Weltkrieges, in dem man alle Kräfte mobilisierte, die einer nationalen Verteidigungsbereitschaft dienlich sein konnten) der jeweiligen Situation anpaßte, das Ziel aber immer gleich blieb: es durfte keine Kraft außer der kommunistischen Partei geben, die das Gewissen der Menschen beeinflußte.

Die Hoffnung der Partei, daß „mit dem Aussterben der Großmütter" die orthodoxe Religion in Rußland von selbst verschwinden würde, erfüllte sich, zum größten Erstaunen der Machthaber, nicht. Keine noch so ausgeklügelte Methode vermochte das Christentum auszurotten, wenn auch vieles sich nur im Untergrund halten konnte.

Wer das geradezu eruptionsartige Wiedererstehen der Kirche in der Öffentlichkeit in Rußland nach Gorbatschow erlebt hat, hat mit eigenen Augen gesehen, wo die wirkliche geistige Kraft Rußlands gelegen hat – und auch, wo sie immer noch liegt. Die ungebrochene Präsenz des orthodoxen Christentums als wesentliches Merkmal russischen Seins, mag zwar im Westen nicht begrüßt oder nicht verstanden werden, ist aber Tatsache und rechtfertigt auch in diesem Artikel den verhältnismäßig breiten Raum, der dieser Frage gewidmet ist.

Die Frage aber, wie es überhaupt möglich war, daß sich das „heilige" Rußland unter das Joch der kommunistischen Ideologie begeben konnte, ist zweifellos berechtigt.

Die Antwort kann nicht in der Gegenfrage liegen, wie es möglich war, daß das Volk der „Dichter und Denker" dem Nationalsozialismus verfallen konnte? Die Erklärung ist weit komplexer: erstens ist ja, wie oben gezeigt wurde, gar nicht die Mehrheit des Volkes plötzlich kommunistisch geworden, sondern ist weitgehend christlich geblieben. Zweitens ist ja bekannt, daß zur Errichtung einer Terrorherrschaft eine entschlossene und gut organisierte Minderheit genügt, die dann nur bestimmte Machtzentren in Besitz nehmen und halten muß, wie z. B. die Nachrichtenmittel, Medienzentren, Verkehrsknotenpunkte, die Polizei und möglichst die Armee. Drittens aber, und das scheint die wesentlichste Erklärung zu sein, begann der Kommunismus in Rußland gar nicht als ein politisch-wirtschaftliches System.

Er begann als ein neuer Glaube an die Möglichkeit paradiesischer Seligkeit auf Erden. Vergessen wir nicht, daß Engels selbst, der mit Karl Marx gemeinsam 1848 das „Kommunistische Manifest" verkündete, es in den Vorarbeiten nicht „Manifest" sondern immer „Glaubensbekenntnis" nannte. Es war auch in Rußland wieder das Religiöse, das Menschen ergriff. Gerade die Arbeiter, die in der nachpetrinischen Kirche mehr eine Staatseinrichtung als eine geistige Heimat sahen, hofften auf neue Erfüllung. Je religiöser jemand veranlagt war, desto hingebungsvoller kämpfte er für das Neue. (Vielleicht kämpfte er, so verwegen das klingen mag, im Grunde für das Gleiche, wofür auch der Christ zu kämpfen aufgerufen ist, man lese das bekannte Gedicht von A. Blok „Die 12".)

Schließlich wußten in den ersten Revolutionsjahren nur wenige Menschen in Rußland, was Lenin vorhatte und was der Kommunismus, was der Bolschewismus in Wirklichkeit darstellten. Als das dann unmißverständlich klar wurde, war es für Gegenmaßnahmen zu spät.

Ein anekdotischer, aber auf einer wahren Begebenheit beruhender Bericht mag die Situation noch beleuchten:

In der 20er Jahren führte der Volkskommissar für Volksaufklärung, Lunatscharskij, selber eine antrireligiöse Versammlung durch. Tausende hörten ehrfurchtsvoll seine Worte und der Beifall war so eindrucksvoll, daß der Kommissar sogar eine Diskussion zulassen wollte. Es meldete sich ein unscheinbares Männchen in einer zerrissenen Priesterkutte. Nun wollte Lunatscharskij zwar nur ungern Priester reden lassen, konnte aber auch nicht gut öffentlich wortbrüchig werden. Also sagte er nur streng: „Aber nicht länger als 3 Minuten!" Das Männchen wehrte ab: „gar nicht notwendig, nur 6 Worte." Dann trat er ans Rednerpult, wandte sich an die Versammlung und rief ihr den alten, orthodoxen Ostergruß zu: „Brüder und Schwestern, Christ ist erstanden!" und tausendfältig scholl es, wie seit Jahrhunderten, zurück: „Er ist in Wahrheit auferstanden!" „Das war alles" wandte sich das Männchen an Lunatscharskij. – Die Versammlung wurde sofort geschlossen.

Wenn wir akzeptieren, daß der Kommunismus (jedenfalls so, wie er in Rußland weitgehend verstanden wurde), zum wesentlichen Teil eine Glaubensfrage ist, verschiebt sich die Frage nach seinen Verbreitungsvoraussetzungen von einer vorwiegend rationalen Ebene auf eine stark irrationale. Es wird dann verständlich, daß besonders solche Völker oder Volksteile für ihn offen waren, deren Volkscharakter stark dem Irrationalen zuneigt. Dies trifft übrigens nicht nur für den Kommunismus, sondern für die verschiedensten „-ismen" zu, die ja meist auf einer Verabsolutierung von an sich durchaus auch vernünftigen Erkenntnissen basieren, die aber damit ihren Wahrheitsgehalt verlieren.

Auf der anderen Seite wird dann auch klar, daß Völker, deren Bewußtsein stark durch irrationale Faktoren beeinflußt wird, durch rein rationale Argumente nur sehr unvollkommen zu gewinnen sind. Sie werden sich rein technischen oder wirtschaftlichen Überlegungen nicht verschließen, aber immer nach dem Übergeordneten, nach der dahinterliegenden Idee fragen. Läßt sich eine solche nicht erkennen, werden die Beziehungen eine wirkliche Tiefe vermissen lassen.

Mit anderen Worten und direkt auf Rußland bezogen, muß klar sein, daß von russischer Seite, bei der sich jetzt anbahnenden Neuordnung europäischer Beziehungen, neben allen Fragen wirtschaftlicher und machtpolitischer Art, auch nach der dahinter verborgenen höheren Idee geforscht werden wird. Hier dürfte aber der Westen ganz allgemein in Verlegenheit kommen. Nun sind die Völker in europäischen Raum ja durchaus nicht gleich, weder in ihren Charakteren, noch in ihrem Einfluß.

Im Lichte des oben Gesagten nehmen aber zwei Völker eine besondere Stellung ein: die Russen und die Deutschen. Die oft gehörte Meinung, sie seien Gegensätze, ist sehr oberflächlich. Man wird in Europa kaum zwei andere Völker finden, die imstande sind, sich so völlig einer Idee oder einem großen Führer hinzugeben, wie die Russen und die Deutschen. Daraus können dann bewundernswerte Leistungen, aber auch schreckliche Verbrechen entstehen, wie sie sowohl im russischen Kommunismus als auch im deutschen Nationalsozialismus sichtbar wurden. Die Fähigkeit, das persönliche Gewissen abzuschalten, es auf übergeordnete Stellen (Partei, Führer, Idee) zu übertragen und damit jede persönliche Schuld und Verantwortung abzustreiten, wird dann erschreckend.

Letzten Endes steckt hinter solchem Verhalten durchaus auch die Suche nach der „Wahrheit“ (was immer man auch darunter verstehen mag), doch bleibt man auf einer Stufe stehen, die einem gerade paßt und hört mit dem Weiterdenken auf. Die Aufgabe der jeweiligen „Führer“ ist es dann, eine der Mehrheit akzeptable Version dieser Wahrheit zu formulieren und sie zur ganzen Wahrheit zu erklären. Wer dann gegen diese verkündete Wahrheit auftritt, wird so oder so mundtot gemacht.

Die praktischen Folgen solcher Abläufe hat die Welt in Deutschland und in Rußland erlebt und ist begreiflicherweise nicht darauf erpicht, einer Wiederholung entgegenzusehen.

Daß diese politischen Verabsolutierungen Fehler waren, dürfte in Deutschland wie in Rußland die Mehrheit erkannt haben. Die Veranlagung zu Ähnlichem aber ist ja geblieben. Beide Völker sind jetzt der Ideologien, denen sie sich hingaben, beraubt und sind damit in einen labilen Zustand geraten, der auch einen Identitätsverlust bedeutet. Die übrige Welt blickt, soweit sie die Zusammenhänge durchschaut, mit Sorge gerade auf diese beiden Länder. Dabei ist, soweit es Rußland betrifft, immerhin die Hoffnung vorhanden, daß das orthodoxe Christentum auch sicht- und wirksam die Rolle der stabilisierenden Idee übernehmen kann. Dem sowieso schon sehr stark geschwächten westlichen Christentum in Deutschland dürfte diese Rolle sehr schwer fallen.

Dennoch muß gerade auf eine enge Zusammenarbeit zwischen Deutschland und Rußland Hoffnung gesetzt werden. Im Ernstnehmen der Frage nach der Wahrheit sind das vorwiegend germanische deutsche und das vorwiegend slawische russische Volk geistig verwandt. Ein Unterschied mag darin bestehen, daß die Frage nach den letzten Dingen beim Russen praktisch alle Volksschichten erfaßt und der Aristokrat wie der einfachste Bauer oder Arbeiter diese Dinge immer wieder mit Ernst und Leidenschaft erörtern, während es sich im deutschen Raum um begrenztere Kreise handelt. Der „faustische Mensch" mag ein abgebrauchter Begriff sein, weist aber in die richtige Richtung. Auch die in dieser Form im übrigen Europa kaum zu findende Erscheinung der Jugendbewegung deutet diese Verwandtschaft an, denn auch diese Bewegung, in all ihrer schillernden Vielfalt , war auf der Suche nach dem besseren Menschen und einer religiösen Bindung (was nicht mit kirchlicher Bindung zu verwechseln ist).

Daß zwischen Deutschen und Russen auch in der Vergangenheit so etwas wie eine Haßliebe bestand, deutet nicht etwa auf tiefgreifende Verschiedenheiten, sondern eher auf eine Verwandtschaft hin, denn Liebe wie Haß gibt es meist unter Verwandten und nicht unter Menschen, die einander gleichgültig sind.

Man könnte vielleicht die Deutschen als „realistische Romantiker" bezeichnen. Sie sind in der Welt bekannt als diejenigen, die ordnungsliebend, genau, arbeitsfreudig, erfinderisch usw. sind, – zugleich aber viele ihrer Entscheidungen offenbar gar nicht vernunftbezogen fassen, sondern sie aus emotionalen und ähnlich hintergründigen Bereichen schöpfen. Die Russen wären dann „romantische Realisten", weil sie einerseits als die Menschen mit dem großen Herzen, der tiefen Seele, der Kinderliebe und der herzergreifenden Gesänge gelten, aber in Dingen des diesseitigen Lebens erstaunlich real und nüchtern reagieren.

Beides könnte einander sehr gut ergänzen – und hat sich in der Geschichte ja auch schon bewährt: gerade deutsche Menschen fühlten sich schon immer von Rußland besonders angezogen, sei es daß sie sich als Bauernkolonien niederließen oder als Handwerker, Ingenieure, Offiziere oder Beamte wirkten. Sie erwiesen sich im allgemeinen trotz, oder gerade wegen ihrer spezifisch deutschen Eigenschaften als äußerst wertvolle und auch treue Angehörige des russischen Reiches. Diese Menschen mögen an sich selbst die tiefe Verwandtschaft und befriedigende Ergänzungsmöglichkeit gefühlt und erlebt haben, die ihnen ihre Vereinigung mit dem Russentum gegeben hat. Sie empfanden ihr Leben in Rußland keinesfalls als Degradierung, sondern als ein Auffinden von Werten, die ihnen bisher am vollen Menschenbild, wie sie es sich selbst ersehnt hatten, gefehlt haben mochten.

Jedenfalls strafen diese Tatsachen alle Zweckbehauptungen Lügen, die da von unüberbrückbaren Gegensätzen wissen wollen, gar nicht zu reden von dem Unsinn nationalsozialistischer „Untermenschen“-Propaganda. Daß jetzt Rußlanddeutsche in gefährlicher Anzahl nach Deutschland streben, hat mit den oben erwähnten Tatsachen nichts zu tun, sondern ist eine Folge sowjetischer Politik, der Zerschlagung der rußlanddeutschen Wolgarepublik und der heutigen tristen Lebensbedingungen in Rußland.

Rußland muß heute, ebenso wie Deutschland, wieder zu sich selbst finden. Andere können dazu helfen, aber das Entscheidende und Wesentliche müssen sie selbst tun.

Rußland kann dafür Unterstützung brauchen, aber eben wirkliche Hilfe und nicht Versuche, es wirtschaftlich, politisch oder geistig zu vereinnahmen. Als Partner kann es für alle segensreich sein, als Kolonie wäre es gefährlicher Sprengstoff.

Nur am Rande sei erwähnt, daß gerade Versuche des Vatikans, Rußland endlich unter römischen Einfluß zu bringen, verheerende Wirkungen haben können. Das gilt, allerdings in geringerem Maße auch für protestantische Versuche ähnlicher Art. Die jahrhundertealten Bestrebungen Roms, sei es über Polen mit Gewalt, sei es durch die Schaffung des sogenannten „orientalischen Ritus“ (dabei bleiben die orthodoxen Formen erhalten, die Kirche unterstellt sich aber dem Papst in Rom) oder durch Förderung von Abspaltungen in der Ukraina u. ä. sollten, gerade im christlichen Sinne, nicht die augenblickliche politische Situation ausnützen wollen. Römische Katholiken sollten auf Bestrebungen, Proselyten zu machen verzichten und, zusammen mit den Protestanten erkennen, daß es besser ist, die Russen wieder ihre orthodoxe Mitte finden zu lassen und dann, jeder in seinem Bereich, miteinander, aber nicht gegeneinander zu wirken.

Wir leben in einer Periode der Neugestaltung Europas und vielleicht auch der Schwerpunktverschiebungen in der Welt.

Das bekannte Wort „es muß zusammenwachsen, was zusammengehört" muß sich nicht nur auf die jetzt vereinten Teile Deutschlands beziehen. Auch wenn die übrige Welt es mit sorgenvoller Aufmerksamkeit verfolgen würde, wird eine Annäherung Deutschlands an Rußland einfach das naturgegebene sein und zwar nicht nur wegen der geographischen Nähe, sondern aus allem oben Gesagten. Daraus geht aber auch hervor, daß es dabei nicht nur um technische und wirtschaftliche Fragen gehen kann. Rußland hat jetzt reale Probleme, aber es wird, bei aller materiellen Hilfe, immer fragen „ist das alles? Was bringt ihr sonst mit, woraus lebt ihr?"

Starke Völker leben aus Visionen, aus dem Glauben. Wenn er entschwindet, fallen sie ab. Verbinden sich solche Visionen mit Machtstreben wird es verhängnisvoll, gründen sie im Guten, Schönen und Wahren kann es segensreich sein.

Zu lernen, das ernstzunehmen, was in Rußland ernstgenommen wird und nicht nur nach seinen eigenen Wertmaßstäben zu messen, ist der erste Schritt zu gegenseitigem Verstehen und fruchtbarer Annäherung. Wie schwer das im Westen fällt, kann am Beispiel des Schicksals von Alexander Solschenyzin beobachtet werden: solange er im Westen als der mutige Dissident galt, wurde er überall als Held gepriesen und westliche Länder und Persönlichkeiten wetteiferten darin, ihn, nach seiner Ausweisung, aufzunehmen. Man erinnere sich daran, daß z. B. Heinrich Böll stolz darauf war, ihn als Gast zu begrüßen und ihn als Freund zu bezeichnen. Als aber Solschenyzin sich nicht korrumpieren ließ und offen aussprach, was er dachte und was er für Rußlands Rettung für entscheidend wichtig hielt, wurde er plötzlich eine Verlegenheit. Er hatte es gewagt, das orthodoxe Christentum als für Rußland entscheidend wichtig darzustellen, also einen Bereich, der im Westen (und besonders von sogenannten „Progressiven") längst als abgetan angesehen wurde, gewissermaßen eben, um mit Marx zu sprechen, als „Opium des Volkes". Seither ist zwar Solschenyzin keinen Fußbreit von seiner Meinung abgewichen, aber ernstgenommen wird er im Westen nur von einer kleinen Minderheit.

Ein anderes, wenn auch auf völlig anderen Ursachen beruhendes, Phänomen ist die verschiedene Beurteilung Michael Gorbatschoffs im Westen und in seinem eigenen Land.

Ohne sich damit in die Schar der Rußlandexperten einzureihen, die versuchen, die sich überstürzenden politischen Ereignisse in der ehemaligen Sowjetunion zu deuten und daraus zukünftige Entwicklungen vorauszusagen, verdient die Person Gorbatschoffs eine Erwähnung.

Es besteht kein Zweifel, daß er, verglichen mit seinem Gegenspieler Boris

Jelzin, der charismatischere Mann mit großer persönlicher Ausstrahlung ist, ohne den die „Wende“ in Rußland und erst recht die Wiedervereinigung Deutschlands, nicht so rasch erfolgt wären.

Hätte er diese persönliche Strahlkraft mit einem klaren politischen Wollen bis zur letzten Konsequenz verbunden, wäre er wahrscheinlich heute noch der große Befreier Rußlands und Wohltäter der Welt. Seine deklarierte Absicht aber, Kommunist zu bleiben und den Kommunismus nur mit freier Marktwirtschaft aufzubessern, ließen ihn zu einem Zauderer werden, der immer mehr in die Abhängigkeit des KGB und der Armee geriet und schließlich gar keine wirklichen Entscheidungen mehr treffen konnte. Während er im Ausland immer noch fast als Halbgott bestaunt und bejubelt wurde, gehörte er in Rußland schon längst zu den bestgehaßten Männern, so daß der Putsch im August 1992 ihn schon in einer Situation traf, in der er nicht mehr vom Volk getragen wurde. Seine Rückkehr aus der Krim wurde weder bejubelt noch als Erleichterung empfunden, sie wurde fast als Nebensache registriert.

Sein Gegenspieler Jelzin, der eher die Eigenschaften eines Volkstribunen verkörpert und zweifellos nicht die persönliche Ausstrahlung Gorbatschoffs besitzt, ist zwar auch auf der Parteileiter hochgeklettert, hat sich aber sehr klar gegen den Kommunismus entschieden und versucht, diese Linie mit aller Energie durchzusetzen. Seine Schwierigkeiten bestehen weitgehend in der Tatsache, daß es ihm bisher nicht gelungen ist, den Lebensstandard des Volkes auf ein Niveau zu bringen, das die Vorteile freier Marktwirtschaft jedem Russen erkennbar machen würde.

Nähere Ausführungen zu dieser Problematik würden den Rahmen dieses Artikels sprengen und seinen Charakter vom Grundsätzlichen ins Tagespolitische verändern.

Es mag aber durchaus sein, daß Gorbatschoff, der aus den Ereignissen sicherlich auch seine Lehren gezogen hat, seine Rolle noch zu spielen und ein gewichtiges Wort mitzureden haben wird.

Rußland wird, wenn es einmal die jetzige Krisensituation überwunden hat, sehr genau prüfen, mit wem es zu tun haben will und wird das nicht nur an materiellen Werten messen. Es wird, wenn es nicht andere Erfahrungen macht, sich im Stillen dem seelenlosen Westen weit überlegen fühlen – und aus seiner Sicht heraus, mit Recht.

Findet es aber Partner, die ähnlichen Geistes sind, wird es willens und fähig zu fruchtbarer Zusammenarbeit sein. Wenn dann auch die materiellen, technischen und sonstigen Voraussetzungen gegeben sind können beide einander ergänzen und zu neuen Dimensionen staatlicher Kooperation gelangen.

Von allen europäischen Ländern (einschließlich den USA), könnte Deutschland am ehesten dieser Partner sein. Dafür spricht nicht nur die wirtschaftliche Kraft, die sich, nach Überwindung temporärer Schwierigkeiten der Wiedervereinigung, wieder festigen wird, sondern vor allem die schon seit Rurik zu beobachtende geistige Affinität (siehe S. 210ff.), die, trotz aller geschichtlichen Kapriolen, die Grundlage für eine nicht nur sentimentale, sondern auch politische Union bilden könnte. Eine solche aber würde die Geschichte Europas und der Welt zu bisher ungeahnten Perspektiven führen.

Hier liegt die große Möglichkeit für Deutschland, vorausgesetzt, daß seine Repräsentanten das Wesentliche erkannt haben und sich entsprechend verhalten.

Die Schwierigkeiten dürften dabei auch darin liegen, daß es in Deutschland nicht allzuviele Persönlichkeiten geben wird, die sowohl als Vertreter der rational begründeten Politik und Wissenschaft auftreten können, als auch zugleich die in diesem Aufsatz geschilderten mehr seelisch-spirituellen Aspekte so ernst nehmen, wie es für fruchtbare Entwicklungen notwendig wäre. Es wird also nicht sosehr darum gehen müssen, Menschen, denen diese Aspekte bisher fremd, ja eigentlich lächerlich vorkamen, plötzlich in Gläubige verwandeln zu wollen, sondern darum, ihnen wenigstens klar zu machen, daß ihre russischen Partner, bei aller äußerlich demonstrierten rationalen Geschäftsmäßigkeit, immer nach der darunterliegenden transzendenten Übereinstimmung forschen und ihr Verhalten auf weitere Sicht nach diesen Kriterien gestalten werden.

Hier bewahrheitet sich das Wort J. W. Goethes: „Das eigentliche, einzige und tiefste Thema das Welt- und Menschheitsgeschichte, dem alle übrigen untergeordnet sind, bleibt der Konflikt des Unglaubens und des Glaubens."

Wir werden diesen Konflikt nicht kurzerhand beseitigen können, für die Einen, wie für die Anderen werden die gegenseitigen Argumente in ihrer grundsätzlichen Bedeutung weitgehend „nul et non avenu" bleiben, aber wir könnten, durch die Lehren der Geschichte gewarnt, wenigstens dahin kommen, daß die Vertreter beider Richtungen einander auch ohne letztes Verständnis ernst nehmen und damit ein tragfähiges Fundament für die gegenseitigen Beziehungen schaffen.

Auf diesem Fundament könnten dann Gläubige wie Ungläubige nicht mehr als unversöhnliche Gegner, sondern als Partner weiter bauen.

Hier darf es, gerade auch auf das Verhältnis Rußland-Deutschland bezogen, eben nicht um Machtpolitik im üblichen Sinne gehen, sondern um ein spirituelles Verstehen, eine „religio" im wahren Sinne des Wortes, die Menschen mit russisch-orthodoxer, christlicher Grundlage und skeptische „Westler“ wenigstens zu einer praktischen Zusammenarbeit bringen kann. Eine mögliche politische Annäherung hat eine Art von spiritueller Union zwischen wirkenden Kräften des Westens und des Ostens zur Voraussetzung, die sich dann segensreich und friedenserhaltend auf die Zukunft auswirken kann.

Grundlage für eine solche spirituelle Einheit „vom Rhein zum Pazifik“, die sich auch auf die praktischen Beziehungen auswirken müßte, könnte durchaus das russische, griechisch-orthodoxe Verständnis vom Primat der Liebe sein, unabhängig davon, in welchem Ausmaß und von wievielen Menschen die damit verbundenen sonstigen reinen Glaubensfragen verinnerlicht würden.

Dazu ist allerdings notwendig, daß die einen wie die anderen nicht nur voneinander wissen, sondern auch bereit sind, aus diesem Wissen Schlüsse zu ziehen. Dafür müßte der Westen die Unterschiede zwischen römischem Katholizismus und der Orthodoxie nicht nur als theologische Haarspalterei, sondern als fundamentale Haltungsdifferenz begreifen lernen. Wer dies nicht zu tun bereit ist, verschließt sich selbst das Tor zu wichtigen Erkenntnissen. Denselben Fehler begeht derjenige, der annehmen sollte, daß der Einfluß orthodoxen Christentums im heutigen Rußland eine vernachlässigbare Größe sei. Hier wenigstens einiges Grundwissen anzubieten, ist wesentliches Anliegen vorliegender Ausführungen.

Sternstunden der Weltgeschichte sollte man nicht ungenutzt vorbeigehen lassen. Wir leben in einer solchen. Wer wird sie nutzen?

Aldo Leopold

Marschlandelegie

Der Morgenwind streicht sanft über die große Marsch und Nebelschwaden ziehen fast unmerklich durch das weite Sumpfland. Wie ein Gletschergeist umfangen die Nebel Lärchen und taubedeckte Moorwiesen, einzigartige Stille hängt über der Ebene.

Aus einem fernen Himmelswinkel erklingen Glöckchen über das lauschende Land. Nun wieder Stille. Jetzt das Gebell einer melodischen Hundekehle, bald darauf lärmend die antwortende Meute. Dann ein ferner, klarer Schall von Jagdhörnern, aus dem Himmel in die Nebel.

Hohe Hörner, tiefe Hörner, Stille, und endlich ein Höllenlärm von Trompeten, Rasseln, Krächzen und Schreien, der das Moor nahezu erbeben läßt, seine Herkunft aber nicht offenbart. Schließlich enthüllt ein Sonnenstrahl die nahende Vogelstaffel. Auf bewegungslosen Schwingen gleiten sie aus den aufsteigenden Nebeln heran, ziehen einen letzten Bogen durch die Lüfte und lassen sich mit schrillen Tönen im Spiralgleitflug auf ihre Futterplätze nieder. Ein neuer Tag in der Kranichmarsch hat begonnen.

*

Jahrtausende prägten diese Landschaft. Seit der Eiszeit wecken die Kraniche in jedem Frühling die Marsch. Ihre Torfschichten lagern im Becken des einstigen Sees und die Vögel leben auf den moorigen Seiten ihrer eigenen Geschichte. Es sind die verdichteten Überreste der Moose, die die Teiche verstopften, der Lärchen, die sich über dem Moos ausbreiteten, der Kraniche, die über den Wäldern riefen, die diese Grundlage schufen, als sich das Eis zurückzog. Ein endloser Zug von Generationen baute diese Brücke in die Zukunft aus ihren eigenen Knochen, schuf den Lebensraum, in dem die ankommenden Scharen leben und brüten und sterben können.

Mit welchem Ziel? Draußen im Moor schlingt ein Kranich gerade einen glücklosen Frosch hinunter, schwingt seinen plumpen Rumpf in die Luft und durchtrennt die Strahlen der Morgensonne mit mächtigen Flügelschlägen. Die Lärchen erwidern seine strahlende Gewißheit. Der Kranich weiß um das Ziel.

*

Unser Vermögen, das Wesen der Natur wahrzunehmen, beginnt, wie bei der Kunst, mit dem Schönen. Es erweitert sich durch aufeinanderfolgende Stadien des Eindrucksvollen zu Gehalten, die noch durch die Sprache faßbar sind. Das Wesen der Kraniche liegt, glaube ich, in diesem höheren Bereich, noch jenseits der Reichweite von Worten.

Immerhin kann man so viel sagen: unser Verständnis des Kranichs wächst mit der langsamen Enträtselung der Erdgeschichte. Wie wir heute wissen, stammt seine Sippe aus dem fernen Eozän. Die übrigen Mitglieder der Fauna, in der er entstand, sind schon lange in den Hügeln begraben. Wenn wir seinen Schrei wahrnehmen, hören wir nicht nur den Vogel. Wir hören die Trompete im Orchester der Evolution. Dieser Schrei ist das Symbol unserer unbezähmbaren Vergangenheit, dieses unglaublichen Rausches von Jahrtausenden, die den Alltäglichkeiten von Vögeln und Menschen zugrundeliegen und sie bedingen.

Und so leben sie, diese Kraniche, und haben ihre Bestimmung nicht in eingeengter Gegenwart, sondern in der Weite der Evolutionsspanne. Ihre alljährliche Rückkehr ist das Ticken der geologischen Uhr. Sie verleihen dem Ort ihrer Rückkehr eine besondere Würde. Ungeachtet ihres unbedeutenden Alltags besitzt eine Marsch mit Kranichen ein paläontologisches Adelspatent, im Verlauf der Jahrtausende erworben und nur mit der Schrotflinte zu widerrufen. Die über manchen Marschen liegende Traurigkeit stammt vielleicht daher, daß sie einstmals Kraniche beherbergt haben. Nun liegen sie gedemütigt, der Vergangenheit preisgegeben.

Etwas von diesem Wesen der Kraniche scheinen Jäger und Ornithologen aller Zeiten gespürt zu haben. Auf solche Jagdbeute setzte Kaiser Friedrich Barbarossa seine Gerfalken an. Auf solche Jagdbeute stürzten sich einst die Habichte Kublai Khans. Marco Polo erzählt: „An der Jagd mit Gerfalken und Habichten hat er die größte Freude. In Changanor besitzt der Khan einen großen Palast, umgeben von einer vortrefflichen Ebene, wo man Kraniche in großer Anzahl findet. Er läßt Hirse und andere Körner ausstreuen, auf daß die Vögel nicht Mangel leiden."

Der Ornithologe Bengt Berg sah als Knabe Kraniche im schwedischen Heideland und machte sie fortan zum Gegenstand seines Lebenswerks. Er folgte ihnen nach Afrika und entdeckte ihr Winterquartier am Weißen Nil. Von seiner ersten Begegnung sagt er: „Es war ein Schauspiel, das den Flug des Vogels Roc in *Tausendundeiner Nacht* übertraf.“

*

Als der Gletscher aus dem Norden kam und Berge zermalmte und Täler aushöhlte, erklomm ein kühner Eiswall die Baraboo-Hügel und fiel in die Felsschlucht des Wisconsinflusses. Die aufgehaltenen Wasser stauten sich zurück und bildeten einen See, der halb so lang war wie der Staat, nach Osten von Eisklippen begrenzt und gespeist von den reißenden Strömen, die von den schmelzenden Bergen kamen. Die Uferlinie dieses alten Sees ist noch zu sehen und sein Grund trägt die große Marsch.

Der See stieg an über die Jahrhunderte und trat schließlich über die östliche Hügelkette. Dort grub er ein neues Bett für den Fluß und legte sich dadurch selber trocken. Zu den zurückbleibenden Lagunen kamen die Kraniche, verkündeten schmetternd die Niederlage des zurückweichenden Winters und forderten das herankriechende Heer lebender Dinge auf, gemeinsam das Marschland zu schaffen. Schwimmende Sümpfe aus Sphagnummoos bildeten Klumpen in den sinkenden Wassern und füllten sie aus. Schilfgras und Zwerglorbeer, Lärche und Fichte drangen nacheinander über den Sumpf vor, verankerten ihn mit ihrem Wurzelwerk, sogen sein Wasser auf, bildeten Torf. Die Lagunen verschwanden, aber nicht die Kraniche. Sie kehrten in jedem Frühjahr zu den Mooswiesen zurück, die die uralten Wasserwege ersetzt hatten, um zu tanzen, Gesänge zu schmettern und ihre schlaksigen rotbraunen Jungen aufzuziehen. Diese, obgleich Vögel, heißen korrekt nicht Küken, sondern Fohlen. Ich kann nicht erklären, warum. Beobachtet sie an einem taufrischen Junimorgen, wie sie freudig über ihre angestammten Weiden springen, und ihr werdet es selbst herausfinden.

Eines Tages und noch nicht so lange her, lenkte ein französischer Trapper in Wildlederkleidung sein Kanu einen der moosverstopften Bäche hinauf, die sich durch die große Marsch schlängeln. Diesen Versuch, in ihre sumpfige Festung einzudringen, begleiteten die Kraniche mit lautem, respektlosem Gelächter. Ein oder zwei Jahrhunderte später kamen Engländer in Planwagen. Sie rodeten Lichtungen in die baumbestandenen Moränen, die die Marsch begrenzen, und bauten Mais und Buchweizen darauf an. Sie hatten nicht die Absicht, wie der große Khan zu Changanor, die Kraniche zu füttern. Aber Kraniche kümmern sich nicht um die Absicht von Gletschern, Kaisern oder Pionieren. Sie fraßen die Körner und wenn sich ein erzürnter Farmer ihrem Nießbrauch seines Korns widersetzte, segelten sie unter trompetenartigem Protest über die Marsch zu einer anderen Farm.

Damals gab es keine Luzerne, und die Farmen im Hügelland eigneten sich schlecht zum Heumachen, besonders in trockenen Jahren. Bis in einem solchen trockenen Jahr jemand Feuer an die Lärchen legte. Aus der verbrannten Erde wuchs rasch Rispengras, das, von totem Holz befreit, bald eine verläßliche Heuwiese bildete. Danach erschienen jedes Jahr im August Männer, um Heu zu mähen. Im Winter, als die Kraniche in den Süden gezogen waren, fuhren sie mit ihren Wagen über das gefrorene Moor und transportierten das Heu zu ihren Farmen in den Hügeln. Jedes Jahr traktierten sie die Marsch mit Feuer und Axt, und innerhalb von zwei kurzen Dekaden war die ganze weite Fläche mit Heuwiesen gesprenkelt.

In jedem August, wenn die Heumacher ihre Lager aufschlugen, singend und trinkend, und ihre Gespanne mit Peitsche und Schnalzern antrieben, wieherten die Kraniche ihren Fohlen zu und zogen sich in ferne Bollwerke zurück. „Rote Scheißbeutel" nannten die Heumacher sie, wegen des rostroten Schimmers, der zu dieser Jahreszeit oft das Schlachtschiffgrau des Kranichgefieders färbt. Wenn das Heu aufgeschichtet war und die Marsch wieder ihnen gehörte, kamen die Kraniche zurück, um aus dem Oktoberhimmel die vorüberziehenden Scharen aus Kanada herunterzurufen. Gemeinsam zogen sie über die frischen Stoppel und überfielen die Maisfelder, bis die ersten Fröste das Signal zum winterlichen Aufbruch gaben.

Diese Heuwiesentage waren die arkadischen Zeiten für die Marschbewohner. Mensch und Tier, Pflanze und Boden lebten duldsam von- und miteinander, zum Nutzen aller. Die Marsch hätte immer weiter Heu und Präriehühner, Hirsche und Bisamratten, Kranichmelodien und Preiselbeeren hervorbringen können.

Die neuen Lehnsherren verstanden das nicht. Sie bezogen Boden, Pflanzen oder Vögel in ihre Vorstellungen von Gemeinsamkeit nicht ein. Die Erträge aus einer derart ausgeglichenen Ökonomie waren zu bescheiden. Sie planten Farmen nicht nur um die Marsch herum, sondern in ihr. Gräbenziehen und Landgewinnung erreichten epidemische Ausmaße. Die Marsch wurde überzogen von einem Netzwerk von Dränagen, übersät mit neuen Feldern und Gehöften.

Aber die Ernten waren schlecht und vom Frost geschädigt, und die teuren Gräben türmten eine schwere Schuldenlast auf. Farmer zogen weg. Die Torfbeete trockneten aus, schrumpften zusammen, fingen Feuer. Die Sonnenenergie des Pleistozän hüllte die Landschaft in das Leichentuch ätzenden Qualms. Keiner erhob seine Stimme gegen die Verwüstung, alle rümpften die Nase über den Gestank. Nach einem trockenen Sommer konnten nicht einmal die Schneefälle des Winters die schwelende Marsch löschen. Große Blatternarben waren in Feld und Wiese gebrannt, deren Wunden bis hinunter zum Sand des alten Sees reichten, der Hunderttausende von Jahren torfbedeckt gelegen hatte. Üppige Unkräuter sprossen aus der Asche, ihnen folgten nach ein oder zwei Jahren Espensträucher. Den Kranichen wurde das Leben sauer, ihre Anzahl schrumpfte entsprechend den Resten unverbrannter Wiesen. Für sie wurde das Brummen des Löffelbaggers fast zur Elegie. Die Hohepriester des Fortschritts wußten nichts von Kranichen, sie waren ihnen auch völlig gleich. Was bedeutet Ingenieuren schon eine Tierart mehr oder weniger? Wozu sollte eine nicht entwässerte Marsch überhaupt gut sein?

Ein oder zwei Jahrzehnte lang wurden die Ernten schlechter. Die Feuer brannten tiefer, die Gehölze auf den Feldern wuchsen. Es gab weniger Kraniche, Jahr für Jahr. Nur die erneute Überflutung des Torfs schien ihn am Brennen hindern zu können. Inzwischen hatten Preiselbeerzüchter Dränagegräben gestaut und so einige Stellen wieder geflutet und gute Ernten erzielt. Ferne Politiker tönten über den Grenznutzen des Landes, kritisierten Überproduktion, sprachen von Linderung der Arbeitslosigkeit und der Erhaltung der Natur. Ökonomen und Planer kamen, um die Marsch zu besichtigen. Landmesser, Techniker, Einsatzgruppen der Bundesbehörde für Landschaftsschutz schwärmten umher. Eine neue Epidemie setzte ein, diesmal die der Flutung. Die Regierung kaufte Land, siedelte Farmer an, verschloß Abzugsgräben in großem Umfang. Langsam wird das Moor wieder feucht, aus Brandnarben werden Teiche. Grasfeuer gibt es noch immer, aber sie können die durchnäßte Erde nicht mehr verbrennen.

All dies und der Fortzug der Einsatzgruppen tat den Kranichen gut. Schaden brachten die Dickichte von Pappelgestrüpp, die sich unerbittlich über die alten Brandstellen ausbreiteten, und das Labyrinth neuer Straßen, das unvermeidlich dem Naturschutz der Regierung folgt. Es ist ja so viel einfacher, eine Straße zu bauen, als darüber nachzudenken, was das Land wirklich braucht. Eine nicht durch Straßen erschlossene Marsch scheint für die beflissenen Naturschützer am Grünen Tisch ebenso wertlos zu sein, wie eine nicht dränierte es für die Pioniere unseres Landes gewesen war. Einsamkeit, die einzige natürlich Zuflucht, die noch nicht von Schreiberlingen ausgestaltet wurde, wird bis jetzt nur von Ornithologen und Kranichen als Wert erkannt.

So endet Geschichte stets, ob in der Marsch oder auf dem Marktplatz, im Paradoxon. Der größte Wert in diesen Marschen ist wilde Natur, und der Kranich ist ihre Inkarnation. Aber alle Schutzmaßnahmen für die wilde Natur wirken zerstörerisch, denn um etwas zu schützen, müssen wir es sehen und berühren, und wenn es genug Leute gesehen und berührt haben, ist keine Wildnis mehr übrig.

*

Eines Tages, vielleicht gerade im Verlauf unserer Wohltätigkeit, als Erfüllung der geologischen Zeit, wird der letzte Kranich sein Lebewohl verkünden und im Spiralflug himmelwärts entschweben aus der großen Marsch. Hoch aus den Wolken wird der Klang von Jagdhörnern kommen, das Gebell der Phantommeute, das Geläut kleiner Glöckchen, und dann eine Stille, die nie wieder gebrochen werden wird, es sei denn durch Zufall auf einer fernen Weide in der Milchstraße.

Jürgen Dahl

Zeit des Gärtners

Morgens um sieben öffnen sich die Blüten der Weißen Seerose, nachmittags um fünf schließen sie sich wieder; wenn der Löwenzahn aufgeht, ist es fünf Uhr in der Frühe, und neun Uhr abends, wenn die Weiße Lichtnelke in Erwartung der Nachtfalter erblüht – so läßt es sich ablesen auf der Blumenuhr, die der schwedische Naturforscher Carl von Linné vor zweihundert Jahren erdacht hat. Die Blumenuhr ist anmutig und liebenswürdig, aber ungenau bis dorthinaus, bei trübem Wetter bleibt sie stehen, und im Winter gibt es sie gar nicht. Kein Wunder demnach, daß die Botaniker Linnés Blumenuhr als nichtsnutzige Spielerei eines sonst seriösen Wissenschaftlers verwarfen.

Und in der Tat: Man braucht im Garten gar keine Blumenuhr, es ist vollkommen gleichgültig, ob der Tageslauf der Blüten in irgendeine Beziehung zur menschlich-metrischen Zeitmessung zu bringen ist; überdies sind die Lebensgesten der Blüten ja nur ein ganz kleiner Bruchteil dessen, was sich im Garten vollzieht an Wandlungen, Bewegungen, Werdegängen und Übergängen.

Der Gärtner nimmt das Maß für seine Zeitrechnung von anderswoher, sein Zeitgefühl orientiert sich an anderen Zeichen. Und da der Garten in vielem ein Spiegelbild der Welt ist, so läßt sich, wenigstens andeutungsweise und mit gehöriger Vorsicht, aus dem Zeitverständnis des Gärtners manches ablesen über den möglichen Umgang mit der Zeit, auch über unseren Umgang mit ihr außerhalb des Gartens.

Geduld, sagt man wohl, sei die wichtigste Tugend des Gärtners, aber da ohne Geduld überhaupt kein Gärtner zu denken ist, so ist seine Geduld weniger eine Tugend, als vielmehr die unerläßliche Voraussetzung dafür, daß er überhaupt ein Gärtner sein kann. Seine Geduld läßt den Pflanzen des Gartens Zeit und Raum für ihre Entfaltung: Es hat ja jede Blume und jeder Baum einen Anspruch auf gemäßen Raum und auf die Zeit, die für die Entwicklung nötig ist, und dieser Anspruch muß schon dann berücksichtigt werden, wenn die Blume noch ein Same, der Baum noch ein Steckling ist. Der Gärtner nimmt im Geiste den erstrebten Endzustand vorweg und richtet sich danach. Man sieht mißlungene Gärten, der Ungeduld entsprungen und Ungeduld ausstrahlend in der Zufälligkeit und Unvereinbarkeit dessen, was da zusammengestoppelt wurde. Die Ungeduld sucht die Fülle, aber sie erlangt nichts als die Völle.

Entfaltung und Wachstum kann der Gärtner nur zulassen und befördern, aber nicht verursachen oder willentlich beschleunigen, die Gewächse sind nicht verfügbar wie die Dinge, derer sich die Eile bemächtigt. Es ist das Kennzeichen der Geduld, daß sie das Unverfügbare so sein läßt, in seiner Entfaltung, aber natürlich auch im möglichen Scheitern dieser Entfaltung, auch im Welken und Sterben. Es taucht da gar nicht die Frage auf, die die Eiligen so bewegt: ob „sich" das „rechnet", – wie man heutzutage zu sagen pflegt – wohlweislich im Dunkeln lassen, *wer* da eigentlich rechnet und verrechnet und sich verrechnet.

Die Eile ist das Gegenteil der Geduld: Ungeduldig sucht sie zu beschleunigen, was eigentlich seine Zeit braucht. Die Ungeduld will die Zeit gewinnen und treibt die Wesen und die Dinge zur Eile an, sieht in den Wesen Dinge und rechnet mit ihrer Verfügbarkeit, so wie die Geduld ihnen die Unverfügbarkeit zubilligt – sie rechnet mit der Verfügbarkeit und mit der Machbarkeit. Der Wahn, daß alles machbar sei, hat sich in dem gleichen Maße aufgebläht, wie die Eile als Voraussetzung und Grundbedingung eines erfolgreichen Lebens bestimmend wurde, und die langsame Verdunstung dieses Wahns geht einher mit der Neuentdeckung des Gartens – was gewiß mehr ist als ein hübscher Zufall.

Das mag sich altväterisch-betulich anhören, und ganz unzeitgemäß angesichts der Nötigungen zur Eile, denen wir ausgesetzt sind, – aber eben darin, daß das Zeitgemäße die Nötigungen sind, und daß sie uns mit in die eiligen Wirbel des Wahns der Machbarkeit und Verfügbarkeit hinreißen wollen, – eben darin liegt der Grund für so viel Verstörung und Zerstörung, denen nicht durch gesteigerte Eile zu entrinnen ist, sondern nur durch Zurückbleiben.

Der Garten kann da, eben weil er ein Gleichnis ist, therapeutische Bedeutung haben und wird denn auch als Therapie genutzt. Die gärtnerische Arbeit gilt als ein Heilmittel, das hilft, Ordnungen und Rhythmen wiederherzustellen, die beschädigt worden oder abhanden gekommen sind. Diese Wirkung hängt damit zusammen, daß die Wesen des Gartens sich keiner Gewalt und keinem Willen beugen, auch kaum zu überlisten sind und auf eine ganz stille und schließlich doch strenge Art ihr Lebensrecht in den ihnen gemäßen Zeitrhythmen verwirklichen. Wer darin eingreift, zerstört – und sieht, daß er zerstört hat.

Zugleich gewinnt der Gärtner seine Zeit, indem er sie abgibt an seine Pflanzen, indem er sie dem Maß unterwirft, das sie fordern. Damit entrinnt er der Eile, die um ihn herum die Herrschaft ausübt, und in der Geduld wird ihm die Zeit lang in dem Sinne, daß sie sich mißt an den langsamen Entfaltungen und nicht an den Uhren der Eiligen. Der Eilige sucht die Zeit zu gewinnen, und je besser es ihm gelingt, um so weniger Zeit hat er schließlich. Dem Geduldigen dehnt sich die Zeit zu einem großen Reichtum, mit dem paradoxen Ende, daß auch er schließlich die Zeit nicht mehr „hat", daß sie für ihn keine Bedeutung mehr hat als treibende Kraft. Für ihn bleibt die Zeit stehen, und damit entfällt alle Nötigung zur Eile. Aristoteles hat diese ruhegebende Kontinuität der Zeit beschrieben, indem er auf zweierlei Weise das „Jetzt" zu definieren suchte: einmal als etwas unablässig Verschwindendes, das im Augenblick der Wahrnehmung in der Vergangenheit untergeht, während zugleich aus der Zukunft ein neues Jetzt erscheint, so daß die Aufeinanderfolge der Jetzte ununterbrochen sich vollzieht, – zum anderen, indem er das Jetzt als etwas Beständiges sah, durch das die Zeit von der Zukunft in die Vergangenheit hindurchfließt.

*

Auf der Blumenuhr zeigt, im Sommer, die aufblühende Nachtkerze den Abend an. Der Gärtner sieht schon am späten Nachmittag, welche der Knospen heute abend aufgehen wird.

Es braucht Geduld, die Entfaltung der Blüte zu beobachten: Zu einer spitzen Tüte sind die schwefelgelben Kronblätter aufgewickelt, unten zusammengehalten von dem grünen Kelch. Das Aufblühen erfolgt, indem sich bestimmte Zellen der Kronblätter ganz langsam prall mit Wasser füllen und dadurch, wie mit sich reckenden Gelenken, die Blätter nötigen, sich zu entrollen. Das dauert etwa eine Stunde. Wenn man sich vor die Blüte setzt und sehr genau hinsieht, kann man den Vorgang nach Bruchteilen von Millimetern verfolgen, man sieht, wie die zarten Blätter sich zuerst an der Spitze voneinander lösen und dann immer weiter nach außen umlegen, bis schließlich die große offene Nachtkerzenblüte dem geduldigen Beobachter entgegenleuchtet. Morgen, in der Vormittagssonne, wird sie schon wieder wegwelken.

Da fließt, mit Aristoteles zu reden, die Zeit unmerklich von der Zukunft durch das Jetzt in die Vergangenheit, oder: jedes Jetzt wird im Moment der Wahrnehmung ausgelöscht im Gewesenen und ersteht neu aus dem Kommenden. Wollte man, eilig, den Vorgang des Aufblühens beschleunigen, die seidigen Blätter auseinanderfalten – sie würden das nicht überstehen, die Blüte wäre dahin.

Das ist nun ganz und gar keine Besonderheit der Blumen und des Gartens, vielmehr ein Beispielfall für vieles und inzwischen nahezu alles, was sich außerhalb des Gartens vollzieht. Wo immer die Eile praktiziert wird, zerstört sie etwas von der Welt, der Materie, dem Lebewesen, den Menschen – und sei es „nur", daß sie die Stille zerreißt, denn Eile ist fast immer laut, macht sich unüberhörbar.

Die Eiligkeiten unserer Lebensform zu schildern, heißt inzwischen, nachdem die Eile allgemein als Bestandteil eines erfolgreichen, freien und fröhlichen Lebens anerkannt ist, unseren Alltag abzumalen: als ein Kolossalgemälde der Beschleunigung, die alles ergriffen hat, was es überhaupt gibt, und die immer noch weiter und weiter gesteigert wird, längst über jene Grenze hinaus, die das menschliche Fassungs- und Reaktionsvermögen eigentlich setzt. Waren und Menschen werden unter Einsatz ungeheurer Energiemengen auf den Weg der Eile gebracht, je schneller sie den Ort wechseln, um so rentierlicher erscheint es – denn Zeit ist Geld – und um so begeisterter ist man über die Techniken, die dies möglich machen. Signale werden mit größter Eile befördert und ausgetauscht, Informationen mit Hilfe des Computers eilig erstellt und ermittelt, das Rechnen und, in der Folge, das Denken wurden der Eile unterworfen und man arbeitet fieberhaft daran, sie noch schneller und noch schneller zu machen. Apparate aller Art, vom Auto bis zum Elektrorasierer, vom elektrifizierten Küchenmesser bis zum Telefon, vom Fernseher bis zum Telefax, vom Personalcomputer bis zur Sofortbildkamera, vom Mikrowellenherd bis zur Weltraumrakete, dienen alle der Verwirklichung eines Zieles, das oft genug schon gar nicht mehr utopisch, sondern endgültig erreicht scheint: daß alles, aber auch alles, zu jeder Zeit an jedem Ort ohne Wartezeit verfügbar sei, – die Information, das Mittagessen, der Brief, der Mensch, die Erdbeeren. Alles soll auf Knopfdruck jederzeit zur Hand sein, jederzeit fertig, potentiell allgegenwärtig. Die Eile betreibt die Abschaffung der Zeit und des Raumes, die Reduzierung der Welt auf den Raum-Zeit-Punkt, an welchem man sich befindet und in den man, ohne jede Verzögerung, alles hineinziehen kann, was es überhaupt gibt. Es ist die Vereinigung des Jetzt und Hier mit dem Immer und Überall.

Selbst die Machenschaften der Gentechniker sind ja nichts anderes als der Versuch, die hergebrachte, viel zu langsame Geschwindigkeit evolutionärer Vorgänge zu beschleunigen, die Evolution zur Eile anzutreiben und durch die beliebige Vermischung aller Eigenschaften und Gestalten jederzeit das je erwünschte Wesen erzeugen zu können, aus allen verfügbaren genetischen Potenzen der Vergangenheit und Zukunft. Daß davon erst Ansätze verwirklicht werden konnten, ändert nichts am Prinzip dessen, was da angestrebt wird, eine Omnipotenz, die die räumlichen und die zeitlichen Entfernungen aufhebt.

Die Eile ist zerstörerisch. Bei jeder Zerstörung, die wir beklagen, läßt sich leicht die Eiligkeit finden, die dazu geführt hat, und bei jeder Manifestation der Eile läßt sich leicht die Zerstörung finden, die sie unweigerlich zur Folge hat. Menschen werden überfahren, Tages- und Lebensläufe zerrissen bis zur psychischen Verwirrung, jede Privatheit bis zu jener der Daten wird löcherig, Landschaften und Lebensräume werden verwüstet, ganze Kulturen aufgerieben und die Erde selbst auf vielerlei Weise geschändet, mißbraucht, zerrüttet, – all dies gespeist und befeuert von einer Energie, die aus unwiederbringlichen, nur scheinbar grenzenlosen Vorräten gewonnen wird. Kohle, Erdöl, Uran – mit gierigen Händen greift die Eile nach dem Stoff, den sie als Nahrung braucht und der, wenn er dann vertilgt ist, Abfälle zurückläßt, die auf unterschiedliche Art das Leben als solches in seinem Bestand gefährden.

Der Garten vermag in dem Bild, das er darbietet, noch eine leise Ahnung davon zu vermitteln, daß Leben nur auf eine uneilige Weise, nur im langsamen Fortschreiten bewahrt werden kann und daß es zerfällt und verkommt, wenn es in die Zwangsjacke der Eiligkeit gesteckt wird.

Höchstens Not und Gefahr können den Gärtner zur Eile treiben, der drohende Frost zum Beispiel, der Vorkehrungen nötig macht, um empfindsame Gewächse zu schützen, – und auch dies ist ein Sinnbild: dafür, daß die Eile aus der Not geboren wird. Was ist das für eine Not, vor der die moderne Eiligkeit zu fliehen sucht? Es ist wohl, ganz am Ende, Todesnot, Flucht vor der Zeitlichkeit, vor dem unausweichlichen Ende, dem des eigenen Lebens oder dem der Zeit überhaupt. Ich erinnere mich an Eisenbahnfahrten, von denen ich wünschte, sie würden nie aufhören, weil ich mich fürchtete, am Ziel anzukommen, und je schneller der Zug fuhr, um so sicherer fühlte ich mich ...

Auch für den Gärtner ist der Tod immer vorhanden, aber er trachtet ihm nicht zu entkommen – um den Preis, daß das Leben in Eiligkeit zerbröselt –, sondern er geht ihm entgegen unter den Bögen der Zeit:

Der Garten ist überspannt von den Bögen der Zeit, von so kleinen wie dem, unterhalb dessen die Nachtkerzenblüte aufgeht, von etwas größeren, wie denen, die die Blumenuhr zwischen Morgen und Abend schlägt, und von den Bögen der Tage und Wochen und Jahre, in denen etwa das Keimen sich vollzieht oder die Reife eines Walnußbaumes vom Sämling bis zur ersten Ernte nach fünfzehn Jahren. Das sind sehr verschiedene Spannweiten, und hie und da wird man sogar so etwas wie Eile im menschlichen Sinne finden können: Manche Pilze zum Beispiel, wie die Schopf-Tintlinge, absolvieren den für uns sichtbaren Teil ihres Lebenszyklus in einer gar nicht pflanzenhaften Eile, ihre Fruchtkörper erscheinen buchstäblich über Nacht und dann dauert es nur Stunden, bis die Sporen gereift sind und die Hüte und Stiele zu einer schwarzen, tintenhaften Flüssigkeit vergehen. Aber das Bild täuscht, denn diesem eiligen Reifen ist eine lange Spanne Zeit voraufgegangen, während derer sich der eigentliche Körper des Pilzes, das Myzel, in der Erde vorbereitet hat auf das große und einmalige Ereignis der Fruchtbildung, das die Fortexistenz sichert. Die Eile ist hier nur ein kurzer Kontrapunkt zu einer sehr ruhigen und verborgenen Weise der Existenz.

Wirklich eilig in seinem ganzen kurzen Leben ist hingegen das Behaarte Schaumkraut, das eine Vegetationszeit, also eine Lebensspanne von manchmal nur vierzehn Tagen hat, während derer es keimt, heranwächst, mit vielen kleinen Blüten blüht, dann Schoten entwickelt, in denen die winzigen Samen rasch reifen, um sich, von den aufspringenden Schoten weit weggeschleudert, nach allen Seiten zu verbreiten. Dahinter steckt eine Art Not – denn das Behaarte Schaumkraut kann nur auf sonst unbewachsenem Boden gedeihen und muß sich deshalb beeilen, wenn es sich, wenigstens für kurze Zeit, gegenüber den aufkommenden Konkurrenten behaupten will, und mit der eiligen Fruchtbarkeit ist auch wieder eine subtile Art der Zerstörung im Sinne der Verhinderung verbunden, indem das Behaarte Schaumkraut ganze Flächen erobern und blockieren kann.

Zeitbögen: Da gibt es den ganz anderen, über Monate und Jahre gespannten Zeitbogen des Komposthaufens, auf dem nicht etwas gedeiht, sondern etwas ganz langsam wieder in einen mineralischen Urzustand zurückgeführt wird. Moderne Gartentechnik beschleunigt die Verrottung, indem sie die Gartenreste zuerst durch den gräßlich lärmenden, mit brutalen Messern rotierenden Shredder schickt; der Grus, den dieser ausspeit, zerfällt schon bald, während die unzerkleinerten Äste und Strünke vielleicht Jahre gebraucht hätten, um wieder zu nahrhaftem Mulm zu werden.

Zeitbögen: Da gibt es die einjährigen Pflanzen, die Keimung, Wachstum und Fruchtreife in der Zeit eines einzigen Jahres hinter sich bringen, die Zweijährigen, die im ersten Jahr nur eine Rosette wachsen lassen, mit der sie über den Winter gehen, um dann im zweiten Jahr ihrer Existenz den Blütenstand auszubilden, – ferner die ausdauernden Stauden, die über Jahre und Jahre hinweg leben, und schließlich die Sträucher und Bäume, die eine Holzschicht nach der anderen aufbauen und deren Lebensalter nach Jahrzehnten und Jahrhunderten zählt, – da hat die Eile keine Chance.

Die Zeitbögen überlagern einander, so wie in der Welt auch die Menschen und die Dinge ihre Zeit haben (oder hatten), zu sein in aufeinander folgenden oder einander überschneidenden Sequenzen: Lebensalter, Jahreszeiten, kurze Komödien, lange Tragödien, Feste und Krankheiten, Abfolgen und Hergänge in je eigenen Lebensformen und Erlebnisräumen. Vieles davon ist verwischt und zerstört von der Eile, abgekürzt und eingeschrumpft: Nach New York braucht man zehn Stunden und fürs Mittagessen im Schnellrestaurant zehn Minuten; die Erdbeeren gibt es auch im Winter, den Schnee auf den Pisten im Sommer; die Schnelläufer werden immer schneller, und die Kinder lernen mit dem Computer zu reden, bevor sie ihre eigene Sprache kennen; die Telefonreklame erzählt uns, daß Onkel Max nicht in Toronto ist, gleichwohl aber dort eine Partie Schach spielt, und mit der Fernbedienung kann man zwischen sieben Programmen wählen: Die Eile bringt es mit sich, daß man alles zugleich tun will, und, da das nicht möglich ist, sorgt man wenigstens dafür, daß alles zu jeder Zeit getan werden kann.

Der Gärtner verzichtet auf solche Erweiterung seiner Möglichkeiten – soweit diese überhaupt Eingang in den Garten finden konnten –, weil er weiß, daß Leben nur in jener Beschränkung möglich ist, die sich den Zeitgesetzen der Entfaltung und Reifung anmißt. Der Gärtner geht unter den Bögen der Zeit, viele kennt er, immer wieder andere entdeckt er neu, zufällig oder suchend, er nimmt an dem Leben um ihn herum teil, indem er die Zäsuren wahrnimmt, die Entwicklungen zuläßt, Anfänge ermöglicht und nichts übers Knie bricht, denn was man übers Knie gebrochen hat, das ist kaputt.

Für den Gärtner verläuft die Zeit nicht linear: Wo die Zeitbögen enden, da beginnen sie zugleich neu. Wo Pflanzen sterben, sind schon die Samen da, die das nächste Leben verbürgen; die Bögen und Sequenzen ordnen sich zu größeren Bögen, die Zyklen sind unendlich – sie sind der Sieg über die Vergänglichkeit, wenn dieser denn überhaupt, wenigstens unter einem menschlichen Zeithorizont, möglich ist.

Der Eilige flieht vor Zeitlichkeit und Tod, der geduldige Gärtner geht in der Zeitlichkeit dem Tod entgegen, sucht den rechten Weg dorthin, an den Zeitbögen entlang, die die Vergänglichkeit zugleich anzeigen und überwinden. Und auch dies wird auf dem Weg gelehrt: daß die Zeitbögen abrupt abbrechen können, daß es ein Scheitern ohne Neuanfang, einen Weggang ohne Wiederkehr, Abschluß ohne Vollendung gibt. Manches mißlingt dem Gärtner, manches Leben entzieht sich ihm einfach oder vergeht im Kampf mit anderem Leben. Da ist kein endloses Glück und Gedeihen, sondern da gibt es auch Trauer, Abschied und endgültiges Ende. Freilich sind auch diese Abbrüche eingelassen in die Arkadenreihen der Zeitbögen, und außerdem weiß der Gärtner, daß die Wahrheit, auch die des Abschiedes, schließlich erträglicher ist als der betrügerische Versuch, durch Eile die Zeit gewaltsam mit Leben zu füllen, so anzufüllen, daß sie aus den Nähten bricht und dann nur noch Trümmer sehen läßt.

Die Eile bleibt im Grunde ziellos, das Ankommen ist ihr zuwider, weil es ja ein Verharren werden könnte, also erfindet sie sogleich ein neues Ziel, um weitereilen zu können, denn sie will ständig unterwegs sein. In einem ruhelosen Tourismus, der schon beim Aufbruch an den nächsten Aufbruch denkt und der die letzten Winkel der Erde verwüstet, findet das sinnfälligen Ausdruck. Für den Eiligen hat die Zukunft ein größeres Gewicht als die Vergangenheit, er sieht nicht geduldig dem Fluß der Zeit durch das Jetzt hindurch zu, sondern versucht immer, aus dem Jetzt so schnell wie möglich auszubrechen in das Noch-Nicht, und bei diesem Versuch stolpert er und bekommt Sand in die Augen, er nimmt das Jetzt gar nicht mehr wahr.

So verliert der Eilige im zweifachen Sinne die Zeit: Als den Punkt des Jetzt sieht er sie nicht, und auch nicht als das Werden, in welchem Gewesenes und Zukünftiges aufgehoben sind; er bleibt blind, wo sich dem geduldig Wahrnehmenden zugleich mit dem Jetzt auch die Dauer erschließt, weil er die Erinnerung des Gewesenen und die Erwartung des Kommenden in sich selbst aufhebt und erst derart im Sein das Werden und im Werden das Sein zu sehen vermag. Er erlebt die Verwandlungen in der Zeit, aber er sieht auch die Zeitlosigkeit des Seins jenseits der Verwandlungen.

Was im Garten geschieht, kann Punkt für Punkt als Gleichnis gelten für unser Leben außerhalb des Gartens, für unsere Möglichkeiten des geduldigen Zulassens und für unsere Irrtümer des eiligen Zugreifens. Die Verwüstung unserer Welt ist ein Werk der Eile, und die Geduld wartet auf das Scheitern der Eile. Daß sie scheitern muß, weiß der Gärtner – und ist übrigens kein Idylliker, sondern ein Partisan.

Barbara von Wulffen

Über die Erfahrung der Langsamkeit

Der bayerische Schäfereiverband hatte nach Polting zu einem regionalen Leistungshüten eingeladen. Wir suchten lange nach diesem auf Straßenkarten nicht eingezeichneten Ort in Niederbayern. Er muß sich ebenso weitab von den Städten und Dörfern befinden wie von den berühmten „schönen Orten", wohin die Leute am Wochenende strömen. Ohne Wallfahrtskirche, Schloß oder Ruine, abseits der großen Flußtäler von Isar, Inn oder Donau, abseits auch vom Bayerischen Wald, fanden wir ihn nach gründlichem Umherirren inmitten welliger Felder, Wiesen und Wälder irgendwo dazwischen. Offenbar liegt er dort verborgen, wo der Sommer herkommt.

Es ist August. Die Stille wird von Heuschrecken skandiert. Eine letzte Goldammer singt ihr Lied der Einsamkeit. Die Sonntagssonne liegt unterschiedlich grün auf Gebüsch, Nadel- und Laubwald, auf ungemähten und gemähten Wiesen, und gelb anders auf jeder Art von Getreidestoppeln. Eigentlich wäre es gar nichts Besonderes. Doch dieses Spiel weniger Farben mit Licht und Schatten ist selten geworden; wir sagen plötzlich „schön", wo noch gestern niemandem etwas aufgefallen wäre. In solch einer Gegend, die einfach nur geblieben ist, wie Kulturlandschaft sein sollte, finden wir Polting.

Wettkampf, Siege und Niederlagen stehen an diesem niederbayerischen Spätsommersonntag bevor, allerdings von völlig anderer Art als dort, wo der große Sport sich aufspielt. Der Tag beginnt mit einer kurzen Feldmesse. Dann zerstreut sich die Menge ein wenig; sie „lustwandelt", könnte man sagen, und doch sind alle in gespannter Erwartung. Wir entdecken weder Arena noch Athleten. Höchstens fallen etliche kräftige Gestalten durch ihre besondere Gelassenheit auf. Etwas später tragen einige dieser Männer schwarze Schäferhemden, haben breitrandige Hüte auf dem Kopf, blitzende Schippen in der Hand und stehen scheinbar zufällig beisammen, während die Gäste flanieren, schauen, sich an losen Absperrseilen aufstellen. Abseits in einem Pferch drängt sich eine Schafherde. In ihrer Nähe sind ein paar Hürden zu einem schmalen

Durchgang geordnet. Man hätte die Wettkämpfer schon zuvor erkennen können: Nur sie dürfen an diesem Festtag Hunde mitbringen.

Kein Messen einfacher Kraft, Geschwindigkeit oder akrobatischer Gewandtheit steht bevor, sondern die Entfaltung ganz anderer, fast verschollener Fähigkeiten. Sollte es um so etwas wie Sport gehen, so jedenfalls um einen, der vor allem noch eng mit Arbeit und Beruf, also mit dem Ernstfall verbunden geblieben ist, während die Disziplinen der Leichtathletik und vieler anderer Sportarten sich von ihrer Herkunft aus dem Alltag, aus Kampf oder Jagd völlig gelöst haben, abstrakt geworden sind. Die bei einem solchen Preishüten Antretenden sind in aller Regel wirkliche Schäfer. Nur ganz selten mischt sich ein Amateur unter sie. Bei manchen mag das Geschäft des Hundezüchters die Schäferei an den Rand gedrängt haben. Aber das bleiben Ausnahmen.

Bei den Veranstaltungen des Schäfereiverbandes sind unterschiedliche Hunderassen zu sehen, Mischlinge und einige „Altdeutsche Schäferhunde", diese reizend freundlichen, liebebedürftigen Geschöpfe mit dem dicken Pelz. Wenn hingegen der SV, der Schäferhundverein, einlädt, dann treten nur kostbare reingezüchtete Hunde aus berühmten Zwingern an. „"Ursel vom Schäferstamm" hat 1989 in Memmingen ihrem Herrn, Schäfermeister Georg Krieg, mit 97 von hundert Punkten den Bundessieg eingetragen, und „Luki von der Stammherde Ramholz" dem Schäfermeister Manfred Heyne mit 96 Punkten den zweiten Platz. Im Jahr 1990 in Hof siegte Schäfermeister Karl Füller mit „Ami vom Kirschental". Da geht es um den Ruhm von Zwingern, um hohe Deckgebühren und Welpenpreise. Für einen siegreichen Hund soll schon eine Viertelmillion gezahlt worden sein, von einem Japaner, so wird gemunkelt. Die meisten Schäfer sehen derlei ungern. Sie befürchten Parteilichkeit bei den Richtern, wenn es um derart horrende Summen geht. Und wenn die immer gleichen Großmeister die Kämpfe unter sich austragen, schreckt das auch die jüngeren Schäfer ab.

Aber wir befinden uns in Niederbayern, weit weg vom großen Geschäft und mitten im reifen Sommer. Im Hintergrund sind unmerklich die Lose gezogen worden, wie beiläufig hat das Preishüten angefangen. Kein Signal, kein Startschuß! Denn Geschwindigkeit spielt heute überhaupt keine Rolle. Was jetzt beginnt, ist nämlich ein Parcour der Sammlung und Ruhe. Eine Schafherde muß langsam ziehen und unterwegs dort weiden, wo der Schäfer sie haben will. Eile brächte nur Unordnung in die Herde, einzelne Tiere würden ausbrechen; das kostet sie Gewicht und den Schafherrn Geld. Was die Teilnehmer vielmehr beflügelt, ist ihre Meisterschaft; diese ist nicht in Sekunden, nicht in Stunden zu messen. Beim Leistungshüten wird einer der ältesten Berufe der

Menschheit vorgeführt. Alle Aufgaben sind sinnvoll, alltäglich und geprägt von schwerer Arbeit. Aber mitten aus eben dieser Arbeit bricht die Freude auf. Solche Wettbewerbe bringen die dem Beruf innewohnende Vollkommenheit zum Vorschein, glückliche Augenblicke der Erfüllung!

Am Pferch nimmt jetzt Wilhelm Miller als erster Teilnehmer eine Hürde heraus und schlägt sie seitlich wieder fest, um der Herde den Ausgang freizugeben. Er hat in der Jugend den linken Unterarm verloren, arbeitet aber sehr geschickt mit dem Ellbogen. Miller war längst zuvor schon dort, hatte sich mit dieser Herde bekanntgemacht und seinen Hund außen placiert. Der setzt jetzt mit dem „Hürdensprung" in den Pferch, steht ruhig und soll behutsam „Druck ausüben" auf die Schafe. „Komm – komm – komm" lockt sie rückwärtsgehend der Schäfer und führt den Beihund noch an der Leine, der stets nur hilft, ohne am Wettbewerb teilzunehmen. Der Haupthund, „Herdengebrauchshund" oder kurz „HGH" genannt, steht unbeweglich an der Pferchöffnung mit dem Kopf genau an der vorgesehenen Stelle. Sechs Punkte bringt dieses Auspferchen, wenn es ohne Störung und Unruhe gelingt.

Die Herde zieht in langsamem Bogen hinter dem Herdenführer auf die von Hürden markierte „Brücke" zu. Kein Schaf sollte außen vorbeilaufen. Einige tun es jetzt trotzdem. Denn hier arbeitet ein junger unruhiger Hund, mit zu wenig Autorität und Entschlußkraft, was sich sofort auf die Schafe überträgt; auch beim überholenden und entgegenfahrenden Auto. Dabei muß der Hund die Herde an den Straßenrand „drücken" und zwischen ihr und dem Auto die Tiere zur Seite „wehren", bis die Begegnung vorüber ist, während der Herdenführer darauf achtet, daß im angrenzenden Feld kein Flurschaden entsteht.

Dieser stille, schmale Mann mit dem Los 1 – er trägt dem festlichen Anlaß gemäß eine fein gefältelte weiße Bluse mit Schmuckknöpfen, die aus dem weiten Schäferhemd vorschaut, dazu Bundhosen und einen breitkrempigen Hut – ist seit 40 Jahren Schäfermeister, mehrfacher deutscher Bundessieger, einmal sogar mit zwei verschiedenen Hunden zugleich auf dem ersten und dem zweiten Platz. Er darf die goldene Schippe tragen. Doch mit jedem neuen Hund steht auch ein Meister immer wieder am Anfang. Schäferbiographien sind nach Hundeleben gegliedert, nach den wenigen Jahren der immer von neuem erfüllten Liebe zwischen Mensch und Tier. Ein begabter Hund kann schon mit ein bis zwei Jahren ein zuverlässiger Arbeitsgefährte werden. Er hat dann rund sieben „Berufsjahre" vor sich und ist mit neun Jahren bereits alt. In einem langen Schäferleben wie dem Wilhelm Millers bilden also die Hundenamen eine lange Kette. Sie sind verknüpft mit Glück und Enttäuschungen, mit Überraschungen und mit vielen Abschieden. Kein Hund gleicht dem anderen.

Das auf die „Brücke" folgende „enge Gehüt" dient dem Abweiden begrenzter Flächen, Straßenränder, Feldraine, Ufer, schmale Stoppel- oder Wiesenflächen zwischen Rüben, Kartoffeln und Mais. Hier „wehrt der Hund die Seite", die beim Leistungshüten durch einen gemähten Streifen oder eine Furche angedeutet ist; genau darauf entlang hat er unermüdlich zu laufen; kein Schaf darf die Linie übertreten, sonst hat er diesem „Nascher" durch einen schnellen „Griff mit vollem Fang" an Nacken, Keule oder den Rippen energisch, aber nicht zu lang und ohne Verletzung zu zeigen, wer hier regiert, und zwar soll er das selbständig zeigen. Beim Leistungshüten muß der Hund den richtigen Griff auf ein Signal hin vorführen können. Das bringt acht Punkte.

Im „weiten Gehüt" läßt Miller anschließend die Herde um sich herum einziehen, sich entfalten und ruhig weiden, während er an einer Ecke stehenbleibt und der Hund die Seiten möglichst vollständig bis zu den Ecken entlanglaufen und immer da auftauchen sollte, wo ein Tier zu nahe an die Weidebegrenzung gerät. „Ich fahre meine Schafe ins weite Gehüt", heiße es in der alten Fachsprache, erklärt Miller uns später.

Langsam soll die Herde weiden, die Fläche gut nutzen und kein Futter zertrampeln. Ein Vorübergehender würde in diesem Bild entfalteter Ruhe nur ein Idyll und nichts von Wettkampfspannung erkennen. Doch hier wie auch bei den Alltagbegegnungen mit Schäfern lasse man sich nicht täuschen. Das liebliche Hirtenbild bedeutet Arbeit. Es ist geprägt von Erfahrung und langen, mühevollen Tagen.

Wie bewältigt der Hund all diese vielen Aufgaben, selbständig, in gespannter froher Aufmerksamkeit? Immer hat er die Augen gleichzeitig beim Herrn und bei den Schafen, nie läuft er zwischen Hirte und Herde hindurch. Während des Leistungshütens dürfen nur wenige Signale, Zurufe oder Winke zu erkennen sein für „Stehen, Wehren, Griff, Wende". Es gibt wohl vielerlei verhohlene Zeichen für ungehorsame oder faule Tiere, aber die beiden Richter sind überall dabei, passen genau auf; selten mag ihnen eine raffinierte Geste der Hand zum Kopf entgehen oder ein schräg gewendeter Hut als zusätzliche Mahnung für den Hund. In der hügeligen Heidelandschaft Westirlands arbeiten die Hunde sogar ohne Sichtkontakt, nur von Pfiffen und Rufen gelenkt.

Fast übernatürlich wirkt dieses Zusammenspiel, beruht aber auf natürlichen Eigenschaften. Wir wissen heute, wie raffiniert sich die Individuen von Wolfs- und Wildhundrudel bei der Jagd aufeinander abstimmen. Aus solchen Jägern hat der Mensch seinen Gefährten gezüchtet und erzogen. Dieser ist seinem Herrn inständig ergeben, will ihm dienen, verliehene Macht ausüben und ihm gefallen, will ständig gelobt, angesprochen und berührt sein, damit er der Zuneigung dessen gewiß sein kann, der ihm Rudel und Leithund, Freund und Idol zugleich bedeutet.

Gelegentlich wirft der Herdenführer bei der Arbeit 20–30 Meter weit mit der Schippe etwas Erde gegen vorwitzige Schafe und einen Stein notfalls auch mal gegen den unaufmerksamen Hund. Nur absoluter Gehorsam macht dessen schier unglaubliche Leistungen möglich und läßt ihn zugleich völlig zufrieden, ja glücklich aussehen. Es gibt bei aller geforderten Disziplin wohl keinen Hund, der so artgemäß lebt wie ein Hirtenhund. Haushunde hingegen haben immer zu wenig Auslauf und keinerlei „Arbeit"; sie langweilen sich ständig. Manchmal sieht man sie, wenn sie auf der Seite liegend im Zimmer schlafen und mit zuckenden Pfoten und einem hohen Blaffen in der Kehle von weiten Steppen träumen, wo ihre Ahnen einst gejagt haben. Nur diese uralten Träume sind ihnen geblieben, das verborgene Artgedächtnis an verlorengegangene Abenteuer.

Die Kriterien bei der Beurteilung des Gehorsams (10 Punkte) zeigen, wie wichtig ein guter Umgang mit dem Hund genommen wird: „Unverzüglich, freudig, tremperamentvoll und selbständig" soll der Hund gehorchen. „Ruhe, Sicherheit, Verständnis, Vernunft sowie Einfühlungsvermögen" sollen die Führung durch den Schäfer prägen, so steht es in den Richtlinien. Wie vielerlei Stimmungen kann die Miene eines Hundes ausdrücken! Die Stellung der Rute, der Ohren, der Augen unter gespannten oder schlaffen Brauen, der ein wenig schräg in gesammelter Erwartung gehaltene Kopf, fragend, ratlos oder abwartend, das alles ergibt eine Mimik, die zwischen Freude, Hoffnung, Zuneigung spielen, oder Verwirrung, Kummer, Ärger zeigen kann. Einen verständlichen Befehl möchte er begeistert ausführen, dieser beste Hund, der Einmalige. Mit einem solchen Tier wird der Abgrund unaufhebbarer Trennung von der Natur, der für jede menschliche Sehnsucht zu tief und zu weit ist, nahezu überbrückt. Die Liebe eines guten Hundes vermag unser Herren-Elend zu lindern, scheint unsere zeitliche Einsamkeit in der Schöpfung für Augenblicke aufzuheben.

Rund eine Dreiviertelstunde dauert der Parcours beim Leistungshüten. Am Schluß erläutert jemand über einen Lautsprecher die einzelnen Ereignisse und die Bewertung. Hier in Polting war mit Los 1 – der Anfang gilt als ungünstiger Platz – einer der erfahrensten süddeutschen Schäfermeister mit einem sehr jungen Hund, dazu einem etwas eifersüchtigen Beihund am Werk, das hat Spannungen gebracht; aber Wilhelm Miller aus Randeck im Schwäbischen nimmt seine ungewohnt niedrige Punktzahl gelassen hin als wichtige Erfahrung für den neuen Hund. Ein junger Schäfer, ein Hüne mit wildem Schnurrbart, hat später in vollkommener Ruhe sein Können vorführen können und gesiegt.

Der gute Schäfer hält sich ans Leitschaf, damit die Herde Ordnung bewahrt, sich richtig entfaltet und die Tiere nicht durch unnützes Gerenne an Gewicht verlieren. Eine Herde ist kein willenloser Haufen, sondern unter der Führung eines weiblichen Tieres eine Gemeinschaft aus stärkeren und schwächeren, alten und jungen Schafen, die sensibel auf alle Einflüsse reagieren und alle Eigenschaften von Herdenführer und Hund genau einzuordnen wissen. Wir haben einmal einen Architekten aus dem Hessischen als Teilnehmer beim Bundesleistungshüten erlebt, der sich schon mit guten Punktzahlen qualifiziert hatte; aber nach dem Auspferchen blieb die Herde zurück und folgte seinem „komm – komm – komm" einfach nicht. Das war für ihn eine höchst unangenehme Lage, die seine im eigenen Zwinger gezüchtete Hündin „Blanka vom Haus Magis" nur mit Mühe bewältigte. Mag sein, daß so etwas einem Schäfer weniger leicht zustößt als einem Hundezüchter, der eigentlich Häuser baut, aber von der Schäferei fasziniert ist.

Bei einem regionalen Leistungshüten hatten die Gastgeber einmal keine richtige Herde aufgeboten, sondern nur eine wohl aus Koppelhaltung abgezweigte Tiergruppe; diese Schafe waren offensichtlich führerlos und ohne Ordnung untereinander. Sie zogen daher nicht richtig, entfalteten sich schlecht und bildeten immer wieder kreisende Strudel. Schäfer und Hunde konnten die verschiedenen Aufgaben nur schlecht vorführen.

Diese Aufgaben gewinnen heute von neuem Bedeutung, und zwar in der Landschaftspflege. Enges und weites Gehüt sind hier gleichermaßen wichtig. Mit Schafherden lassen sich nämlich stillgelegte Wiesen und Felder zugleich wirtschaftlich nutzen und offenhalten ohne zu verbuschen. So entsteht ein kurzer artenreicher Rasen, der jederzeit wieder unter den Pflug genommen werden kann. Der Boden ruht aus und wird maßvoll gedüngt. Wachholderheide, Magerrasen, Almflächen, die der Wald in unserem Klima rasch zurückerobern würde, bleiben auf diese Weise erhalten. Auf Hutweiden halten sich seltene Blumen wie Frühlingsenzian, Fransenenzian, Thymian, Kreuzblümchen, Heidenelke und vielerlei Kleesorten; hier singen im Frühling noch Lerchen und Braunkehlchen, zirpen im Frühsommer Grillen, fliegen hunderterlei Falter, Wildbienen und Käfer. Eine geschickte Hütetechnik kann auch besondere Schutzzonen, etwa für Wiesenbrüter im April und Mai, aussparen.

Naturschutz und vernünftig betriebene Schafweide, mit nicht zu großen Herden auf zu kleiner Fläche, würden sich also in unserer mitteleuropäischen Kulturlandschaft ideal ergänzen. Denn Schafherden tun der Erde weit weniger weh als jede andere Wirtschaftsweise. Schäferland ist stets altes, beständiges Kulturland inmitten von Wildnis und verstörten, abgewetzten Flächen. Das Zusammenspiel von Bauern und Hirten hatte sich in einem auf dem Wechsel von Feldbau und Brache beruhenden System, das die Fruchtbarkeit der Böden nicht überfordert, seit Jahrtausenden bewährt. Oft mißtraute der Bauer dem Hirten zwar, dessen Herde sich gerne am Grünfutter für seine Rinder oder an Feldfrüchten vergriff. Aber er gewährte ihm als Gegenleistung für das Düngen des Bodens, fürs Festtreten junger Saaten und das Abweiden der Brache stets Winterquartier und Wanderwege – sie brauchten einander. Insbesondere sensible Landschaften im unausgeglichenen Klima Südeuropas haben dadurch eine dauerhafte Fruchtbarkeit behalten, während jetzt die EG mit ihren sogenannten Entwicklungsgeldern solche Regionen in kürzester Zeit irreversibel zerstört.

Weil Schafe keine Intensivhaltung vertragen, leben sie – zumal bei Wanderschäfern – auch heute noch fast wie Wildtiere, liefern also hochwertiges Fleisch. Und nachdem es jetzt wieder viel offenes Brachland gibt, das nach Herden förmlich zu rufen scheint, müßten den Schäfern eigentlich goldene Zeiten bevorstehen. Dolch das Gegenteil ist der Fall. Noch 1990 hat es allein in den neuen Bundesländern 2,7 Millionen Schafe gegeben, heute sind es in ganz Deutschland nur mehr rund 3 Millionen.

Der Staat zahlt nun einerseits Prämien für stillgelegte Flächen, die mit speziellen Brache-Pflanzen angesäht und gemäht werden. Und auch unter Naturschutz gestellte Gebiete, Feucht- oder Magerwiesen, Niedermoore und Ufer verlangen Pflege, Mahd und meist sogar das Abfahren des Mähgutes. Das überfordert die freiwilligen Helfer, kostet also wiederum Geld.

Gleichzeitig aber kommen die einheimischen Schafhalter, deren Herden all das umsonst, ja sogar produktiv besorgen würden, nicht aus der Krise heraus. Der Staat muß auch sie also subventionieren. Denn Wolle bringt schon seit langem keinen lohnenden Ertrag mehr, obwohl dem Käufer teurer Pullover, Tweedstoffe oder Lammfeldschuhe zur Erklärung des hohen Preises wichtigtuerisch versichert wird: „Reine Schurwolle, echtes Lammfell." Und auch Lammfleisch bringt trotz steigender Nachfrage wenig Gewinn. Auf die Preise drücken die billigen Importe aus Neuseeland, wo aber die Erzeuger wegen des zu billigen Exportes sich ebensowenig über Wasser halten und doch immer neue Flächen unberührter Natur zerstören.

Wirtschaftliche Gründe erzwingen das alles, wird behauptet. Die berühmten Sachzwänge, die höheren Gesichtspunkte, die das Ganze, das Große, das Weltgefüge in einem absurden Zusammenwirken von Naturzerstörungen,

Subventionen und zugleich unbezahlbarem und hoffnungslosem Naturschutzbemühen immer weitertreiben. Schon längst leuchtet die Rationalität dieser Entwicklung nicht mehr ein.

Also stehen wir ratlos vor intensiv bewirtschafteten Weizen- oder Maisfeldern, die mit Brachflächen abwechseln. Dort blüht blaue „Bienenweide". Wir betrachten Waldränder und Ufer, wo meterhoch Brennesseln oder Goldruten wuchern, oder wir sehen brachliegende Wiesenhänge voller Ampfer, Weidenschößlingen und Hollundergebüsch; riesiges rosa Springkraut breitet sich aus und erstickt jede Vielfalt. Wir können all das nicht mehr verstehen. Wo verbirgt sich die angeblich obwaltende Vernunft? Was planen die Experten in Brüssel? Nach welchen Gesichtspunkten verteilen sie die Milliarden? Ihre Pläne wirken eher wie Ausgeburten eines Weltschildbürgertums.

Hirten und Herden sind also dabei, uns gerade in dem Augenblick zu verlassen, da ihre Bedeutung von neuem einleuchtet. Noch aber treffen sie sich in Bayern, Schwaben, Franken oder neuerdings auch in Mecklenburg, Sachsen oder Thüringen und feiern ihre besonderen Feste, ihr jahrhundertealtes Brauchtum. Zur festlichen Preisverleihung sitzen am Schluß die Hunde aufrecht an der linken Seite ihres Herrn, seiner liebkosenden Hand ganz nahe, alles im Blick und die tausend Gerüche des Tages in der Nase.

Seit 40 Jahren kommen die Schäfer nun schon zum Leistungshüten zusammen. Diese Wettbewerbe sollen werben für ein schönes, altes, wichtiges Handwerk und den Nachwuchs ermutigen. Denn die jungen Schäfer haben es schwer mit einem Beruf, der keine 35-Stundenwoche zuläßt und keinen langen Urlaub, der das Familienleben mitprägt, der im Falle der Wanderschäferei wochenlange Abwesenheit von daheim mit sich bringt und den Verzicht auf Bequemlichkeit und Zeitvertreib.

Allerdings würde mancher erfahrene Schäfer wohl sagen, daß er darin kein Verzichten erkennen könne. An jenem Augustsonntag in Polting bekamen sogar die Gäste davon eine Ahnung. Die Schäfer erschienen uns wie Wünschelrutengänger auf der Suche nach den, aller Ungeduld der Moderne zum Trotz, nie versiegenden Quellen der Zeit. Auch Wilhelm Miller muß sie gefunden haben; man merkte es seinen Bewegungen, seinen Worten und Gebärden an. Vor einigen Monaten hat er nun in hohem Alter „das Zeitliche gesegnet", wie man früher zu sagen pflegte.

Biographische Angaben

Erwin Chargaff, Professor Dr. phil., geboren 1905. Von 1922 bis 1928 Studium der Chemie in Wien. Danach Forschungs- und Lehrtätigkeit an mehreren Universitäten, seit 1935 an der Columbia-University, New York, dort zuletzt Direktor des Biochemischen Instituts. 1975 emeritiert. Wichtige Arbeiten insbesondere auf dem Gebiet der modernen Biochemie. – Zahlreiche wissenschaftliche Auszeichnungen, 1975 die National Medal of Science, die höchste wissenschaftliche Auszeichnung der USA. – Neben zahlreichen wissenschaftlichen Arbeiten und Buchveröffentlichungen („The Nucleic Acids", 3 Bände) mehrere Bücher allgemeinen Inhalts: Voices in the Labyrinth (1977), Heraclitean fire (1978), Serious Questions (1986). Die folgenden, deutsch geschriebenen Bücher sind alle bei Klett-Cotta, Stuttgart, erschienen: Das Feuer des Heraklit (1979), Unbegreifliches Geheimnis (1980), Bemerkungen (1981), Warnungstafeln (1982), Kritik der Zukunft (1983), Zeugenschaft (1985), Abscheu vor der Weltgeschichte (1988), Alphabetische Anschläge (1989), Vermächtnis (1992).

Anschrift: 350 Central Park West, New York, N. Y. 10025 USA

Jürgen Dahl, geboren 1929 in Moers. Von 1955 bis 1964 selbständiger Buchhändler. Seit 1964 freier Schriftsteller. Deutscher Journalisten-Preis 1966; Bruno-H.-Schubert-Preis für Naturschutz 1987. Veröffentlichungen u. a.: „Jugend der Maschinen" (1965); „Mitteilungen eines Überlebenden" (1969); „Der Anfang vom Ende des Autos" (1972); „Einreden" (1974); „Auf Gedeih und Verderb" (1977); „Aufschlüsse" (1977); „Der Tag des Astronomen ist die Nacht" (1979); „Der unbegreifliche Garten und seine Verwüstung" (1984); „Wildpflanzen im Garten" (1985); „Nachrichten aus dem Garten" (1985); „Neue Nachrichten aus dem Garten" (1987); „Die Verwegenheit der Ahnungslosen" (1989), „Zeit im Garten" (1991).

Anschrift: Lindenhof, 47559 Kranenburg-Mehr

Max Himmelheber, geboren 1904 in Karlsruhe. Dipl.-Ing. 1927. Wissenschaftlicher Assistent an Hochschulen in Karlsruhe, Basel und Frankfurt bis 1932. Seither freiberuflicher Ingenieur. Entwicklung von Recycling-Verfahren, mit Unterbrechung der Kriegsjahre, für Holzabfälle. 1932 erstes Patent auf „Homogenholz". Seither weitere 70 Patente über Verfahren und Maschinen zur Herstellung von (umweltneutralen) Spanplatten. Gemeinsam mit Mitarbeitern Planung und Inbetriebsetzung von 64 Lizenzwerken in 25 Ländern. 1970 Gründung der SCHEIDEWEGE und der Max-Himmelheber-Stiftung, Gemeinnützige GmbH.
Seit 1919 aktiv in der Deutschen Jugendbewegung (Altwandervogel, Deutsche Freischar, heute überbündisch).
Der Aufsatz „Selbsthilfewerkstätten für jugendliche Arbeitslose" wurde erstmals veröffentlicht in der Zeitschrift „Der Eisbrecher", Heft 3/1987.

Anschrift: Saarstraße 7, 72270 Baiersbronn 1

Ulrich Horstmann, Professor Dr., geb. 1949, lehrt Anglistik und Amerikanistik an der Universität Gießen.
Letzte Buchveröffentlichungen: Ansichten vom Großen Umsonst (Gütersloh, 1991) und das Melancholie-Lesebuch Die stillen Brüter (Hamburg, 1992).

Anschrift: Justus-Liebig-Universität Gießen, Institut für Anglistik und Amerikanistik, Haus B III, Otto Behaghel-Str. 10, 35394 Gießen/Lahn

Friedrich Wilhelm Korff, Professor Dr. phil, geboren 1939 in Hohenlimburg/Westf.; Studium der Germanistik, Kunstgeschichte und Philosophie 1962–1967, Promotion 1967 in Basel, Habilitation 1974 in Hannover. Professor für Philosophie an der Universität Hannover. Zahlreiche literarische, philosophische und erzählerische Publikationen in großen Tageszeitungen und Kulturzeitschriften. Hermann-Hesse-Förderpreis, Karlsruhe 1984, Niedersächsisches Künstlerstipendium 1985. Veröffentlichungen (Auswahl): Der komische Kierkegaard 1982, Drachentanz/Ein Fliegerbuch

1981, Auswege/Erzählungen. 1984/1985 Aufenthalt am Wissenschaftskolleg zu Berlin. Entwicklung eines leisen Mantelstromtriebwerks für Ultraleichtflugzeuge und motorisierte Gleitschirme am Institut für Luft- und Weltraumtechnik der Technischen Universität Berlin.

Anschrift: Burgbreite 8, 30974 Wennigsen 5

Aldo Leopold, geboren 1887 an den Ufern des Mississippi, arbeitete nach dem Studium der Forstwirtschaft in verschiedenen Naturreservaten, bevor er sich mit seiner Frau Estella und seinen fünf Kindern in Wisconsin niederließ. Dort erhielt er den für ihn eingerichteten Lehrstuhl für „Game Management" und beriet Präsident Roosevelt bei der Entwicklung von Wildreservaten. 1935 besuchte Leopold seine Kollegen an der berühmten forstwissenschaftlichen Fakultät von Tarandt bei Dresden zum Gedankenaustausch.
In der Nähe von Wisconsin kaufte er ein heruntergekommenes Stück Land, das zum Gegenstand seiner theoretischen und praktischen Naturbetrachtungen wurde. Dieses *Sand County* ist heute Teil der Aldo Leopold Stiftung und Treffpunkt einer wachsenden Zahl von „Leopoldianern". Leopold starb 1948 an einem Herzinfarkt, kurz bevor sein später so erfolgreiches Buch veröffentlicht wurde.

Die „Marschlandelegie" ist Teil einer Aufsatzsammlung Leopolds, die im Frühjahr 1994 im Knesebeck Verlag, München, erscheint. Im Herbst 1992 ist ebenda Aldo Leopolds „Am Anfang war die Erde" erstmals in Deutschland veröffentlicht worden.

Reinhard Löw, Professor Dr. rer. nat. Dr. phil., geboren 1949 in Freising. Studium der Naturwissenschaften und Philosophie in München. 1977–1984 wiss. Assistent von Robert Spaemann in München. 1983 Habilitation für Philosophie, 1984–1987 Professor für Naturphilosophie in München. Direktor des Forschungsinstituts für Philosophie Hannover.

Veröffentlichungen u. a.: Philosophie des Lebendigen. Der Begriff des Organischen bei Kant, sein Grund und seine Aktualität, 1980. – Die Frage „Wozu". Geschichte und Wiederentdeckung des teleologischen Denkens (zus. m. R. Spaemann), 1981. – Nietzsche – Sophist und Erzieher, 1984. – Leben aus dem Labor – Gentechnologie und Verantwortung – Biologie und Moral, 1985. – Als Taschenbuch erschienen unter dem Titel „Genmanipulation. Die geklonte Natur." Rastatt (Moewig) ^{2}1987. – Bioethik (Hrsg.) Köln 1990.

Anschrift: Forschungsinstitut für Philosophie. Lange Laube 14, 30159 Hannover 1

Bernd Michael Malunat, Dipl. sc. pol., Dr. rer. pol., geb. 1943. Zunächst Ausbildung als Industriekaufmann und Tätigkeit als Werbekaufmann sowie im Organisationskomitee der Olympischen Spiele 1972, München. Studium der Politischen Wissenschaft an der Hochschule für Politik, München (Dipl. sc. pol.); Studien in Soziologie, Philosophie, Recht sowie Sozial- und Wirtschaftsgeschichte, Promotion (Dr. rer. pol.) 1980 an der Ludwig-Maximilians-Universität, München. Seit 1991 Tätigkeit bei der Forschungsstelle für Politische Ökologie am Geschwister-Scholl-Institut für Politische Wissenschaft der Ludwig-Maximilians-Universität, München.

Veröffentlichungen u. a.: Die Stellung der Alternativen Parteien im politischen System der Bundesrepublik Deutschland, München 1980. – Der Kleinstaat im Spannungsfeld von Dependenz und Autonomie, Frankfurt 1987. – Weltnatur und Staatenwelt, Osnabrück 1988. – Problemfelder internationaler Beziehungen (mit P. C. Mayer-Tasch u. a.), Tübingen 1988. – Politische Theorie des Verfassungsstaates (mit P. C. Mayer-Tasch u. a.), München 1991. – Zahlreiche Zeitschriftenartikel sowie Beiträge in Sammelwerken.

Anschrift: Eichendorff-Platz 10, 81369 München

Klaus Michael Meyer-Abich, geb. 1936 in Hamburg, Dipl. Phys., Dr. phil., Professor für Naturphilosophie im Kulturwissenschaftlichen Institut des Wissenschaftszentrums Nordrhein-Westfalen (seit 1989) und an der Universität Essen (seit 1972). Studium der Physik und Philosophie, 1964–1969 Mitarbeiter von C. F. von Weizsäcker an der Universität Hamburg, 1970–1972 am Max-Planck-Institut zur Erforschung der Lebensbedingungen der wissenschaftlich-technischen

Welt in Starnberg. 1976–1981 Vorsitzender der Vereinigung Deutscher Wissenschaftler (VDW). Von 1979–1982 Mitglied der Enquete-Kommissionen „Zukünftige Kernenergiepolitik" des Deutschen Bundestags. 1984–1987 Senator für Wissenschaft und Forschung der Freien und Hansestadt Hamburg. 1987 Theodor-Heuss-Preis. Seit 1987 Mitglied der Enquete-Kommissionen „Schutz der Erdatmosphäre" des 11. und 12. Deutschen Bundestags.
Neuere Bücher: Wege zum Frieden mit der Natur – Praktische Naturphilosophie für die Umweltpolitik (München [Hanser] 1984). Die Grenzen der Atomwirtschaft – Die Zukunft von Energie, Wirtschaft und Gesellschaft (mit B. Schefold, München [Beck] 1986). Wissenschaft für die Zukunft – Holistisches Denken in ökologischer und gesellschaftlicher Verantwortung (München [Beck] 1988). Aufstand für die Natur – Von der Umwelt zur Mitwelt (München [Hanser] 1990).
Der hier veröffentlichte Beitrag ist die Ausarbeitung eines Vortrags in der Medizinischen Universität Lübeck am 23. April 1992. Der Autor ist Dietrich von Engelhardt dankbar für die Anregung, der im Titel genannten Frage nachzugehen.

Anschrift: Kulturwissenschaftliches Institut
Wissenschaftszentrum Nordrhein-Westfalen, Hagmanngarten 5, 45259 Essen

Christoph Rehmann-Sutter, geboren 1959 in Laufenburg (Schweiz). Studium der Molekularbiologie in Basel, sodann der Philosophie und Soziologie in Basel und Freiburg i. Brsg. Promotionsstudium bei Gernot Böhme in Darmstadt. Lehrbeauftragter für Naturphilosophie und Bioethik am Biozentrum der Universität Basel. Arbeitsschwerpunkte: Philosophische Grundlagen der Biologie, Umwelt- und Wissenschaftsethik (spez. Gentechnologie) und ökologische Kritik an traditionellen philosophischen Konzepten. Mitglied der »Arbeitsgruppe umweltorientierte Naturphilosophie« der Technischen Hochschule Darmstadt, Vorstandsmitglied der »Schweizerischen Gesellschaft für Biomedizinische Ethik«. Publikationen (Auswahl): Gefährlichkeit unbekannter Gefahren. Rekombinante Pflanzen im Freiland? Eine Kontroverse mit Barbara Weber und Ingo Potrykus (Folia Bioethica Nr. 11), Genf 1992; „Nature in the laboratory – nature as a laboratory. Considerations about the ethics of release experiments«, Experientia 49 (1993): 190–200; (zus. mit Thomas Lehmann, Barbara Lüem und Daniel Palestrina) Sinnengegenwart. Essays zur Wahrnehmung, Bottmingen 1993.

Anschrift: Bäumlihofstr. 198, CH-4058 Basel

Wolfgang Sachs, geboren 1946 in München. Studium der Theologie und Soziologie in München, Tübingen und Berkeley, USA. 1980–1984 Mitarbeiter der Forschungsgruppe „Energie und Gesellschaft" an der Techn. Universität Berlin. 1984–87 Schriftleiter der Zeitschrift „Development" bei der Society for International Development, Rom. 1987–90 Gastprofessor an der Pennsylvania State University. 1990–93 Kollegiat am Kulturwissenschaftlichen Institut in Essen. Seit Mai 1993 am Wuppertal Institut für Klima, Umwelt und Energie.
Buchveröffentlichungen: Schulzwang und soziale Kontrolle. Argumente zur Entschulung des Lernens, Frankfurt 1976. Die Liebe zum Automobil. Ein Rückblick in die Geschichte unserer Wünsche, Reinbek 1984 (Taschenb. 1990). Zur Archäologie der Entwicklungsidee, Frankfurt 1992. Als Herausgeber: Wie im Westen so auf Erden. Ein polemisches Handbuch zur Entwicklungspolitik, Reinbek 1993. Global Ecology: Conflicts and Contradictions, London: Zed Books 1993.
Der vorliegende Aufsatz entstand im Rahmen der Forschungsgruppe „Wachstum und Dynamik großer technischer Systeme" des Wissenschaftszentrums für Sozialforschung, Berlin.

Anschrift: Wuppertal-Institut für Klima, Umwelt, Energie, GmbH, Am Döppersberg 19, 42103 Wuppertal

Alexej Michailowitsch Stachowitsch, geboren 1918 in Stockholm in russischer, durch Revolution zur Emigration gezwungenen Adelsfamilie. 1922 Niederlassung in Salzburg, Österreich. 1929 Eintritt in eine Gruppe der Jugendbewegung (Pfadfinder), 1937 Matura (Abitur), zugleich Lehrabschluß als Radiomechaniker, Leistungssportler Leichtathletik, 1937 Eintritt in das österreichische Bundesheer, später deutsche Wehrmacht. Offizier mit zahlreichen Auszeichnungen, später

Res. Offz. in Österreich (Oberst). 1947 Meisterprüfung, eigene Firma, Studium Social Work an der Boston University, USA, Lektor für Geschichte der Jugendbewegung an der philosophischen Fakultät Salzburg, Wiederaufbau der Pfadfinderbewegung, 1951 Gründung und Leitung des Werkschulheims Felbertal (Internatsgymnasium mit Abitur und pflichtiger handwerklicher Gesellenprüfung und Bewährung im Gruppenleben, heute in Ebenau bei Salzburg). 1958–1981 Industrietätigkeit (Kraftfahrzeug- und Fernmeldeindustrie, Consultingtätigkeit in Europa, Afrika und Asien sowie in Datenschutzfragen). Führende Tätigkeit in der freien Jugendbewegung, Aufbau des „Freien Bildungswerkes Balduinstein", Gründung und Führung des „Jungenbundes Phoenix", Schriftleiter der bündischen Führungsschrift STICHWORT. Januar 1991 – April 92 Delegationsleiter des Deutschen Roten Kreuzes für die gesamte Sowjetunion und Nachfolgestaaten. Zahlreiche Veröffentlichungen auf den Gebieten der Technik und Pädagogik, Liederbücher mit eigenen Liedschöpfungen, Vorträge über Jugendarbeit, religiöse Themen und Rußlandfragen. Reisen in bisher 58 Länder. Verheiratet, 1 Tochter (2 Kinder frühzeitig gestorben).

Anschrift: Phoenixhof, Mittelstraße 6, 56414 Weroth

Thomas, Hans, Dr. med., geb. 1937 in Aachen. Stud. d. Medizin und Philosophie in Bonn, Düsseldorf, Wien. 1966 Prom. (Neuropathologie) a.d. Univ. Bonn. Seit 1967 geschäftsführend tätig in der Förderung privater Bildungs- und Wissenschaftseinrichtungen sowie publ. Tätigkeit 1973 Gründung des priv. Lindenthal-Instituts Köln. Geschf. Direktor des Instituts. Hrsg. u. Verf. v. Publikationen zum interdisziplinären Dialog.

Anschrift: Friedrich-Schmidt-Str. 20a, 50935 Köln

Godela Unseld, Dr. phil., geb. 1951. Studium der Philosophie und Soziologie. Promotion. Wissenschaftliche Mitarbeiterin im ZIT, TH Darmstadt. Tätigkeit als Fotografin und Übersetzerin. Zur Zeit Habilitations-Stipendiatin der DFG. Buchveröffentlichung: „Maschinenintelligenz oder Menschenphantasie? – Ein Plädoyer zum Ausstieg aus unserer technisch-wissenschaftlichen Kultur", Frankfurt/M. 1992.

Anschrift: Meißnerstr. 32, 20259 Hamburg

Barbara von Wulffen, Dr. phil., geboren 1936. – Studium der Biologie, Chemie und Philologie, Promotion 1962 in Germanistik, Vier Kinder. Seit 1967 freie Mitarbeiterin an der „Süddeutschen Zeitung", beim „Merkur", dem Rundfunk u. a. Buchveröffentlichungen: „Zwischen Glück und Getto. Familie im Widerspruch zum Zeitgeist?", 1980; „Lichtwende. Vorsorglicher Nachruf auf die Natur", 1985. Beide in „Texte und Thesen", A. Fromm, Osnabrück/Edition Interfrom, Zürich, „Urnen voll Honig. Böhmen – Aufbruch in eine verlorene Zeit" 1989, S. Fischer, Frankfurt/M. Maureen, irische Geschichten, Fischer-Verlag, 1993.

Anschrift: Hans-Carossa-Straße 5, 82131 Stockdorf

Mitteilungen an unsere Leser

Bei der Vorbereitung des 23. Jahrgangs der SCHEIDEWEGE erwies sich, daß die zur Veröffentlichung vorgesehenen Manuskripte einen allzu unhandlichen Band ergeben hätten. Wir haben uns daher zur Aufteilung in zwei Teilbände entschlossen. Eine Preiserhöhung ist mit dieser beträchtlichen Erweiterung nicht verbunden.

Der Verlag der Max-Himmelheber-Stiftung, gemeinnützige GmbH, hat von keiner Seite irgendwelche Zuschüsse erhalten. Deshalb wendet sich die Stiftung jetzt mit der Bitte um Unterstützung an die Leser. Für Spenden auf das Konto der Stiftung bei der Deutschen Bank in Baden-Baden (BLZ 662 700 01, Konto 02 57 584) stellen wir Spendenbescheinigungen aus.

Dem vorliegenden Band der SCHEIDEWEGE ist als gesonderte Broschüre ein Text beigelegt, den Max Himmelheber im Jahr 1969 verfaßt hat: „Die geistes- und zeitgeschichtliche Bedeutung des Vorschlages von Kardinal König vom 1. Juli 1968 und Möglichkeiten seiner Verwirklichung".

Unmittelbarer Anlaß der Niederschrift war seinerzeit eine Rede von Kardinal König auf der Tagung der Nobelpreisträger am 1. Juli 1968; die Rede enthielt ein Angebot des Papstes zur Zusammenarbeit der Religionsgemeinschaften der Welt mit den Naturwissenschaftern, um gemeinsame Wege zu finden zur Rettung der Menschheit vor den allenthalben heraufziehenden tödlichen Gefahren. Gewissermaßen als Pfand des guten Willens bot der Papst eine Revision des Galilei-Urteils an.

Aus dem hier vorgelegten Text folgte zunächst die Bildung des „Baiersbronner Kreises" aus Theologen und Naturwissenschaftern, der jedoch an verschiedenen Widerständen scheiterte. Daraufhin erfolgte im Jahre 1970 die Gründung der SCHEIDEWEGE.

Redaktion SCHEIDEWEGE

Inhalt Band I

SCHEIDEWEGE erscheint einmal jährlich. Herausgeber Max Himmelheber. Redaktion: Max Himmelheber, Reinhard Löw, Walter Sauer. – SCHEIDEWEGE erscheint im Selbstverlag der Max-Himmelheber-Stiftung Baiersbronn. Anschrift von Redaktion und Verlag: Saarstraße 7, D-72270 Baiersbronn. Telefon 07441/3061.
Von der Einsendung unverlangter Besprechungsexemplare bitten wir abzusehen; für die Rücksendung wird keine Gewähr übernommen.

Gesamtherstellung: Wilhelm Röck, Weinsberg

ISSN-Nr. 0048-9336
ISBN-Nr. 3-925158-09-X

Die geistes- und zeitgeschichtliche Bedeutung des Vorschlages von Kardinal König vom 1. Juli 1968 und Möglichkeiten zu seiner Verwirklichung.[1]

von Max HIMMELHEBER

Auf der Nobelpreisträgertagung der Physiker in Lindau im Juli 1968 hat der Erzbischof von Wien, Kardinal König, der „Republik der Naturwissenschaftler“ vorgeschlagen, zu prüfen, ob Religion und Naturwissenschaft in gemeinsamer Verantwortung zusammenarbeiten könnten zur Befriedung der Welt. Da ein Jahr danach, außer einigen in der Berichterstattung über jenen Vorschlag durchklingenden, skeptischen und ablehnenden Stimmen, keinerlei Antwort seitens der Naturwissenschaftler gegeben wurde, soll im folgenden versucht werden zu zeigen, daß eine solche Zusammenarbeit möglich ist, trotz unleugbar tiefgründigen Gegensätzen in den geistigen Voraussetzungen beider Seiten.

Wenn der größere Teil der folgenden Ausführungen sich mit der Analyse der Weltlage und einigen Beispielen für Aufgaben, die dadurch gestellt sind, beschäftigt und nur der kleinere Teil mit der praktischen Verwirklichung des Vorschlages zur Zusammenarbeit, so liegt der Grund hierfür darin, daß nur eine vertiefte Einsicht in die vorgegebene Situation die Voraussetzungen schaffen kann, nach denen jeder einzelne über seine Mitarbeit an den im folgenden entwickelten Plänen entscheiden kann.

Erwachen planetarischen Bewußtseins

Wir bekommen seit den Weihnachtstagen 1968 Bilder zu sehen, die unseren Erdplaneten als leuchtend farbige Kugel im schwarzen Weltraum schwebend zeigen, teilweise sogar von einem anderen Weltkörper aus gesehen, mit der Öde des Mondes im Vordergrund.

Es unterliegt kaum einem Zweifel, daß diese Bilder das Bewußtsein der Menschen, und mehr noch ihr Unterbewußtes, beeinflussen und auf die Dauer nicht weniger verändern werden, als dies seinerzeit die kopernikanische Lehre getan hat. Während jene aber das menschliche Bewußtsein aus seiner Geborgenheit in der Mitte des Kosmos herausgerissen und zum Gefühl verdammt hat, samt seinem Heimatstern nur Staub unter Stäubchen zu sein, wird mit diesen neuen Bildern das Bewußtsein der Menschheit wieder umkehren.

Wir können nicht zurück in die astronomische Mitte der Welt. Aber der Anblick dieser blauen Oase inmitten lebensfeindlicher Unendlichkeit, tödlicher Strahlung,

[1] Zweite Fassung vom November 1969

Technik, Ökonomie und Ökologie in der Dritten Welt – Widerspruch oder Einheit?
Schriften der Gesellschaft für Verantwortung in der Wissenschaft No. 8

Leere des schwarzen Raumes, Öde des Mondes und unserer Nachbarplaneten, wird ein neues Gefühl der Geborgenheit und der unbegreiflichen Bevorzugung unserer Stellung im Kosmos vermitteln und – unausweichlich – der Einheit alles auf dieser Oase sich abspielenden Seins und Geschehens.

Das Erlebnis der planetarischen Gesamtgestalt unserer Erde vermittelt ein Bewußtsein vom planetarischen Geschehen als einem Weltprozeß, d.h. einem Gesamt des Lebens und im engeren Sinn des menschlichen Seins und Geschehens.

Die Weltgefahren

Dieser Weltprozeß ist heute in einen Bewegungszustand eingetreten, der der Dynamik eines freien Falls vergleichbar ist. Eine Extrapolation der Endzustände dieses Sturzes ist von zahlreichen Positionen aus möglich und ergibt immer: Es geht um die Frage des Überlebens der Menschheit oder um ihre – wahrscheinlich totale – Vernichtung in spätestens 80 Jahren.

Die Begründung hierfür liegt in dem Bestehen von Weltgefahren, von denen jede einzelne den Keim zur Vernichtung der Menschheit in sich trägt. Im folgenden wird eine Liste dieser Gefahren zusammengestellt. Sie ist unvollständig, auch überschneiden sich die aufgezählten Gefahren teilweise oder enthalten verschiedene Aspekte derselben Frage:

(1) Das Fortschrittsdenken als Triebfeder von Wissenschaft und Technik, d.h. der Glaube an einen qualitativen Fortschritt der Menschheit als Frucht quantitativer wertfreier Wissenschaft.
(2) Das nationale Machtdenken als Triebfeder der Politik.
(3) Das Profitdenken als Triebfeder der Wirtschaft.
(4) Die Gründung unserer technischen Zivilisation auf Raubbau an der Natur.
(5) Die vernunftwidrige Verstrickung der Wissenschaftler, Staatsmänner und Wirtschaftler in Aufgaben, die gegenüber den Weltgefahren im höchsten Maß unrealistisch sind.
(6) Das Auseinanderbrechen und damit die Sinnentleerung der ursprünglich heilen, ausgewogenen, menschlichen Seinsganzheit aus Aktion und Kontemplation, aus Schaffen und Schauen, Tun und Erleben in die leere süchtige Betriebsamkeit des Managers und den perversen, faulen Informationskonsum der Masse.

Aus diesen pervertierten Grundeinstellungen ergeben sich die akuten realen Weltgefahren, die sämtlich noch vor wenigen Jahrzehnten nicht einmal als Problemstellungen konzipierbar waren:

(7) Die Überbevölkerung der Erde.
(8) Die Welt-Atomkriegsgefahr.
(9) Die Welt-Bürgerkriegsgefahr.
(10) Die Vergiftung von Luft, Wasser, Erde und Nahrung durch Abfallstoffe,

einschließlich der radioaktiven, sowie durch Konservierungs-, Düngungs- und Schädlingsbekämpfungsmittel.
(11) Die Anreicherung von Erbkrankheiten in der biologischen Substanz der Menschheit.
(12) Die biologische und psychische Manipulation des Menschen.

Jede einzelne dieser Gefahren kann die Menschheit vernichten. Ob sie abgewandt oder nur verzögert werden können, ist ungewiß.

Gewiß ist, daß ein ungeheurer Aufwand, zunächst an Forschung, dann an Investitionen und Arbeit in Wirtschaft und Erziehung erforderlich ist, wenn überhaupt eine Aussicht auf Rettung der Menschheit bestehen soll.

Gewiß ist, daß kein einziges der Weltprobleme auf nationaler Basis gelöst werden kann, noch auf der Basis des Zusammenschlusses einzelner Staaten oder Autarkiezonen.

Gewiß ist, daß die Generation der heute im Kindesalter Stehenden entweder in der ersten Hälfte des kommenden Jahrhunderts in einer Weltkatastrophe unvorstellbaren Ausmaßes zu Grunde geht oder eine Umgestaltung der Welt ebenso unvorstellbaren Ausmaßes herbeiführen wird.

Begründung: Im gegenwärtigen Zuwachsrhythmus verdoppelt sich die Menschheit in 30 Jahren, demnächst in 25 und 20 Jahren. Es ist aber unmöglich, daß um das Jahr 2050 rund 20 bis 25 Milliarden Menschen auf der Erde existieren können.

Ende des technischen Fortschritts

Gewiß ist, daß die Technik keine Wunderwaffe gegen die Weltgefahren liefern wird.

Die technische Entwicklung ist heute überschaubar und strebt mit Riesenschritten ihrem Ende zu. Stamm- und Hauptäste des technischen Baumes sind seit der Jahrhundertmitte ausgeformt. Die meisten Äste sind bereits ausgewachsen und lassen nur noch kleine Seitentriebe und Verästelungen erwarten. Einige sind bereits abgestorben. Kein neuer Hauptast ist als Möglichkeit erkennbar.
Fertig oder nahezu fertig sind:

(1) Verkehrstechnik zu Land, zu Wasser und in der Luft.
(2) Nachrichtentechnik.
(3) Verfahrenstechnologie zur Gewinnung von Rohstoffen, Halbzeugen und Fertigwaren.
(4) Die Technik der Energieübertragung, einschließlich der elektrodynamischen Energieerzeugung und Energieumformung.
(5) Kriegstechnik.

Quantitative und organisatorische Steigerungen sind noch zu erwarten in:

(1) Computertechnik und Automation.
(2) Raumfahrt (maximal bis Marslandung und Raumobservatorium).

(3) Meß- und Beobachtungstechnik.
(4) Bautechnik.
(5) Elektrische Energieerzeugung (unmittelbare Umwandlung von Brennstoffenergie in Elektrizität).
(6) Energieerzeugung aus Kernspaltung.
(7) Technik der Nahrungserzeugung und Wassergewinnung.

Qualitative Steigerungen sind *vielleicht* zu erwarten in:

(1) Energieerzeugung aus Kernfusion.
(2) Synthetische Nahrungserzeugung (Eiweißgewinnung aus Erdöl, Zelluloseaufschluß, künstliche Photosynthese).
(3) Geothermische Energielieferung in geographisch begrenzten Gebieten.

Der Weltzustand befindet sich in einem freien Fall, an dessen Ende die Vernichtung steht, wenn er nicht aufgefangen werden kann. Zum Auffangen stehen uns nur die heute bekannten bzw. als möglich erkannten Methoden und Mittel der Forschung und Technik zur Verfügung.

Hier ist eine wichtige Einfügung nötig: Die eingangs aufgezählten Weltgefahren sind *Symptome, nicht Ursachen* des Weltprozesses. Geheilt werden kann die Welt nur von den Ursachen her. Aber ebenso wie der sonst nur mit natürlichen Mitteln arbeitende Arzt den durchgebrochenen Blinddarm operieren muß, so muß auch der heutige Weltzustand zunächst von den Symptomen her angegriffen werden als akute Rettungsaufgabe.

Als Aufgabe höherer Ordnung aber ist gleichzeitig die Suche nach den Ursachen und deren Heilung gegeben.

Die Symptome können und müssen zunächst durch rationale Methoden der Forschung und Technik gewissermaßen operativ angegriffen werden. Die Ursachen können nur aus ganz anderen Bereichen her erkannt und geheilt werden. Das darf beim Operieren an den Symptomen niemals vergessen werden.

Bedeutung der Forschung für Diagnose, Prognose und Therapie des Weltprozesses

Was geleistet werden muß, ist also

- Diagnose
- Prognose
- Therapie.

Letztere zunächst in bewußtem Verzicht als Symptom-Therapie.

Zur Diagnose ist in letzter Zeit viel Kluges gesagt worden, aber es hat über einen, im Grunde wirkungslosen „Admonitionismus" nicht hinausgeführt.

Die Prognose ist asymptotisch zwischen zwei Linien einzugrenzen: Die Untergrenze ist definiert durch die Voraussetzung, daß der gegenwärtige Weltzustand seiner eigenen Dynamik ohne grundlegend neue steuernde Eingriffe überlassen bleibt; die Obergrenze durch die utopische Forderung, daß eine vollständig fehlerfreie Prognose vorliege und eine vollkommene Einsicht und guter Wille aller Menschen, insbesondere der Verantwortlichen in Wissenschaft, Wirtschaft, Technik, Politik und Pädagogik, den Weltprozeß zu wenden, sowie schließlich, daß unbegrenzte materielle Mittel hierzu bereitstünden.

Zwischen diesen beiden Asymptoten liegt das Erreichbare.

Zwischen diese beiden Grenzen führt die gewaltigste Forschungsaufgabe, die der Menschheit jemals gestellt war. Um sie zu überschauen, sei zunächst nochmals daran erinnert, daß sie sich zunächst bewußt auf die Symptomprognose und Symptomtherapie beschränkt und die Suche nach den geistigen, geistesgeschichtlichen, religiösen Ursachen des heutigen Weltzustandes und ihrer Heilungsmöglichkeiten ausklammert, nicht weil sie für unwichtig zu halten wären, sondern weil die zum Katastrophenschutz erforderlichen Sofortmaßnahmen nicht auf eine geistige Erneuerung des Menschen warten können.

Andererseits würde gerade in einer Zusammenarbeit von Religionsgemeinschaften einerseits und Wissenschaft andererseits die Hoffnung und die Möglichkeit liegen, parallel mit den zur Katastrophenabwehr und Symptomtherapie erforderlichen pragmatischen Forschungsprogrammen die Suche nach den Tiefenursachen der Welt- und Menschheitskrise zu führen. Ihr Thema ist ganz und restlos in der Frage beschlossen: *Was ist der Mensch*?

Diese Frage neu und umfassend zu durchdenken, fordert Zusammenarbeit, Gemeinsamkeit aller, die hierzu Teiläußerungen machen können. Das sind nicht die Religionsgemeinschaften noch die Naturwissenschaften allein, und es genügt noch nicht, wenn sie beide eine Brücke des Verstehens zueinander finden. Mit aufgerufen sind die Geisteswissenschaften, allen voran die Philosophie und ebenso sehr die Dichter, Maler und Musiker. Daß sie bisher nicht zusammenfanden, liegt daran, daß sie die Diskussion stets beim Trennenden begannen, statt beim Verbindenden, nämlich dem gemeinsamen Menschentum, dessen verschiedene Darstellungen und Spiegelungen sie vertreten.

Das zunächst aufzustellende und zu verwirklichende Forschungsprogramm ist so gewaltig, daß es wahrscheinlich einen Teil des Arbeitspotentials aller Hochschulen und wissenschaftlichen Institute der Welt in Anspruch nehmen wird. Ohne das Prinzip von der Freiheit der Forschung auch nur um einen Fußbreit aufzugeben, wird doch Forschungsplanung und Forschungszielsetzung unerläßlich sein, einfach, weil die begrenzte Kapazität nicht mehr ausreicht für die unbegrenzte Vielfalt der möglichen Themastellungen.

Synoptische „Suprawissenschaft“

Das erste und höchstrangige Thema lautet: „*Was muß erforscht werden?*“ Es kann nur bearbeitet werden von einer Kenntnis und Zusammenschau der Standorte und der Ergebnisse aller Wissenschaften aus, d.h. es erfordert eine vollkommen neue synthetische und synoptische, die bisherigen gewissermaßen überdachende Suprawissenschaft. Es gibt kaum einen Zweig menschlichen Wissens, der nicht in diese neue Gesamtschau hineinragt.

Wie muß der Forscher dieser Überwissenschaft aussehen? Es kann doch längst keinen Universalgelehrten mehr geben in einer Zeit, in der nicht einmal die Spezialisten ihr Spezialgebiet ganz überschauen und mit der Entwicklung Schritt halten können?

Antwort: Es gibt zwischen den geistigen Grundlagen vieler getrennter Wissensgebiete innere Verwandtschaften, gleichnishafte Beziehungen und Übereinstimmungen, die in Urgesetzen des geschaffenen Kosmos gründen. Sie erschließen sich dem Forscher dann, wenn er eine vollkommene Blickwendung vollzieht, von der in die Spezialisierung von der gemeinsamen Mitte wegführenden analytischen Arbeit zu einer zur Mitte der Erscheinungen hinführenden Synthese der Wissensgebiete.

Diese synthetische Wissenschaft wird eines Tages so etwas sein wie ein Hauptschlüssel zu allem Wissen der Menschheit, der auch neue, noch unbekannte Fächer aufschließt.

Das grundlegende, übergeordnete Thema „Was muß erforscht werden“ kann nur von führenden Fachleuten aller Gebiete der Natur- und Geisteswissenschaften, insbesondere der folgenden, bearbeitet werden:

Physik
Chemie
Ingenieurtechnik
Ökologie, Biologie, Medizin
Geographie, planetarische Raumplanung, Land- und Forstwirtschaft
Verkehrswesen, Städtebau
Organisation, Verwaltung, Statistik, Kybernetik.

Philosophie, Theologie, Pädagogik
Anthropologie, Ethnologie, Psychologie
Jurisprudenz
Volkswirtschaft, Soziologie.

Sieben Beispiele für Forschungsthemen

Überwölbt von diesem Generalthema ordnen sich nun hunderte und wahrscheinlich tausende von pragmatischen Einzelforschungsaufgaben an. Zu ihrer Kennzeichnung soll je ein Thema aus sieben ganz verschiedenen Gebieten herausgegriffen werden, nämlich Welternährung, Weltenergieversorgung, Abfallbeseitigung, Entwicklungshilfe, Wirtschaftsorganisation, Landschaftsplanung und Schulwesen.

Welternährung

In neueren Arbeiten von G. Picht und C. F. v. Weizsäcker finden sich Angaben, wonach wahrscheinlich gegenwärtig täglich 80 000 bis 90 000 Menschen verhungern, was bei gleichbleibender Rate bis zum Jahr 2000 den Hungertod für mindestens eine Milliarde Menschen bedeutet. Es ist ungeheuerlich, daß wir solche Zahlen nicht viel anders zur Kenntnis nehmen als irgendeine Wirtschaftsstatistik und nicht sehen, daß wir damit bereits mitten in der größten Weltkatastrophe stehen, die es je gegeben hat und die mit vernichtenden Auswirkungen auch auf die Wohlstandsländer übergreifen wird, wenn sie nicht wenigstens eingedämmt werden kann.

Ernährungswissenschaftler versichern uns, daß die Erde 30 Milliarden Menschen ernähren könne. Sie wird aber bis zum Jahr 2000 keine sechs ernähren, wenn nicht sofort auf breitester Basis die Voraussetzungen dafür geschaffen werden. Übrigens lassen solche Zahlen der Ernährungsstatistiker die Probleme von Energieversorgung, Wohnraumbeschaffung, Unterricht und Erziehung, Straßenbau, Verkehrswesen und Industrieproduktion, Trinkwasserversorgung und Abfallbeseitigung gänzlich außer Ansatz und sind daher wertlos. Sie wirken lediglich als gefährliche Beruhigungsmittel.

Es gibt andererseits eine große Anzahl berufener Institute und Gremien, die sich sehr gründlich und ernsthaft mit der Welternährungslage befassen. Dabei wird, mangels Koordination, viel Doppelarbeit geleistet, während andererseits die rechtzeitige Verzahnung der Ernährungsforschung mit den konsequenterweise betroffenen Nachbargebieten lückenhaft und nicht ausreichend synchronisiert ist. Aufgabe der Supraforschung ist es, alle mit den Fragen der Nahrungsdeckung befaßten Stellen untereinander und mit den benachbarten Fachgebieten zu koordinieren, wobei das Auffinden der unerläßlich zu bearbeitenden Nachbarprobleme ein Thema der Supraforschung selbst ist.

Weltenergieversorgung

Der Energiebedarf der hochzivilisierten Länder verdoppelt sich gegenwärtig alle zehn Jahre, ihre Bevölkerung dagegen in etwa 50 Jahren. Jedem von uns stehen also in den 80er Jahren doppelt so viele Kilowattstunden zur Verfügung wie heute. Da wir auch dann in den Haushalten nicht sehr viel mehr kochen, bügeln und heizen können als heute, so ist es klar, daß diese zusätzliche Energie im wesentlichen der Erzeugung völlig nutzlosen Plunders – Prototyp Gartenzwerg – dienen wird. Um diese Energie zu schaffen, werden gegenwärtig fieberhaft Atomkraftwerke gebaut, deren jedes eine genau bekannte Menge radioaktiver Abgase in die Atmosphäre entläßt, ohne daß irgendein Mensch weiß, welche genetischen Folgen das im Lauf von Generationen

haben wird und ohne daß sich irgendeine Dauerlösung für die Beseitigung des Atommülls erkennen läßt.
Es ergeben sich folgende Forschungsthemen:

(1) Wie lange reichen die konventionellen Brennstoffe unter Voraussetzung der gegenwärtigen Bedarfszunahme?
(2) Welche Steigerung des thermischen Wirkungsgrades könnte bei der Brennstoffausnutzung erzielt werden, wenn dieser Frage der gleiche wissenschaftlich-technische Aufwand gewidmet würde, wie heute der Atomenergie und der Raumfahrt?
(3) Welche nichtthermischen Energiequellen könnten noch erschlossen werden?
(4) Gibt es Möglichkeiten zum Energietransport über größte Entfernungen, so daß z.B. die Himalaja-Wasserkräfte für die europäische Energiedeckung nutzbar gemacht werden könnten? Elektrizität läßt sich in Leitungen auf solche Entfernungen grundsätzlich nicht mehr wirtschaftlich transportieren. In Frage käme vielleicht die Herstellung energiereicher chemischer Verbindungen oder Elemente und Umwandlung ihres Energieinhalts über Brennstoffzellen unmittelbar in elektrische Energie.

Abfallbeseitigung

Nahezu alle von der Industrie auf der ganzen Welt erzeugten Produkte landen nach kürzerer oder längerer Zeit auf dem Müll.

Es ist schon heute unmöglich, diese Massen einfach auf Halden zu schütten; nicht nur aus Raumgründen, sondern auch wegen der Ungeziefer- und Seuchengefahr und weil die Sickerwässer das Grundwasser verderben. Die Verbrennungsanlagen sind keine Lösung, da die großen Plastikmengen (Folien, Flaschen, Packungen) auf Polyvinylchloridbasis Chlorwasserstoff und, zusammen mit dem Regen, Salzsäure erzeugen, die Pflanzen und Grundwasser vergiftet. Letzten Endes wird man eine Desintegrationsindustrie entwickeln müssen, die die verbrauchten Produkte wieder in ihre Elemente zerlegt oder in unschädliche Verbindungen überführt (z.B. das Chlor des Polyvinylchlorids an Natrium bindet, zu Kochsalz).

Solche Müllaufarbeitungsfabriken aber setzen wieder eine gewaltige Organisation der Erfassung, Sortierung, Beförderung der Abfälle voraus und wahrscheinlich weitgehende Produktions- und Konsumeinschränkungen, z.B. das Verbot der Herstellung chlorhaltiger Kunststoffe.

Großer Forschungsaufwand ist nötig, um Raum-, Energie-, Personal-, Organisations- und Betriebskosten, Finanzierungsmöglichkeiten, Rechtsfragen auch nur dieses kleinen Teilausschnittes des Abfallproblems zu untersuchen.

Weiter gehört hierher die Frage der Industrieabfälle aller Art, der Abgase von Industrie, Verkehr, Haushalt, der Schädigung von Mensch, Tier und Pflanze durch Luftverunreinigung, der Möglichkeit irreversibler Klimaänderungen, beispielsweise durch Kohlendioxyd-Anreicherung in der Atmosphäre usw.

Ganz ungelöst ist dabei die Frage des Atommülls.

Ein Sondergebiet ist die Wasserfrage: Würde das Oberflächenwasser der Erde für die Versorgung der Menschheit ausreichen, wenn es von der Verunreinigung durch Abwässer vollkommen frei bliebe? Wenn ja, könnten alle Abwässer dezentralisiert am Entstehungsort soweit gereinigt werden, daß sie in Kanal- und Rohrsystemen entlang den Flußtälern zum Meer geleitet werden und unterwegs als Nutzwasser für die Industrie verwendet werden könnten, also für Heiz- und Kühlzwecke, für Chemie, Zellstoff- und Papierindustrie, zur Nutzung in Dampfturbinen usw. Durch welche physikalischen, chemischen, biologischen Prozesse müßte die Reinigung erfolgen, so daß alle ausgeschiedenen Schadstoffe wieder in ihre Elemente oder unschädliche Verbindungen übergeführt werden?

Es erscheint uns heute selbstverständlich, hunderte von Milliarden auszugeben, um unser Straßennetz dem sich exponentiell ausweitenden Bestand an Kraftfahrzeugen anzupassen (bei gleichzeitiger Verödung des Schienennetzes). Es sollte uns aber ebenso selbstverständlich sein, daß man nicht die Trinkwasserquellen zu Kloaken und dann die Kloaken wieder zu Trinkwasserquellen macht; und zwar nicht nur aus Gründen der Hygiene und Gesundheitspflege, sondern, weil dieser Zustand zutiefst unmenschlich, des Menschen unwürdig ist.

Man erkennt schon bei der Erörterung dieses einen Teilproblems der Abfälle – das hier nur angedeutet wurde – daß nicht nur ein gewaltiger, ganz auf praktische Lösungen gerichteter Forschungsaufwand erforderlich ist, sondern ein ebenso großer Finanzierungs- und Arbeitskräfteaufwand.

Sicher ist, daß ein erheblicher Teil unseres heutigen Wohlstandes darauf beruht, daß wir uns um die Abfallbeseitigung kaum kümmern und fast kein Geld dafür ausgeben. Wenn wir aber nicht an Vergiftung durch die Abfälle zu Grunde gehen wollen – hierher gehört auch das Trinkwasserproblem – so werden wir in die Warenpreise in Zukunft den Dekompositionsaufwand einkalkulieren und für die Trinkwasserversorgung hunderte von Milliarden ausgeben müssen. Den dafür erforderlichen Leistungen wird sich niemand auf der ganzen Erde entziehen können. In wenigen Jahrzehnten wird daher die Wohlstands- und Freizeitperiode, die einige Völker des Westens im 20. Jahrhundert genießen konnten, nur noch eine sagenhafte Erinnerung sein und das wahrscheinlich für immer bleiben. Die Meinung, daß die zunehmende Automation ein – gefährliches – Zeitalter der Muße heraufführen werde, dürfte völlig irrig sein.

Übersieht man diese Zusammenhänge, so erscheint einem das heutige Tun der Politiker und Militärs in aller Welt gespenstisch irreal, so als stritten sich Passagiere auf einem ohne Rettungsboote sinkenden Schiff noch um ihre Spielgewinne.

Dieses als Beispiel herausgegriffene Abfallproblem mit seinem Teilgebiet der Wasserbeschaffung ist eine wissenschaftlich-technische Aufgabe.

Entwicklungshilfe

Anders geartet ist die Aufgabe der Hilfe für die Entwicklungsländer. Dort muß primär von einer Hilfe für den Menschen ausgegangen werden; dann erst werden fruchtbare, wirtschaftliche, technische, administrative Verbesserungen der Lage dieser Völker möglich. So geht es hier zunächst um ein pädagogisches Problem. Aber nicht nur einseitig, daß die farbigen Völker von den weißen lernen müssen. Vielmehr muß am Anfang die Erkenntnis stehen, daß jeder vom anderen lernen kann und muß. Der Westen muß von dem hohen Roß herabsteigen, auf dem er sich als den großzügig Gebenden sieht. Er ist der Gebende vorzugsweise auf materiellem Gebiet. Auch die Entsendung von Lehrern hat mehr technischen als missionarischen Charakter, denn wenn die bisherigen Analphabeten Asiens, Afrikas und Südamerikas lesen, schreiben, rechnen und Handwerk lernen, so werden sie in absehbarer Zeit nicht die heiligen Bücher der Menschheit lesen, sondern einfache Pläne, Zeichnungen, Benutzungsanweisungen für Geräte und Düngemittel.

Auch ist der Weiße bisher keineswegs großzügig, sondern darauf bedacht, daß seine Entwicklungsgelder möglichst rasch als Industrieaufträge zu ihm zurückfließen. So geht es nicht!

Wir wissen um die Ausrottung der Indianer, Neuseeländer und Tasmanier durch die Weißen, um die Schandtaten der abendländischen Kolonisatoren und Sklavenhändler in Südamerika, Afrika, Indien, Mexiko; aber an der Arroganz der Weißen, die zu diesen Schandtaten geführt hat, hat sich bis heute nichts geändert, und es brauchten nur gewisse politische Verschiebungen einzutreten, so würden diese Taten fortgesetzt. Es hat leider den Anschein, daß dies in Südamerika noch heute der Fall ist und die gesamte Menschheit, einschließlich der Vereinten Nationen, dem machtlos zusehen muß.

Ohne Zweifel waren die meisten der von der weißen Rasse unterworfenen farbigen Völker die an Kultur, Menschentum, Ehrenhaftigkeit, Ehrfurcht vor dem Göttlichen überlegenen. Vielleicht ist die Vernichtung dieser Dinge durch die Weißen in Südamerika am weitesten gegangen, während in Afrika noch manches, in Asien sehr viel an uns überlegenem Menschentum lebendig geblieben ist.

Dies einzusehen, bedeutet zu allererst, jeden, aber auch den letzten Rest von Sendungsbewußtsein der weißen Rasse gegenüber den „Farbigen" aufzugeben. Nur dann können die erforderlichen gewaltigen Forschungsarbeiten auf dem Gebiet der Entwicklungshilfe von einer völlig neuen Basis, nämlich der gleichberechtigten Partnerschaft im beiderseitigen Geben und Nehmen ausgehen.

Noch kann niemand sagen, ob es richtig ist, wenn sich die Entwicklungsvölker in raschen Schritten in moderne Industrievölker verwandeln oder ob es nicht ganz andere, ihnen angemessenere, auf ihrer Geschichte, ihrem Menschentum, ihrer Religion, ihren ethnischen Gemeinschaftsformen gegründete Lebensformen für sie gäbe.

Man kann heute oft lesen, die Einwohner Neuguineas oder Zentralafrikas lebten noch in der Steinzeit und müßten jetzt eben den Sprung ins 20. Jahrhundert (demnächst ins 21.) tun. Dem liegt eine naive und selbstgefällige Fortschrittsideologie zu Grunde, die uns als die einzig mögliche denkbare Spitzengruppe der Schöpfung ansieht, zu der letztlich alle Menschen von Natur aus unterwegs sein müßten. In Wahrheit aber befanden sich unsere Vorfahren nie im Bewußtseinszustand und Weltverhältnis der Papuas, noch werden aus Beninnegern, deren künstlerische Gestaltungskraft uns beeindruckt, je Hellenen. Wenn im Versuch, diese Völker aus der Hungerkatastrophe zu retten, ihnen gewisse Techniken verfügbar gemacht werden müssen, so muß das trotz der Dringlichkeit mit äußerster Behutsamkeit geschehen. Wenn Ethnologen uns z.B. sagen, wie in Afrika seit Jahrhunderten Bevölkerungsüberschuß in neue Dorfgründungen abgeleitet wird, so muß dieser Prozeß studiert und gefördert, ja planmäßig organisiert werden. Es besteht dabei kein Grund, die Trommeln und alten Tanzmasken zurückzulassen.

Es ist vielleicht richtiger, eine Wirtschaftsform des frühen 19. Jahrhunderts anzustreben, als die des späten 20. Also Grundlagen intensiven Ackerbaus, Milch- und Zugviehhaltung, einfache Bewässerungswirtschaft, Mühlen, Pflug, Wagen, Handwerk. Das braucht nicht hinterwäldlerisch zu sein. Im Gegenteil: Hier könnten Ansätze liegen für eine umfassende Bewegung einer idealistischen, aufgeschlossenen und selbstbewußten afrikanischen, asiatischen, malaiischen Jugend. Israels junge Generation hat ein Beispiel gegeben. Und die Jugend Europas und Amerikas könnte dabei wohl gebraucht werden.

Zum Thema Entwicklungshilfe müssen also neben technisch-wirtschaftlichen Untersuchungen vor allem Forschungen von Ethnologen, Historikern, Anthropologen, Soziologen, Ärzten unternommen werden. Ein Bedarf steht von vornherein fest, nämlich Lehrer, Lehrer und nochmals Lehrer. Nicht in Oxford oder Paris geschulte Rechtsanwälte und Physiker werden gebraucht, sondern zu unterrichten ist in Landwirtschaft, Bewässerung, Handwerk, Lesen, Schreiben, Rechnen, Gesundheitspflege und erst dann in Verwaltung, Rechtswesen und höheren Wissenschaften. Die Gelder, die die industriell hochentwickelten Länder den anderen geben, müssen in echter Partnerschaft und Patenschaft gegeben werden, einzig, um zu helfen, nicht um letztlich daran zu verdienen oder Macht zu gewinnen, wie dies heute der Fall ist. In jedem Land und Gebiet bestehen andere Bedingungen und Voraussetzungen, so daß ein hohes Maß von Spezialwissen erforderlich ist, um die jeweils richtigste Form der Hilfe zu finden. Die einzelnen westlichen Länder sollten daher immer nur für ein einzelnes oder einige wenige Entwicklungsländer eine echte und ganz enge Patenschaft übernehmen, wobei freilich eine planetarische Gesamtplanung und Raumordnung als großes Forschungsthema vorweg zu bearbeiten und festzulegen ist. Das alles aber ist nur möglich, wenn nationale, machtpolitische oder ideologiepolitische Gesichtspunkte völlig ausscheiden.

Die heutige breit gestreute und daher überall nur partiell und menschlich unverbindlich, bürokratisch angreifende Entwicklungshilfe gleicht der Geistlosigkeit der Fließbandarbeit und zerstört fast regelmäßig den Idealismus der Entwicklungshelfer. Echte Patenschaft von Land zu Land dagegen hat den Charakter des Werkes, das dem helfenden Land überschaubar bleibt, mit dessen Schicksal und Charakter es sich innerlich verbinden kann. Wir Abendländer brauchen nicht Freizeitgestaltung, sondern sinnvolle Seinserfüllung an Aufgaben, die uns fordern. Auf diesem blauen Planeten zunächst einmal Lebensraum für alle seine Bewohner zu schaffen, ist die erste Aufgabe und Voraussetzung für alle dann folgenden, die uns nicht minder in Anspruch nehmen werden.

Wirtschaftssystem

Nachdem wir nun einige technische und dann ein stark pädagogisch bestimmtes Thema als Beispiel herausgegriffen haben, soll im folgenden ein Thema der Wirtschaftsorganisation angedeutet werden.

Die westliche Welt leistet sich in dem geistig vom Darwinismus abstammenden kapitalistischen Wirtschaftssystem den Luxus eines ungeheuren Aufwandes an unproduktiver Arbeit. Konkurrenz und Reklame sind nur äußerlich sichtbare Symptome; zu Grunde liegt dem System die Fehlkonzeption der Feindschaft aller gegen alle, wie sie Darwin im „struggle for life" postuliert. Von den Produzenten ist jeder des anderen Feind; das gleiche gilt von den Händlern, aber ebenso beruht das gegenseitige Verhältnis der Gruppen der Erzeuger, Händler und Verbraucher auf der Feindschaft von jeder Gruppe gegen die andere.

Daß dabei letzten Endes gesunde und höchst robuste Unternehmen übrigbleiben, ist nicht zu bestreiten. Aber wieviel wertvolle Arbeitskraft all derer, die in diesem Kampf unterlegen sind, ist dabei verloren worden!

Und wofür forschen, entwickeln und produzieren denn jene letztlich überlebenden Robusten? Etwa für die Deckung des Bedarfs der Menschheit? Jeder weiß doch, mit welchen Mitteln heute Bedarf künstlich erzeugt wird, erzeugt werden muß, weil die Triebfeder der Wirtschaft Vermehrung des eingesetzten Kapitals ist.

Die Kurve des wirtschaftlichen Wachstums hat denselben exponentiellen Verlauf, wie die des Bevölkerungszuwachses und die des technischen Fortschritts. Ebenso wie jene kann sie letztlich nur die Form der schrägliegenden S-Kurve haben, wie sie noch jedes exponentielle Wachstum in Natur und Menschenwelt bis jetzt gezeigt hat. Nichts Irdisches kann sich mit immer zunehmender Geschwindigkeit ins Unendliche vermehren. Es gibt genug rationale Gründe, weshalb alle drei Kurven um die kommende Jahrhundertwende oder bald danach ihren oberen Knickpunkt erreichen und sich dann asymptotisch einem Endwert nähern müssen. Es ist nur die Frage, ob dieser Vorgang noch steuernd beeinflußt werden kann oder ob er katastrophal eintritt. Im letzteren Fall werden die Kurven wahrscheinlich ins Bodenlose abstürzen.

Es gibt freilich noch eine andere Triebfeder der Wirtschaft als die hemmungslose Kapitalvermehrung. Die Soziologen wissen im allgemeinen nichts von ihr – keiner hat je davon gesprochen – weil kaum einer von ihnen Gelegenheit hatte, an ihr teilzuhaben. Ich meine die „Werkfreude", von der in jedem guten Betrieb ein großer Teil der Belegschaft, im allgemeinen die Angestelltenschaft, von der Geschäftsleitung über die Ingenieure und Kaufleute bis zu den Meistern erfaßt ist, weiter aber auch die Schicht der Vorarbeiter und Altgedienten, ebenso wie die qualifizierten Nachwuchskräfte unter den jungen Arbeitern und Lehrlingen.

Es wird soviel mit der abgenutzten Schablone von der Versklavung des Arbeiters an das Fließband gearbeitet. Diese gibt es – leider. Aber wer von den Soziologen ist sich denn klar darüber, wie relativ gering der Prozentsatz der Industriebetriebe ist, bei denen an Fließbändern gearbeitet wird, gegenüber jenen, wo vom Arbeiter hochqualifizierte Arbeit geleistet und große Verantwortung übernommen wird, z.B. in der gesamten Maschinenindustrie vom Bedienungspersonal der Werkzeugmaschinen? Das Fließband ist eine vorübergehende Übergangserscheinung zwischen der qualifizierten Kopf- und Handarbeit einerseits, die es immer geben wird, und der bevorstehenden Vollautomation weiter Produktionsbereiche andererseits.

Auf diese positiven Kräfte der Werkfreude ist zurückzukommen, weil sie eine tragende Rolle spielen müssen in einem neuen, dem Überleben der Menschheit, nicht dem Profit dienenden Wirtschaftssystem.

Daß der Marxismus ebenfalls kein für die Zukunft tragfähiges Wirtschaftssystem ist, braucht nicht theoretisch untersucht zu werden; die Praxis eines halben Jahrhunderts in der Sowjetunion beweist es. Seine unstreitig gewaltigen materiellen Erfolge sind um den Preis der persönlichen Freiheit und des Lebensglücks, ja des Lebens selbst von Millionen erkauft.

Nur ein völlig neues Wirtschaftssystem, wahrscheinlich in Verbindung mit weitgehenden Wandlungen des Eigentumsrechts, könnte vielleicht das Überleben der Menschheit sicherstellen. Sein Ziel heißt für die nächsten 50 bis 100 Jahre: Deckung des zum Überleben notwendigen Mindestbedarfs für alle Menschen. Seine Triebfeder: Persönliche Freiheit, Schaffensfreude, persönlicher Erfolg für alle *und* sinnvolle Einordnung der Leistung in auch dem einzelnen überschaubare Gemeinschaftswerke und Gemeinschaftserfolge.

Die Sicherung eines Existenzminimums mag uns in unserer heutigen Überschußwirtschaft eine lächerlich geringe Forderung scheinen; aber heute schon verhungern auf der Erde jeden Monat zweieinhalb Millionen Menschen, während sich bei uns die überschüssige Butter zu Gebirgen türmt, in USA Prämien für die Vernichtung von Brotgetreide bezahlt werden und jeder deutsche Bauer für die Schlachtung einer Milchkuh eine Belohnung von DM 800,— erhält!

Das neue Wirtschaftssystem zu schaffen, ist eine der weiteren ganz großen Forschungsaufgaben, die geleistet werden müssen, soll die Erde überleben. Auch hier ist nur eine supranationale planetarische Lösung denkbar. Unternehmer, Nationalökonomen, Juristen, Finanzwissenschaftler, Soziologen, Psychologen, Pädagogen, aber ebenso Industrieplaner, Verfahrensingenieure, technische Entwicklungswissenschaftler müssen gemeinsam diese Aufgabe angreifen.

Sie ist nicht ohne Andeutung von Lösungsmöglichkeiten: Walter Rathenau hat schon während des ersten Weltkrieges Grundlegendes dazu gesagt. („Von kommenden Dingen", S. Fischer, 1917). Als Generaldirektor eines der größten Industriekonzerne, der AEG, weiß er um die Werkfreude des schaffenden Menschen, d.h. um die sittliche Kraft fast aller, auch der „einfachsten" Menschen, Freiheit und persönlichen Erfolgswillen zu vereinen mit dem Dienst an einem größeren gemeinsamen Werk, und dieses vielleicht wiederum eingefügt zu sehen in eine Pyramide übergeordneter und weiterer Ziele. Es kommt also darauf an, ein Wirtschaftssystem zu finden, bei dem Freiheit und persönlicher Erfolgswille dem Dienst an weiteren Zielen nicht geopfert werden müssen, sondern in diesem Dienst sich fruchtbar entfalten und erfüllen können.

Rathenaus Vorschlag lautet – grob schematisiert –: Die Aktiengesellschaften sollten aus erzielten Überschüssen ihre Aktien zurückkaufen und die Betriebe somit ihre eigenen Eigentümer werden. Von da an sollen dann die nach Abzug der notwendigen (verringerten) Steuern und Rückstellungen verbleibenden Gewinne den großen Menschheitsaufgaben, insbesondere dem Kulturleben, zur Verfügung stehen, das aber, z.B. auf dem Gebiet der Erziehung, aus der staatlichen Lenkung weitgehend herauszunehmen und der privaten Initiative anzuvertrauen wäre.

Noch wird von den Soziologen ein antiquiertes Zerrbild des profitgierigen, rücksichtslosen, ausbeuterischen Unternehmers gezeichnet und den Studenten gelehrt, das längst zur Ausnahme geworden ist, während heute schon viele selbständige Unternehmer und Leiter großer Kapitalgesellschaften sich einer über ihr Unternehmen hinausreichenden Verantwortung verpflichtet fühlen. Sie wären wahrscheinlich in ihrer Mehrheit großen menschheitlichen Aufgaben gegenüber aufgeschlossen, wenn sie sich damit in eine weltweite Bewegung einfügen könnten und die Gewißheit hätten, daß ihr Wirken, soweit es über ihre Betriebsinteressen hinausreicht, nicht von Konkurrenten – hohnlachend – zu ihrem Schaden genutzt wird.

Wie auch immer das kommende Wirtschafts- und Gesellschaftssystem aussehen wird, an Rathenaus gedanklichen Ansätzen wird man nicht vorüber gehen können.

Landschaftsordnung

An sechster Stelle sei nun ein nochmals ganz anders gelagertes Thema herausgegriffen, ein scheinbar nicht besonders bedeutungsvolles Teilproblem der Raumplanung. Ich meine die Einordnung des Menschen und seiner Einrichtungen in die Landschaft. Unter Einrichtungen verstehe ich Wohnung, Verkehr, Industrie, Energieerzeugung und -verteilung, Abfallbeseitigung, Land- und Forstwirtschaft, kurz alles, was der Mensch, um leben zu können, auf dieser Erde im weitesten Sinn „bauen“ muß.

Noch vor 200 Jahren war alle vom Menschen bebaute Landschaft Kulturlandschaft. Dörfer und Städte, Schlösser und Klöster, Felder, Wälder, Weinberge, Wege, Kapellen und Brücken, die Mühle am Bach, die Höfe, fügten sich organisch in die Natur ein. Und das nicht aus einem „Programm“ heraus, sondern weil der Mensch in einer inneren Beziehung zur Natur, zu Saat und Ernte, zu den Monaten und Jahreszeiten, auch zu Wald, Wasser und Tierwelt stand.

In diese Ordnung, die heute in Ostasien noch lebendig ist, hat sich die Technik mit brutaler Arroganz und Zerstörungswut eingefressen. Die Bebauung unserer Landschaft liegt heute großenteils in Händen von inferioren Beamten und Gemeinderäten, die entscheiden, was an irreparablen Zerstörungen und Verschandelungen angerichtet werden darf. Die Zerstörung der Landschaft durch die Technik ist keineswegs in dem heute praktizierten Ausmaß nötig. Es gibt gut oder wenigstens schonend in die Landschaft eingefügte Autobahnen, Brücken, Kraftwerke. Übler noch als die Industrieanlagen ist ein Großteil unserer Siedlungen. Es ist keine Lösung, einerseits Termitenbauten mit tausenden von technisierten Einheitswohnungen in einer Asphaltwüste zu errichten und andererseits unter der Bezeichnung Naturschutz und Landschaftsschutz Naturmuseen einzurichten. Die Wiedereinfügung des Menschen in die Landschaft, die Neugestaltung von Kulturlandschaft ist einerseits eine pädagogische, andererseits auch wieder eine große technisch-wissenschaftliche und organisatorische Forschungsaufgabe, die für die seelischen und geistigen Grundlagen einer kommenden Generation von größter Bedeutung ist.

Das Schulproblem

Immer wieder stoßen wir bei der Untersuchung der Weltprobleme auf pädagogische Aufgaben. Ja, soweit es sich nicht nur um ein Kurieren an den Symptomen, sondern um Heilung der Tiefenursachen der Weltgefahren handelt, wird man zugeben müssen, daß es ganz überwiegend um ein pädagogisches Problem geht. Solange unsere westlichen Schulen zu 90% und mehr Wissensstoff vermitteln an junge Menschen, für die rationales Wissen nur einen Bruchteil ihres Erkenntnishungers und ihrer wahren Lebensbedürfnisse befriedigt, dürfen wir uns nicht wundern über die Selbstzerstörung, in die wir selbst uns und unseren Planeten gebracht haben. Was not tut, ist eine vollkommen neue Schule und als deren Voraussetzung eine vollkommen neue Lehrerbildung.

Ich sprach eingangs von dem Auseinanderbrechen der beiden, im heilen Menschen jeden Alters sich gegenseitig ergänzenden Pole von Aktion und Kontemplation, von Schaffen und Schauen, von Wirken und Erleben, von Tat und Hingabe. Das gilt für den ganzen Westen und ist meines Erachtens die tiefste Krankheit des Westens. Japan ist in dieser Hinsicht noch viel gesünder als wir, und das wird sein Verhalten zu uns und seine Zukunft in der Welt weitgehend bestimmen.

Wenn in diesem Auseinanderbrechen der beiden, im heilen Menschen sich ergänzenden Seinspole die tiefste Ursache der Krankheit unserer Zeit liegt, dann liegt hier auch der Ansatzpunkt für eine Heilung. Wir müssen daher diesen Zusammenhängen näher nachspüren.

Jede Zeit bringt ihr gemäße menschliche Leitbilder hervor. So die Antike das Bild des Helden und des Philosophen, das Mittelalter Ritter und Mönch, Alt-Japan Samurai und Dichter. Dabei werden in einer heilen Zeit beide Lebenshaltungen auch im Einzelmenschen einander ergänzen; so trägt der Ritter auch mönchische, der Mönch ritterliche Züge. Stets erfüllen diese Leitbilder die Seinsbereiche von Aktion und Kontemplation. Solange die beiden Haltungen einander ergänzen, ist erfülltes Sein möglich.

Bei der Suche nach heutigen Leitbildern stoßen wir auf eine in hohem Maß zeittypische Figur: Den Manager. Das ist ein tätiger Mensch, bei dem Arbeit um ihrer selbst willen getan, mit der Gier des Süchtigen wie ein Narkotikum begehrt wird, ohne daß diesem Tun ein inneres Erleben entspricht. Ein Mensch, in dem die naturgewollte Einheit von Erleben und Handeln zerbrochen ist, in dem der eine der beiden Seinspole sich, alles andere krebshaft überwuchernd, selbständig gemacht und zu tyrannischer Herrschaft aufgeschwungen hat. Hierher gehört keineswegs nur das Managertum in Industrie und Wirtschaft, sondern auch viel vom Wissenschaftsbetrieb, von der gehetzten „Freizeitgestaltung", den Urlaubsreisen und fast alles, was sich heute aktiver Sport nennt.

Das wirft die Frage auf: Gibt es auch das andere, daß das Nur-Erleben-Wollen sich verselbständigt, ohne daß dem Erleben ein Handeln entspricht, vorausgeht oder folgt? Auch das gibt es. Und so begegnen wir der zweiten zeittypischen Gestalt unseres Jahrhunderts. Wir wollen sie, nur einen geometrischen Ort damit andeutend, den Kinobesucher nennen.

Die Situation, im Dämmerdunkel in angenehmer Wärme entspannt auf weichem Polster sitzend, ein zweidimensionales Schattenbild der Wirklichkeit vor sich abrollen zu sehen, ohne eigene Leistung, eigene Anstrengung, eigenes Risiko, Länder, Ereignisse, Schicksale an sich vorbeiziehen zu lassen, ist durch und durch typisch für das, was heute bei der Mehrzahl der westlichen Menschen an die Stelle echten unmittelbaren Erlebens getreten ist. Dabei ist das Kino auch nur wieder ein Stichwort für eine Situation, die sich gleichartig wiederholt bei der heutigen Art des Reisens in bequemen Sesseln hinter den Glasscheiben der Autos, Expreßzüge, Luxusschiffe und Flugzeuge; die sich ebenso auswirkt bei der Lektüre der Illustrierten, Magazine, comic strips, Kriminal- und Zukunftsromane; die genauso wiederkehrt im Konsum von Sensationspresse, Rundfunk, Fernsehen und Musikkonserven; die gleichartig liegt bei den Zuschauermassen der Sportveranstaltungen.

Zwei Seinsbereiche, die im vollständigen, im heilen Menschen wie zwei Waagschalen miteinander in Verbindung stehen, wobei zeitweilig die eine, dann wieder die andere ein Übergewicht enthalten mag, aber doch immer wieder zu einem Ausgleich zurückkehrend, haben sich voneinander getrennt; der sie verbindende Waagebalken ist auseinandergebrochen und die beiden Schalen sind im Begriff, mit der zunehmenden Beschleunigung eines freien Falls in Abgründe zu stürzen, deren Tiefe wir nicht kennen.

Die Schöpfung will den Menschen als tätiges, schöpferisches, schaffend in die Welt wirkendes, sich in Leistung, Kampf und Werk bewährendes *und* gleichzeitig als aufnehmendes, erlebendes, in die Tiefe des Weltgrundes schauendes, in Versenkung, Andacht und Ehrfurcht mit den in der Schöpfung sich offenbarenden göttlichen Kräften in Verbindung stehendes Wesen.

Wenn diese Diagnose vom Auseinanderbrechen und Absturz der beiden Seinsbereiche richtig ist, dann wird man fragen müssen, ob es sich denn hier um eine Erbkrankheit handelt, d.h. ob heute die Kinder im Abendland bereits mit der Anlage zu diesem Bruch geboren werden?

Wer sich je mit Kindern verschiedener Völker vor dem Schuleintritt beschäftigt hat, wird zugeben, daß er nicht den geringsten Grund für eine solche Annahme finden kann. Er wird geradezu verblüfft sein von der Ähnlichkeit europäischer, japanischer, malaiischer und afrikanischer Kinder der frühen Altersstufen, ja der Heranwachsenden bis in die Reifejahre hinein. Umwelt und Erziehung, Technik und Schule sind es, die mit ihren, den wichtigsten Lebenshunger ungestillt lassenden Ansprüchen an die Heranwachsenden stetig in diese Erkrankung hineinführen. Jährlich treten Millionen heiler Seelen neu ins Dasein ein. Einige Jahre später wird der Keim zu einer Erkrankung in diese Seelen eingepflanzt, der bis zum beschriebenen Auseinanderbrechen führt, was dann seinerseits wieder den Bruch verursacht, der heute die Welt zerreißt und das Überleben der Menschheit in Frage stellt. Diese Erkrankung ist weder erblich, noch eine Infektionskrankheit. Sie gleicht vielmehr dem Einbinden der Füße der kleinen Chinesenmädchen, bis diese nach jahrelangen Qualen jene verkrüppelte Form annehmen, die ein pervertiertes Schönheitsideal vorschreibt.

Es ist nicht wahr, daß Kinder ungern lernten. Das Gegenteil ist der Fall. Die Lust des Lernens, an einer erkennenden Eroberung der Welt, ist eine der hohen Seinserfüllungen des Kindes. Deswegen fragt es unablässig: „Warum, warum?“, bis ihm dieses Fragen von der Schule vergällt wird. Dann soll es lernen, wonach es nicht gefragt hat, was es aber später „brauchen kann“.

Das Kindes- und Jugendalter ist nicht dazu da, den künftigen Gelderwerb vorzubereiten, noch der Wirtschaft schon möglichst weit vorgebildete Arbeitskräfte zuzuführen, damit sie wirkungsvoll „in den Produktionsprozeß eingegliedert“ werden können. (Beschämend, daß uns das Unmenschliche und Entwürdigende dieser Redewendung gar nicht zum Bewußtsein kommt!). Sondern das Jugendalter dient der *Entfaltung* des Menschentums und trägt seinen Eigenwert in sich selbst und seinem nicht dem Nutzen, sondern dem Überschwang geweihten Lebenszustand.

Es ist daher nicht nur keine Vorbereitung auf den späteren Beruf, sondern auch keine Vorbereitung auf das spätere Erwachsensein, wie dies die Schule versteht, sondern so, wie dies die Natur versteht. In der Natur aber hat jede Lebensphase vollkommenen Eigenwert und ihr Eigenrecht. So wird das neue Erziehungsbild jedem Lebensalter seine ihm eigene Seinserfüllung, sein Eigensein zuerkennen. Wer sollte denn sagen, ob Blüte oder Frucht die eigentliche Seinserfüllung der Pflanze sei? In jeder Phase erfüllt sich ihr Sein, wird ein Teil der Wesenhaftigkeit des Geschöpfes Gestalt. Und doch ist jede Seinsstufe auf die spätere bezogen; in diesem Sinn auch die Blüte auf die Frucht. Doch wird die Frucht um so vollkommener sein, je vollkommener zu ihrer Zeit die Blüte sich verwirklichen konnte. Und niemals ist die Blüte so etwas wie eine kleine Frucht, sondern sie ist ein vollkommen anderer Seinszustand, eine gänzlich andere Offenbarung des Lebens.

Unser ganzes heutiges Erziehungssystem geht von der Fiktion aus, es gebe ein von der Natur mit dem Menschen „eigentlich“ gemeintes und beabsichtigtes Geschöpf, nämlich den auf der Höhe seiner Schaffenskraft stehenden Erwachsenen, also jene Altersstufe, auf der der Mensch am stärksten nach außen, in die Welt hinein, wirkt. Nun hat das Abendland seit je Werkkulturen hervorgebracht, die sich in sichtbaren, dem innersten Wollen ihrer Schöpfer nach für die Ewigkeit bestimmten Werken manifestieren. Und so erklärt sich die hohe Wertschätzung des Schöpfers und Trägers dieser Werke.

Demgegenüber sind die Kulturen des Ostens keine Werkkulturen; sie sehen ihren Sinn nicht in der Schaffung unvergänglicher Monumente, sondern mehr in einer ehrfürchtigen, lauschenden Einordnung in die Gesamtheit alles Seins.

Hat der Westen Kulturen des Werkes, der kämpferischen Tat, der schöpferischen Selbstverwirklichung geschaffen, so der Osten Kulturen des Gefühls, des Schauens, der Weisheit. Stellt der westliche Mensch seine Werke aus sich heraus, so nimmt der Osten ehrfürchtig die ganze Welt in sich hinein. (Es ist kein Zufall, daß in den Tänzen des Ostens die Bewegungen nicht vom Körper weg, sondern auf diesen zu gerichtet sind, daß im täglichen Leben jede heftige, in den Raum hinausgreifende Bewegung als unschicklich gilt; ja selbst daß in Ostasien die Sägen entgegengesetzt den unsrigen gezahnt sind und dementsprechend nicht gestoßen, sondern gezogen werden und daß in gleicher Weise der Hobel nicht vom Körper weg, sondern zu diesem hin geführt wird, gehört in diesen Zusammenhang. Schließlich kann es auch nur in diesem Sinn verstanden werden, daß der Japaner unter Umständen höchste Erfüllung ritterlicher Tugend darin erblicken kann, die Waffe gegen sich selbst zu richten.)

Wir können getrost voraussetzen, daß im Kindes- und Jugendalter jene Einheit aus Tat und Erleben ungebrochen besteht und sich nach Erfüllung und Entfaltung sehnt. So muß ein neues Erziehungssystem davon ausgehen, diesen heilen Zustand zu erhalten und den Menschen aus ihm heraus zu entwickeln, damit in jedem Lebensalter alle Seinsbereiche sich erfüllen können. So wäre für die neue Schule – mit einem freilich recht vergröbernden Slogan – etwa zu fordern: Ein Drittel Wissen, ein Drittel Tat, ein Drittel Erleben, geboten in einer Form, die der Lust des Lernens, der Freude der tätigen Bewährung und dem Glück der schauenden Hingabe gerecht wird. Wenn diese von einem Erziehungssystem erfüllt, gelenkt, zu höchsten Möglichkeiten geführt werden, dann werden neue Generationen heranwachsen, die die Ursachen der heutigen Weltnot, nicht nur ihre Symptome, heilen werden.

„Speere werfen und die Götter ehren“: Das bedeutet zugleich von der Natur gewollten, nicht auf Nutzen gerichteten Seinszustand und vom Menschen zu erstrebendes Erziehungsbild der Jugend, worin sich Aktion und Kontemplation, Schaffen und Schauen, Kampf und Ehrfurcht in gegenseitiger Bedingtheit und Erfüllung die Waage halten.

Fachkenntnisse sollen zu ihrer Zeit die Hoch- und Fachschulen vermitteln. Der reine Wissensstoff der Schule kann gewaltig verringert werden. Sprachunterricht ist zu beschränken auf ein spielendes Englisch-Lernen vor dem zehnten Lebensjahr. Die in diesem Alter noch vorhandene wunderbare Fähigkeit des Kindes, eine Sprache in wenigen Monaten nur vom Hören zu lernen, erspart unendliche Quälerei mit Grammatik und Vokabeln in späteren Jahren. Es ist schön, Griechisch und Französisch zu können, aber Zugang zur antiken und französischen Kultur gibt es auch ohne Sprachkenntnisse, so gut wie wir ihn zur russischen Literatur, zur chinesischen Poesie und zur Magie Afrikas haben. Es kommt auf die Fähigkeit des Einfühlens an, und es ist wertvoller, sie zu schulen, als die Grammatik fremder Völker zu lernen. Englisch ist zu lernen, nicht, weil es einen besonderen Bildungswert hätte, sondern weil wir ein internationales Verständigungsmittel brauchen und hierzu aus vielerlei Gründen heute nur noch Englisch in Frage kommt.

Mit dem Erlernen sollte begonnen werden, wenn das Kind sich seine eigene Muttersprache fest zu eigen gemacht hat, keinesfalls vorher; das wäre also etwa im achten oder neunten Lebensjahr. Zwei Jahre Unterricht dürften genügen, damit danach durch Sprechen und gelenkte Lektüre die Fremdsprache voll erworben wird.

Um festzustellen, was an reiner Gedächtnisspeicherung eingespart werden kann, stelle man in der Lebensmitte stehenden Erwachsenen mittleren Bildungsgrades etwa folgende Fragen: Wozu verwendet man eine Logarithmentafel? Wer kämpfte in der Schlacht bei Königgrätz? Welches sind die gebräuchlichsten Verfahren zur Herstellung von Schwefelsäure? Wodurch wurde Heinrich IV. bekannt? Was ist Cotangens? Wann steht im Französischen nach den Verben des Denkens und Sagens der Konjunktiv? Wozu dient die Ampère'sche Schwimmerregel?

Fragen dieses Niveaus stellen das unterste Minimum dessen dar, was zur Erlangung der sogenannten Mittleren Reife im Gedächtnis gespeichert sein mußte. Man wird keine Antworten bekommen, soweit der Befragte nicht durch Beruf oder Hobby mit dem betreffenden Fachgebiet zu tun hat. Also war die Speicherung dieses Wissens wertlos. Die Methodik, nach der es erarbeitet wurde, muß nicht wertlos gewesen sein. Das aber hing allein vom Lehrer ab, und es ließen sich viele Gegenstände von höherem Bildungswert finden. Nämlich die großen Zusammenhänge von Kultur- und Geistesgeschichte und zwar den ganzen Planeten betreffend, die wechselseitigen Beziehungen der Naturreiche, des Mineralischen, Pflanzlichen und Tierischen, das Wesen der Abstraktion, ihrer Methodik und ihres Nutzens gegenübergestellt dem Wesen intuitiver Erkenntnis oder assoziativer Verknüpfung von Erscheinungen und Ideen.

Unter Taterziehung ist alles aktive, ichbetonte, willensbestimmte, kämpferische Tun und Leisten zu verstehen, unter Erleben oder Kontemplation alles schauende, dienende, zur Ehrfurcht stimmende Erfassen der Welt, unter Zurückstellung des eigenen Ichs. Beide Bereiche werden gerade beim Jugendlichen stark auf die Natur, das Lebendige und auf das Elementische, auf Feuer, Wasser, Luft und Erde bezogen sein.

Die Wege zu Aktion und Kontemplation werden sich vielfach ergänzen und überschneiden. Zur Aktion rechnet alles, was bisher unter den Begriff von Sport und Leibesübungen fällt. Wieviel freilich von dem heute durch Meßband und Stoppuhr degenerierten Sport zu wirklichem Wert regeneriert werden kann, bleibt zu prüfen. Er enthält – z.B. im Geräteturnen, Skilaufen, Tennis, Fechten – außerordentliche Möglichkeiten zu beglückender Askese, Freude des Körpergefühls, kämpferischer Selbstbestätigung, ritterlicher Haltung, auch zur Bewährung in Gefahr, die in keiner Erziehung fehlen sollte.

Weiter ist zu denken an lange, entbehrungsreiche Fahrten und Lager in der Natur, einige davon in echter Wildnis und auch im Winter. Ferner an Ausbildung im Bergwachtdienst, als Bergführer, Rettungsschwimmer, Einsatz der älteren Schüler in

Berg- und Seenotdienst, sowie im Katastrophendienst und Unfalleinsatz von Feuerwehr und Polizei. Aber das alles soll nicht im Zeichen quantitativ meßbarer Leistung stehen wie der heutige Sport, noch Abhärtung zum Ziel haben, sondern es soll zugleich Bewährung an der Natur und den Elementen und Verschwisterung mit ihnen sein.

So wird andererseits die kontemplative Erziehung nie in völliger Passivität verlaufen, sondern immer mit eigenem Tun verbunden sein. Hierher gehört z.B. der Tanz, eine bei uns vergessene, aber bei den Russen und asiatischen Kulturvölkern, ebenso wie bei den afrikanischen und indianischen Naturvölkern lebendige und wesentliche Erlebens- und Seinsäußerung.

Weiter gehört hierher die Beschäftigung mit allem Lebenden, also die Pflege und Hege von Pflanze und Tier, beginnend mit dem Blumentopf, mit dem schon das kleine Kind das Wunder des Wachsens der von ihm gepflanzten Erbse erleben kann, über die Gestaltung von Gärten und die Pflege von Pflanzen- und Tiergemeinschaften, bis zur Landschaftsformung. Hege von Tieren sollte, soweit möglich, nicht im Käfig und Aquarium erfolgen, sondern im Idealfall in der „geplanten" oder „gehegten Wildnis". Das wäre ein Stück Land, z.B. ein verlassener Steinbruch mit Quelle, in dem allmählich Pflanzen- und Tiergemeinschaften Vögel, Kleinsäuger, Ameisen, Bienen und Wassergetier in natürlichem Gleichgewicht eine Heimstatt finden könnten. (Immer mehr werden in Europa die Wiesen aufgeforstet, um mit kümmerlichen Fichtenstangen wenigstens noch einen geringen Nutzen abzuwerfen; hier wäre Pacht- und Kaufland in Menge vorhanden.)

In die kontemplative Erziehung gehört ferner aller bisherige musische und Werkunterricht in vertiefter und erweiterter Form. So sollte z.B. der Unterricht im Zeichnen und Malen weniger auf die emotionalen Selbstäußerungen der heute überschätzten Kinderzeichnungen gerichtet sein, als vielmehr auf die das eigene Ich zurückstellende, das Stille und Wesenhafte erlauschende Art ostasiatischer Naturdarstellung.

Die Beschäftigung mit der Muttersprache sollte breiten Raum einnehmen, von bewußter Stilpflege über die Kunst des Erzählens, Deklamation und Sprechchor bis zu eigenen dichterischen Versuchen, etwa nach Art der japanischen Haikus.

Mythen, Sagen und Märchen aller Zeiten und Völker sollten ebenso Unterrichtsgegenstand sein, wie die Kunst der ganzen Welt, von Altamira bis heute.

Vor und über dem bisherigen Wissen über Gene, Chromosome, Enzyme und DNS wird die Lehre von den Naturgestalten, ihren Ganzheiten und gegenseitigen Bezogenheiten stehen, anstelle von Spezialkenntnissen über Computer, Laser und Elektronenmikroskop tritt das Wissen um die Ordnung des Kosmos, vom Atom bis zu den galaktischen Systemen und die Einbettung des Lebens in diese Ordnung.

Wer durch eine solche neue Schule gegangen ist, wird im Beruf nicht weniger taugen als die heutigen Absolventen. Aber er wird andere Inhalte und Ziele für sein Leben suchen. Sein inneres Heilsein wird ihn nach einer heilen Welt streben lassen, und so ist die neue Schule die wichtigste Voraussetzung für eine nicht nur in den Symptomen, sondern von Grund auf gesundende Welt.

Ob es dann noch eine „künstliche“ Welt sein wird? Solange die Zahl der Menschen die Milliardengrenze übersteigt, wird ein hohes Maß an Technik immer unerläßlich sein. Aber mit dem bevorstehenden Ende des technischen Fortschritts wird auch die Dynamik ihrer zivilisatorischen Antriebskraft aufhören. Sie wird zu einem Nur-Werkzeug und wird durch die Wiederentdeckung echter Werte in ihrer Wertschätzung den Platz einnehmen, der ihr gebührt.

Sollte die Menschenzahl unter diese Grenze sinken, so ist es durchaus denkbar, daß die moderne, der Physik entstammende Technik eine mit der Renaissance beginnende und irgendwann im dritten Jahrtausend endende vorübergehende Episode der Menschheitsgeschichte bleibt. Für unsere heutige Situation ist diese Frage gleichgültig.

Es wird sehr schwer sein, in der westlichen Welt das Schulwesen in der angedeuteten Weise umzustellen. Trotzdem muß es, wenigstens in einzelnen Privatschulen beginnend, versucht werden. Es würde aber sehr viel leichter sein in sogenannten Entwicklungsländern, wo ein Schulwesen von Grund auf neu aufzubauen ist.

Praktische Möglichkeiten zur Verwirklichung der Vorschläge von Kardinal König

Wir haben aus der fast grenzenlosen Fülle der sich stellenden Forschungsaufgaben eine Anzahl aus verschiedenen Gebieten beliebig herausgegriffen, um zu zeigen, wie vielseitig und mannigfaltig die Aufgaben sind und welcher Einsatz an Forschungskapazität erforderlich ist, um auch nur die dringendsten Probleme in Angriff zu nehmen, geschweige denn zu bewältigen. Wie könnte das nun geschehen? Zeichnen sich überhaupt Möglichkeiten dazu ab?

Hier setzt nun das Angebot des Kardinals, hier die Möglichkeit einer Antwort der Wissenschaft an.

Erkennt man einerseits, daß ein großer Teil der Forschungskapazität aller Universitäten und wissenschaftlichen Institute der Welt für die gestellten Aufgaben eingespannt werden muß, so sieht man andererseits, daß zuvor an einer zentralen Stelle oder in engster Zusammenarbeit einiger weniger Institute höchster geistiger Kompetenz jenes zentrale Thema „Was muß erforscht werden“ mit Ausschließlichkeit und äußerstem Einsatz des Wollens, Strebens und Könnens zu bearbeiten ist.

Diese Arbeitsgruppe gilt es zu schaffen.

Die von ihr zu leistende Arbeit setzt aber mehr voraus als Gelehrsamkeit und rationale Erkenntnis. Sie setzt wissende Einsicht in die Ursachen des heutigen Weltprozesses, die Richtung seiner Dynamik und die für eine Heilung des Weltzustandes zu erfüllenden Mindestforderungen voraus. Die am Zentralthema tätigen Forscher müssen sich daher einig oder doch mindestens innerlich verwandt sein in ihrer Einstellung zu den Weltgefahren und deren Ursachen. Ihr freier Blick darf durch keine Orthodoxie, weder auf wissenschaftlicher, noch auf religiöser Seite getrübt sein.

Wenn eine solche Einigkeit der inneren Haltung zwischen Menschen besteht, die sich gemeinsam einer großen und zutiefst verantwortungsbeladenen Aufgabe verbunden wissen, dann entsteht zwischen ihnen mehr als jene Kameraderie gemeinsamer Arbeit, die man heute Teamgeist nennt.

Auf der Suche nach einem Wort, das die Art von Gemeinsamkeit bezeichnet, um die es hier geht, fällt mir kein besseres ein als „Orden". Und es ist in der Tat das beste, das überhaupt gefunden werden kann, wenn wir uns freimachen von allen historischen Assoziationen, mit denen dieses Wort behaftet sein mag. Orden als Ordnungsgefüge einander in Erkenntnis, Haltung und Wirkwillen verbundener geistiger Menschen: Das kann in der Tat eine höchste Form menschlicher Geist- und Tatgemeinschaft sein.

Auf diesem Gebiet liegt nun ein Teil jener Erfahrungen mit Menschen und menschlichen Seelen, von denen Kardinal König spricht und die er gewissermaßen in eine Zusammenarbeit einzubringen anbietet.

Der Charakter der zu schaffenden zentralen Forschungsgemeinschaft müßte dem Orden näher sein als dem Team.

Für die äußere Form ihrer Zusammenarbeit genügt nicht eine lockere Kooperation, in der jeder an seinem Wohn- und Arbeitsplatz bleibt und man durch Publikationen, Korrespondenz und gelegentliche Symposien in Fühlung steht. Die zentrale Forschungsgemeinschaft muß an einem Ort zusammengefaßt sein.

Der Charakter der zentralen Forschungsstelle muß dem Kloster näher sein als dem Institut.

Auch bei diesem Wort müssen wir ganz frei von historischen und kirchlichen Assoziationen denken. Die gegen Lärm, Betrieb und Gehetztheit der Außenwelt auf Dauer abgeschirmte Stätte der Besinnung und ungestörten Forschung, zugleich des ständigen geistigen Austauschs, sowohl nach innen mit einem der gleichen Klausur unterworfenen Kreis, wie mit der ganzen Welt des Geistes außerhalb der Mauern – das könnte zu einer Fruchtbarkeit des Schaffens und Erkennens, von Aktion und Kontemplation führen, wie sie die Welt noch nie gekannt hat.

Wer je auf einem jener Symposien genannten Treffen geistiger Menschen, wenn es geglückt war, erlebt hat, wie vom zweiten oder dritten Tag an sich eine gegenseitige geistige Induktion einstellt, wie die Außen- und Alltagswelt zurücktritt hinter der Erschütterung und Intensität geistiger Berührung, gemeinsamer neuer Erkenntnisse und „Einfälle", der kann ahnen, was es bedeuten würde, wenn eine ordensartig verbundene geistige Gemeinschaft die Möglichkeit hätte, sich einer geistigen Aufgabe höchster Dringlichkeit in einer klösterlichen Abgeschirmtheit zu widmen.

Auch auf dem Gebiet der klösterlichen Gemeinschaft besitzt die katholische Kirche einen Teil jener menschlichen Erfahrungen, von denen der Kardinal gesprochen hat.

Es wäre an die Möglichkeit oder Wunschvorstellung zu denken, daß die katholische Kirche ein großes Kloster in eine Zusammenarbeit einbringen könnte, das die nötigen Räume, Gärten, Höfe für Wohnung, Forschungsarbeit und Kontemplation für die Denker und Wissenschaftler enthielte, die sich zur Mitarbeit verpflichten. Dabei könnte man an eine kleinere Stammgemeinschaft denken, die gewissermaßen die zu schaffende klösterliche Akademie oder ordensartige Oekumene unmittelbar trägt und daher für lange Zeiträume ihr fest zugehört, jedoch ihre Klausur von Zeit zu Zeit durch Reisen in die Welt unterbrechen kann und soll; an eine weitere Gruppe, die in den Schulen und Instituten „draußen“ wirkt, dem „Orden“ aber angehört und von Zeit zu Zeit wieder in die Klausur zurückkehrt und schließlich eine dritte Gruppe von Gästen, die für kürzere oder längere einmalige Besuche (aber nie für weniger als eine Woche) in die Klausur kommen.

Es wäre schön, wenn diese Gemeinschaft als geistig-weltlicher Orden, d.h. ohne kirchliche Ausrichtung, geschaffen werden könnte. Seine Gründung und Organisation wäre trotzdem gerade eine *der* Leistungen, die die christlichen Kirchen im Sinne des Angebots von Kardinal König erbringen könnten.

Die Gründung eines überkirchlichen, geistigen (was hier auch an „geistlich“ anklingt) Ordens setzt, wenn sie keine unrealistische Vorstellung bleiben soll, ein hohes Maß an geistiger und menschlicher Toleranz, Bereitschaft zu Opfer und persönlicher Einordnung voraus. Es besteht die Gefahr, daß seine Gründung an Zuständigkeiten, persönlichen Eitelkeiten, Macht- und Einflußwünschen, kurz am allzu Menschlichen, scheitern könnte, zerredet und vertan würde. Es kommt ja aber soviel darauf an, daß keine Zeit verloren, sondern gehandelt wird. Das Vertrauen auf den modernen, in die Zukunft gerichteten Vorschlag von Kardinal König berechtigt zu der Vorstellung, daß es möglich sein könnte, gerade mit der Hilfe der auf diesem Gebiet seit Jahrhunderten erfahrenen Kirchen einen Orden ganz neuer weltoffener Prägung zu gründen, der als Träger der klösterlichen Oekumene religiöse Denker, Natur- und Geisteswissenschaftler aller Richtungen und Nationalitäten und selbst Künstler, sowohl als sich fest bindende Mitglieder, wie auch zu vorübergehenden Gastverhältnissen, aufnehmen könnte. Ohne die geistigen Traditionen der Vergangenheit gering zu achten, muß doch das Schwergewicht eines solchen Ordens in einer geist- und weltoffenen Bereitschaft zur Konzeption neuer, bis jetzt noch nicht erfahrener, geistiger und letzten Endes auch religiöser Impulse sein.

Es steht mir kein Urteil über irgendeine der bestehenden kirchlichen Gemeinschaften zu. Ich weiß nur, daß für mich selbst und einen sehr großen Teil meiner Zeitgenossen die von den Kirchen aller Konfessionen vertretene Religiosität keine innere Bereicherung oder Erfüllung bedeutet, während ich mich gleichzeitig durchaus für einen religiös gebundenen und suchenden Menschen halte. In diesem Zusammenhang erfüllt es mich mit hoffnungsvoller Erwartung, daß der Vorschlag, von dem diese Ausführungen ausgehen, gerade von Kardinal König kommt, dem Leiter des Römischen Sekretariats für die im Sinn der katholischen Kirche Nichtglaubenden und ferner, daß ein persönlicher Mitarbeiter des Kardinals, der Theologe H. Vorgrimler, in dem neuen Staatslexikon des Herder-Verlages unter dem Stichwort „Atheismus“ unter anderem schreibt:

> „Nachdem nun die katholische Theologie wieder zu den Grundüberzeugungen gelangt ist, daß Atheismus nicht das Resultat intellektueller Schwäche ist, weil der Glaube von der Gnade Gottes geschenkt wird und daß nicht jeder, der sich als

> Atheist versteht oder bezeichnet, Atheist ist, hat sie sich von ihren eigenen Daten her der Frage zu stellen, warum es dann Atheismus gibt und geben kann. ... Die heutige katholische Theologie findet *eine*, wenn auch nicht *die* Antwort darin, daß eines ihrer wichtigsten Themen die „theologia negativa",[1] die Lehre von dem alle menschlichen Projektionen radikal überschreitenden und gerade so auch stets verborgenen Gott..."[1] ist

Es schiene mir nicht ausgeschlossen, daß in einem neuen geistlich-weltlichen Orden in Verbindung mit der klösterlichen Akademie Ereignisse und Erlebnisse von großer geistesgeschichtlicher Bedeutung sich einstellen könnten.

An Forschungsmitteln sind keine Zyklotrone und Elektronenmikroskope nötig, überhaupt keine Laboratorien; die stehen in den Hochschulen und Industrieinstituten der Welt zur Verfügung. Gebraucht wird eine sehr reichhaltige Bibliothek und ein wohlorganisierter Schnelldienst zu den wichtigen Büchereien des In- und Auslandes. Benötigt wird Fernschreibverbindung zu allen wesentlichen Forschungsinstituten der Welt; später wahrscheinlich eine sehr große Datenspeicherungs- und -abrufungsanlage. Benötigt wird auch kein persönlicher Luxus, da jedes einer geistigen Aufgabe gewidmete Leben asketische Züge trägt. Aber benötigt wird um so mehr Raum für geistiges Arbeiten, Diskussion und Kommunikation, aber auch für kontemplatives Verweilen; Musikräume, Theaterbühne, Innenhof, Wandelgang, Garten und Tiergehege, Blumen und Kunstwerke. An einen, ausschließlich feierlichem Zusammensein großer Gemeinschaften gewidmeten Raum könnte ebenso gedacht werden, wie an kleine Räume, die der gelegentlichen, besonders ehrfürchtigen Versenkung einzelner vorbehalten sind, dabei aber weniger kirchlichen Kapellen, als den Bambusklausen am Teich gleichen, in die chinesische Kaiser sich zurückzuziehen liebten.

Eingebettet sollte die Anlage sein in eine möglichst unberührte Landschaft, weitab vom Verkehr, Industrie und Kurbetrieb. Enge Verbindung zur Natur, zu den Elementen, zu Pflanzen und Tier, zu Wandern, Schwimmen, Skilauf sollte bestehen.

Die ordensartige Geschlossenheit der Gemeinschaft und der gemeinsame Dienst an den selbstgewählten Aufgaben wird von Anfang an jenen Geist der Unverbindlichkeit ausschließen, der unser heutiges akademisches Leben kennzeichnet. Geistige Haltung, die nicht auf die Lebensführung ihrer Träger zurückwirkt und sich in ihr ausspricht, gibt es nicht.

Räumlich angeschlossen an das Kloster und innerlich eng verbunden mit ihm sollte eine Internatsschule sein, und zwar für Kinder vom sechsten Lebensjahr an bis zum Abitur und weiter eine kleine Universität, ebenfalls ausschließlich für interne Studenten. Und zwar keineswegs nur aus Gründen der Zweckmäßigkeit und geistigen Ökonomie (etwa weil bei soviel geistiger und forscherischer Kapazität immer auch noch etwas für die Lehre mit abfällt), sondern weil echte Forschung und echte Lehre zusammen gehören, sich gegenseitig bedingen, weil „in Athen nicht soviel philosophiert worden wäre, hätte es nicht soviel fragende Jugend gegeben".

Ein Sonderzug der Universität sollte der Umstellung der kirchlichen Missionen (möglichst aller Konfessionen) auf den Einsatz im Schulwesen der Entwicklungsländer dienen, ferner der Ausbildung von Lehrern aus der Bevölkerung jener Länder selbst. Vornehmste künftige Aufgabe der bisherigen Missionen aber sollte es werden, Vermittler zu sein in jenem *gegenseitigen Austausch* zwischen dem Westen und den Entwicklungsländern, wobei der Westen in erster Linie materielle Güter gibt, während die Empfängerländer etwas von ihrem Menschentum, ihrem vom Westen bisher meist übersehenen Kulturleben an das Abendland vermitteln.

Noch ein weiterer Schritt wäre in Verbindung mit diesen Neugründungen möglich: angenommen, eine Partnerschaft mit einem Entwicklungsland würde zu der Erkenntnis führen, daß dieses Land zu allererst Werkzeuge, Ackergeräte, Gespannwagen, Bewässerungseinrichtungen, Wasser- und Windmühlen benötigt, so wäre an den Bau einer Fabrik zu denken, die diese Dinge herstellt und im Sinne Rathenaus organisiert wäre, d.h. ihre Überschüsse nicht ausschließlich zur Mehrung des Wohlstandes ihrer Geldgeber verwendet. Nach Abzug der Rücklagen, der Kapitalzinsen und der Steuern verbleibende Gewinne wären zu einem Teil an die Belegschaft auszuschütten – wofür es mancherlei sinnvolle Staffelungsvorschläge gibt, je nach Verantwortungsbereich und Dauer der Werkszugehörigkeit und Betriebserfolg – der größte Teil aber würde den Aufgaben des „Ordens“ dienen, sei es der Entwicklungshilfe selbst, dem Ausbau der Schule oder der zentralen Forschung.

Diese zunächst als Modell gedachte Fabrik könnte sich zu einem Industriekombinat großen Ausmaßes auswachsen und z.B. die obenerwähnten Erzeugnisse für alle Entwicklungsgebiete, also auch für die Patenländer aller übrigen westlichen Länder herstellen, und so eine erste Bresche in das heutige, sowohl westliche, wie östliche, Wirtschaftssystem schlagen.

Zusammenfassung

Während die Vorschläge und Gedanken fast aller heute wirkenden „Ermahner“, die sich über die zur Katastrophe führende Entwicklung des Weltprozesses sorgen, darin gipfeln, daß zunächst Weltfriede, Weltregierung, Abrüstung und vernunftbestimmtes, statt unrealistisches Denken und Handeln der Regierungen und Völker erreicht werden müsse, bevor eine entscheidende Katastrophenabwehr eingeleitet werden kann, bietet der Vorschlag von Kardinal König die Möglichkeit, sofort mit wirksamen Maßnahmen zu beginnen, die trotz der Aufsplitterung der Welt in Nationalstaaten und Machtblöcke ohne Verzug auf supranationaler Basis geführt werden können. Es wäre freilich erforderlich, daß die Kirchen und Religionsgemeinschaften einen entschlossenen Schritt auf „Verweltlichung“ zu, die Republik der Naturwissenschaftler auf „Vergeistlichung“ zu, d.h. gemeinsame geistig verpflichtete und verpflichtende *Haltung* und daraus folgendes konsequentes *Handeln* tun würden.

Nachwort zur 2. Fassung

Die erste Niederschrift dieses Aufsatzes erfolgte im Juni 1969.

Wertvolle freundschaftliche Kritik und Beratung, die mir durch die Professoren F. Vonessen, Freiburg, und H. Zoller, Basel, und durch Dr. E. Zeller, Friedrichshafen, zuteil wurden und wofür ich den Genannten herzlichen Dank schulde, veranlaßten mich, diese ergänzte zweite Fassung niederzuschreiben.

Baiersbronn, im November 1969

Max Himmelheber

Dieser Aufsatz von Max Himmelheber erschien in den Schriften der Gesellschaft für Verantwortung in der Wissenschaft Nr. 8 mit dem Titel ‚Technik, Ökonomie und Ökologie in der Dritten Welt – Widerspruch oder Einheit?'. Eine redaktionelle Bearbeitung und Modernisierung dieses Aufsatzes von 1968 sollte auf Wunsch des Autors nicht erfolgen. Die hier behandelten Probleme sind nach wie vor eine interessante Diskussionsgrundlage, obwohl die Redaktion die Meinung des Autors nicht in allen Punkten teilt.